PICASSO À PARIS
1900-1907

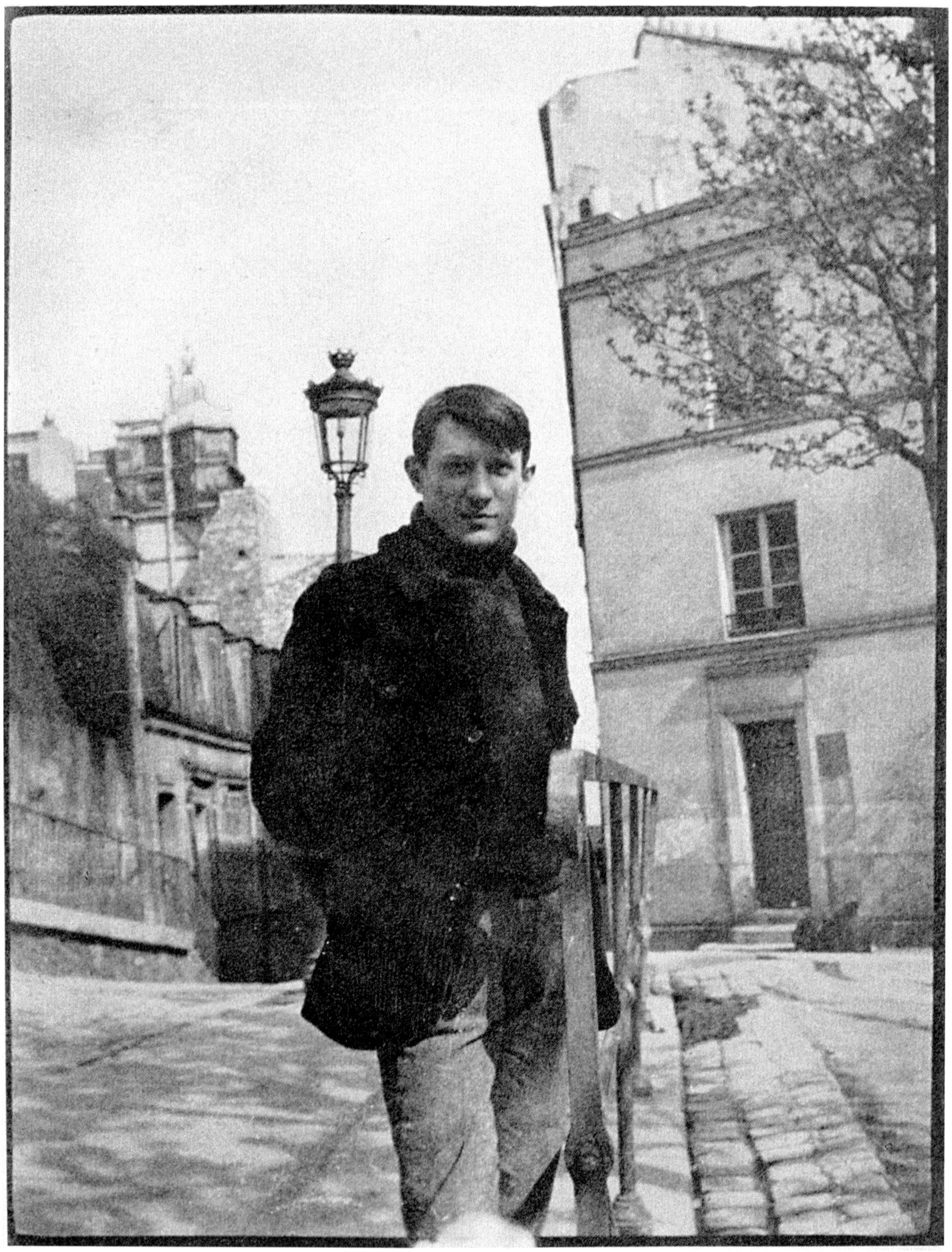

PICASSO À PARIS 1900-1907

Marilyn McCully

Avec des contributions de
NIENKE BAKKER
ISABEL CENDOYA
PETER READ

Sous la supervision éditoriale de
MICHAEL RAEBURN

VAN GOGH MUSEUM
MUSEU PICASSO
FONDS MERCATOR

CET OUVRAGE EST PUBLIÉ
À L'OCCASION DE L'EXPOSITION

PICASSO À PARIS, 1900-1907

Van Gogh Museum, Amsterdam
18 février - 29 mai 2011

DEVORAR PARÍS. PICASSO, 1900-1907

Museu Picasso, Barcelone
30 juin - 15 octobre 2011

Éditeurs
Fonds Mercator, Bruxelles
Van Gogh Museum, Amsterdam
Museu Picasso, Barcelone
Production
Tijdsbeeld & Pièce Montée, Gand
Ronny Gobyn (directeur)
Direction des publications
Suzanne Bogman, Van Gogh Museum
Marta Jové, Museu Picasso
Coordination
Barbara Costermans, Tijdgeest, Gand
Geri Klazema, Van Gogh Museum, Amsterdam
Ann Mestdag, Fonds Mercator, Bruxelles
Appui rédactionnel
Nienke Bakker, Edwin Becker, Van Gogh Museum
Rédaction finale
Claude Fagne
Traduction
Marie-Françoise Dispa (texte de Nienke Bakker)
Dominique Bauthier (les autres textes)
Recherches iconographiques
Linda Modderkolk, Anja Wisseborn, Van Gogh Museum
Isabel Cendoya, Museu Picasso
Conception graphique
Janpieter Chielens, Tijdgeest
Police de caractères Mercury Text G3 et Gotham HTF (Hoefler & Frere-Jones)
Papier Périgord 150 gr.
Composition
Karakters, Gand
Photogravure, impression et reliure
Die Keure, Bruges

ISBN 978 90 79310 22 7

www.fondsmercator.be
www.vangoghmuseum.com
www.museupicasso.bcn.cat

L'exposition a reçu le soutien de

SEACEX Sociedad Estatal para la Acción Cultural Exterior

Gobierno de España | Ministerio de Asuntos Exteriores y de Cooperación | Ministerio de Cultura

Citroën Aon

REMERCIEMENTS

La commissaire de l'exposition, le Museu Picasso de Barcelone et le Van Gogh Museum souhaitent exprimer leur plus profonde gratitude à l'ensemble des personnes privées et aux institutions qui ont contribué à la réalisation de cette exposition et de son catalogue.

En premier lieu, nous aimerions remercier Cathy Hutin pour sa contribution au projet. Nous sommes en outre particulièrement redevables à l'égard de la Fundación Almine y Bernard Ruiz-Picassopara el Arte et de la Fondation Vincent van Gogh pour leur collaboration exceptionnelle.

Pour leur aide inestimable et leur soutien à ce projet, la commissaire, le Museu Picasso de Barcelone et le Van Gogh Museum souhaitent remercier :

Béatrice André-Salvini, Jean-Paul Avice, Manuel Barbié, Tobia Bezzola, Beatriz Blanco, Robert Bowman, Lucía Cabezón, Domènec Casals, Migi Coyle, Richard Cyzer, Mirin Dajo, Susan Davidson, Dr Stephan Diederich, Maite van Dijk, Ignasi Domènech, Roland Doschka, M. et Mme André Fage, Evelyne Ferlay, Dr Hartwig Fischer, Joanna Foyster, Joan Gaspar i Farreras, Amanda Geitner, Marta Gil de Biedma, Gloria Groom, Florianne M. van Hees-Simons, Danielle Hodel, Geurt Imanse, Rafael Inglada, Montserrat Isern, Núria Isern, Nichola Johnson, Atsuko Kanazawa, Hélène Klein, Daniel Malingue, Jill McLennon, Cristina Mendoza Garriga, Natalia Mikiszko, Maria Luisa Pacelli, Mertxe París Leza, Florence Perez, Brooke Perrin, Marina Picasso, Christine Pinault, Kay Poludniowski, Eliza Rathbone, Peter Read, Tara Reddi, James Roundell, Salvador Salort-Pons, Helen Simpson, Jaume Socias, Benno Tempel, Louis van Tilborgh, Eduard Vallès, Neil Warnock, Ann S. Woolsey et Jessica Yakubowicz.

Notre profonde reconnaissance s'adresse également aux musées, galeries et collectionneurs suivants – et à tous ceux qui ont préféré garder l'anonymat – pour le prêt particulièrement généreux de leurs œuvres d'art :

The Edelweiss Trust

Merzbacher Kunststiftung

Collection Gabriele et Horst Siedle, Allemagne

Aix-en-Provence
Musée Granet (Bruno Ely)

Albi
Musée Toulouse-Lautrec (Danièle Devynck)

Amsterdam
Stedelijk Museum (Ann Goldstein)

Bâle
Kunstmuseum Basel (Dr Bernhard Mendes Bürgi)

Bâle-Riehen
Fondation Beyeler (Samuel Keller)

Barcelone
Col·lecció Eusebi Isern Dalmau

Berlin
Nationalgalerie/Museum Berggruen (Dr Kyllikki Zacharias)

Bilbao
Museo de Bellas Artes de Bilbao (Javier Viar)

Bruxelles
Pieter et Olga Dreesmann
Musée d'Ixelles (Claire Leblanc)

Chicago
The Art Institute of Chicago (James Cuno)

Cologne
Museum Ludwig (Prof. Kasper König)

Copenhague
Ordrupgaard (Anne-Birgitte Fonsmark)

Detroit
Detroit Institute of Arts (Graham W. J. Beal)

Fort Worth
Kimbell Art Museum (Eric McCauley Lee)

Genève
Petit Palais – Musée d'Art moderne (Prof. Claude Ghez)

Gand
Museum voor Schone Kunsten Gent (Robert Hoozee)

Londres
Tate (Sir Nicholas Serota, Caroline Collier)

Madrid
Museo Thyssen-Bornemisza (Guillermo Solana)

Martigny
Fondation Pierre Gianadda (Léonard Gianadda)

Montréal
François Odermatt

New York
The Metropolitan Museum of Art (Thomas P. Campbell)
Solomon R. Guggenheim Museum (Richard Armstrong)

Nice
Musée Matisse (Dominique Szymusiak)

Norwich
Sainsbury Centre for Visual Arts (Paul Greenhalgh)

Oxford
The Ashmolean Museum (Christopher Brown)

Paris
Musée du Louvre (Henri Loyrette)
Musée de l'Orangerie (Emmanuel Bréon)
Musée d'Orsay (Guy Cogeval)
MNAM/CCI Centre Pompidou (Alfred Pacquement)

Philadelphie
Philadelphia Museum of Art (Timothy Rub)

Providence
Museum of Art, Rhode Island School of Design (Hope Alswang)

Richmond
Virginia Museum of Fine Arts (Alex Nyerges)

Rotterdam
Hans Leijser
Museum Boijmans Van Beuningen (Sjarel Ex)

Saint-Germain-en-Laye
Musée d'Archéologie nationale (Patrick Périn)

Saint Louis
Mildred Lane Kemper Art Museum, Washington University (Sabine Eckmann)

San Francisco
Fine Arts Museums of San Francisco (John E. Buchanan)

Sitges
Museu del Cau Ferrat (Antoni Sella)

Stuttgart
Staatsgalerie Stuttgart (Sean Rainbird)

Toronto
Art Gallery of Ontario (Matthew Teitelbaum)

Washington
The Phillips Collection (Dorothy Kosinski)

Zurich
Kunsthaus Zürich (Christoph Becker)

AVANT-PROPOS

Le Van Gogh Museum d'Amsterdam et le Museu Picasso de Barcelone sont des institutions spécialisées consacrées à un seul artiste. Ces deux figures incontournables de l'histoire de l'art font partie de l'imaginaire collectif mondial et ont servi de référence visuelle à de nombreuses générations.

En 2007, le Van Gogh Museum d'Amsterdam présentait la grande exposition *Barcelona 1900*, en hommage à la ville catalane et à sa scène artistique au tournant du siècle, et invitait le Museu Picasso à y participer à travers le prêt d'œuvres clés. C'est à cette occasion que les deux musées ont perçu les ressemblances frappantes qui les unissaient, les correspondances entre leurs approches respectives de la recherche et leur désir partagé d'établir des partenariats avec d'autres institutions. Cette prise de conscience a quasi instantanément débouché sur l'organisation conjointe d'une ambitieuse exposition qui retracerait l'évolution de Pablo Picasso après son arrivée à Paris et son immersion dans sa vie artistique. Pour le Van Gogh Museum, l'intérêt de l'aventure résidait dans le fait que cette période de l'œuvre de Picasso est très étroitement liée à ses collections. Celles-ci comprennent en effet des œuvres de Van Gogh et de nombreux autres artistes actifs à Montmartre à la fin du XIXe siècle qui ont inspiré Picasso. À Barcelone, l'exposition établit également un parallèle entre Picasso et Van Gogh, dont le séjour à Paris a profondément influencé l'évolution artistique. Dès le départ, il nous a semblé essentiel de confier la charge de commissaire de cette exposition à Marilyn McCully, une spécialiste de premier plan de l'œuvre de Picasso ayant en outre une connaissance approfondie des premières années de sa carrière.

Nous sommes ravis de pouvoir constater que grâce au prestige de Marilyn McCully, à qui revient l'idée même de cette exposition, et aux solides dossiers établis par les départements des expositions de nos deux musées, nous avons obtenu le prêt d'œuvres majeures provenant d'institutions et de collectionneurs privés du monde entier qui nous permettent de proposer une sélection exceptionnelle. Entre-temps, la pertinence d'une collaboration entre nos deux institutions s'est révélée d'autant plus évidente que l'exposition allait rassembler des œuvres majeures de nos collections respectives, le Van Gogh Museum apportant un certain nombre d'œuvres d'autres artistes actifs à Montmartre au tournant du siècle.

L'exposition a pour point de départ la visite du jeune Picasso, alors âgé de 19 ans, à l'Exposition universelle de 1900 à Paris, une ville où se tiendra sa première exposition de tableaux hors d'Espagne. Il commença par s'inspirer des sujets et des styles qu'il découvrait dans l'œuvre d'autres artistes mais, même à ce stade, il parvint toujours à convertir ses innombrables influences en un style unique et personnel. En quelques années à peine, ayant absorbé tout ce que la capitale française et les artistes étrangers qu'elle avait attirés – et parmi eux Van Gogh – pouvaient lui offrir, il se retrouva à la pointe de l'avant-garde et explora des voies nouvelles. Cet ouvrage a pour but de retracer, étape après étape, l'évolution de Picasso au cours de ses cruciales années parisiennes, de 1900 à 1907.

La présentation au Van Gogh Museum est principalement axée sur les œuvres de Picasso, puisqu'il s'agit de la première exposition majeure sur les premières années parisiennes de l'artiste organisée aux Pays-Bas. À Barcelone par contre, l'exposition insiste davantage sur le contexte dans lequel Picasso évolua à Paris et vise à enrichir le programme de recherche et de mise sur pied d'expositions que le Museu de Barcelone poursuit depuis plusieurs années.

Nous tenons avant tout à exprimer notre immense gratitude à Marilyn McCully, commissaire invitée et auteure principale de cet ouvrage, pour avoir monté cette exposition exceptionnelle et avoir, grâce à ses profondes connaissances et à son expérience, obtenu le prêt des œuvres nécessaires et avoir ainsi contribué à faire de ce projet une réussite majeure. Ses textes sur Picasso explorent et éclairent une période cruciale de la carrière de l'artiste. Pour l'élaboration du projet d'exposition tout comme pour la publication qui l'accompagne, Marilyn McCully a pu compter sur le concours de son époux, Michael Raeburn, qui a édité cet ouvrage avec un extraordinaire dévouement. Les co-auteurs Peter Read et Nienke Bakker nous apportent de fascinants éclairages, le premier sur les aspects littéraires de la production de Picasso, la seconde sur le lien entre Van Gogh et Picasso, tandis qu'Isabel Cendoya clôture le volume par une précieuse chronologie.

Nous remercions particulièrement nos collègues des deux musées : le directeur des expositions du Van Gogh Museum, Edwin Becker ; l'ancien conservateur, Benno Tempel ; les deux chefs de projet,

Geeta Bruin au Van Gogh Museum et Isabel Cendoya au Museu Picasso, qui se sont chargées du lancement et de la coordination de l'exposition avec beaucoup de ténacité et de zèle, ainsi que Lluís Bagunyà, Fouad Kanaan et Martine Kilburn pour leur extraordinaire contribution à sa réalisation.

Nous exprimons aussi notre gratitude au Fonds Mercator, à Bruxelles, et à son directeur Jan Martens, pour leur collaboration et l'entrain mis à leur participation au projet. Le processus de publication a été pris en charge avec le plus grand professionnalisme par Ronny Gobyn et son équipe de Tijdsbeeld & Pièce Montée à Gand.

Enfin, nous voudrions exprimer nos plus sincères remerciements à tous ceux qui nous ont si généreusement prêté leurs œuvres. Nous sommes particulièrement reconnaissants à la Fondation Vincent van Gogh pour sa contribution essentielle qui a pris la forme d'importants prêts. Ni l'exposition ni cet ouvrage n'auraient pu voir le jour sans la confiance dont les prêteurs ont fait preuve à l'égard de nos deux musées et de notre projet. Nous sommes parfaitement conscients du fait que les œuvres prêtées par les musées constituent des pièces maîtresses de leurs collections permanentes et nous sommes donc particulièrement heureux que ces institutions aient néanmoins accepté de renoncer temporairement à un aussi grand nombre de leurs trésors.

Une exposition de cette nature dépend aussi dans une large mesure des soutiens financiers. Nous remercions pour son appui la SEACEX (Sociedad Estatal para la Acción Cultural Exterior), qui a pris en charge une partie des frais d'assurance et de transport, et, à Amsterdam, nous adressons nos plus vifs remerciements à notre sponsor Citroën pour l'aide substantielle apportée à ce projet exceptionnel.

Nous espérons que les lecteurs de cet ouvrage et les visiteurs des deux expositions seront amenés à ne plus considérer Picasso comme le génie isolé pour qui on le prend parfois mais comme un artiste qui, au cours de ses premières années, fut réceptif à l'art de ses collègues sans jamais cesser d'explorer des voies nouvelles et surprenantes.

PEPE SERRA
Directeur
Museu Picasso, Barcelone

AXEL RÜGER
Directeur
Van Gogh Museum, Amsterdam

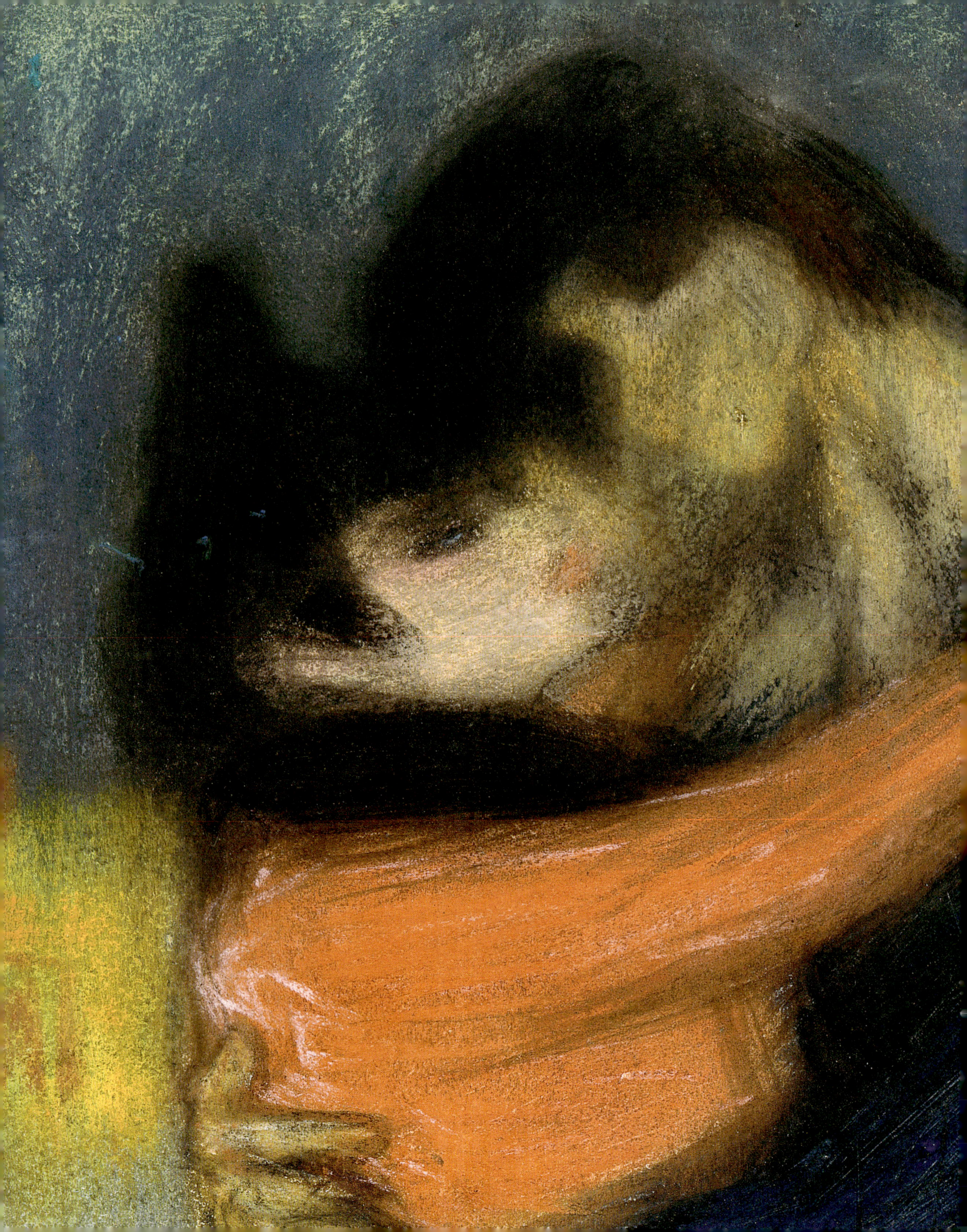

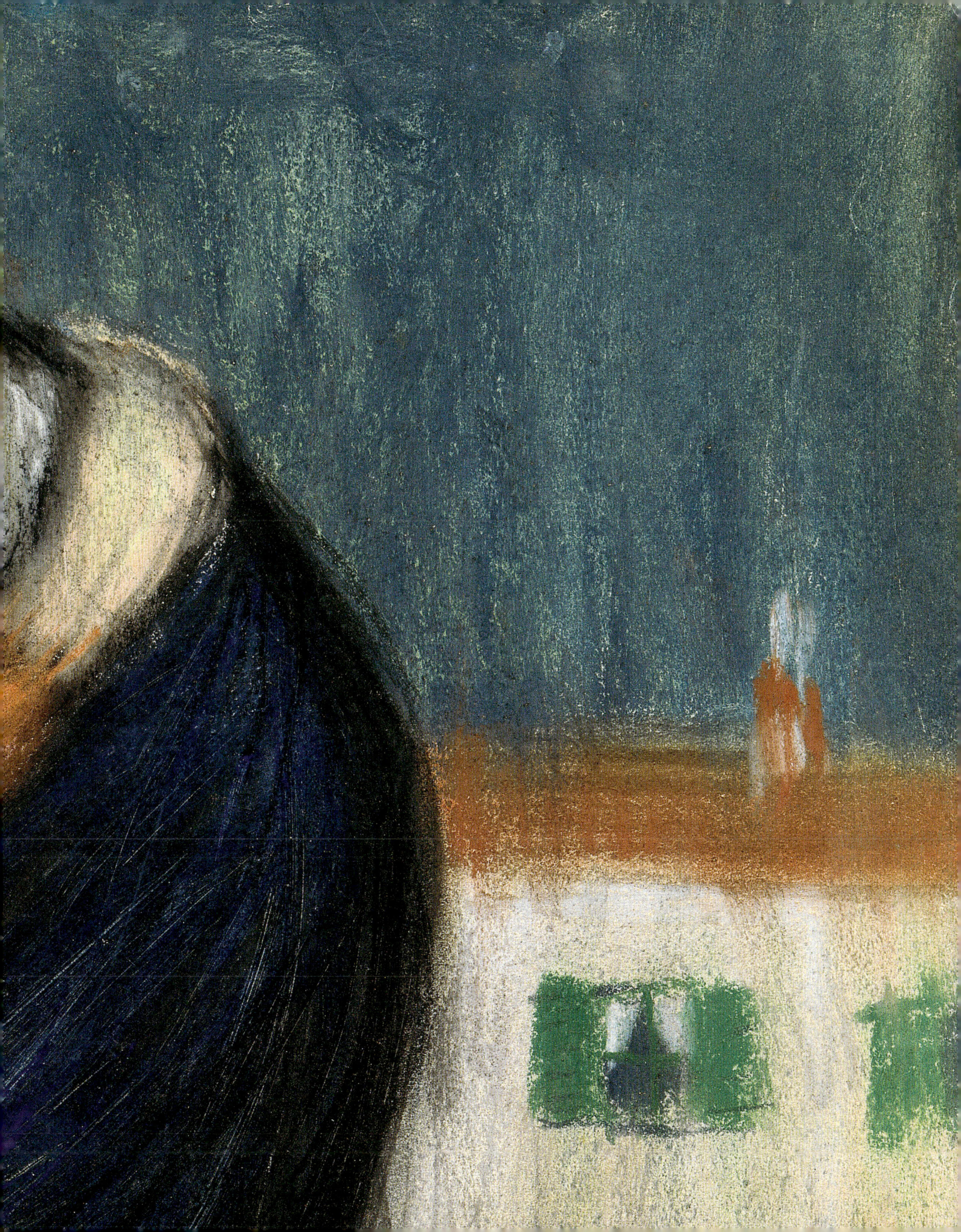

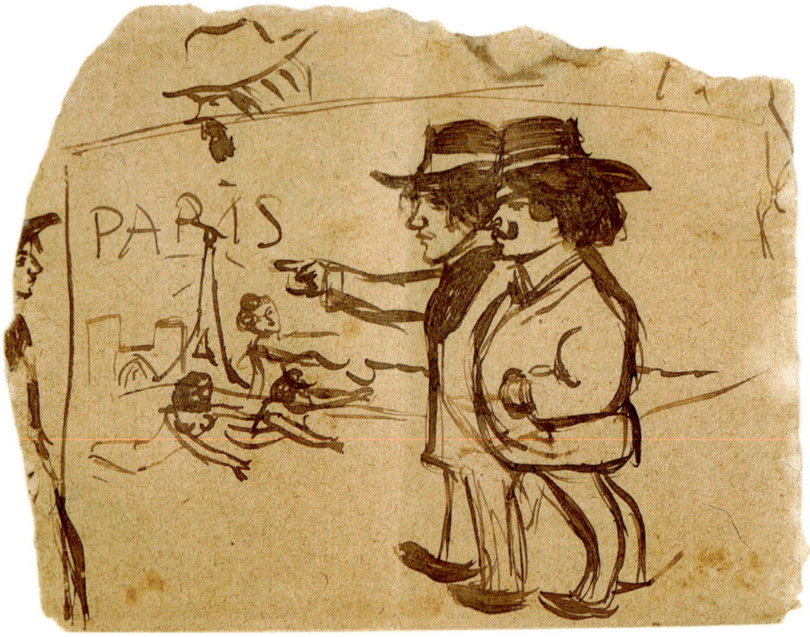

PL. 1 ***Picasso et Manuel Pallarès arrivant à Paris***
Paris, 1900
Plume et encre sur papier, 8,8 x 11,1 cm
Museu Picasso, Barcelone

PICASSO DÉCOUVRE PARIS

MARILYN McCULLY

Encore tout imprégné du succès critique de l'exposition de ses débuts, tenue à Barcelone plus tôt dans l'année, Pablo Ruiz Picasso, alors âgé de dix-neuf ans, avide de voir réalisées ses grandes ambitions artistiques, se mit en route pour Paris à la fin du mois d'octobre 1900. Il fit le voyage avec son ami l'écrivain Carles Casagemas. Tous deux avaient en effet été nommés correspondants du journal barcelonais *Catalunya artística* pour couvrir les événements de l'Exposition universelle, qui devait fermer ses portes le 12 novembre[1]. Cette manifestation, avec ses constructions ambitieuses et ses programmes culturels d'envergure, avait, au cours des derniers mois, véritablement transformé Paris, faisant de la capitale française une destination privilégiée pour les artistes, les comédiens, les écrivains, les amateurs de curiosités et tous ceux que pouvaient intéresser les manifestations artistiques et ethniques les plus diverses, les démonstrations scientifiques et les dernières inventions. Le recours à l'éclairage électrique pour l'ensemble de l'Exposition confirmait le statut de Paris en tant que « Ville lumière » et annonçait symboliquement l'aube du nouveau siècle. En outre, pour les jeunes hommes et les jeunes femmes pleins d'espérances qui arrivaient à Paris en cette année 1900, la nouvelle Mecque était une chance à ne pas manquer: les limites du possible – à la fois technologiquement et artistiquement – semblaient sur le point de reculer.

Amorcé à la fin du XIXe siècle, l'afflux d'artistes venus de tous les points de l'horizon marqua une période d'immigration culturelle sans équivalente dans l'histoire de Paris et aura pour effet de redéfinir l'orientation et l'évolution artistiques de l'avant-garde. Dans un premier temps, les représentants des différents groupes nationaux eurent tendance à rester entre eux, à ne parler que leur langue maternelle et à s'appuyer sur leurs compatriotes déjà installés pour établir les premiers contacts et trouver du travail. C'est certainement ce que firent Picasso et ses amis à leur arrivée. En outre, certains des Catalans qui s'étaient installés à Paris, ou qui y avaient séjourné un certain temps lors de la décennie précédente, avaient noué des liens avec des cercles artistiques français, ce qui permit aux nouveaux arrivés d'y être très rapidement introduits.

Les artistes et écrivains barcelonais de la génération précédente, qui s'étaient rendus dans la capitale pour étudier et visiter les expositions universelles antérieures, s'étaient surtout établis dans le quartier populaire et plutôt apache de Montmartre qui dominait la ville. Ramon Casas et Santiago Rusiñol avaient même, à partir de 1890, habité au-dessus du célèbre Moulin de la Galette (voir pl. 2) et, avec leur compatriote Miquel Utrillo, ils avaient plongé dans le monde artistique qui les entourait. Si Utrillo avait vécu l'existence d'un producteur de théâtre d'ombres et d'un habitué des cabarets – il avait également eu une liaison avec le modèle français Suzanne Valadon, dont il avait reconnu l'enfant (Maurice Utrillo) –, Rusiñol et Casas évoluèrent dans des cercles artistiques un peu plus conventionnels, exposant au Salon de la Société nationale des Beaux-Arts. Utrillo et Casas retournèrent à Paris pour l'Exposition universelle de 1900. Leur présence est évoquée dans les lettres de Casagemas et dans plusieurs dessins de Picasso.

D'autres, parmi lesquels Isidre Nonell et Ricard Canals, qui faisaient partie de la seconde vague d'immigrants catalans, arrivée au milieu des années 1890, s'établirent aussi à Montmartre, et c'est principalement en tant que peintres de sujets espagnols qu'ils développèrent leur carrière en France. Leur succès dépendait dans une large mesure de la promotion assurée par plusieurs marchands parisiens, notamment Le Barc de Boutteville, Ambroise Vollard et, plus tard, Durand-Ruel[2]. Un autre Catalan, Joaquim Sunyer, se fit d'abord connaître en collaborant avec des écrivains dont il illustrait les œuvres, comme par exemple *Les soliloques du pauvre* de Jehan Rictus (1897). Ses représentations de la vie des marginaux s'inspiraient de Théophile-Alexandre Steinlen par leur thèmes et, dans une certaine mesure, par leur style – même si les illustrations réalisées par Steinlen pour Rictus ne parurent que plusieurs années après celles de Sunyer. Un autre peintre déjà installé à Paris en 1900 et qui allait devenir au fil des années un proche de Picasso est Ramon Pichot, originaire de Cadaquès. La riche famille Pichot finit par aider Ramon à acquérir la Maison rose, une petite bâtisse de Montmartre, où il put installer un atelier. Sa future femme Germaine allait par la suite y tenir un bistrot au rez-de-chaussée.

Outre leurs activités d'artistes, la communauté des Catalans avait aussi un profil politique qui la distinguait des autres groupes nationaux, celui de l'anarchisme fin-de-siècle. Les années 1890 avaient été difficiles en Catalogne, et de nombreux anarchistes ou sympathisants suspectés de fomenter des activités séditieuses avaient cherché refuge à Paris. En comparaison avec les Allemands, les Russes ou les Italiens, la communauté espagnole était relativement réduite, de sorte que ce groupe «exilé» pouvait se définir comme un mélange d'artistes, d'écrivains et d'activistes. Il y avait aussi parmi eux un certain nombre de Basques, qui, comme les Catalans, défendaient des idées séparatistes dans le cadre de l'État espagnol. En règle générale, ils avaient tendance à établir leurs quartiers généraux dans certains cafés et cabarets, où ils exprimaient ouvertement leurs opinions politiques[3]. Mais la police française surveillait

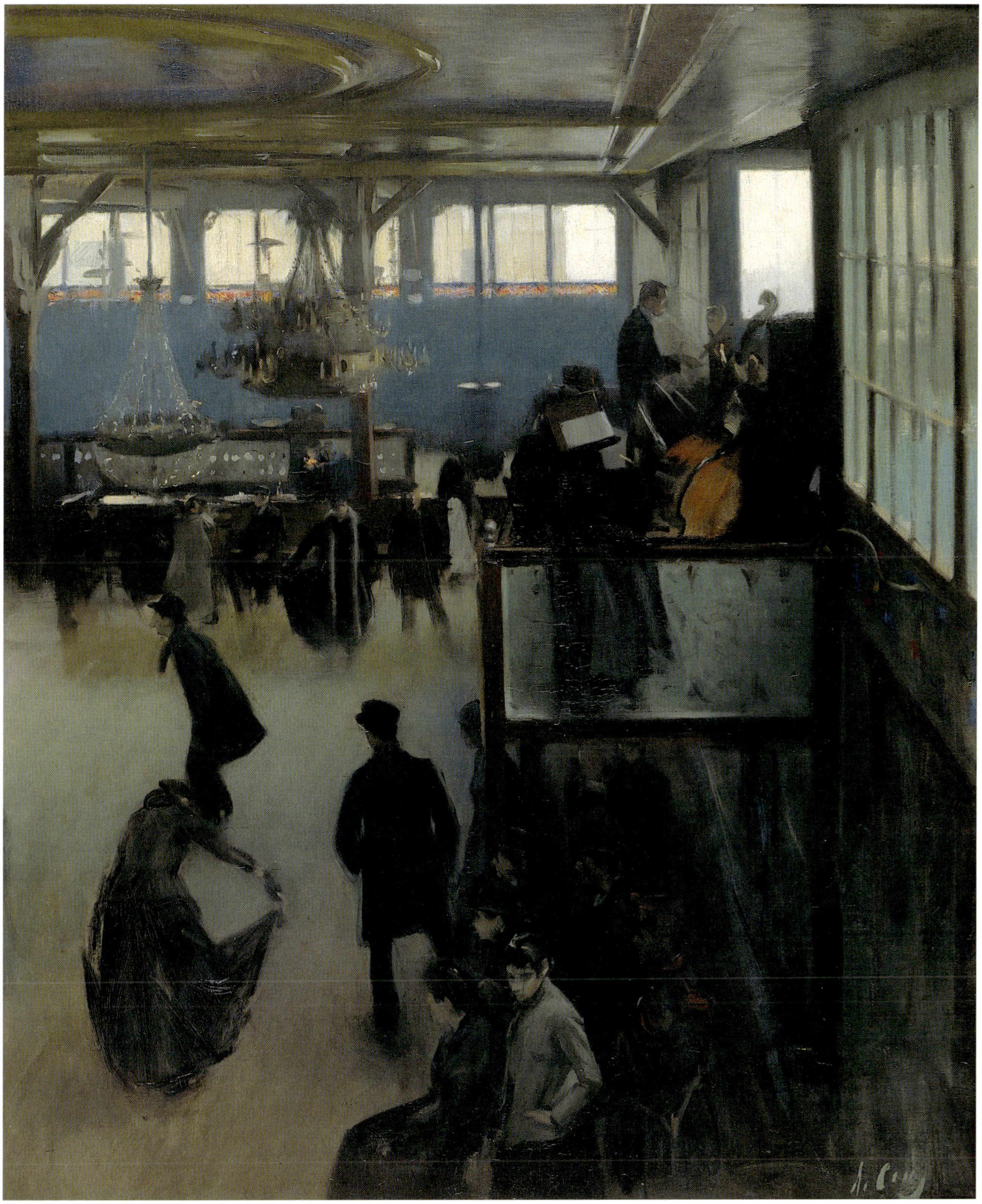

PL. 2 **RAMON CASAS**
Bal du Moulin de la Galette
1890
Huile sur toile, 100 x 81,4 cm
Museu Cau Ferrat, Sitges

FIG. 1 **Étude pour *Derniers moments***
Barcelone, 1899-1900
Fusain, craie et crayon noir sur papier, 30 x 39,8 cm
Museu Picasso, Barcelone

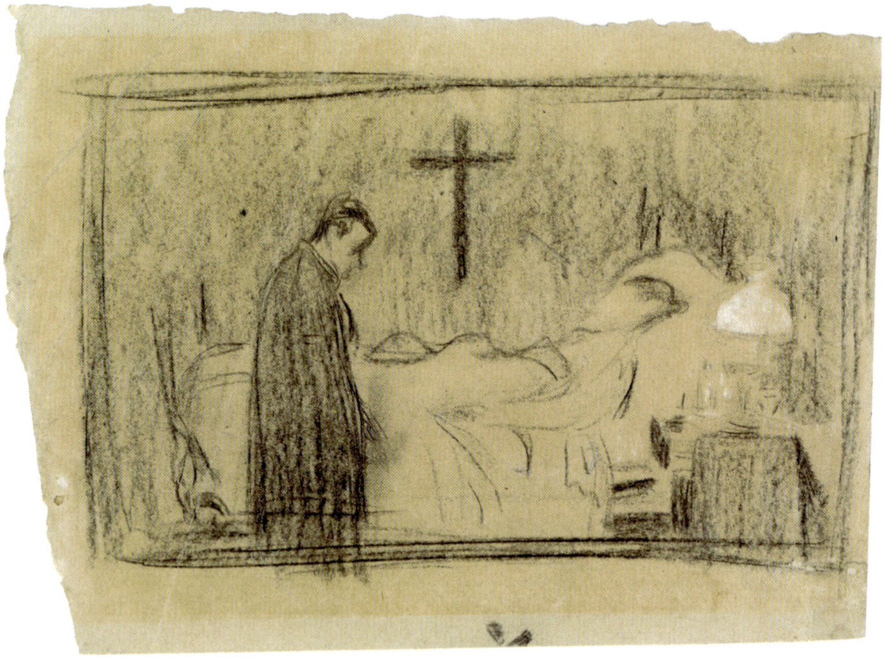

leurs mouvements, et Picasso fit lui-même l'objet de plusieurs rapports[4].

Dès leur arrivée, Picasso et Casagemas apprirent, grâce au réseau catalan, qu'un atelier était sur le point de se libérer à Montmartre en raison du départ de leur célèbre compatriote Nonell, dont l'exposition chez Vollard s'était terminée en avril. La maison située rue Gabrielle était suffisamment grande pour y installer des ateliers – Casagemas avait aussi l'ambition de devenir peintre – et même, comme nous le verrons, pour loger pas moins de six personnes! Un autre ami peintre, Manuel Pallarès, arriva de Barcelone quelques jours plus tard (pl. 1), et les trois compagnons furent bientôt rejoints par trois modèles, Germaine Gargallo (alias Laure Florentin), sa sœur Antoinette (future Madame Fornerod) et une autre femme du nom d'Odette (alias Louise Lenoir), qui eut une liaison avec Picasso. Casagemas envoya des lettres à Barcelone décrivant les nouvelles dispositions, peu conventionnelles, prises par le groupe: « Nous avons estimé que nous nous levions trop tard, que nous mangions à des heures indues et que tout commençait à aller à vau-l'eau. En plus [...] Odette commençait à s'abrutir à cause de l'alcool, dont elle avait la bonne habitude de s'imprégner chaque soir. Nous avons donc décidé que ni les femmes ni nous n'irions nous coucher plus tard que minuit et que nous terminerions tous les jours de déjeuner avant une heure, et qu'après le déjeuner nous nous consacrerions à nos tableaux tandis que les femmes s'adonneraient aux tâches féminines, c'est-à-dire coudre, nettoyer, nous embrasser et se laisser 'peloter'. Enfin, mon ami, c'est une sorte d'Eden ou d'Arcadie obscène »[5].

Outre son symbolique travail de reportage, Picasso avait aussi une raison personnelle de fréquenter l'Exposition: son tableau *Derniers moments* avait été sélectionné pour figurer dans la section espagnole au Grand Palais. Cette grande toile, montrant la visite d'un prêtre à une mourante, avait déjà fait partie de l'exposition de Picasso à Barcelone

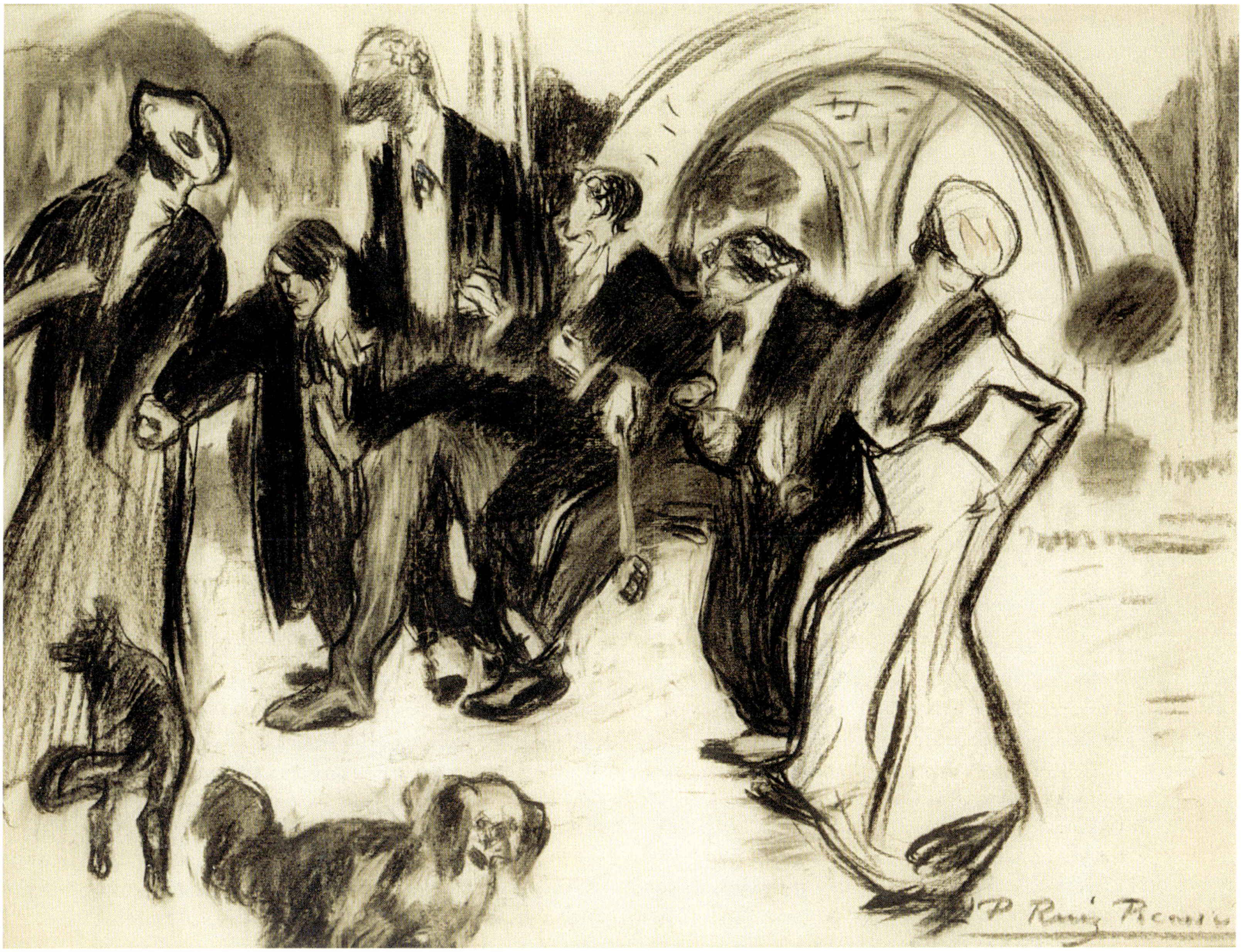

PL. 3 ***La sortie de l'Exposition universelle***
Paris, 1900
Fusain et crayons de couleur sur papier, 47,6 x 62 cm
Collection privée, Suisse, avec l'aimable autorisation
de la E & R Cyzer Gallery, Londres
Odette, Picasso, Pichot, Utrillo, Casagemas et Germaine
devant l'entrée principale de l'Exposition.

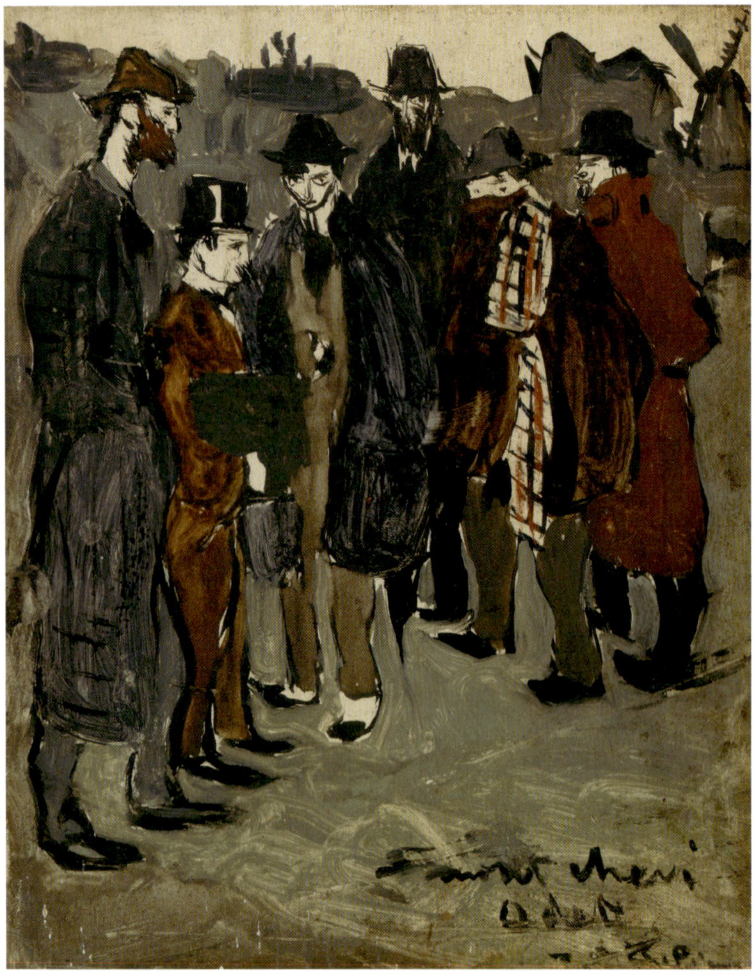

FIG. 2 ***Groupe de Catalans à Montmartre : Pichot, Mañach, Casagemas, Brossa, Picasso et Gener***
Paris, 1900
Huile sur panneau, 24,1 x 18,7 cm
The Barnes Foundation, Merion, Pennsylvanie

en février. Un seul critique français mentionna le tableau parmi les œuvres remarquables, écrivant qu'« Un sentiment vrai et douloureux vibre dans les *Derniers moments* de Ruiz Picasso »[6]. Le fait que cette toile ait été choisie pour représenter la toute dernière peinture espagnole, au détriment des œuvres proposées par des artistes barcelonais reconnus[7], contribua à porter au devant de la scène le nom du jeune Picasso, du moins dans son pays natal. Mais cette reconnaissance limitée était elle-même sur le point d'évoluer.

Parmi les premiers contacts qui aidèrent Picasso à Paris, on relève le nom de Pere Mañach, un Catalan qui s'était déjà fait un nom à la fois comme dandy et comme intermédiaire pour plusieurs marchands de Montmartre[8]. Fils d'un serrurier et fabriquant de coffres-forts barcelonais, Mañach s'était initialement rendu à Paris au début des années 1890 afin d'y exercer le métier familial[9], mais il interrompit ses études pour ouvrir une petite boutique qui achetait et vendait des antiquités. Lorsque l'occasion se présentait, il soutenait aussi de jeunes artistes, de préférence espagnols, parmi lesquels bon nombre des Catalans arrivés à la fin des années 1890[10]. Dans une lettre envoyée à son ami Reventós à Barcelone, Casagemas évoque la première visite de Mañach à leur atelier de Montmartre, le 19 novembre 1900 : « L'homme que nous attendions vient de partir. Il a un magasin de bric-à-brac tout près, où j'ai vu des tableaux, et il est certain qu'il va nous en acheter quelques-uns. Nous attendons une réponse et l'argent s'il en achète un. L'intermédiaire est un type appelé Mañac et il ne prend que 20 % »[11].

En outre, Mañach aurait passé un contrat avec Picasso, selon lequel il lui verserait 150 francs par mois en échange de sa production artistique[12]. Casagemas relevant également dans sa lettre que Picasso et lui-même cherchaient,

FIG. 3 ***Corrida***
Barcelone, 1900
Pastel sur papier, 28 x 28 cm
Collection privée, Paris

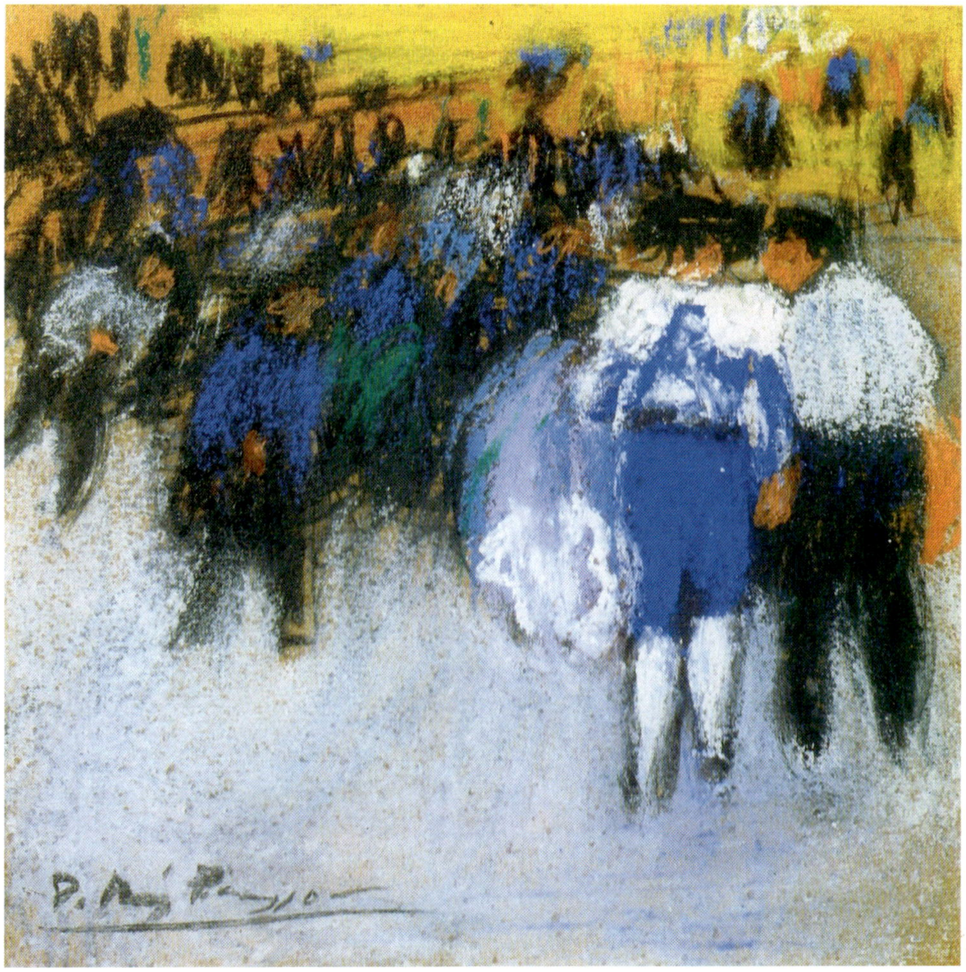

par manque d'argent, un moyen d'éviter de payer le loyer de l'atelier de la rue Gabrielle, la promesse d'un revenu a dû provisoirement les rassurer. Mañach apparaît dans un dessin de Picasso évoquant ses amis espagnols sur la colline de Montmartre (fig. 2): à gauche on distingue Pichot, à côté de Mañach, tandis que Casagemas et Picasso sont au centre avec, derrière eux, les écrivains barcelonais Jaume Brossa et Pompeu Gener[13].

C'est Mañach qui introduisit Picasso auprès d'acheteurs potentiels, parmi lesquels le consul d'Espagne Emmanuel Virenque, qui acheta *La danseuse bleue* (1900, collection privée), qui montre une artiste aux côtés d'un Pierrot lors d'un spectacle de cabaret au Divan japonais, et une scène de corrida intitulée *L'entrée de la Plaza* (1900, Museum of Modern Art, Toyama)[14]. Un autre collectionneur, le conseiller d'État Olivier Sainsère, aurait acquis un tableau représentant un enfant vêtu de blanc[15]. La marchande Berthe Weill – qui, avec l'aide de Mañach, venait d'ouvrir une petite galerie au 25 de la rue Victor-Massé[16] – vint à l'atelier de Picasso et lui acheta trois pastels représentant des corridas (fig. 3), qu'elle revendit immédiatement à Adolphe Brisson, critique dramatique et rédacteur en chef des *Annales politiques et littéraires*[17].

Picasso avait commencé à explorer la technique du pastel à Barcelone, mais une fois à Paris, il passa des scènes espagnoles, comme celles qui furent acquises par Weill, à des thèmes parisiens, parmi lesquels quelques croquis de mode française exécutés dans un minuscule carnet. Parmi les grands pastels qui ne furent pas vendus immédiatement figurent *L'étreinte* (pl. 5)[18] et *Dans la loge* (pl. 7). Ces compositions sont très révélatrices de sa nouvelle façon d'utiliser le pastel: des scènes de corrida vibrantes de lumière, dont

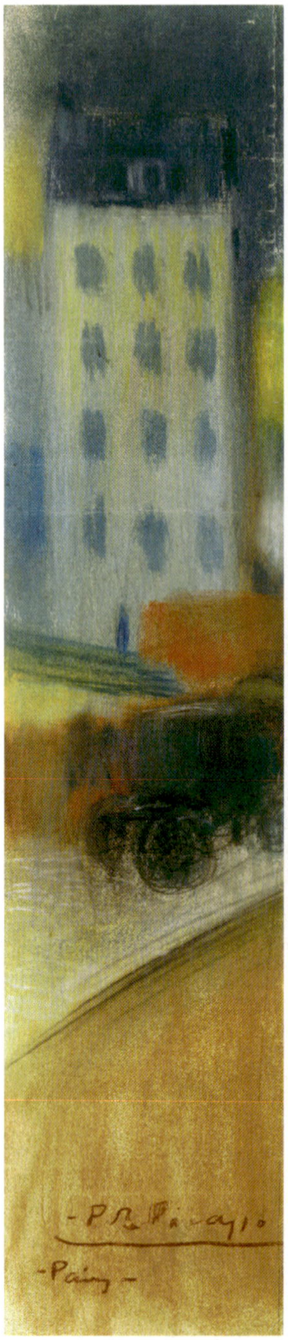

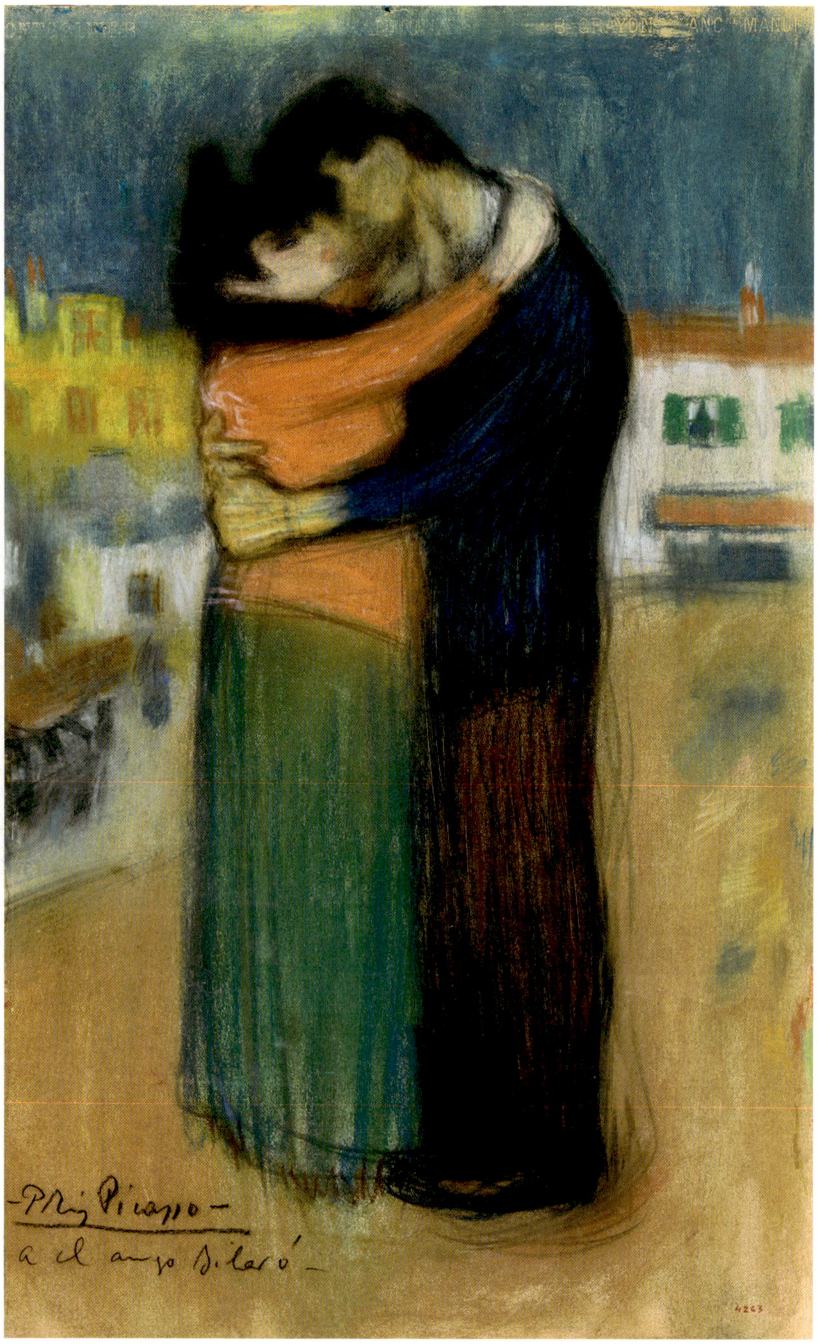

PL. 4 ***Maison et rue à Paris***
Paris, 1900
Pastel sur papier, 59 x 12,6 cm
Collection privée

PL. 5 ***L'étreinte***
Paris, 1900
Pastel sur papier, 59 x 35 cm
Museu Picasso, Barcelone

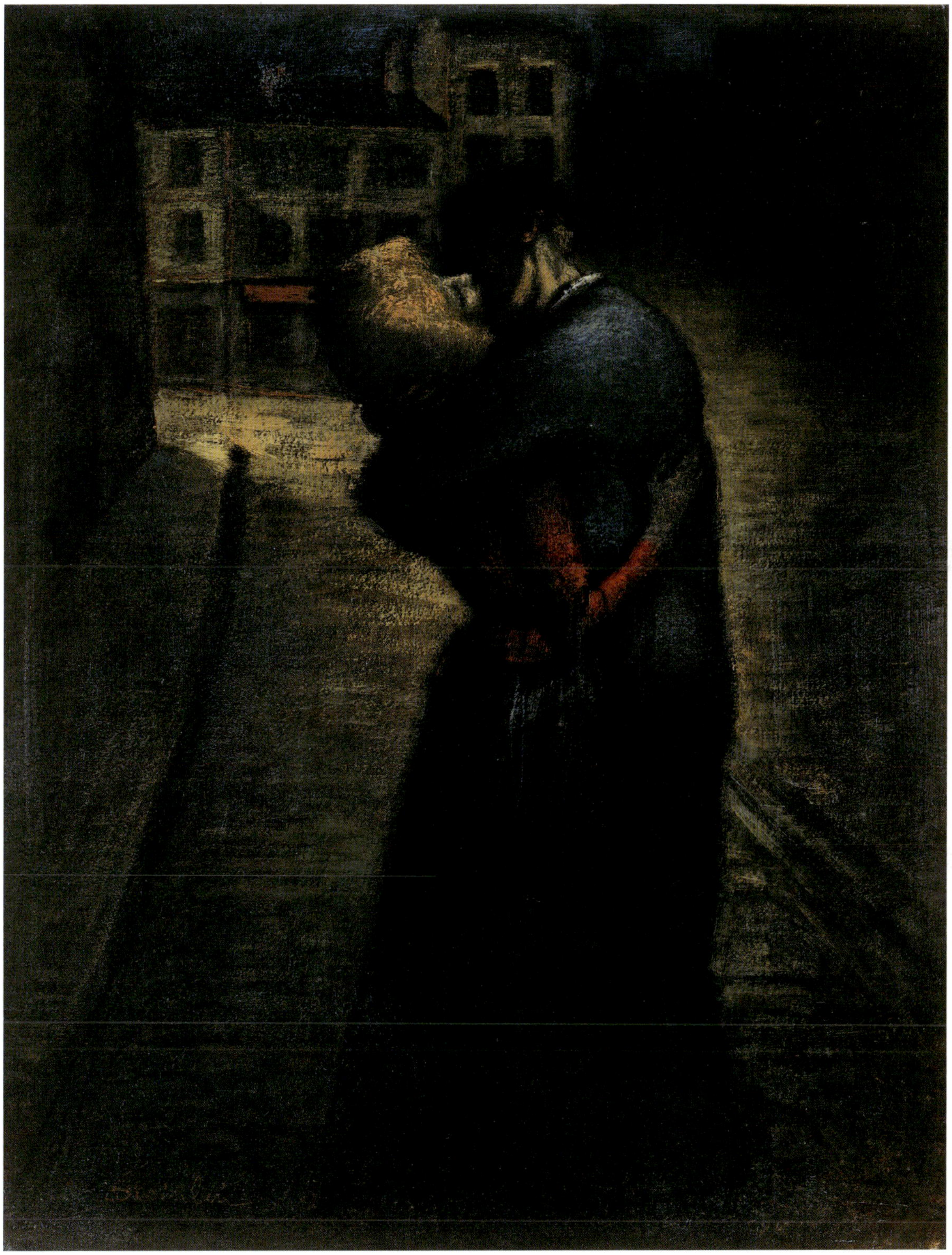

PL. 6 **THÉOPHILE-ALEXANDRE STEINLEN**
L'étreinte
1895
Huile sur carton, 65 x 50 cm
Association des Amis du Petit Palais, Genève

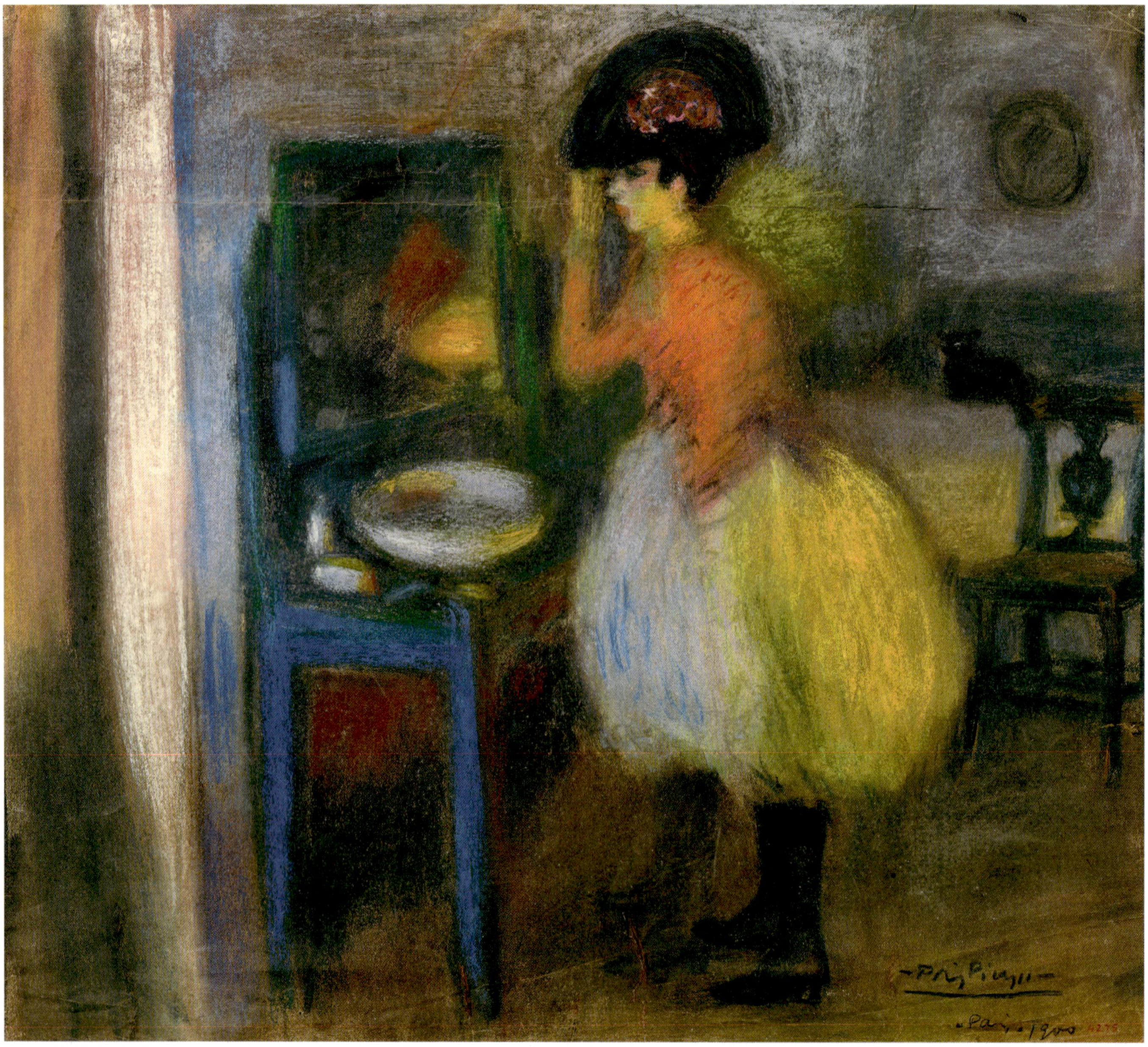

PL. 7 ***Dans la loge***
Paris, 1900
Pastel sur papier, 47,5 x 52,5 cm
Museu Picasso, Barcelone

les accents de couleur variés exprimaient le mouvement tout en apportant une touche de couleur locale, il était ainsi passé à des œuvres sombres et presque saturées de couleur dévoilant les coulisses de la vie qu'il découvrait dans la capitale française. Dans ces œuvres, la technique témoigne d'une grande assurance : l'espace est défini par une application généreuse du pastel, la couleur contribuant à l'expression des personnages. Quant au choix par Picasso d'un thème français, il s'explique sans doute par la forte impression que lui laissaient ceux qui s'embrassaient dans la rue. Ajoutons que son *Étreinte* est également très proche des représentations du même thème dues à Steinlen (pl. 6). Quoiqu'il fût aussi un étranger, l'artiste suisse Steinlen s'était fait un nom à Paris et exerça une énorme influence sur l'art graphique de Picasso et de sa génération, principalement à travers ses illustrations de périodiques.

Par l'intermédiaire de Weill, Picasso vendit aussi *Le Moulin de la Galette* (pl. 8) – le tableau le plus ambitieux de ceux réalisés dans l'atelier de la rue Gabrielle – à l'éditeur de *La Dépêche de Toulouse*, le collectionneur Arthur Huc. Cette composition faisait écho aux célèbres représentations par d'autres artistes reconnus de ce bal devenu le symbole de la vie moderne[19]. Il s'agissait manifestement d'un moyen pour le jeune Espagnol d'associer son nom aux leurs. Au lieu de donner à voir une fête en plein air, colorée et lumineuse, comme l'avait fait Renoir (*Bal au Moulin de la Galette*, 1876, Musée d'Orsay, Paris), Picasso nous présente une scène d'une atmosphère toute différente. La violence de l'éclairage donne aux visages maquillés des femmes des allures de masques. À cet égard, la composition rappelle certains tableaux de Toulouse-Lautrec, comme *Au Moulin rouge* (fig. 4), où le visage verdâtre de la femme à droite reflète une source de lumière électrique située en contrebas. Dans *Le Moulin de la Galette* de Picasso, la vue rapprochée des danseurs et la présence, à droite et à gauche, de personnages coupés, confèrent à la scène une immédiateté et invitent le spectateur à participer au spectacle, un procédé qu'on ne trouve pas seulement chez Toulouse-Lautrec mais aussi dans certaines œuvres de Degas.

La composition de Picasso peut être rapprochée d'une autre scène française du même genre, due elle aussi à un étranger : *La salle de danse à Arles* (fig. 5), peinte par Van Gogh en 1888. Quoiqu'elle ait été réalisée plus de dix ans auparavant et de surcroît dans le sud de la France, la vision de Van Gogh, montrant un espace ponctué par les halos des lampes, présente certains des éléments suggestifs que Picasso choisira de représenter. Dans les deux compositions, les danseurs forment une masse compacte – une communion d'individus tout à leur danse. Alors que la scène de Van Gogh célèbre la gaieté d'une fête provinciale, le cadre choisi par Picasso est parisien. Dans sa composition, l'accent est mis sur les visages féminins au maquillage criard et sur le danseur au centre qui, comme celui coupé à droite, est montré de dos. Il est tentant de penser que Picasso ait vu la toile de Van Gogh, puisqu'il est probable qu'elle se soit trouvée en possession de Vollard dès 1900, mais aucun document ne mentionne une visite de Picasso à sa galerie lors de son premier voyage à Paris[20].

De nombreux rapprochements peuvent être faits entre la manière dont Picasso découvrit Paris et les premières expériences de Van Gogh dans la capitale française quelque quatorze ans plus tôt. Les deux artistes s'installèrent d'abord dans le quartier bohème de Montmartre qui dominait la ville, et tous deux furent rapidement introduits dans le monde des marchands d'art et des galeries – Van Gogh

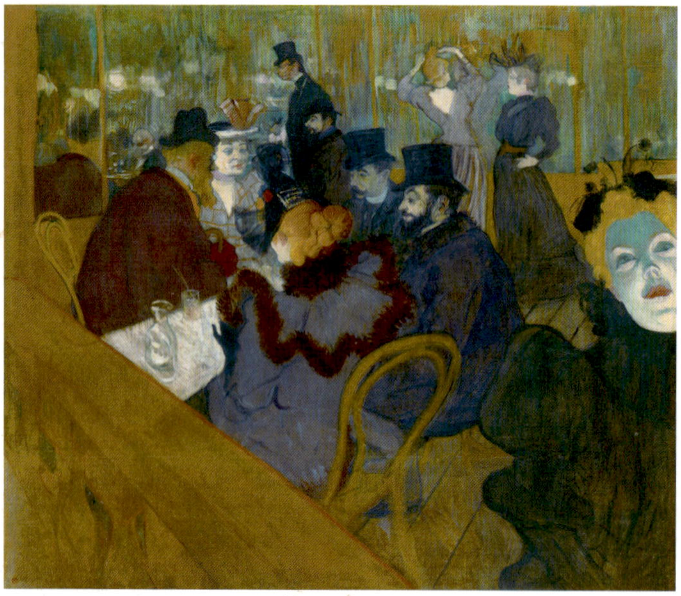

FIG. 4 **HENRI DE TOULOUSE-LAUTREC**
Au Moulin rouge
1892–1895
Huile sur toile, 123 x 141 cm
The Art Institute of Chicago, Helen Birch Bartlett Memorial Collection

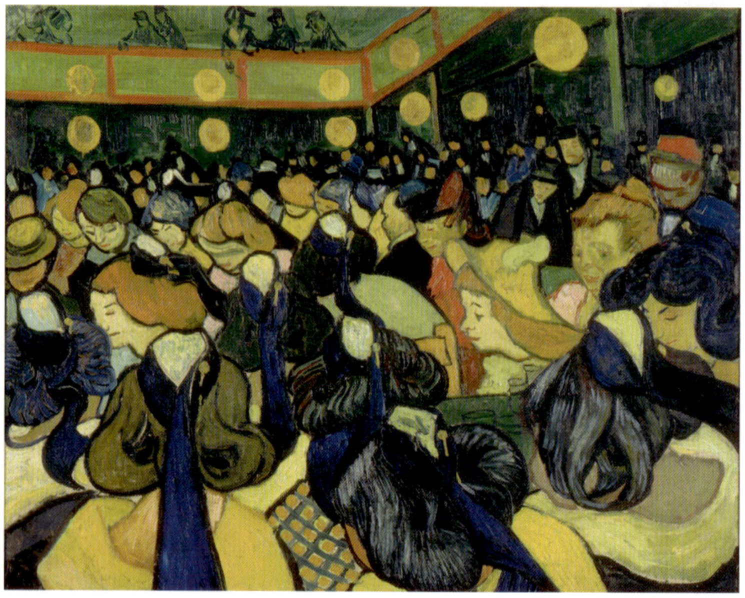

FIG. 5 **VINCENT VAN GOGH**
La salle de danse à Arles
Arles, 1888
Huile sur toile, 65 x 81 cm
Musée d'Orsay, Paris

à travers son frère Theo, et Picasso par l'entremise du Catalan Mañach. En matière de réaction artistique, il est également possible d'établir un parallèle entre les deux œuvres. Le visage de Paris, qui venait de connaître une rapide évolution, fournissait une nouvelle matière à leurs compositions. Van Gogh se concentra principalement – mais pas exclusivement – sur le paysage, en peignant des vues très lumineuses de la Butte de Montmartre et des zones plus éloignées situées au-delà des limites de la ville (pl. 9, 10, 11). Pour sa part, Picasso se concentra sur les citadins et porta une attention privilégiée à la vie qu'il pouvait observer dans les rues et aux activités du Paris nocturne. Même s'il est difficile de déterminer avec précision la liste des œuvres de Van Gogh que Picasso aurait pu voir une fois arrivé à Paris, l'éclat de sa propre palette et la facture vigoureuse qu'il adopta, en particulier en 1901, attestent que la découverte de l'œuvre de l'artiste hollandais se produisit assez tôt.

Contrairement à Picasso, Casagemas ne semble pas avoir eu beaucoup de chance à Paris, ni en peinture, ni en amour. Il entra dans une profonde dépression suite à l'échec de sa relation amoureuse avec Germaine Gargallo, ce qui incita Picasso à le ramener en Espagne pour Noël. Quand Casagemas retourna seul dans la capitale française début février 1901, il occupa l'atelier du boulevard de Clichy dans lequel Pallarès s'était installé après le départ des deux artistes en décembre[21]. Entre-temps, Picasso avait décidé de se rendre à Madrid, où il travailla comme illustrateur et coéditeur d'une nouvelle revue artistique : *Arte Joven*. Alors qu'il se trouvait dans la capitale espagnole, il apprit par des amis communs la nouvelle de la mort de Casagemas. Lors d'un repas festif qu'il avait lui-même organisé dans un restaurant proche de l'atelier, son ami avait sorti un pistolet pour tirer sur Germaine, mais il l'avait manquée. Casagemas avait alors retourné son arme contre lui avant de tirer un coup fatal. Son suicide ébranla Picasso et ce au

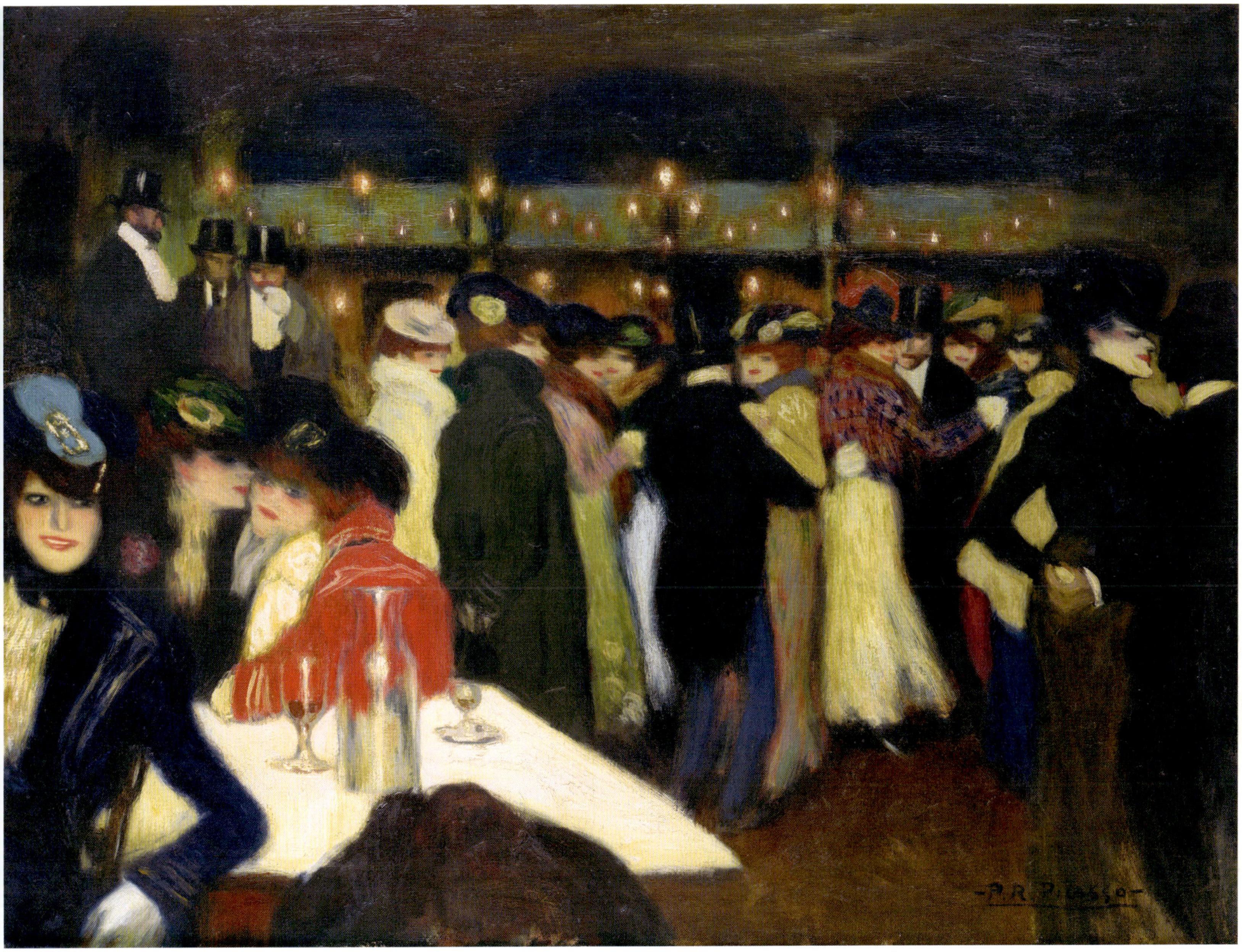

PL. 8 ***Le Moulin de la Galette***
Paris, 1900
Huile sur toile, 88,2 x 115,5 cm
Solomon R. Guggenheim Museum, New York
Thannhauser Collection, don de Justin K. Thannhauser, 1978

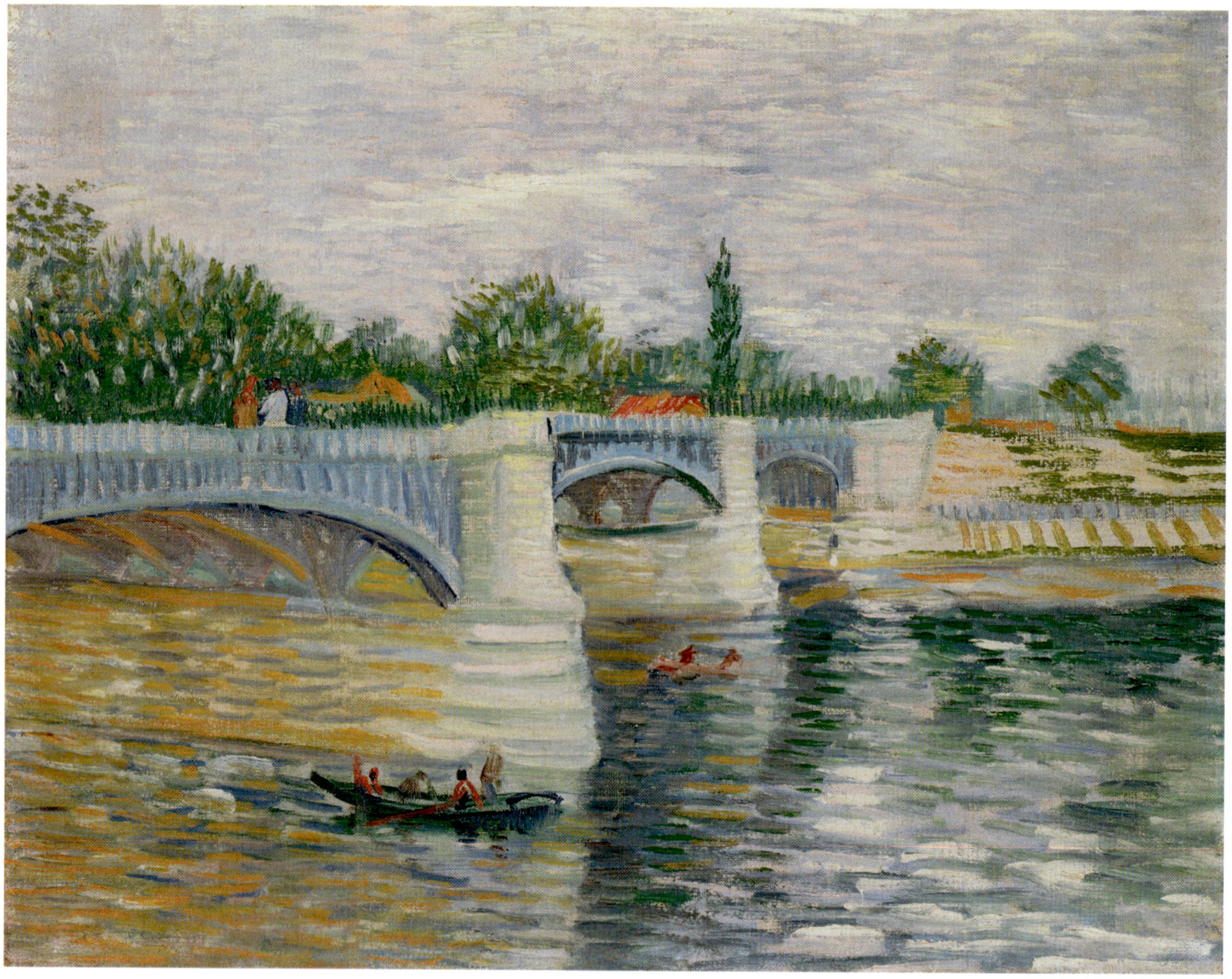

PL. 9 **VINCENT VAN GOGH**
Le pont de Courbevoie
Paris, 1887
Huile sur toile, 32 x 40 cm
Van Gogh Museum, Amsterdam
(Fondation Vincent van Gogh)

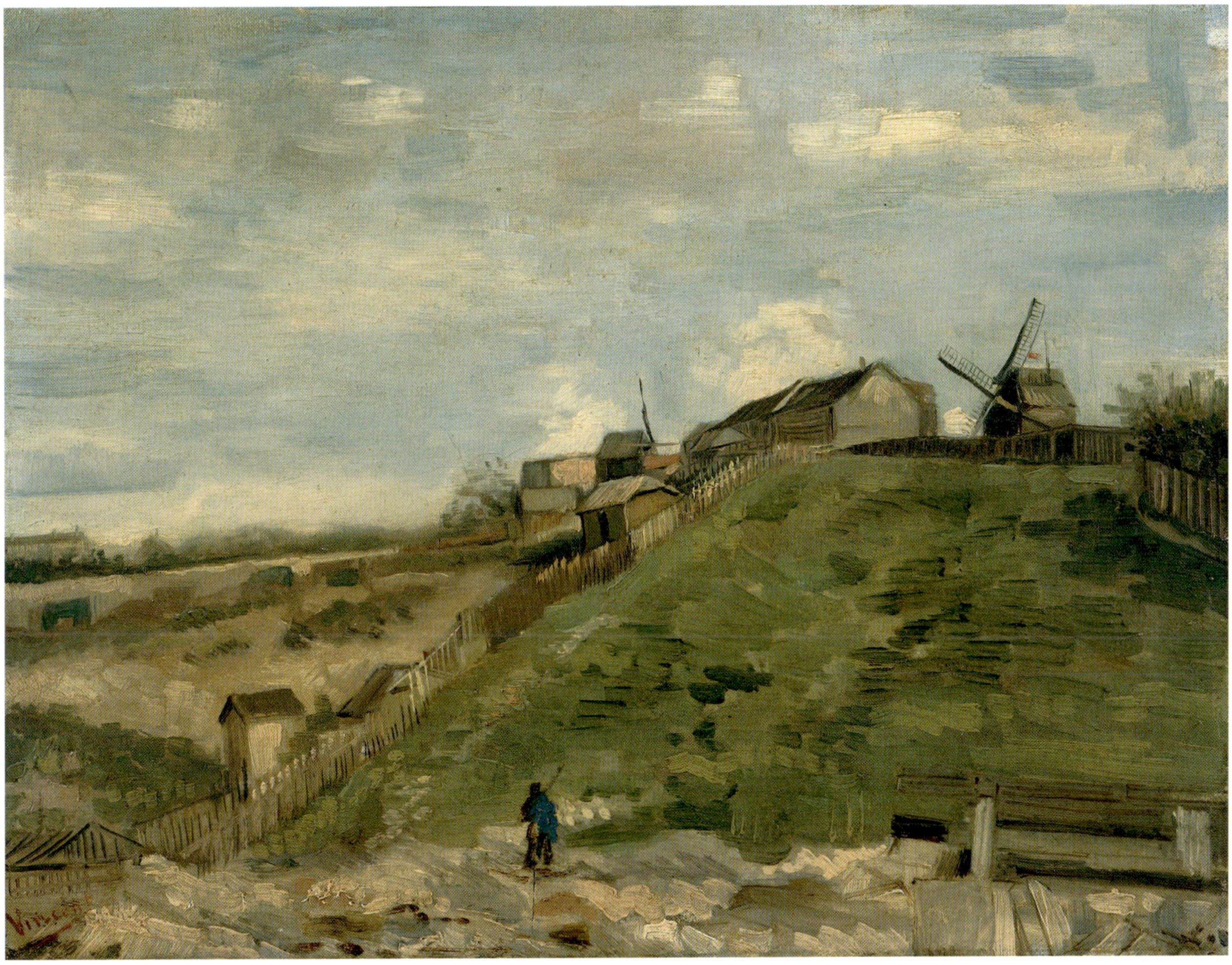

PL. 10 **VINCENT VAN GOGH**
La colline de Montmartre avec une carrière de pierres
Paris, 1886
Huile sur toile, 32 x 41 cm
Van Gogh Museum, Amsterdam
(Fondation Vincent van Gogh)

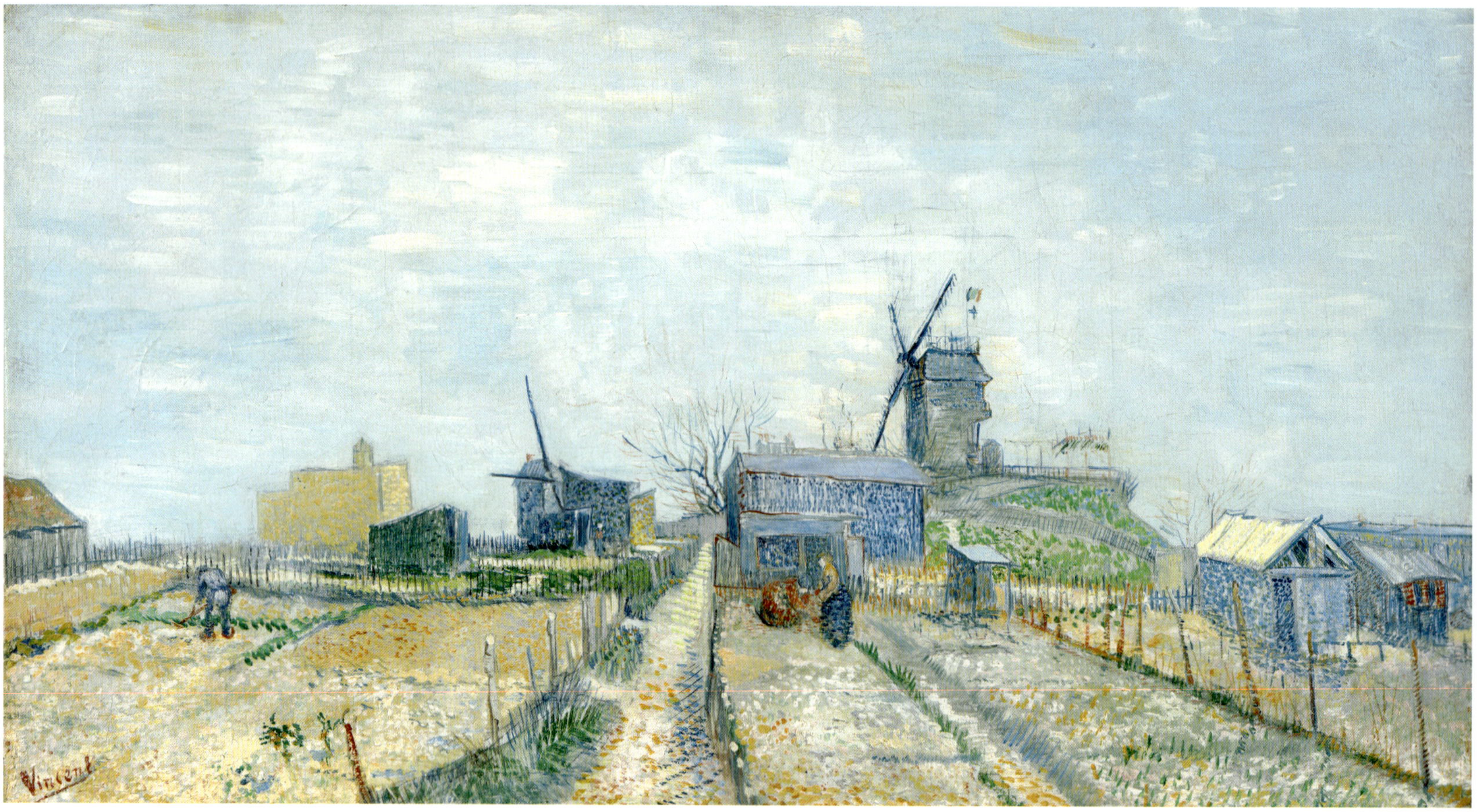

PL. 11 **VINCENT VAN GOGH**
Montmartre : moulins et jardins potagers
Paris, 1887
Huile sur toile, 44,8 x 81 cm
Van Gogh Museum, Amsterdam
(Fondation Vincent van Gogh)

FIG. 6 **RAMON CASAS**
Portrait de Picasso pour *Pèl & Ploma*
1901
Fusain, crayon Conté et pastel sur papier,
69 x 44,5 cm
MNAC, Museu Nacional d'Art de Catalunya,
Barcelone

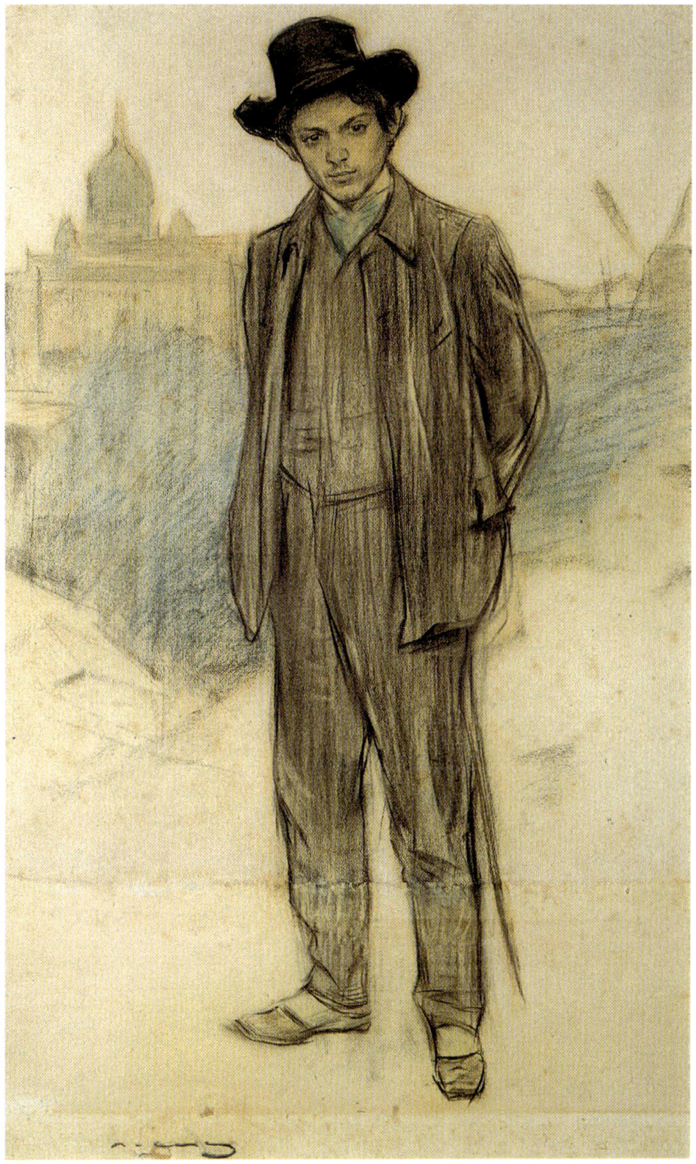

moment même où il hésitait quant à la direction à prendre. *Arte Joven* ne remportait pas un franc succès, et le manque d'argent ne l'encourageait pas à se lancer dans une nouvelle entreprise artistique à Madrid. En outre, Mañach le pressait de lui envoyer des œuvres afin d'honorer son contrat, si bien que l'artiste décida, à la fin du printemps, que la meilleure chose à faire était de retourner à Paris.

S'arrêtant sur le trajet, il passa une dizaine de jours chez lui à Barcelone, et pendant cette période, il rassembla un petit groupe de pastels qu'il avait ramenés de Madrid pour une exposition à la Sala Parés. À l'occasion de cette exposition, dont l'ouverture était prévue au milieu du mois, un article sur Picasso parut dans la revue *Pèl & Ploma*. Le texte, écrit par Miquel Utrillo, exprimait la prise de conscience de la part des artistes barcelonais du fait que le benjamin de leur groupe était sur le point de connaître un réel succès à Paris. L'article était accompagné d'un portrait de Picasso par Casas (fig. 6), le montrant devant le Moulin de la Galette. Utrillo insistait sur sa formation espagnole, relevant que les pastels de l'exposition à la Sala Parés ne représentaient « qu'un des aspects du talent de Picasso, qui sera très discuté mais non moins apprécié »[22].

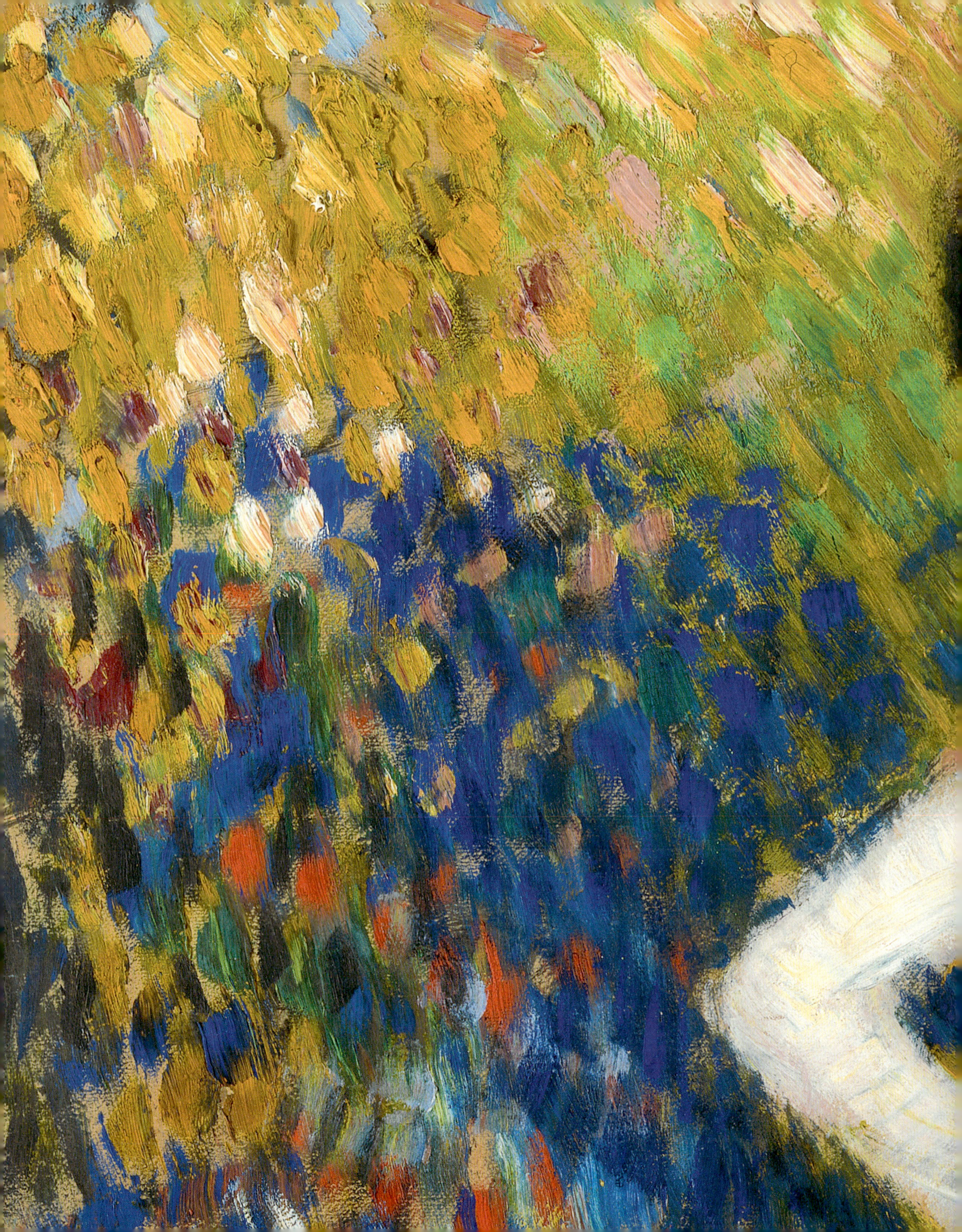

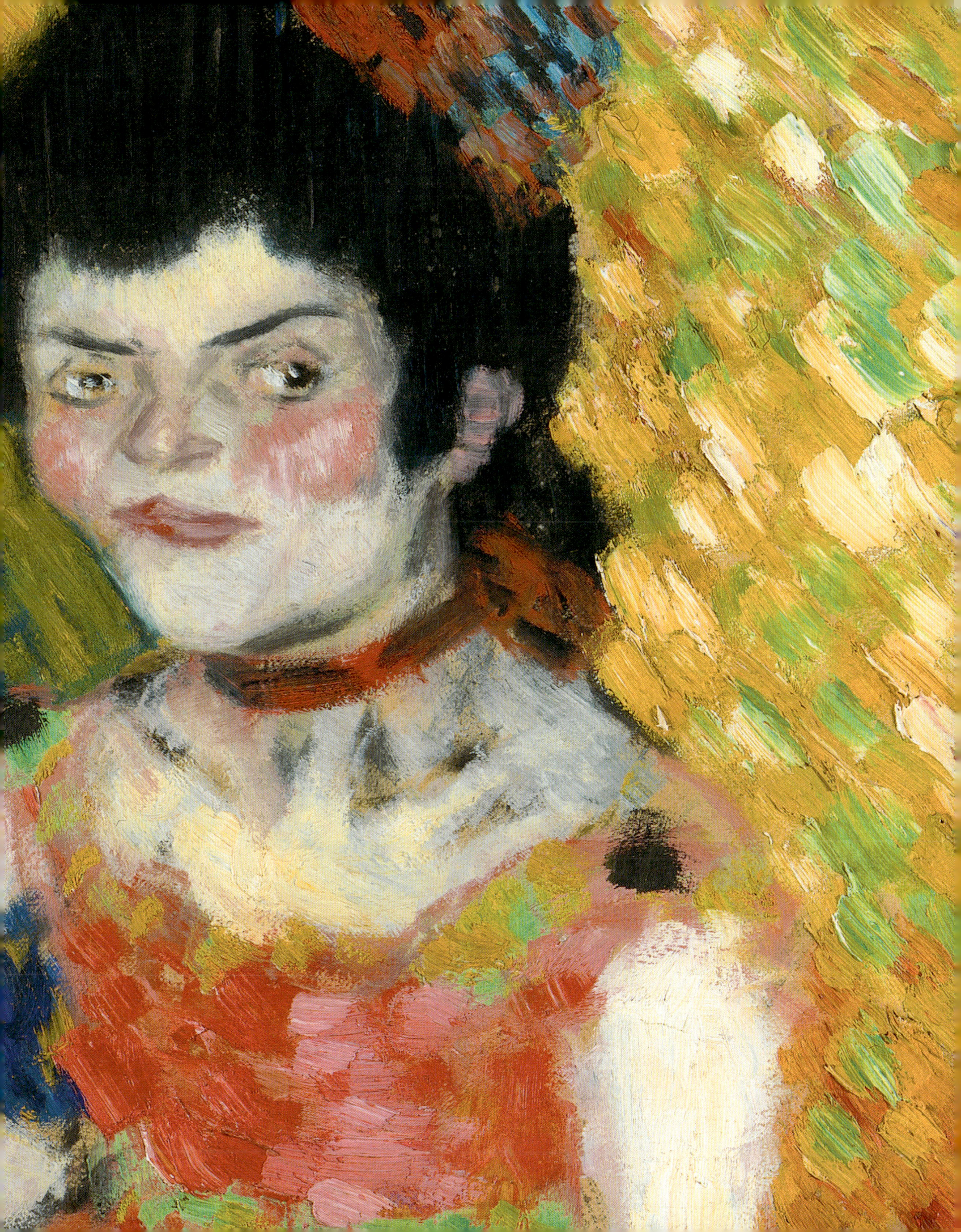

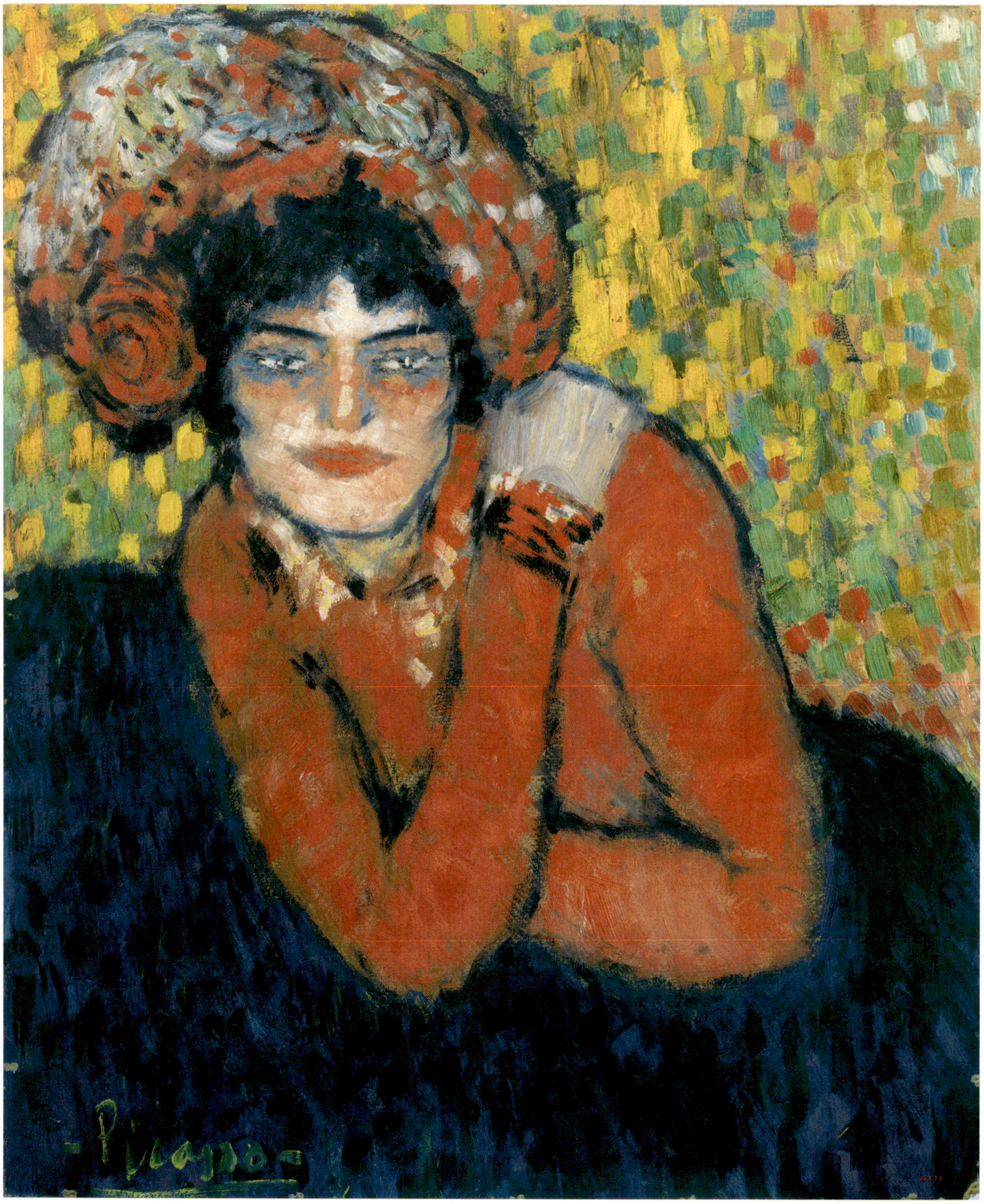

PL. 12 ***L'attente (Margot)***

Paris, 1901

Huile sur carton, 68,5 x 56 cm

Museu Picasso, Barcelone

L'EXPOSITION CHEZ VOLLARD EN 1901

MARILYN McCULLY

Pendant l'absence de Picasso, Mañach avait cherché un lieu pouvant accueillir une grande exposition de son œuvre[1]. L'espace disponible chez Weill étant insuffisant, le choix de la galerie Vollard semblait tout indiqué. Le marchand tenant beaucoup à exposer des artistes espagnols – les œuvres de Nonell et celles de Canals avaient été bien accueillies –, Mañach organisa une rencontre entre Picasso et Vollard, qui eut lieu à la galerie de la rue Laffitte[2]. De son côté, Picasso se réjouissait de cette possibilité d'exposer, mais il était tout aussi ravi d'avoir ainsi l'occasion de découvrir une partie du célèbre stock de Vollard, qui comprenait entre autres des toiles de Cézanne, Redon, Gauguin et Van Gogh[3]. L'accueil positif réservé par les critiques aux expositions « espagnoles » antérieures décida Vollard à présenter l'Andalou en même temps qu'un autre Espagnol, le Basque Francisco Iturrino, dans une exposition conjointe qui devait ouvrir ses portes le 25 juin. L'écrivain Gustave Coquiot accepta d'écrire la préface du catalogue. Il y oppose l'« hispagnolisme » d'Iturrino, le plus âgé des deux, à la contribution « juvénile, abondante, variée, 'parisienne' de M. Pablo Ruiz Picasso »[4].

Iturrino était l'un des premiers Espagnols de Paris rencontrés par Picasso et Casagemas en octobre de l'année précédente[5]. Connu à la fois comme peintre et comme graveur, le Basque avait étudié et vécu plusieurs années à Bruxelles avant de s'établir à Paris en 1895. Son atelier sur le boulevard de Clichy n'était situé qu'à quelques immeubles de celui qu'occupait Picasso en 1901. L'image d'Iturrino, telle qu'elle apparaît dans *L'Espagnol à Paris* (pl. 13), était devenue célèbre – du moins auprès de ses collègues artistes – grâce à son auteur, le peintre belge Henri Evenepoel, qui avait exposé le portrait au Salon de

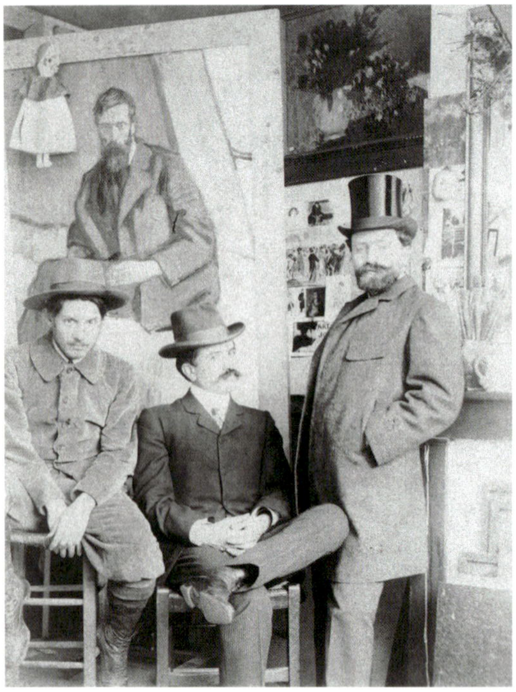

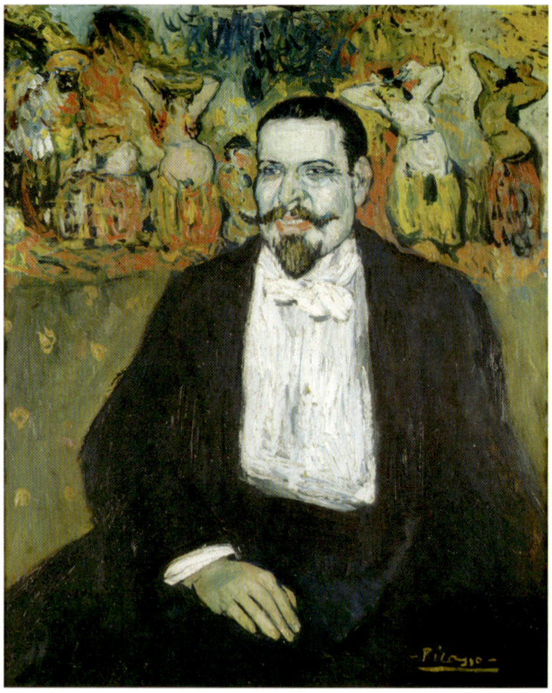

FIG. 7 Picasso, Mañach et Torres Fuster
devant le *Portrait d'Iturrino* peint par Picasso,
dans l'atelier du boulevard de Clichy
Paris, 1901
Musée national Picasso, Paris

FIG. 8 ***Portrait de Gustave Coquiot***
Paris, 1901
Huile sur toile, 100 x 81 cm
Centre Pompidou, Paris, Musée national d'Art moderne

Gand en 1899 et à l'Exposition universelle de 1900[6]. La contribution d'Iturrino à l'exposition chez Vollard comprenait 35 toiles – parmi lesquelles des scènes avec des Gitans, qui lui avaient permis de se faire un nom, et des scènes parisiennes – et un nombre indéterminé de dessins[7].

Pour sa part, Picasso dut travailler rapidement pour pouvoir remplir les murs de la partie de la galerie qui lui avait été attribuée. Si l'on excepte quelques œuvres ramenées d'Espagne[8], Picasso exécuta la majorité des compositions de cette exposition dans l'atelier du boulevard de Clichy autrefois occupé par Casagemas et le facétieux sculpteur catalan Manolo Hugué[9]. Picasso et Mañach avaient repris l'appartement de deux pièces. Picasso en occupait la plus grande, dans laquelle il pouvait travailler. Tandis que Mañach réglait différentes questions relatives à l'organisation de l'exposition, prenant notamment contact avec d'éventuels acheteurs et critiques[10], Picasso se mit à peindre. L'exposition chez Vollard lui offrait une chance de se faire un nom sur la scène française. Cependant, les œuvres qu'il préparait n'allaient pas être typiquement espagnoles, comme s'y attendait sans doute Vollard, mais d'inspiration résolument française.

Le temps et l'argent lui étant comptés, Picasso décida de travailler principalement sur des supports en carton de différents formats, et de peindre directement à l'huile sans aucune préparation particulière, évitant ainsi l'étape préliminaire du *gesso* qu'impose le travail sur toile. Il aurait réalisé jusqu'à trois tableaux par jour[11] et couvrit, dans certains cas, les deux faces du carton[12]. Il réalisa en outre plusieurs portraits à l'huile sur toile représentant ses protecteurs – Mañach, Coquiot et Vollard[13] – ainsi que son compagnon

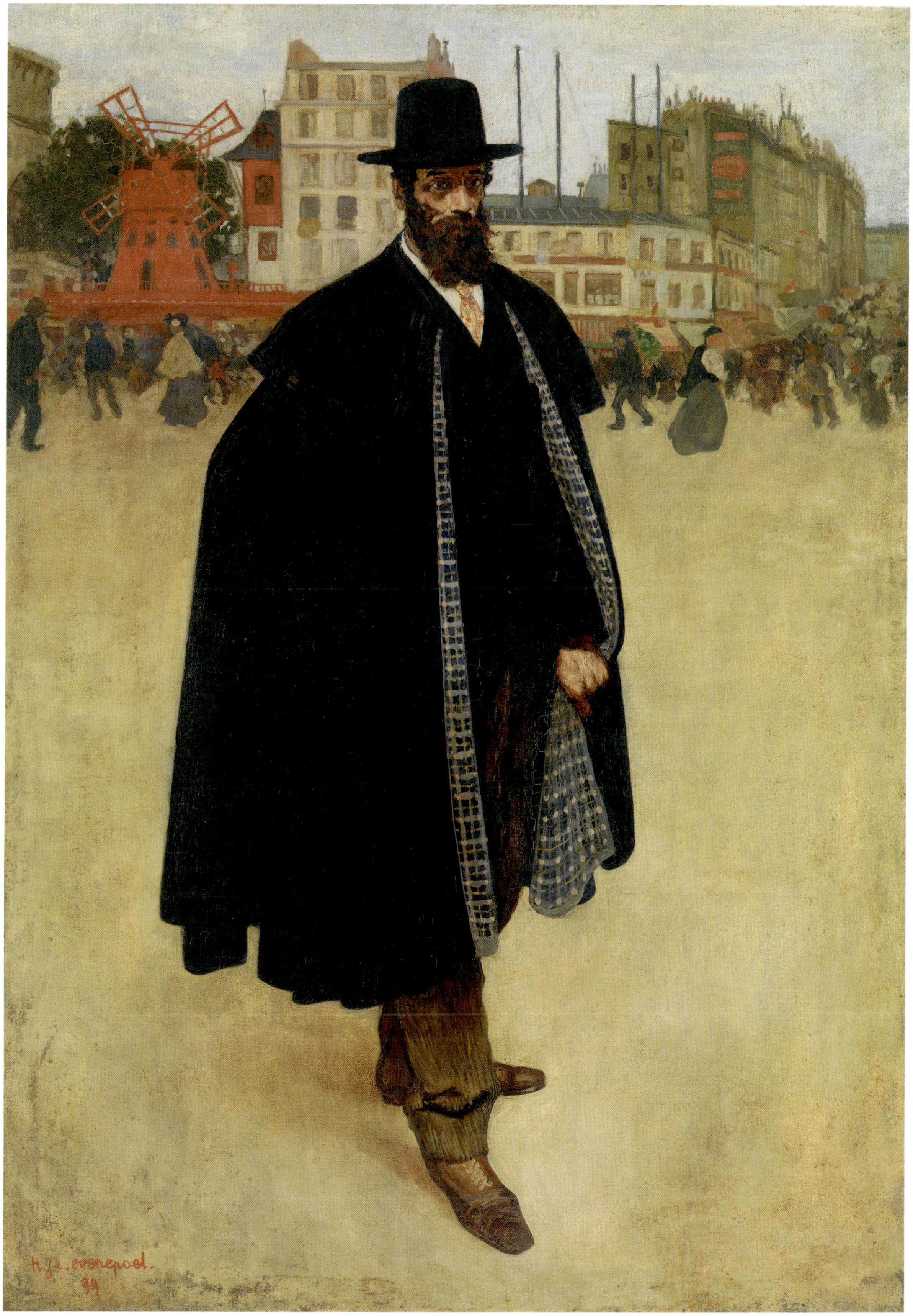

PL. 13 **HENRI EVENEPOEL**
L'Espagnol à Paris (Portrait de Francisco Iturrino)
1899
Huile sur toile, 217 x 152 cm
Museum voor Schone Kunsten, Gand

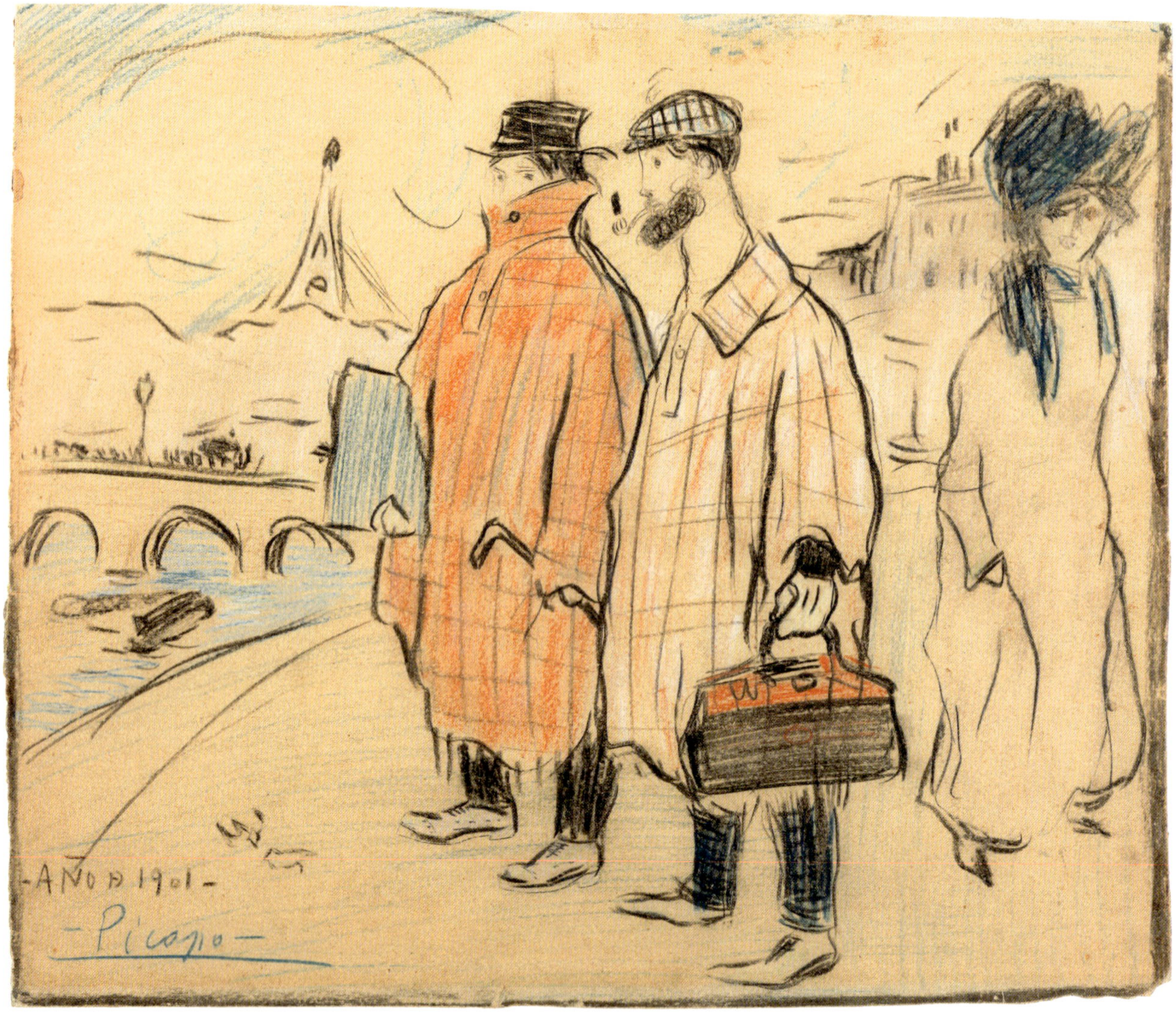

PL. 14 ***Picasso et Jaumandreu Bonsoms arrivant à Paris***
Paris, 1901
Crayons de couleur sur papier, 33 x 38 cm
Staatliche Museen zu Berlin, Nationalgalerie, Museum Berggruen, Berlin
Bonsoms, un ami de Casagemas, a accompagné Picasso lors de son deuxième séjour à Paris.

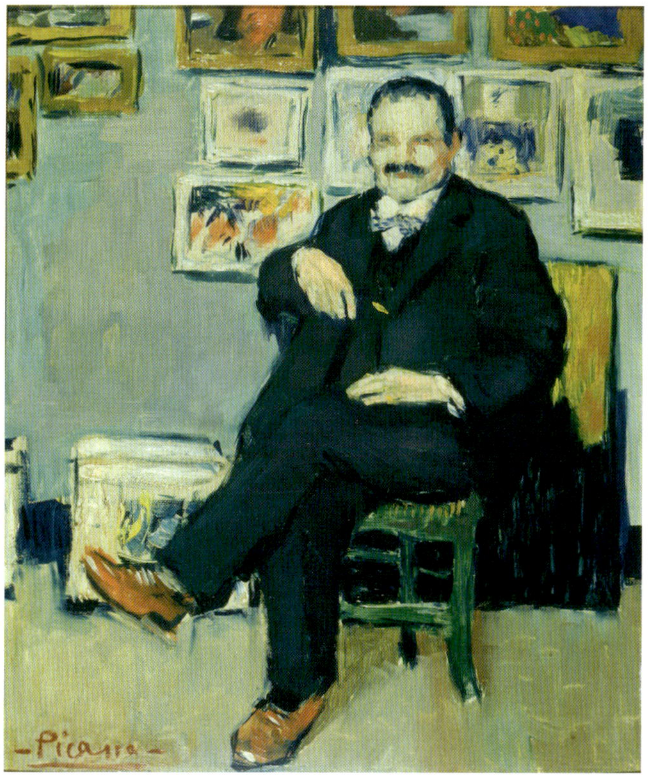

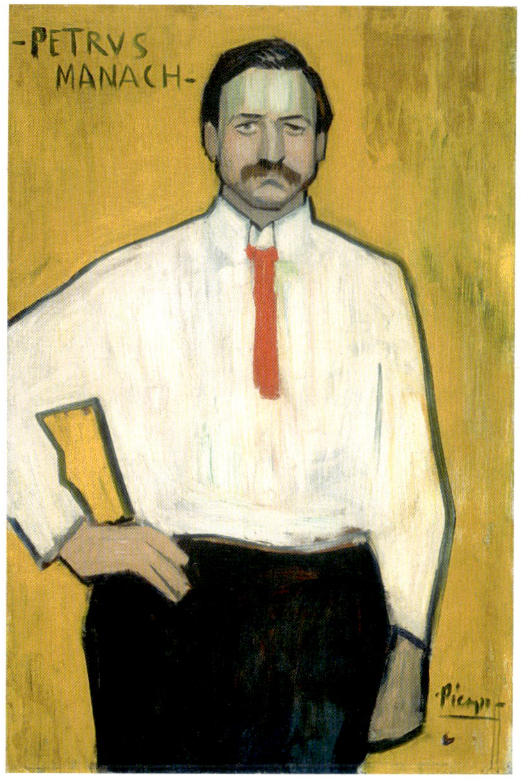

FIG. 9 ***Portrait d'Ambroise Vollard***
Paris, 1901
Huile sur carton, 46 x 38 cm
Stiftung Sammlung E.G. Bührle, Zurich

FIG. 10 ***Portrait de Pere Mañach***
Paris, 1901
Huile sur toile, 105,5 x 70,2 cm
National Gallery of Art, Washington, D.C., Chester Dale Collection

d'exposition Iturrino (fig. 7), mais cette dernière œuvre fut ensuite reléguée au dos d'une autre composition puis recouverte[14]. Quant à Coquiot (fig. 8), Picasso le représenta sur fond de vie nocturne parisienne, avec des danseuses exotiques se trémoussant à l'arrière-plan. La surface située derrière le personnage et sous les danseuses est traitée comme un espace plat sans profondeur et parsemé de taches de couleurs, un procédé de composition que l'on trouve dans les tableaux de Gauguin mais aussi de Van Gogh[15]. Le portrait de Vollard (fig. 9) montre le marchand assis dans sa galerie où figurent plusieurs tableaux de Picasso, posés à même le sol ou accrochés au mur. Parmi ces derniers, on reconnaît le n° 41 du catalogue intitulé «La Bête (appartient à Mme K. Kollwitz artiste-peintre à Berlin)» et le n° 50, intitulé «Rochers»[16] que l'on peut également voir au mur de l'atelier de Picasso dans le tableau *La chambre bleue* (pl. 56). Quant à Mañach (fig. 10), Picasso commença par le représenter dans une pose et un costume de torero, mais il modifia la composition en cours d'exécution[17]. Dans la version finale, il recouvrit la plus grande partie de l'habit de lumière traditionnel pour vêtir son personnage d'une simple chemise blanche, tout en conservant la cravate écarlate et un reliquat de la ceinture du torero.

Quand il s'est agi de faire un *Autoportrait* pour l'exposition (fig. 11), Picasso n'hésita pas une seconde: il allait se présenter non pas selon le modèle espagnol – comme il l'avait fait pour Mañach – mais comme un jeune homme résolument confiant et moderne, sur le point de percer sur la scène internationale et d'entamer une grande carrière. Il renonça à la palette sombre et monochrome et à la facture caractéristique de la tradition espagnole pour utiliser une technique picturale de bravoure et une palette vive

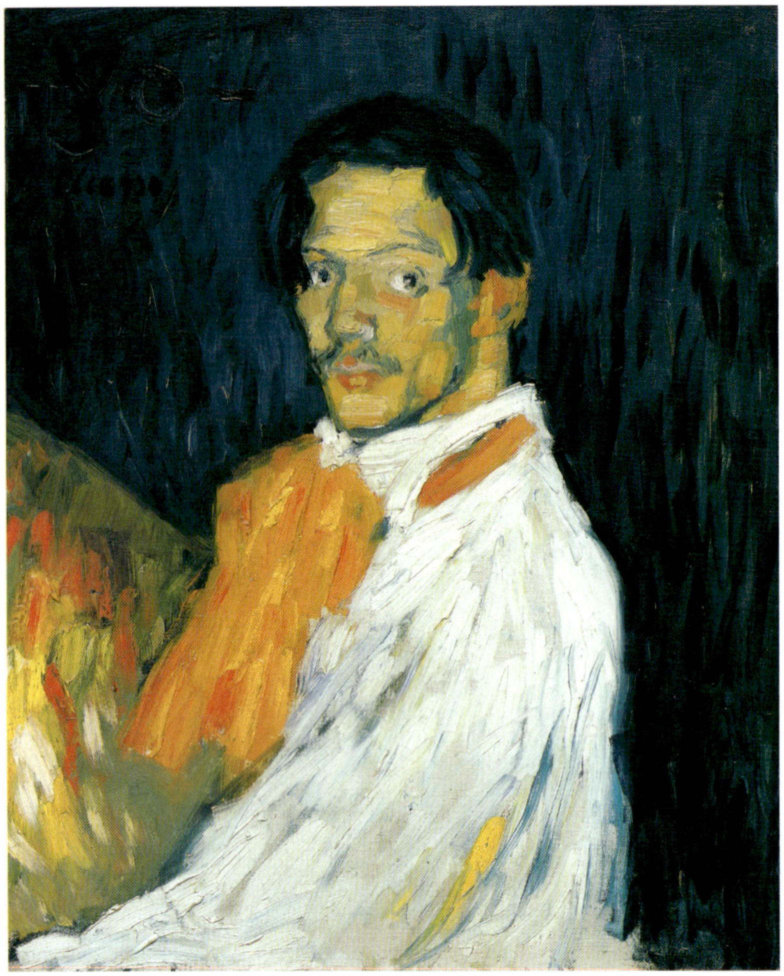

FIG. 11 ***Autoportrait («Yo, Picasso»)***
Paris, 1901
Huile sur toile, 73,5 x 60,5 cm
Collection privée

d'inspiration française. L'exécution très réfléchie traduit quant à elle une personnalité déterminée et énergique. Bien qu'il se représente en train de peindre devant son chevalet, ce détail est éclipsé par l'accent mis sur le foulard rouge vif, dont les rehauts de jaune trouvent un écho du côté du chevalet et dans les rythmes créés par les épaisses touches de peinture blanche marquant les ondulations de sa chemise.

Malgré le fait que le catalogue mentionne le titre de chaque œuvre, les 64 compositions présentées, ainsi que les dessins dont le nombre n'est pas spécifié, n'ont pas pu être identifiées avec certitude[18]. Néanmoins, le type de support utilisé et l'évolution de la signature de Picasso, de *–Pablo Ruiz Picasso–* (ou *–P R Picasso–*) à *–Picasso–*, ont permis d'identifier bon nombre d'œuvres ayant sans aucun doute été réalisées en prévision de cette exposition. On peut aussi, grâce aux titres du catalogue, se faire une idée assez précise des sujets sur lesquels se focalisa Picasso : les femmes, la vie quotidienne à Paris (pl. 17, 46, 50), la ville (pl. 45, fig. 16), les spectacles (pl. 38)... Ils reflètent, une fois encore, son désir de se présenter avant tout comme un observateur de la vie française moderne plutôt que comme un peintre de corridas et de Gitans, même si ces sujets étaient également traités, au même titre qu'une série de compositions florales (pl. 20)[19]. L'exposition aurait pu porter le titre *Paris le jour et la nuit* puisqu'un grand nombre des œuvres de Picasso montrées chez Vollard traitaient des aspects diurnes et nocturnes de la vie parisienne, tels qu'il les observait ou les vivait lui-même.

De nombreux titres du catalogue évoquent des femmes : clientes de café, demoiselles de magasin, danseuses ou chanteuses en train de se produire, ou encore prostituées se

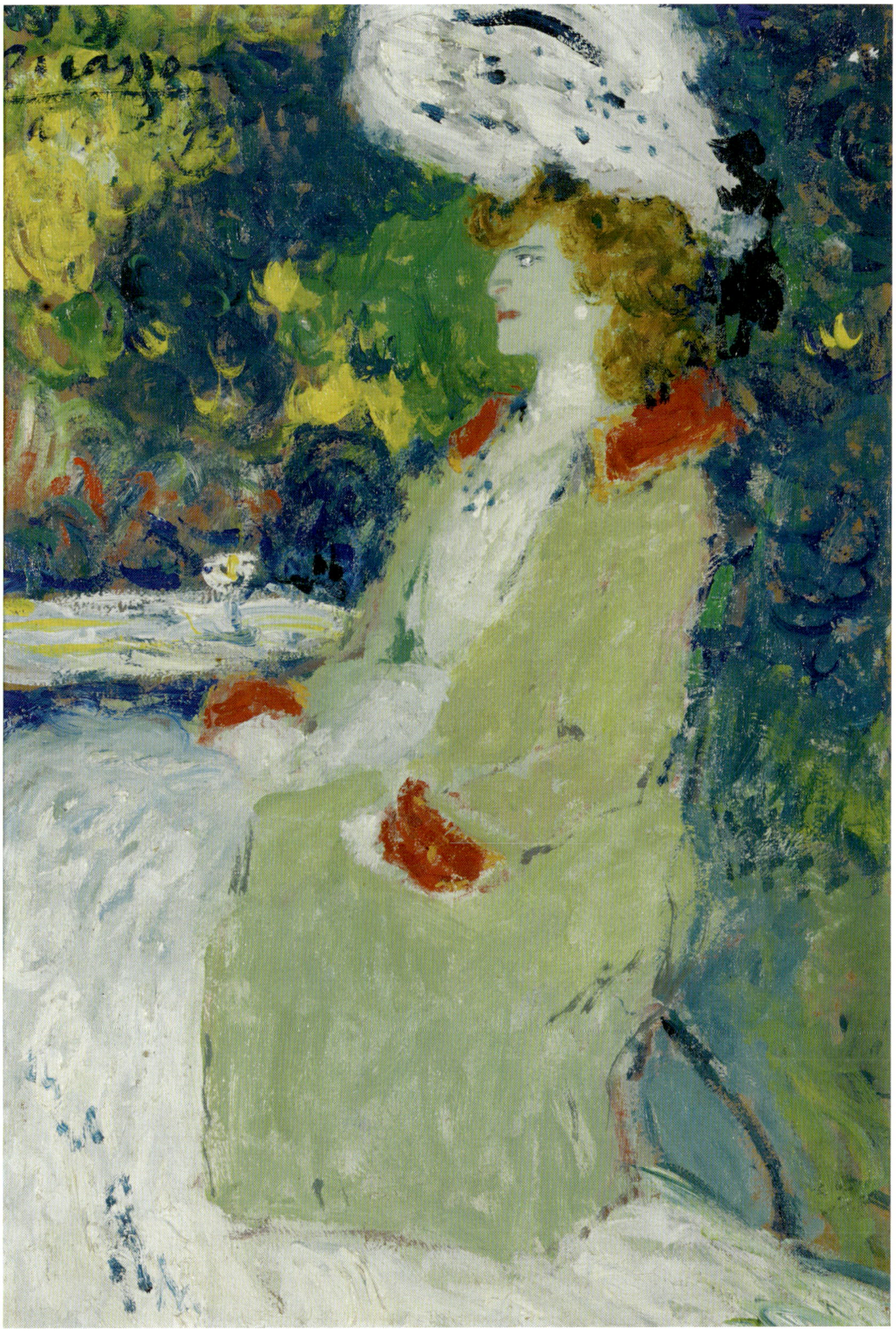

PL. 15 ***Femme dans un café***
Paris, 1901
Huile sur papier collé sur panneau, 53,5 x 35 cm
Museum Boijmans Van Beuningen, Rotterdam

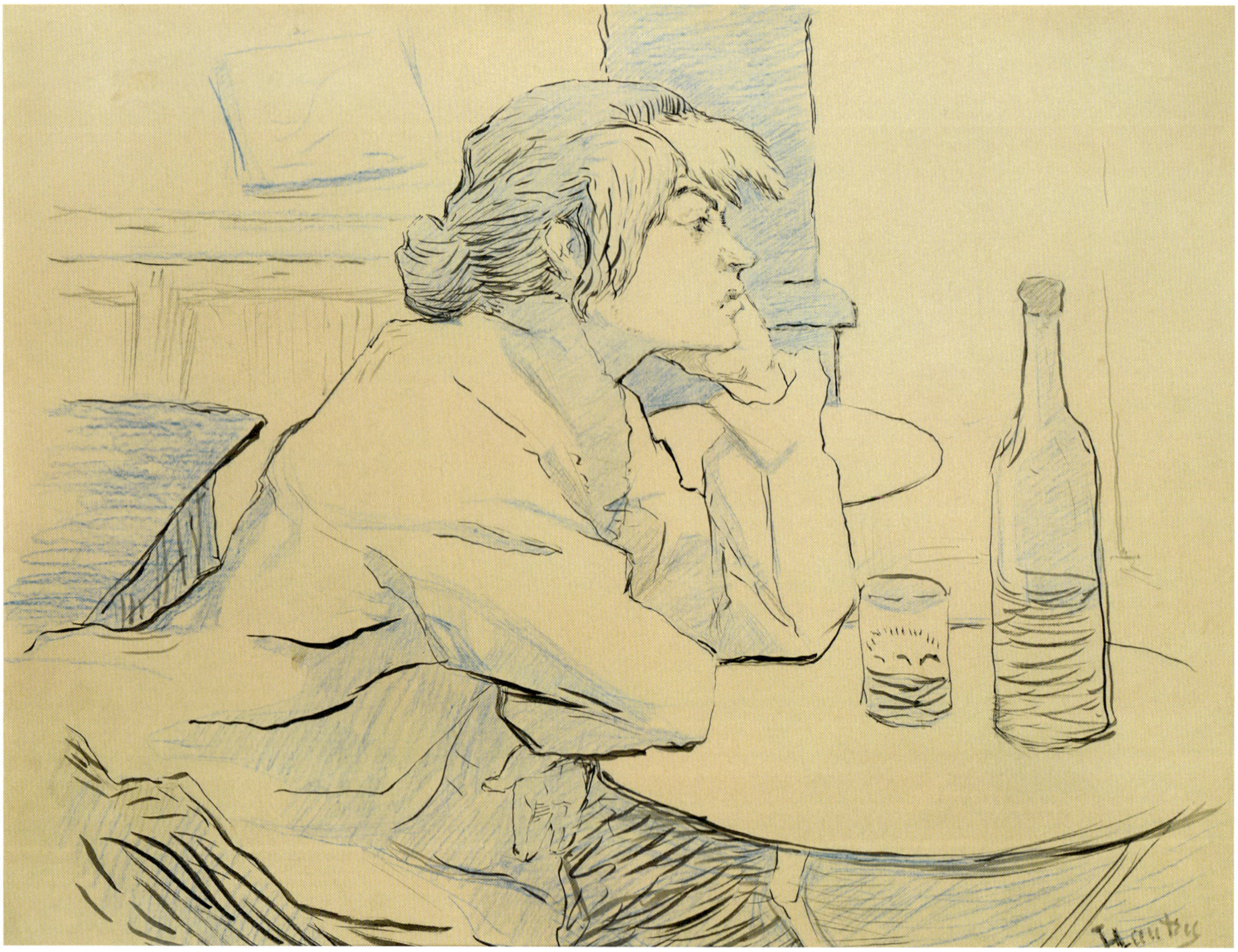

PL. 16 **HENRI DE TOULOUSE-LAUTREC**
***La buveuse* ou *Gueule de bois* (Suzanne Valadon)**
1889
Encre noire et crayons sur papier, 49 x 63 cm
Musée Toulouse-Lautrec, Albi

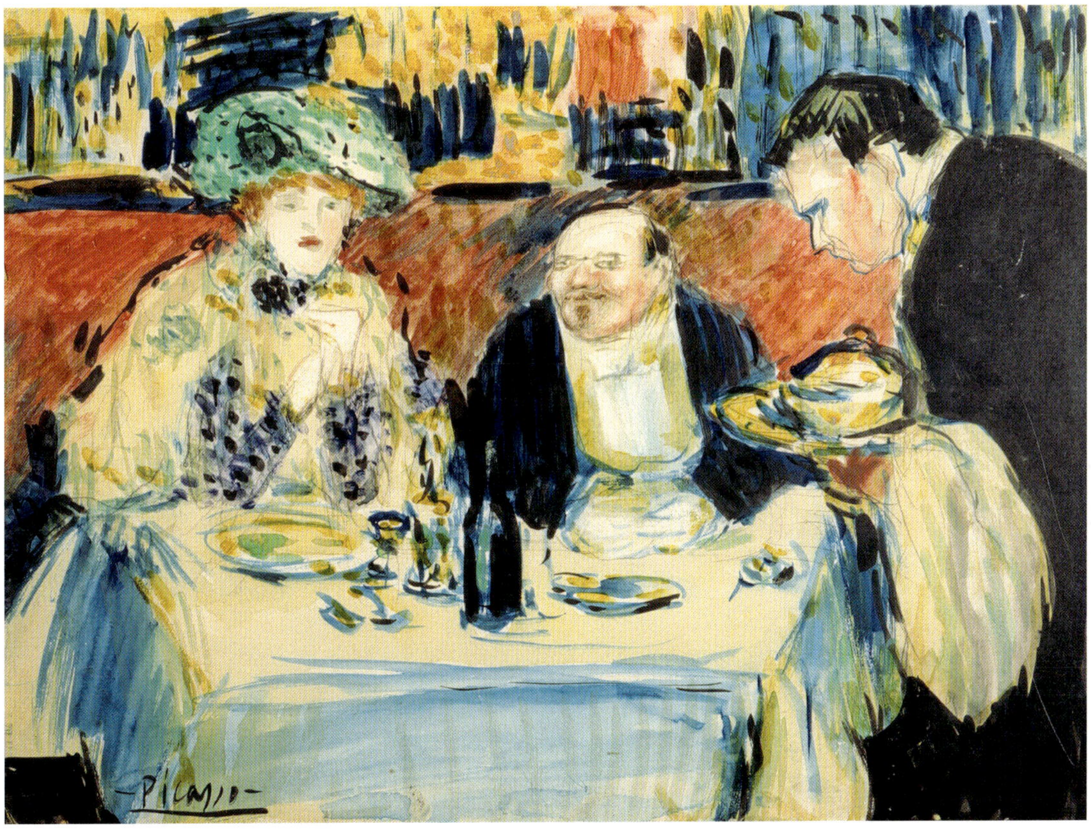

PL. 17 ***Au restaurant***
Paris, 1901
Pastel et aquarelle sur papier, 28,5 x 39 cm

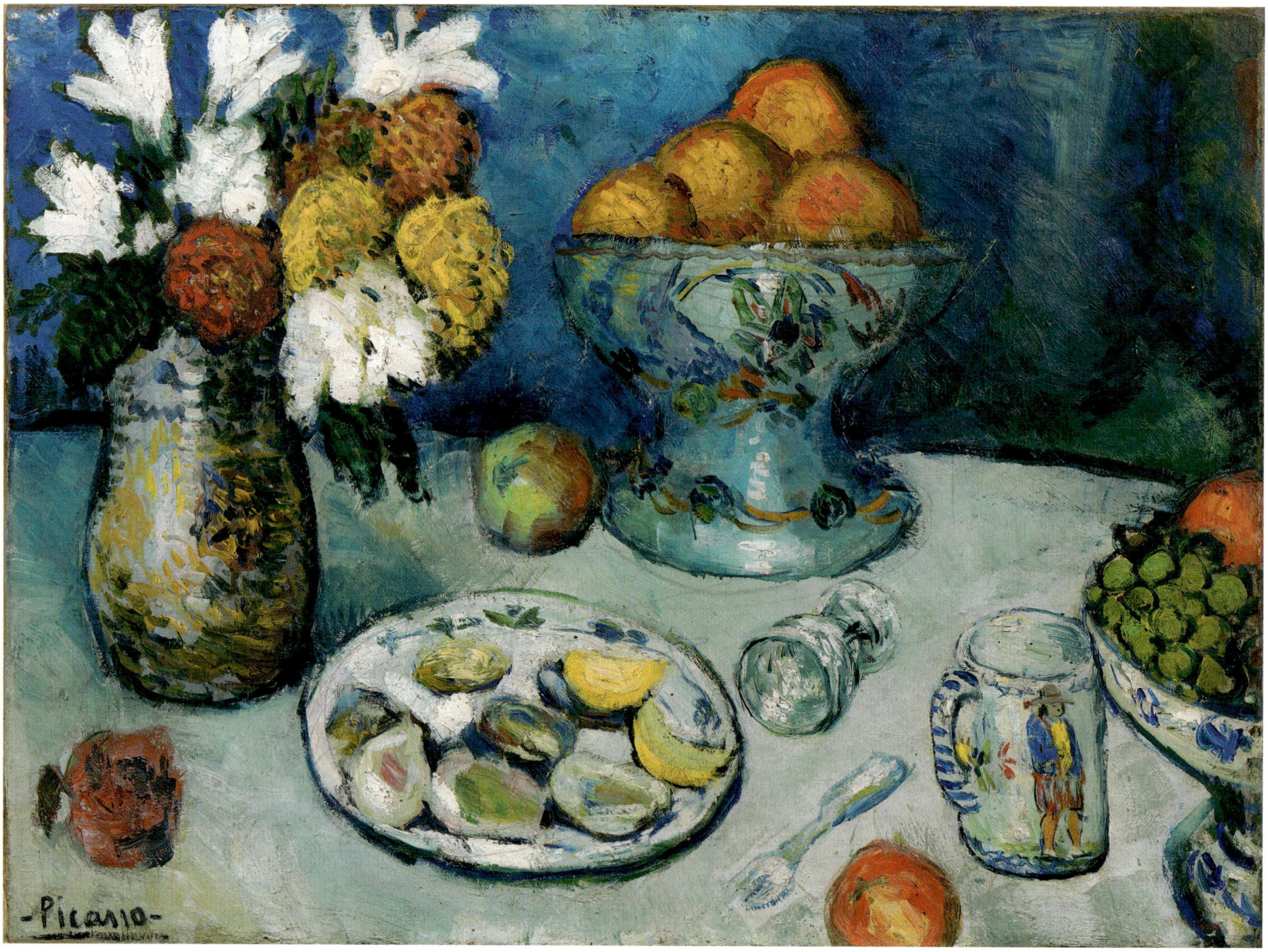

PL. 18 ***Nature morte***
Paris, 1901
Huile sur toile, 61 x 82 cm
Museu Picasso, Barcelone

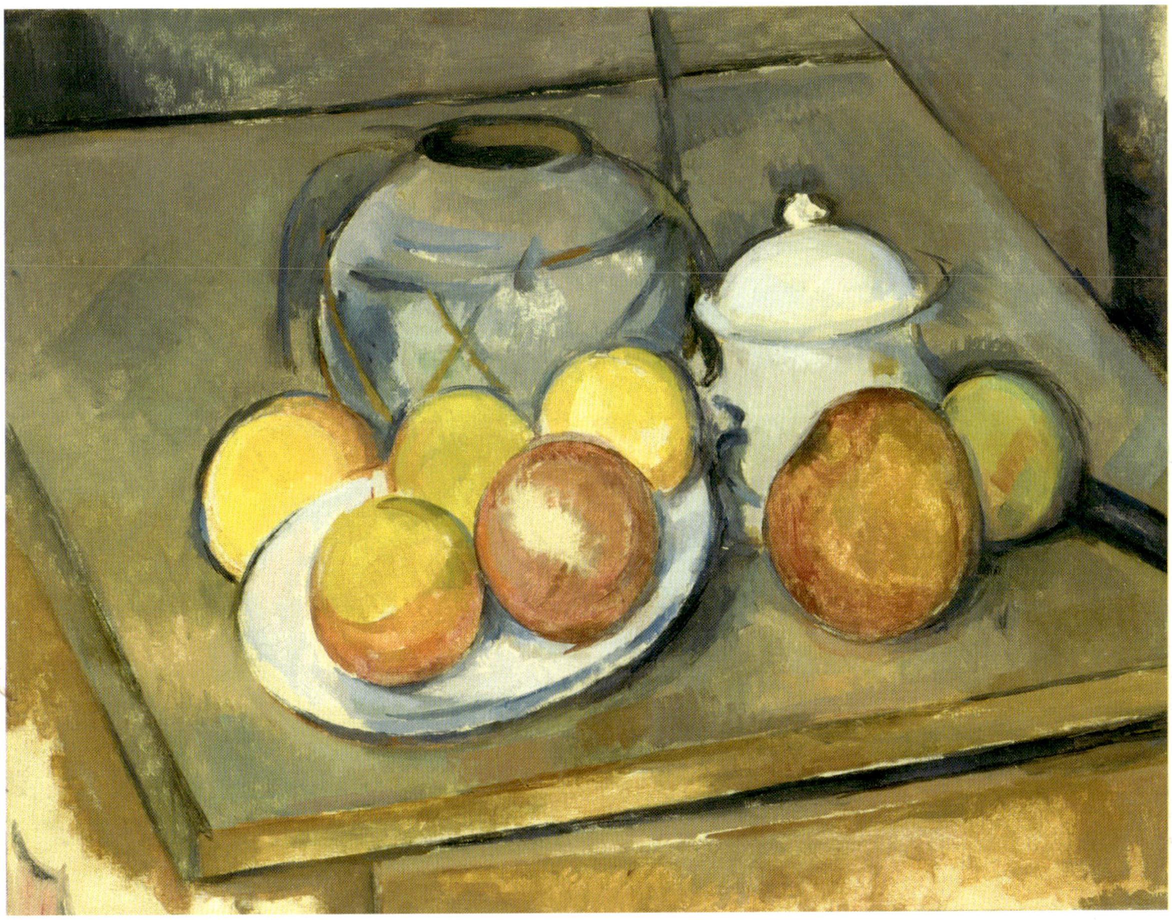

PL. 19 **PAUL CÉZANNE**
Vase paillé, sucrier et pommes
1890–1893
Huile sur toile, 36 x 46 cm
Musée de l'Orangerie, Paris

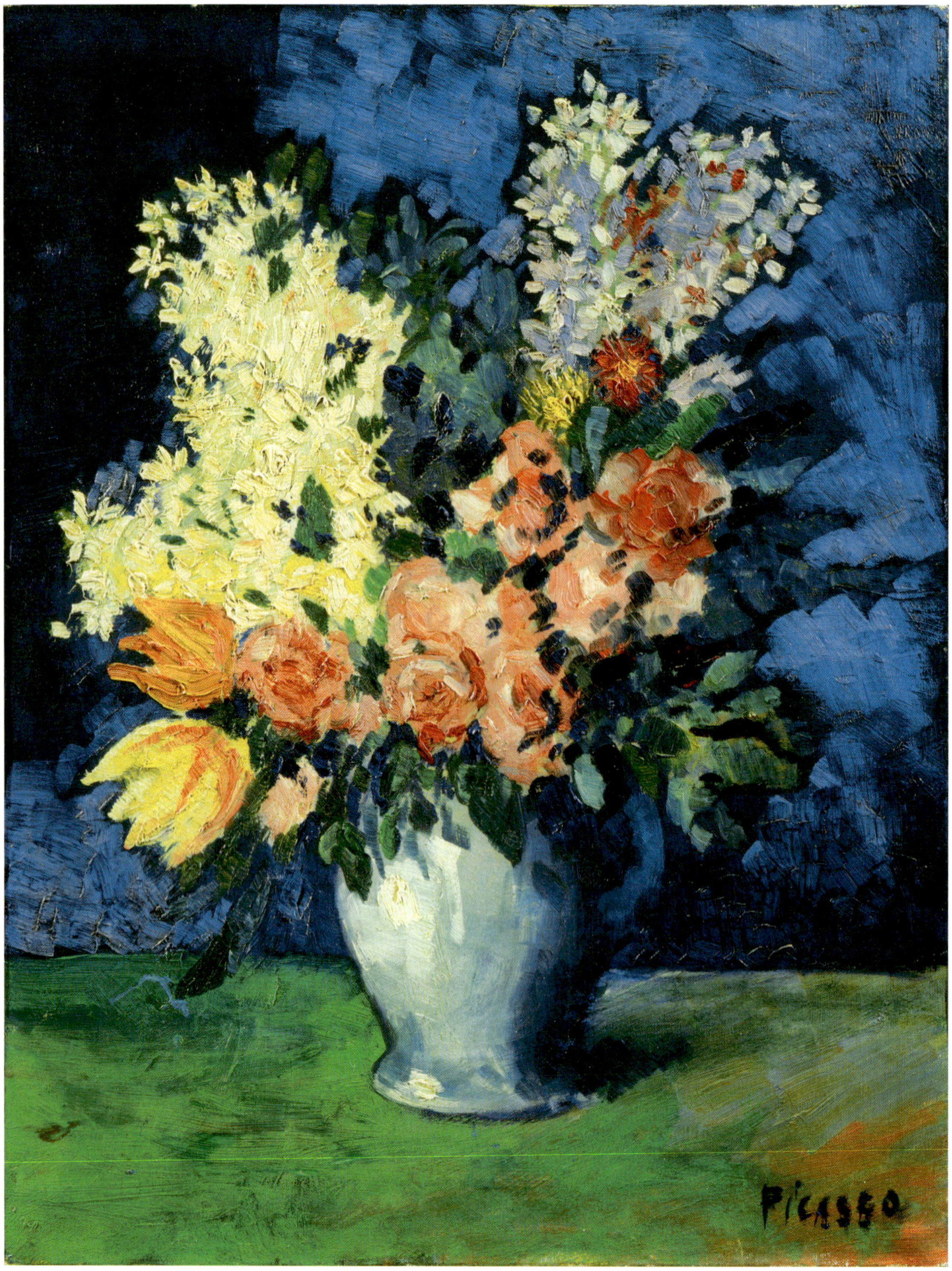

PL. 20 ***Fleurs***
Paris, 1901
Huile sur toile, 65,1 x 48,9 cm
Tate, Londres

montrant dans des endroits peu recommandables. *Femme dans un café* (pl. 15) présente pour sa part une femme à la dernière mode, coiffée d'un magnifique chapeau assorti à sa robe. Hormis le verre de vin sur la table, l'absence de détails anecdotiques ou de compagnon révèle qu'elle est seule et qu'il s'agit d'une Française – très différente de son homologue espagnole, moins libérée – que Picasso a pu observer de loin dans un café parisien. Par contre, dans le portrait d'une femme inconnue appelée Margot (pl. 12), le modèle est représenté de près et son regard dirigé vers le spectateur suggère que cette femme devait être assise à la même table que l'artiste, face à lui. Picasso souligne son rouge à lèvres en usant de sa peinture comme d'un maquillage. La robe et le chapeau de Margot, ainsi que la table et l'espace qui l'entoure, sont rendus au moyen de touches courtes, vives et chargées, dont les couleurs semblent tout droit sorties du tube. La crudité des tons choisis pour le visage, mais aussi pour le décor, incite à voir dans cette œuvre la représentation d'une prostituée assise dans un cabaret, soumise à un impitoyable éclairage électrique.

Pour se divertir et trouver de nouveaux sujets, Picasso et ses amis fréquentaient régulièrement les bals et les cabarets. Ils se rendaient à L'Enfer, à La Fin du monde, au Moulin de la Galette et au Moulin rouge. Dans la *Danseuse naine (La Nana)* (pl. 21), Picasso montre une artiste en train de se produire sur scène en soulignant l'éclat des feux de la rampe par le biais d'une palette vive. Les touches courtes et le choix des couleurs qui apparaissent ici – comme dans le portrait de Margot – sont plutôt inédits dans l'œuvre de Picasso. Ses critiques, comme Félicien Fagus (le nom de plume du poète Georges Faillet) dans *La Revue blanche*, firent appel à une large gamme de sources artistiques pour expliquer cette nouvelle approche picturale: «On démêle aisément, outre les grands ancêtres, mainte influence probable, Delacroix, Manet (tout indiqué lui, qui vient un peu des Espagnols), Monet, van Gogh, Pissarro, Toulouse-Lautrec, Degas, Forain, Rops, peut-être... Chacune passagère, aussitôt envolée que captée: On voit que son emportement ne lui a pas laissé le loisir encore de se forger un style personnel; sa personnalité est dans cet emportement, cette juvénilement impétueuse spontanéité (on conte qu'il n'a pas vingt ans, et qu'il couvrit jusqu'à trois toiles par jour). Le danger pour lui gît dans cette impétuosité même qui pourrait bien l'entraîner à la virtuosité facile, au succès plus facile. Prolifique et fécond font deux, comme violent et énergique. Et cela serait tout regrettable, en face d'une si brillante virilité»[20].

En ce qui concerne les origines de cette approche picturale, relevons que les spécialistes de Picasso ne s'accordent pas sur le lieu de création – Madrid, Barcelone ou Paris? – des tableaux *L'attente (Margot)*, *La Nana* et la *Vieille femme* (1901, Philadelphia Museum of Art)[21]. Une hypothèse serait que certains d'entre eux auraient été peints à Madrid mais l'usage de touches chargées de couleur et la palette vive de ces compositions ne renvoient nullement aux autres tableaux réalisés dans cette ville, qui, pour leur part, ont tendance à s'inscrire dans la tradition espagnole. Le plus grand des tableaux créés par Picasso à Madrid en 1901, *Femme en bleu* (fig. 12) – et qu'il y exposa dans le cadre de l'Exposición de Bellas Artes cette année-là – doit beaucoup à Velázquez et à Goya et, par les couleurs comme par la technique, il se distingue nettement des œuvres dont il est question ici. Nous savons que Picasso n'aimait pas envoyer ou transporter ses œuvres, or il avait déjà emporté avec lui une série de pastels réalisés à Madrid pour les

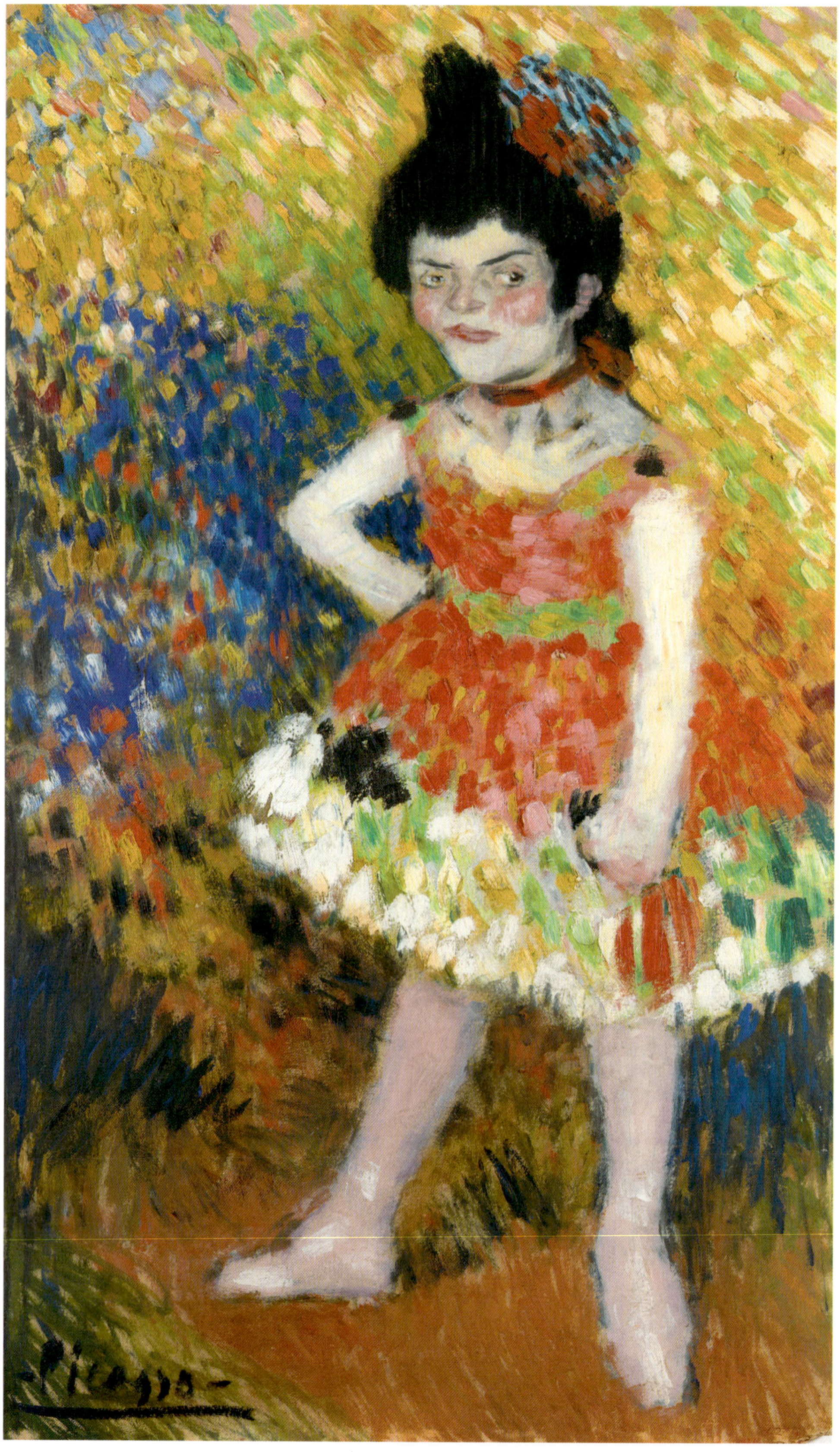

PL. 21 ***Danseuse naine (La Nana)***
Paris, 1901
Huile sur carton, 105 x 60 cm
Museu Picasso, Barcelone

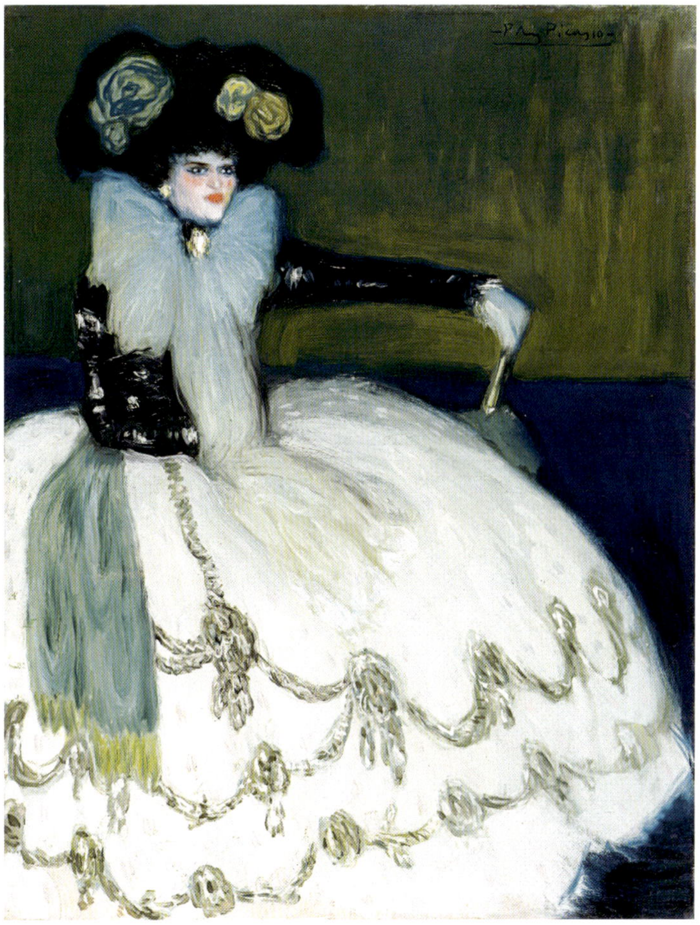

FIG. 12 ***Femme en bleu***
Madrid, 1901
Huile sur toile, 133 x 100 cm
Museo Nacional Centro de Arte Reina Sofia, Madrid

exposer à Barcelone, de sorte qu'il est hautement improbable qu'il se soit en outre encombré des toiles commencées à Madrid pour les achever à Paris. Cela ne rentrait pas dans ses pratiques habituelles et aucune donnée technique ne vient étayer cette affirmation, comme l'existence d'états antérieurs révélés par la radiographie ou l'examen des couches picturales[22]. En ce qui concerne Barcelone, plusieurs tableaux qui semblent y avoir été réalisés, ou dans ses environs, lors de son court séjour au mois de mai, sont beaucoup plus proches par la technique et le support (carton) de ses représentations d'artistes de scène. Il est cependant probable que les compositions montrant des courtisanes et des danseuses, y compris celles mentionnées ci-dessus, aient été exécutées à Paris où, comme le fit remarquer Fagus, la nouvelle approche picturale de Picasso allait être comprise par les visiteurs de son exposition dans le contexte de la peinture française de la fin du XIXe siècle plutôt qu'à la lumière de la tradition espagnole.

La réaction de Picasso à l'art qu'il découvrit à Paris lors de ses deux premières visites fut partiellement influencée par les centres d'intérêt de ses amis artistes et écrivains. Le thème essentiel de l'œuvre de Nonell, de Canals et de Sunyer, par exemple, était la représentation des privations et des problèmes sociaux dont ils étaient les témoins à Paris. Le concept du naturalisme restait très en vogue, comme l'atteste l'œuvre de Zola. Les thèmes de ses romans – pauvreté et aliénation sociale – étaient d'ailleurs repris par de nombreux artistes graphiques tel Steinlen[23]. À cette époque, Picasso avait aussi à cœur d'admirer de près les œuvres des peintres français dont les techniques étaient considérées comme en avance sur leur temps et dont il avait beaucoup entendu parler par ses amis[24]. Il put découvrir un grand nombre de tableaux au Grand Palais dans le cadre de l'Exposition de 1900 et il se fit aussi un devoir de visiter les salles impressionnistes au Palais du Luxembourg, faisant le tour des galeries pour y observer, entre autres, la production des Nabis, comme Bonnard, et celle des symbolistes Redon et Gauguin. Pour le cercle d'amis de Picasso, issus du milieu du symbolisme narratif qui était pratiqué en leur sein, l'idée que la peinture puisse être considérée, en premier lieu, comme une surface plane recouverte de couleurs arrangées en un certain ordre[25], et que ceci puisse être évocateur en soi, était quelque chose de tout à fait neuf.

Il ne fait aucun doute que la combinaison d'influences à laquelle Picasso fut confronté à Paris, que ce soit la découverte de nouveaux thèmes ou de nouvelles approches techniques, eut un impact immédiat sur son art. Mais la nature de ce que nous pourrions appeler «influence» n'est pas, dans son cas, simple affaire d'imitation. Il apparaît peu à peu – et c'est un élément qui caractérisera sa pratique tout au long de sa carrière – que Picasso était capable d'absorber – et de «voler», si nécessaire – tout ce dont il avait besoin dans l'œuvre des autres artistes afin de réinventer à sa manière l'art qu'il découvrait autour de lui. Picasso se souviendra plus tard: «On a dit qu'à mes débuts à Paris je copiais Toulouse-Lautrec et Steinlen. Possible, mais jamais personne n'a confondu les toiles de Toulouse-Lautrec ou de Steinlen avec les miennes. Il vaut mieux copier un dessin ou un tableau qu'essayer de s'en inspirer, de faire quelque chose d'approchant. Dans ce cas on risque de ne peindre que les défauts du modèle»[26].

Le côté plus sombre de Paris, en particulier le milieu des prostituées qui vivaient à la limite de deux mondes, exerça une fascination particulière sur Picasso. Il allait d'ailleurs revenir sur ce thème chargé d'un grand potentiel érotique, en particulier dans de nombreuses estampes, à la fin de sa vie. Les premières scènes ne reflètent pas seulement la découverte personnelle des bordels de Paris par le jeune homme – celui de la rue de Londres dans le 6ᵉ arrondissement semble avoir été l'un de ses favoris[27] –, elles montrent aussi ses propres réactions face aux visions de ce milieu par d'autres artistes. Un rapprochement frappant, sur le plan du thème traité, peut être fait, par exemple, entre le *Nu aux bas rouges* de Picasso (pl. 23), un tableau aux tons vifs représentant une femme ne portant que des bas assise sur un divan, et le *Nu aux bas noirs* de Bonnard (pl. 24), réalisé l'année précédente. Bonnard traduit un semblant de pudeur chez cette femme assise sur un lit dans un intérieur sombre, puisqu'elle dissimule son visage – et son identité – en faisant passer son vêtement au-dessus de sa tête. La représentation de Picasso, par contre, souligne par sa frontalité et sa palette vive le caractère ouvertement effronté de l'attitude de cette femme nue à l'égard de sa profession et de son cadre de vie.

Un autre tableau de femme nue, qui pourrait être ou non une prostituée, est la troublante *Folle aux chats* (pl. 25), qui doit être l'œuvre reprise dans le catalogue de Vollard sous le n° 17. La position ramassée et l'étrange fragilité du corps féminin recroquevillé, combinées à l'expression anxieuse du visage suggèrent qu'il s'agit réellement d'une folle. Un examen attentif de la toile montre que Picasso a modifié la composition en cours de réalisation, recouvrant d'une épaisse couche de blanc une grande partie du décor intérieur entourant le personnage. Ce procédé lui a permis de faire ressortir les chats noirs qui s'intègrent dans la couche de peinture située plus bas. Selon Rafael Inglada,

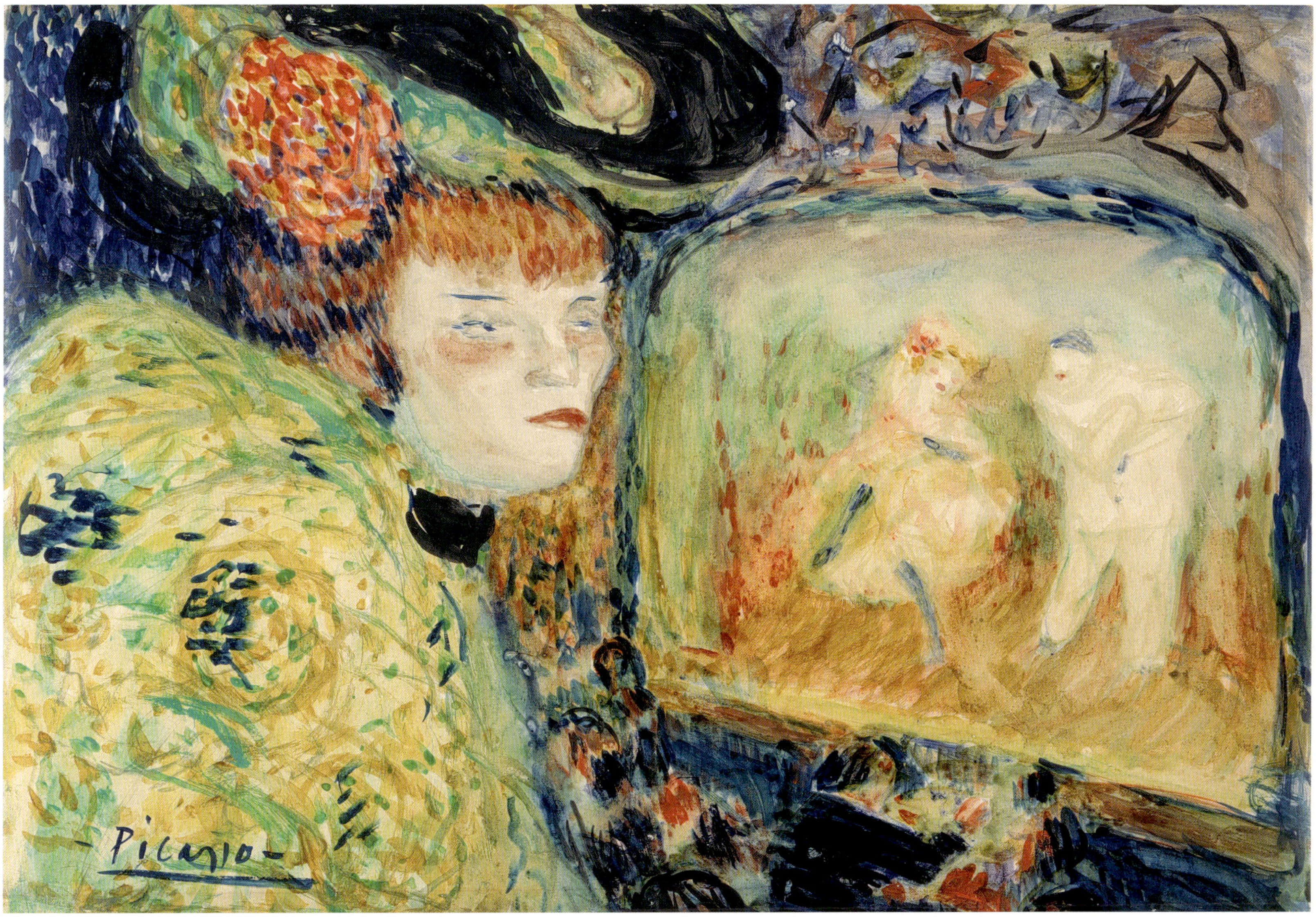

PL. 22 ***Le Divan japonais***
Paris, 1901
Gouache et aquarelle sur papier, 39 x 53 cm
Collection Gabriele et Horst Siedle, Allemagne

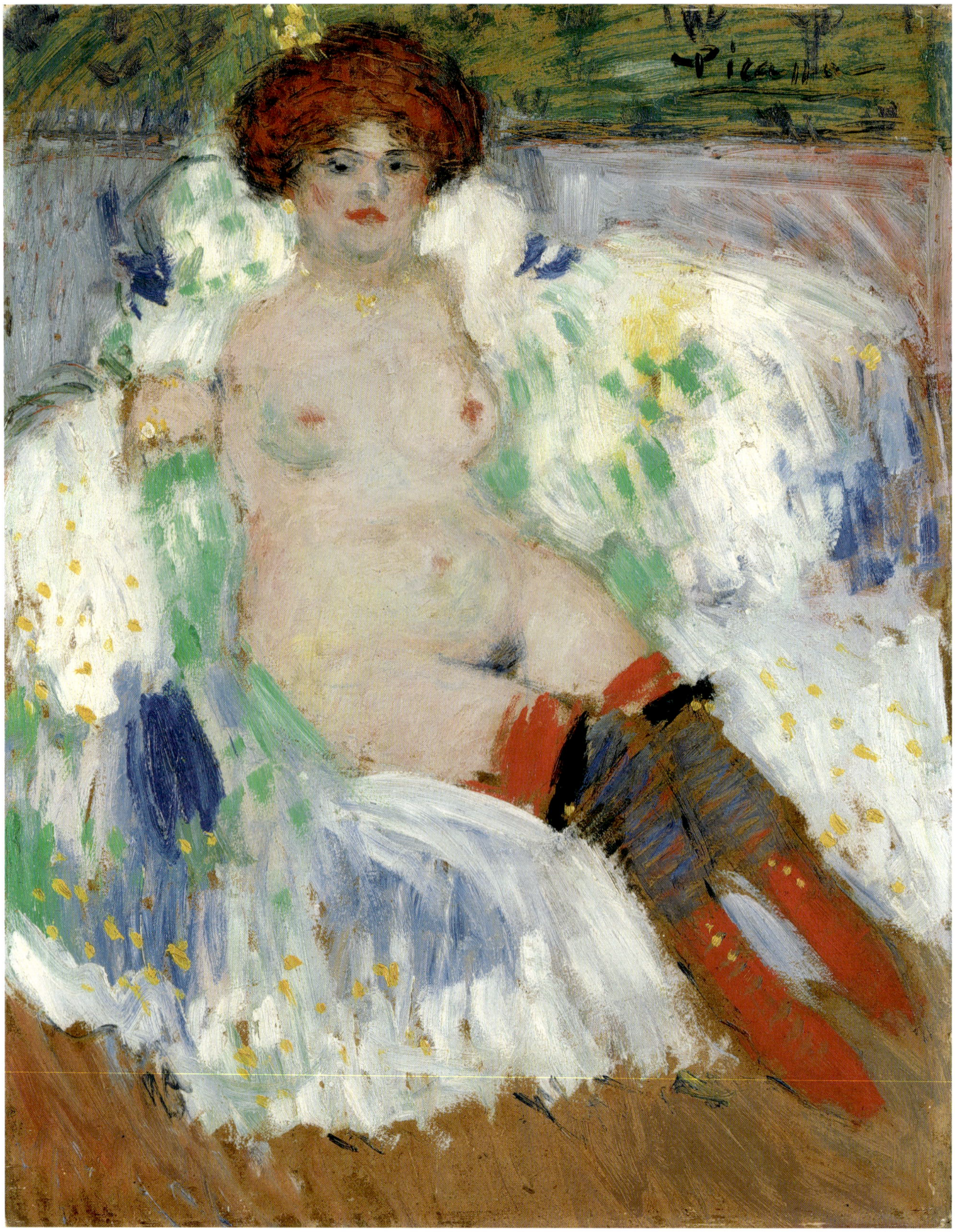

PL. 23 ***Nu aux bas rouges***
Paris, 1901
Huile sur carton, 67 x 51,5 cm
Musée des Beaux-Arts de Lyon

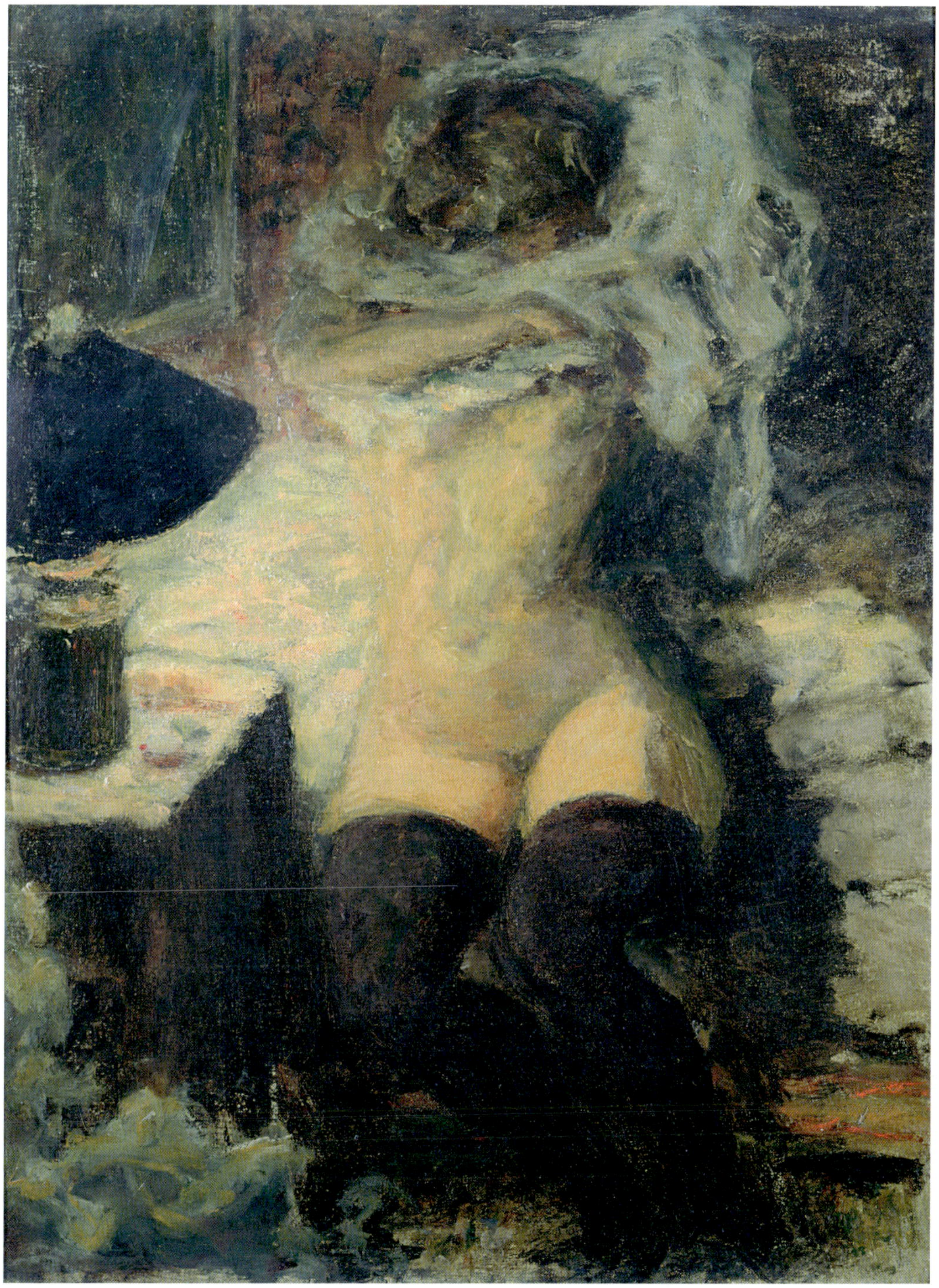

PL. 24 **PIERRE BONNARD**
Nu aux bas noirs
1900
Huile sur toile, 59 x 43 cm
Collection privée

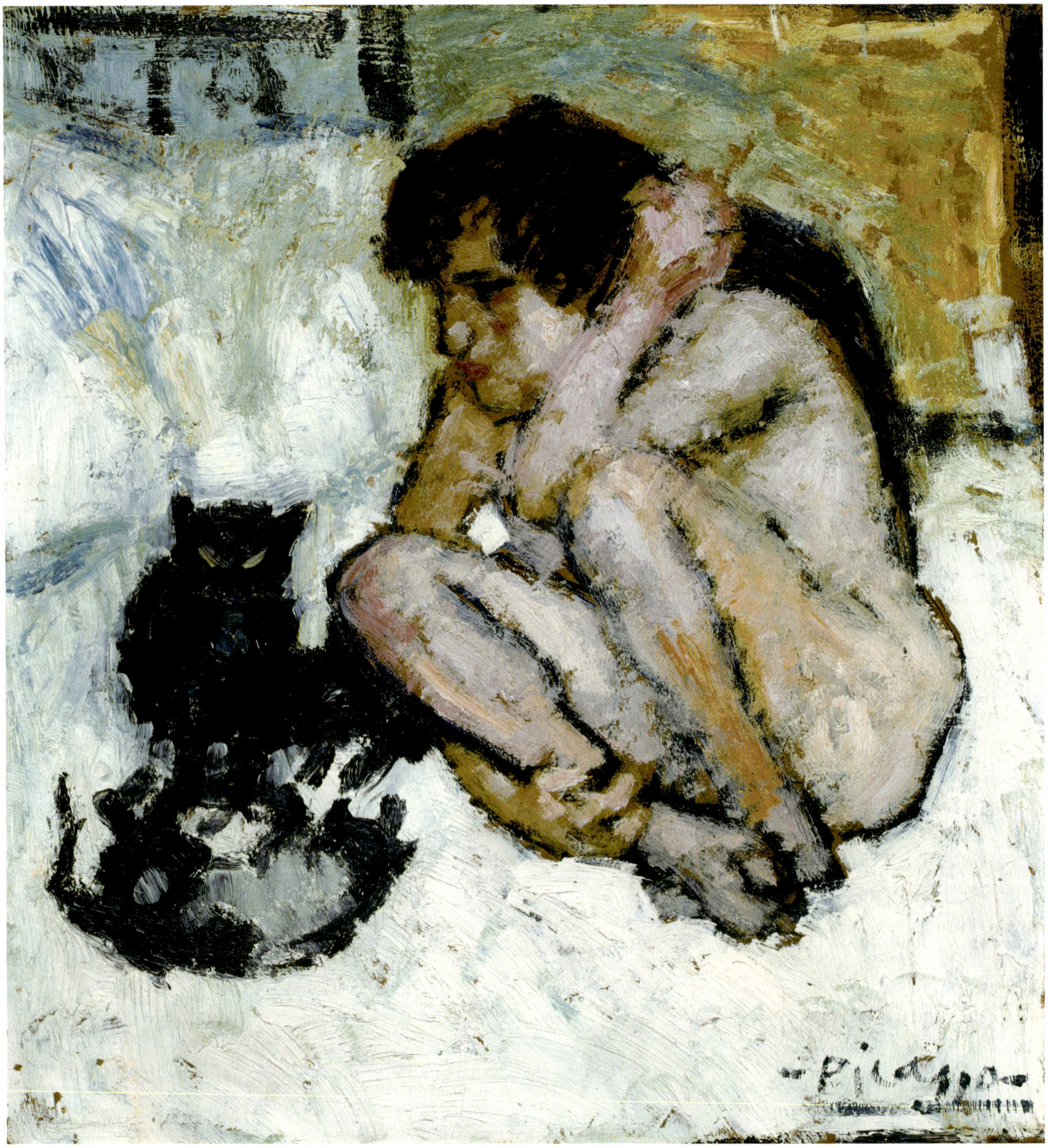

PL. 25 ***La folle aux chats***
Paris, 1901
Huile sur carton, 45,1 x 40,8 cm
The Art Institute of Chicago, Amy McCormick Memorial Collection

cette femme singulière aurait bel et bien existé et aurait été une connaissance de Mañach[28], ce dernier ayant pu la convaincre de poser pour Picasso.

Une conséquence fortuite de l'exposition chez Vollard, d'une grande importance pour Picasso, est le fait qu'il y fit la connaissance du poète Max Jacob, que Mañach avait invité à l'exposition en sa qualité de critique. Spirituel et curieux de nature, le Breton allait devenir l'un des amis les plus proches de Picasso. Non seulement il l'aida à parler français, mais il l'initia au monde de la littérature française et aux idées nouvelles, parfois ésotériques[29]. Jacob garda un souvenir attendri de leur première rencontre dans l'atelier de Picasso: «J'allais les voir, Manach et lui; je passais une journée à voir des piles et des piles de tableaux! Il en faisait un ou deux par jour ou par nuit et les vendait 150 francs à la rue Laffitte. Picasso ne savait pas plus le français que moi l'espagnol, mais nous nous regardions et nous nous serrions la main avec enthousiasme. Cela se passait dans un grand atelier, place Clichy, où des Espagnols assis par terre mangeaient et bavardaient gaiement. [...] Ils vinrent le lendemain tous chez moi, et Picasso peignit sur une grande toile, perdue ou recouverte depuis, mon portrait assis à terre, au milieu de mes livres et devant un grand feu»[30].

Malgré les promesses de vente, Picasso eut du mal à joindre les deux bouts pendant les frénétiques semaines passées à préparer l'exposition chez Vollard. Mañach était censé lui payer un salaire mensuel, mais il est possible que le loyer de l'atelier ait été déduit de cette somme. Le musicien catalan Ricard Viñes, qui résidait à Paris depuis 1897 et collectionnait les œuvres d'art avec son frère Pepe, rapporte que Picasso vint lui demander de l'aide en juillet 1901[31]. Le pianiste lui prêta de l'argent en échange de la promesse de lui offrir trois œuvres, que Picasso lui donna ainsi qu'à son frère l'année suivante. Parmi elles figuraient *Tête de femme* (1901, Philadelphia Museum of Art), et *Femme au collier de gemmes* (pl. 52), qu'il peignit quelque temps après l'ouverture de l'exposition chez Vollard à la fin du mois de juin[32].

Pour gagner un peu d'argent, l'artiste se lança dans d'autres activités, comme la réalisation d'illustrations pour des périodiques parisiens, notamment *Le Frou-Frou* en 1901[33]. Le rôle joué dans les premières années du XXe siècle par des illustrés comme *Le Frou-Frou, Gil Blas illustré* et *L'Assiette au beurre* dans la vie de tant d'artistes étrangers établis à Paris fut considérable. Le premier mérite de ce travail occasionnel était de fournir aux artistes un moyen de se faire un peu d'argent, mais cette activité les mettait aussi en contact les uns avec les autres et les familiarisait avec les sujets médiatiques, y compris les questions politiques et sociales, que leurs dessins mettaient en scène. On trouve des illustrations de nombre d'amis et de connaissances de Picasso – de Xavier Gosé, un Catalan (pl. 28) à Ardengo Soffici, un Italien, mais aussi Démétrius Galanis, un Grec, ou Kees van Dongen, un Néerlandais (pl. 29) et, plus tard, l'un de ses compatriotes, Juan Gris (pl. 31) – dans les pages d'une vaste gamme de périodiques français des premières années du siècle[34]. Outre le dessin classique et linéaire typique de la caricature faisant souvent appel à des silhouettes, un style graphique assez aisé à reconnaître émergea chez des artistes, surtout influencés par Steinlen. Ce style se caractérisait par une technique sommaire et l'usage du fusain ou du crayon lithographique. Le Français Paul Iribe (pl. 30) et, plus tard, Gris, développèrent une technique différente et tout à fait originale, mettant à profit le potentiel des procédés lithographiques pour rendre

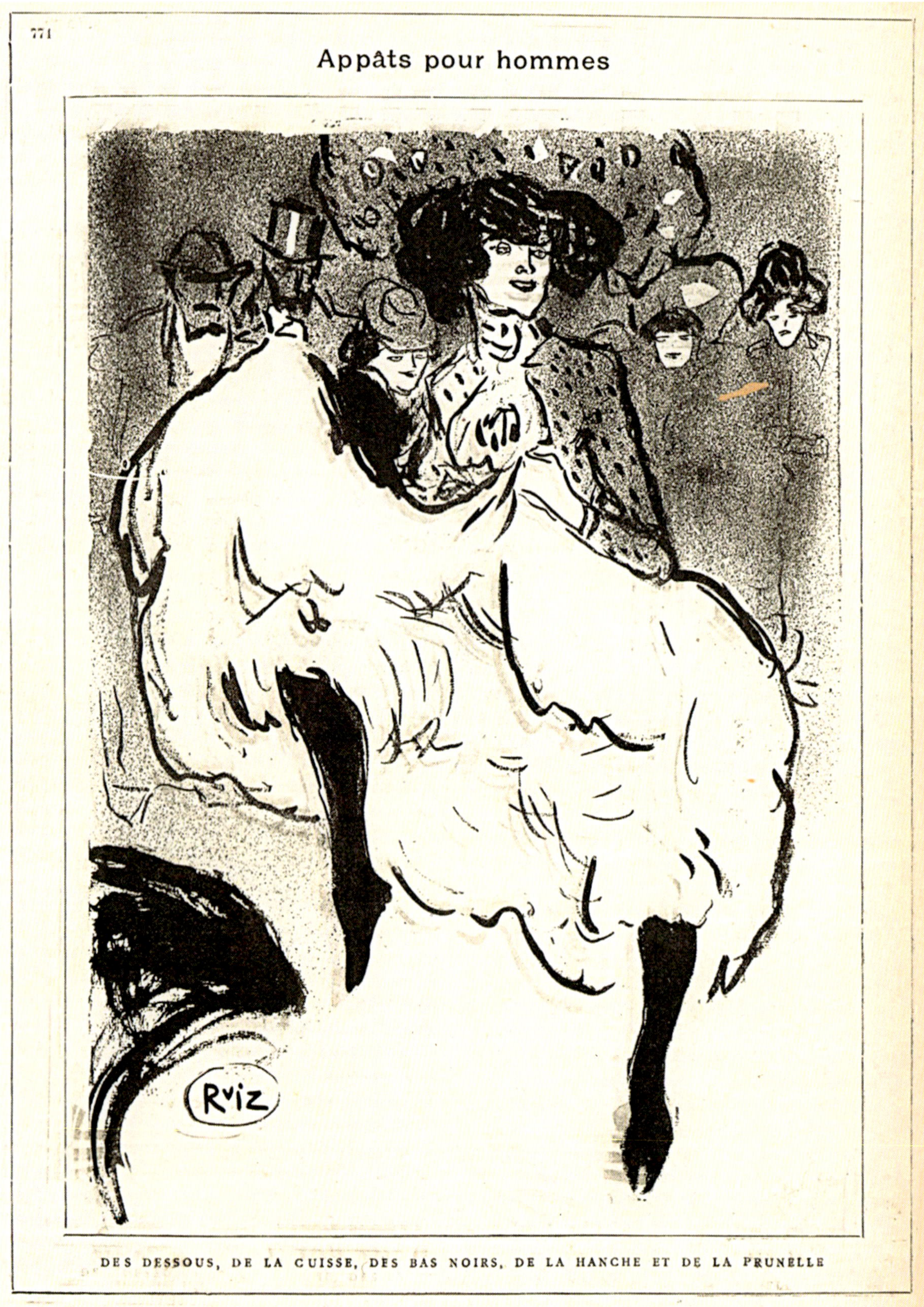

PL. 26 ***Appâts pour hommes***
Paris, 1901
Reproduit dans *Le Frou-Frou*, 31 août 1901
Collection privée, Londres

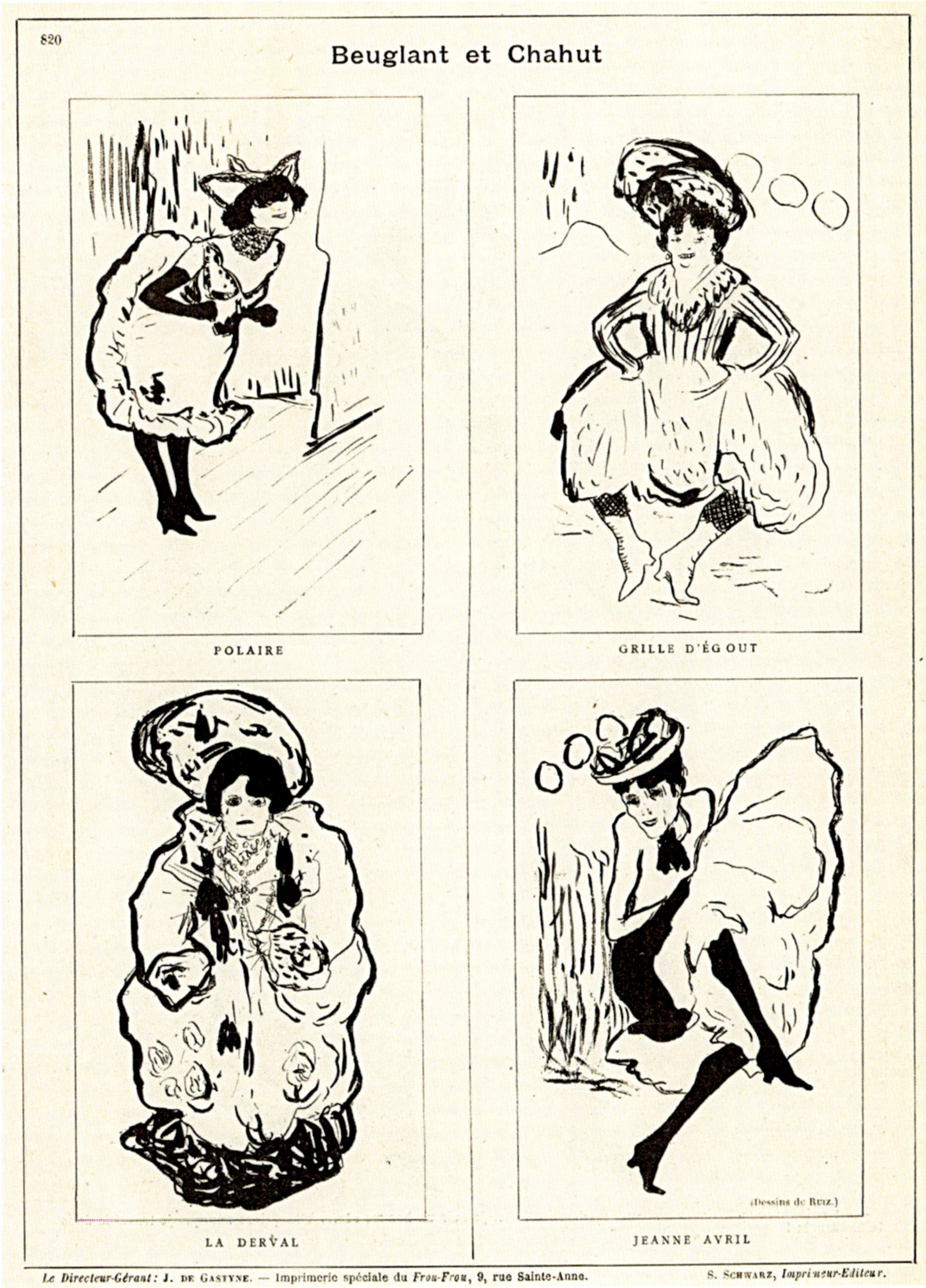

PL. 27 ***Beuglant et chahut***
Paris, 1901
Reproduit dans *Le Frou-Frou*, 14 septembre 1901
Collection privée, Londres

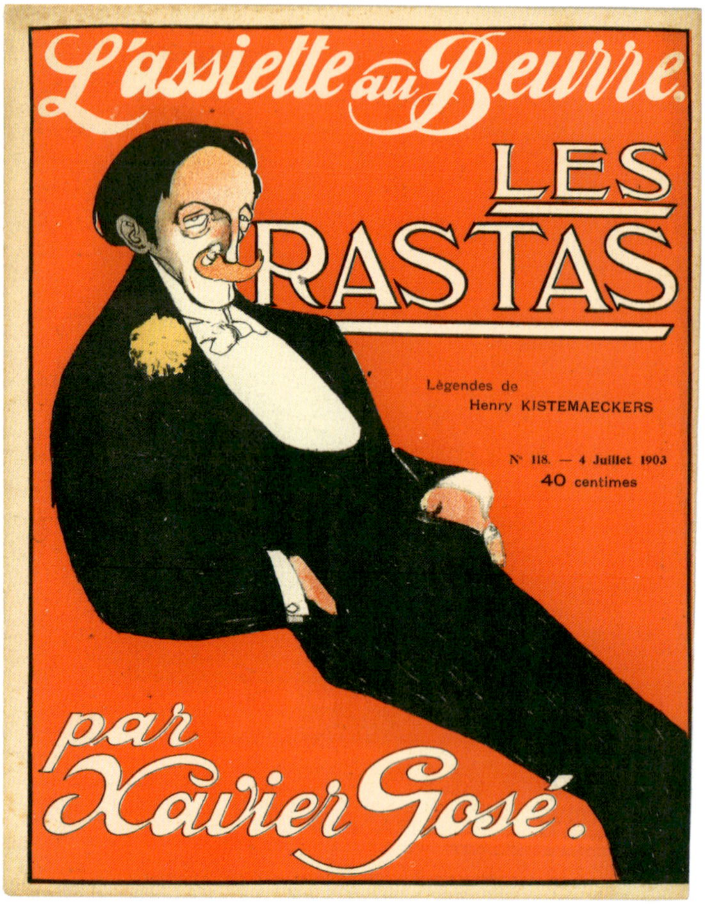

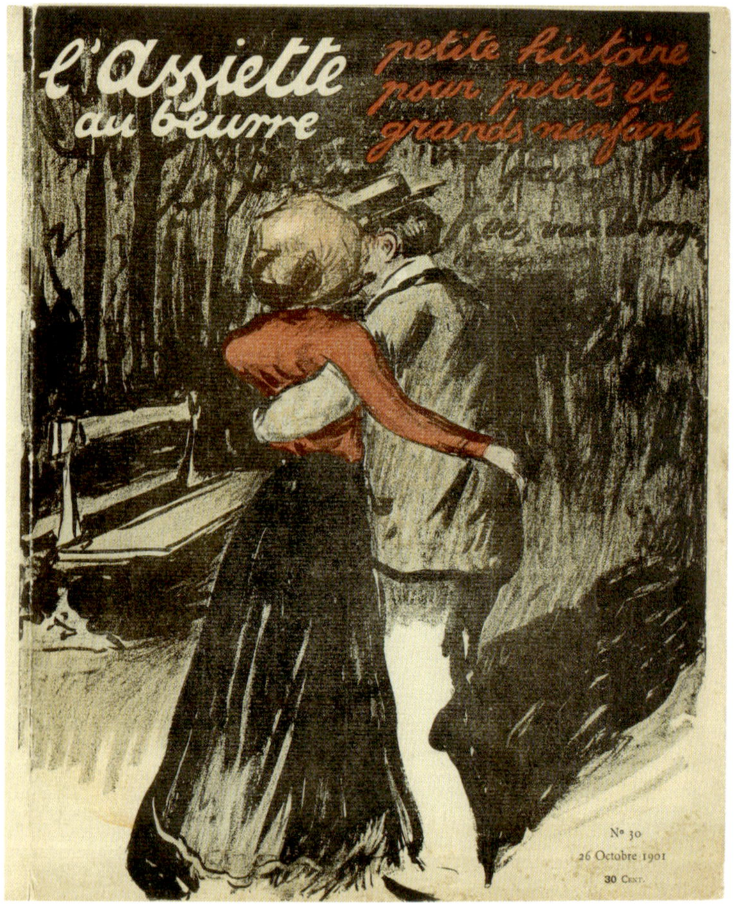

PL. 28 **XAVIER GOSÉ**
Les Rastas
Couverture de *L'Assiette au beurre*, 4 juillet 1903
Collection privée, Londres

PL. 29 **KEES VAN DONGEN**
Petite histoire pour petits et grands nenfants
Couverture de *L'Assiette au beurre*, 26 octobre 1901
Collection privée

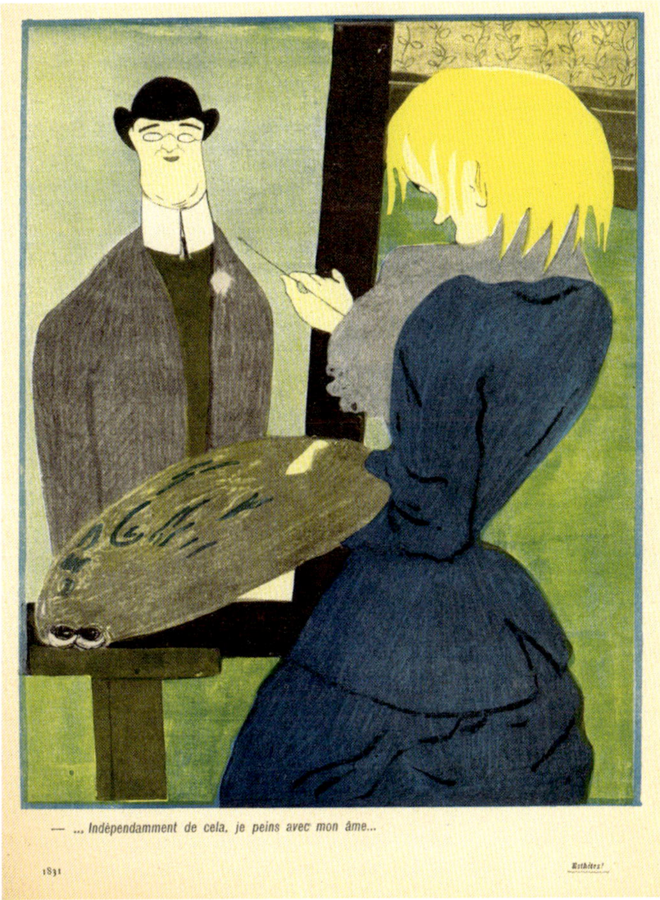

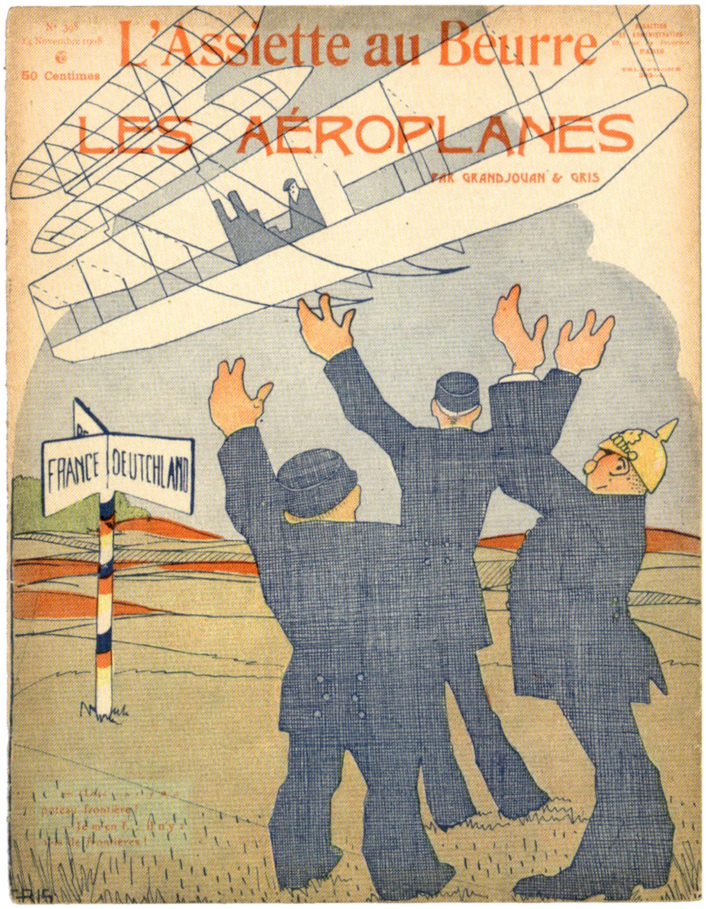

PL. 30 **PAUL IRIBE**

Femme artiste

Caricature extraite de ses «Esthètes», reproduite dans *L'Assiette au beurre*, 25 avril 1903

Collection privée, Londres

PL. 31 **JUAN GRIS**

Les aéroplanes

Couverture de *L'Assiette au beurre*, 24 novembre 1908

Collection privée, Londres

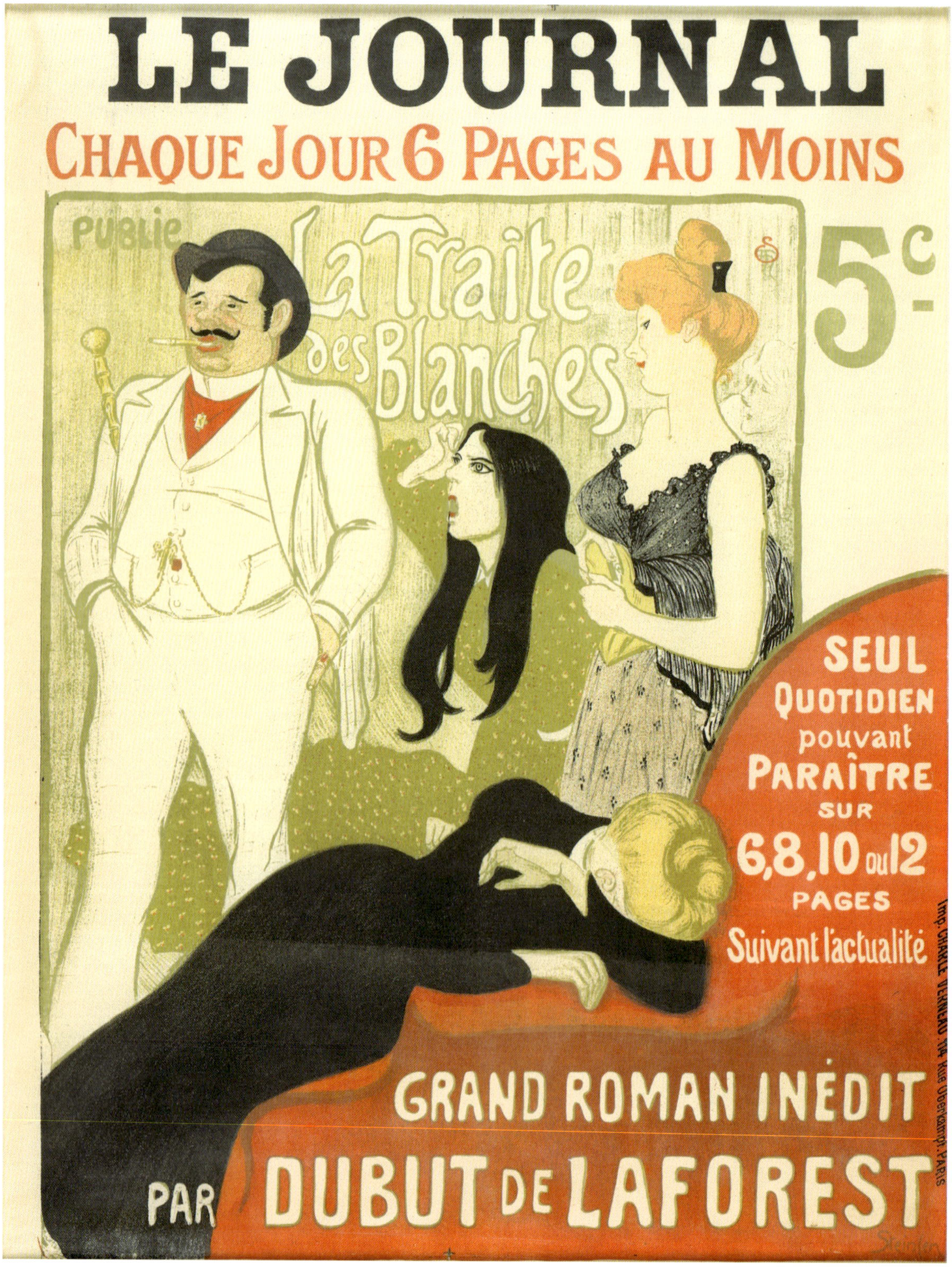

PL. 32 **THÉOPHILE-ALEXANDRE STEINLEN**
***La traite des blanches* (version censurée)**
1899
Affiche lithographique en couleurs, 80,5 x 60 cm
Musée d'Ixelles, Bruxelles

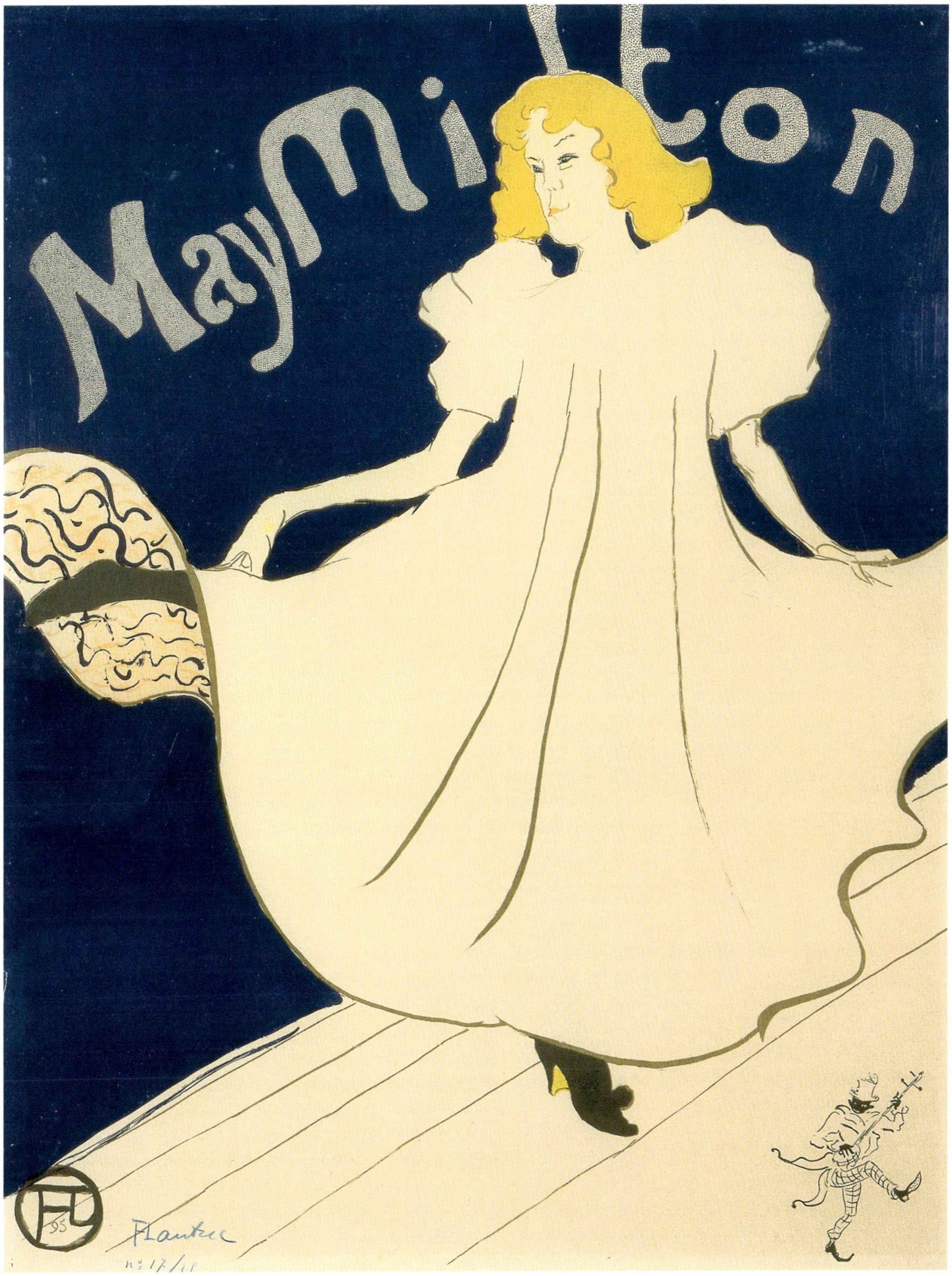

PL. 33 **HENRI DE TOULOUSE-LAUTREC**
May Milton
1895
Affiche lithographique en couleurs, 79 x 60 cm
Musée d'Ixelles, Bruxelles

certains aplats et obtenir des modulations de tons dans leurs dessins destinés à ces publications.

Les dessins que Picasso avait déjà réalisés, début 1901, pour le périodique madrilène *Arte Joven* étaient probablement plus proches du style de Steinlen que la plupart des illustrations qu'il produisit ensuite à Paris. Les dessins à la plume et à l'encre parus dans *Le Frou-Frou* sont tous signés – Ruiz – (dans un cercle) et se distinguent par leurs différences plutôt que par leurs ressemblances avec les conventions graphiques en vigueur. Tous les sujets des illustrations de Picasso parues dans *Le Frou-Frou* (et dans l'*Almanach de Frou-Frou*) mettent en scène de célèbres artistes de music-hall parisiennes, notamment Jane Avril, la favorite de Toulouse-Lautrec, la danseuse de cancan Grille d'Égout, la vieille chanteuse Marie Derval ou encore l'actrice Polaire (pl. 27). Par un usage audacieux de la plume et de l'encre, Picasso était capable, à la façon d'un caricaturiste accompli, de saisir les caractéristiques physiques permettant de les reconnaître au premier coup d'œil, ainsi que les costumes de scène qui leur étaient spécifiques. Picasso semble surtout avoir travaillé à partir de photographies plutôt que d'après nature, mais certains dessins suggèrent qu'il y eut des exceptions. Quoiqu'il n'ait pas été destiné à être publié, le petit croquis de l'artiste rousse Yvette Guilbert (pl. 39) montre cette immédiateté qui incite à penser qu'il a été pris sur le vif, probablement au cours d'un spectacle.

Quelques années plus tard, à une époque où Picasso était une nouvelle fois désespérément à court de fonds, il sera sollicité pour une série d'illustrations destinées au magazine satirique *L'Assiette au beurre*. On lui offrait la somme alors considerable de 800 francs pour l'ensemble d'un numéro. Cet argent aurait pu lui permettre de se procurer des fournitures, de payer son loyer ou même d'acheter de quoi manger, mais il déclina la proposition, préférant poursuivre ses efforts pour devenir un artiste ne subvenant à ses besoins que grâce à la peinture et, qui plus est, restant fidèle à ses objectifs et à ses ambitions[35].

Une autre relation du groupe de Barcelonais était l'impresario catalan Josep Oller, qui offrait occasionnellement à Picasso et à ses amis l'entrée libre dans ses établissements, notamment le Moulin rouge. Bien qu'Oller ait grandi à Paris et qu'il y ait passé pratiquement toute sa vie, il était fier de ses origines et entretenait des relations avec toutes sortes d'émigrés barcelonais en séjour dans la capitale française, parmi lesquels des artistes, des écrivains et des hommes d'affaires. Son premier cercle d'amis comprenait les écrivains Pompeu Gener et Jaume Brossa, qui étaient tous deux des sympathisants anarchistes, ainsi que le pianiste Joaquim Nin (le père d'Anaïs Nin) et le peintre Ricard Canals. Parmi les nombreux établissements qui lui appartenaient figuraient la Grande Piscine Rochechouart à Montmartre (qui récupérait les eaux utilisées pour actionner le funiculaire), le Nouveau Cirque, rue Saint-Honoré, la célèbre salle de spectacles de l'Olympia sur le boulevard des Capucines et le Jardin de Paris, près du Petit Palais. Mais, comme s'en souvint Sunyer, le Moulin rouge était le lieu de rencontre habituel des artistes catalans: «Nous y allions souvent. Le propriétaire, le Catalan Oller [...] nous présenta aux portiers, et pour pouvoir entrer, tout ce que nous devions faire était de les saluer. J'y suis souvent allé en compagnie du critique Gustave Coquiot et du peintre Bottini. Je n'ai jamais parlé à Toulouse-Lautrec, bien que je l'aie vu en de nombreuses occasions dans cet établissement»[36].

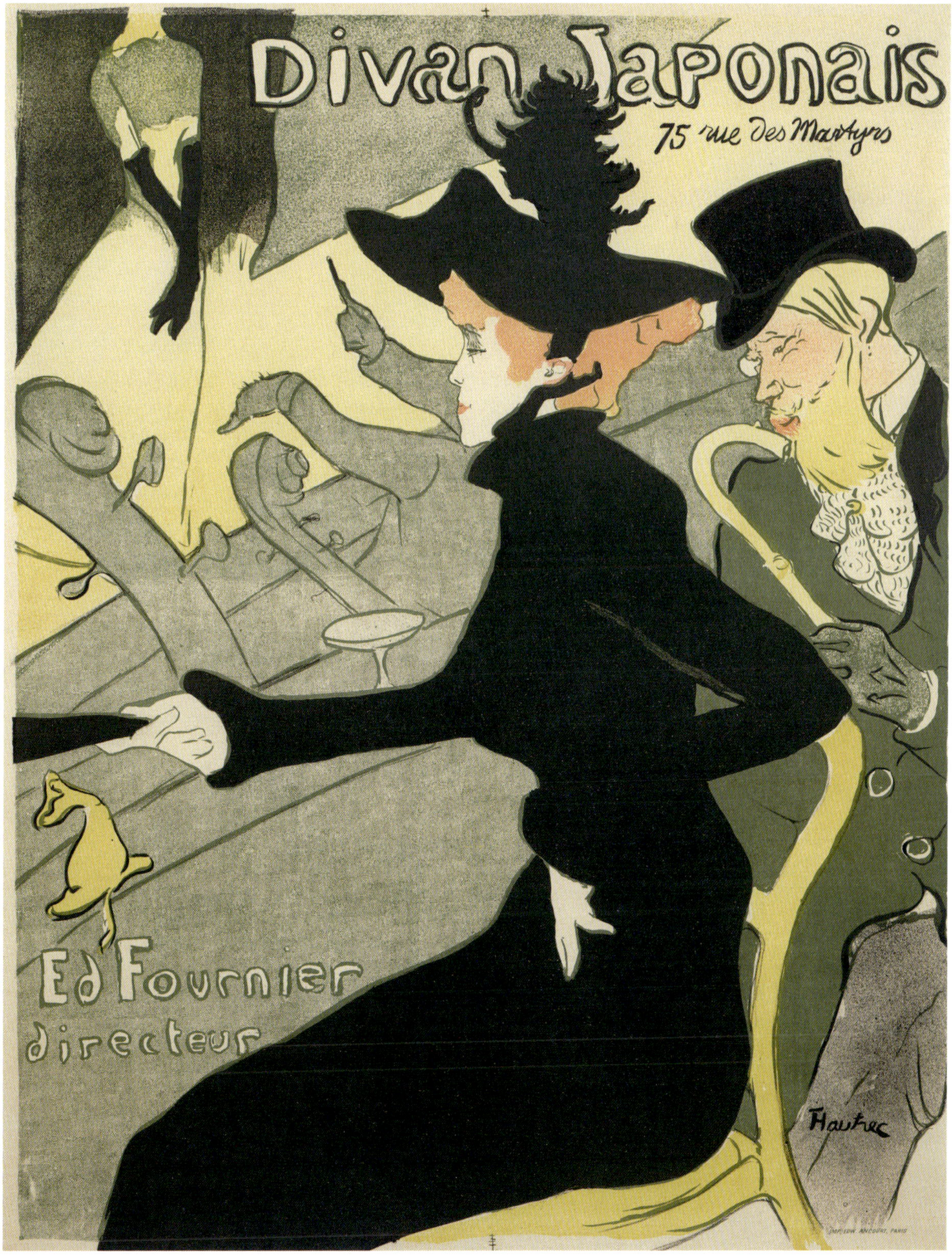

PL. 34 **HENRI DE TOULOUSE-LAUTREC**
Divan Japonais
1893
Affiche lithographique en couleurs, 82 x 57,5 cm
Van Gogh Museum, Amsterdam
(Fondation Vincent van Gogh)

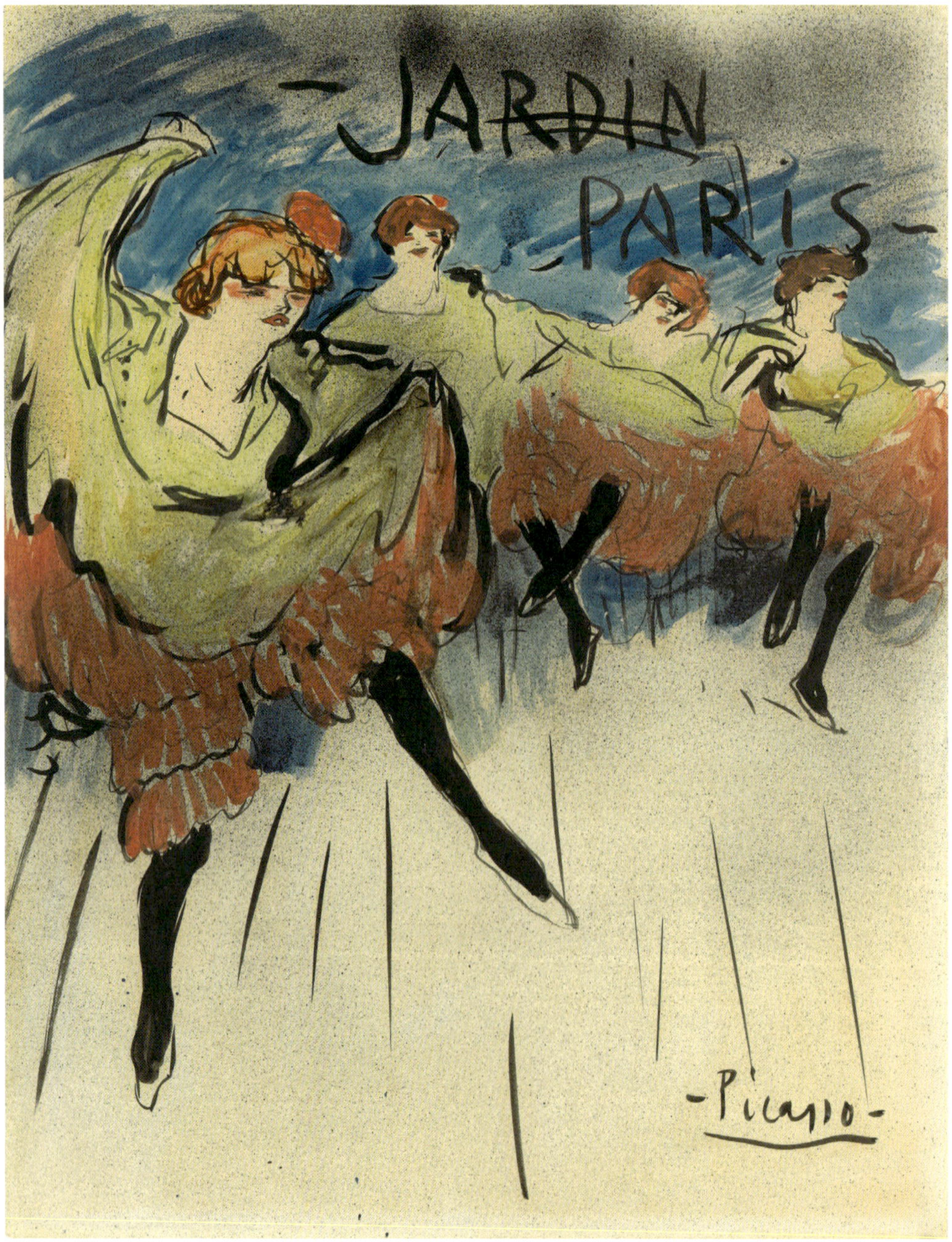

PL. 35 ***Jardin de Paris***
Paris, 1901
Encre et aquarelle sur papier, 64,8 x 49,5 cm
The Metropolitan Museum of Art, New York, don de
Raymonde Paul, en mémoire de son frère, C. Michael
Paul, 1982

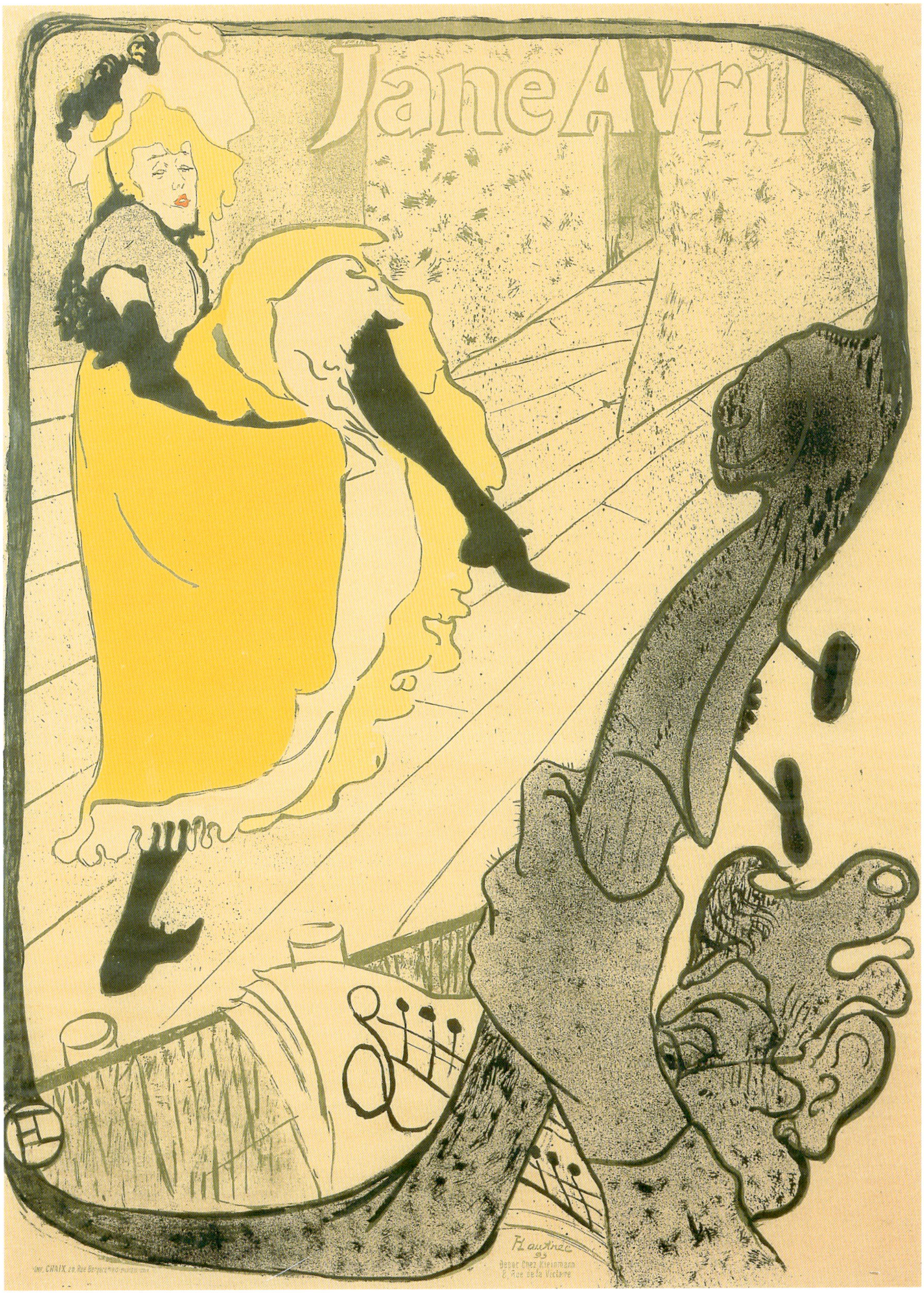

PL. 36 **HENRI DE TOULOUSE-LAUTREC**
Jane Avril
1893
Affiche lithographique en couleurs, 124 x 91,5 cm
Musée d'Ixelles, Bruxelles

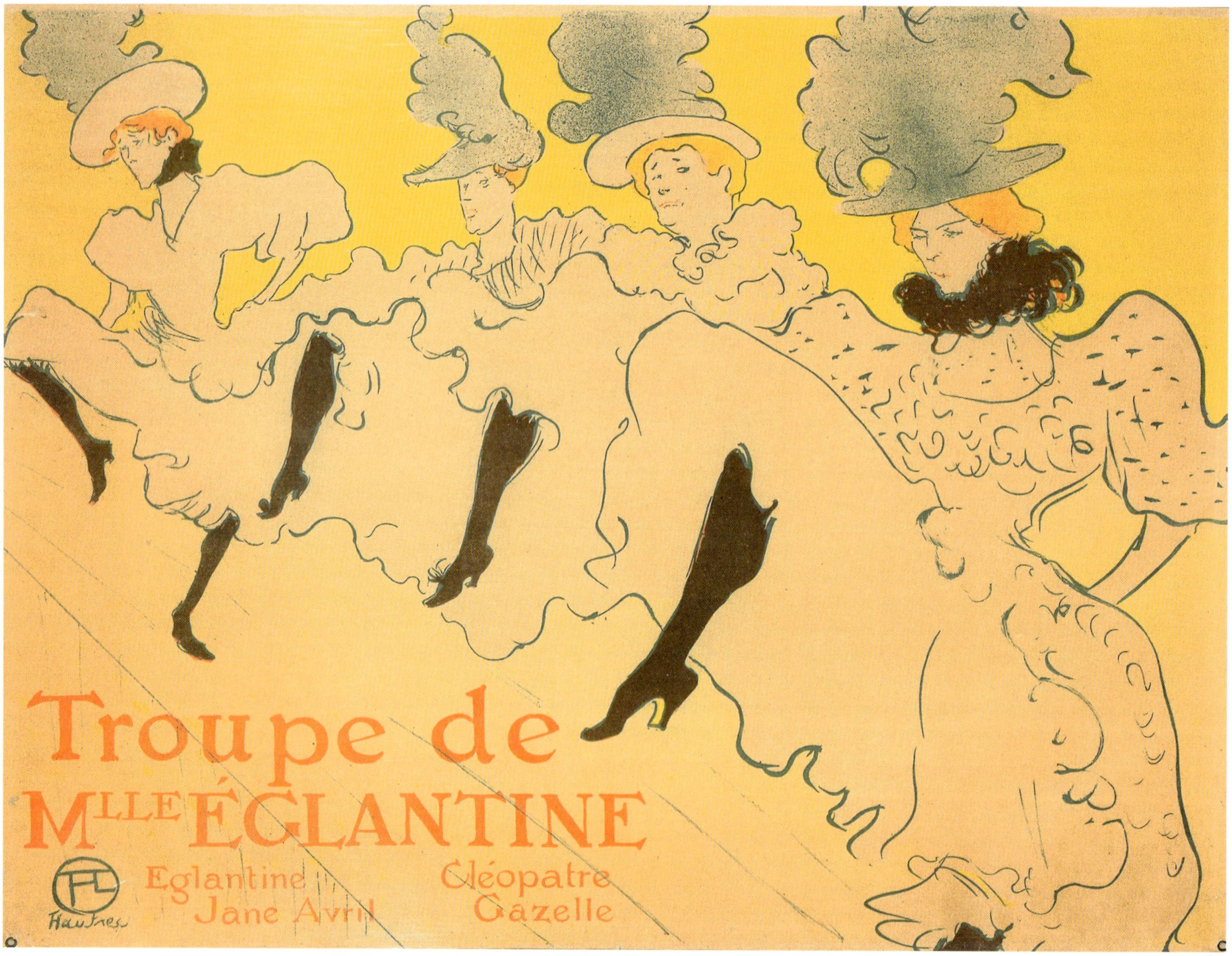

PL. 37 **HENRI DE TOULOUSE-LAUTREC**
Troupe de Mlle Églantine
1896
Affiche lithographique en couleurs, 61,7 x 78,9 cm
Musée d'Ixelles, Bruxelles

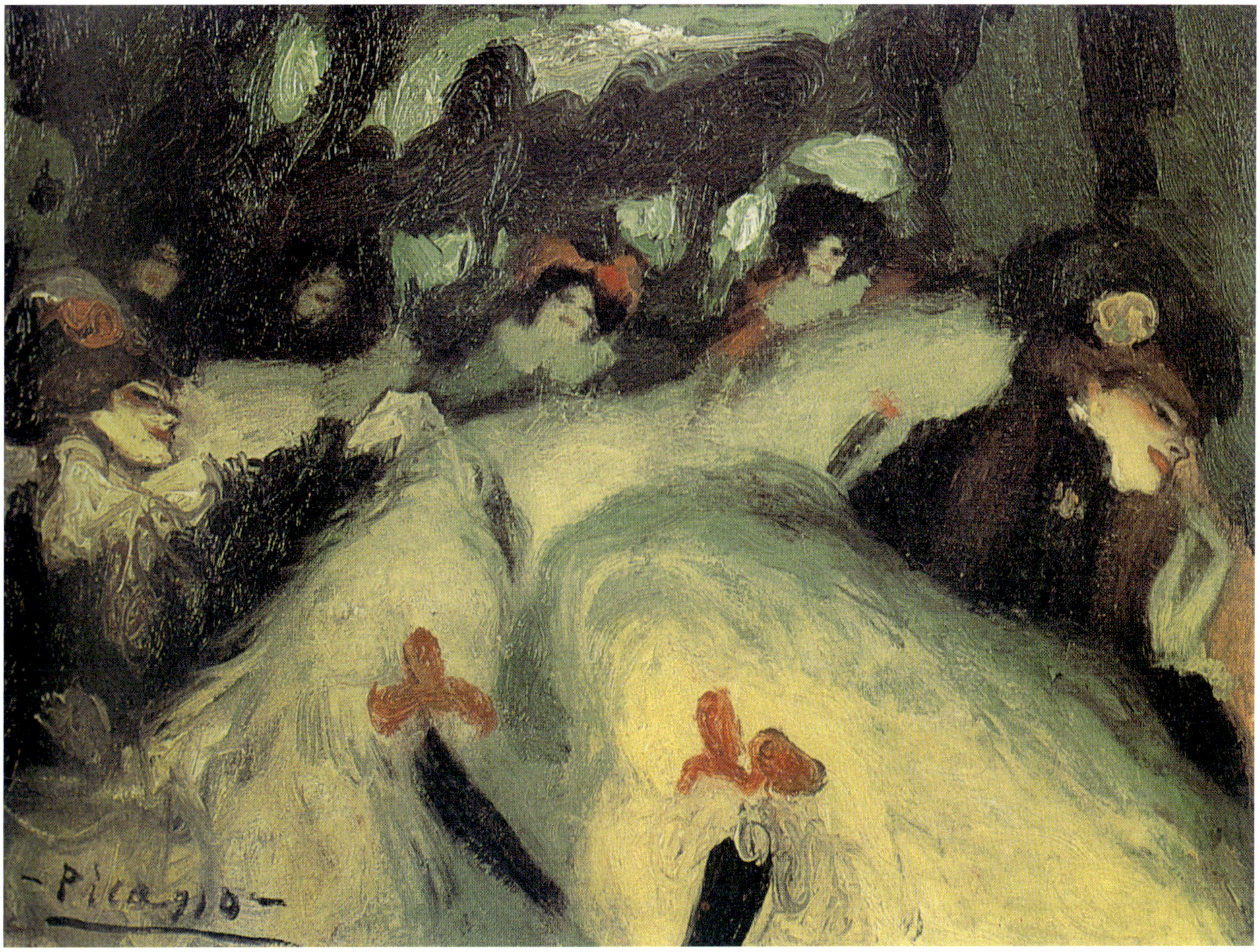

PL. 38 ***Cancan***
Paris, 1900
Huile sur toile, 46 x 61 cm
Hiroshima Museum of Art

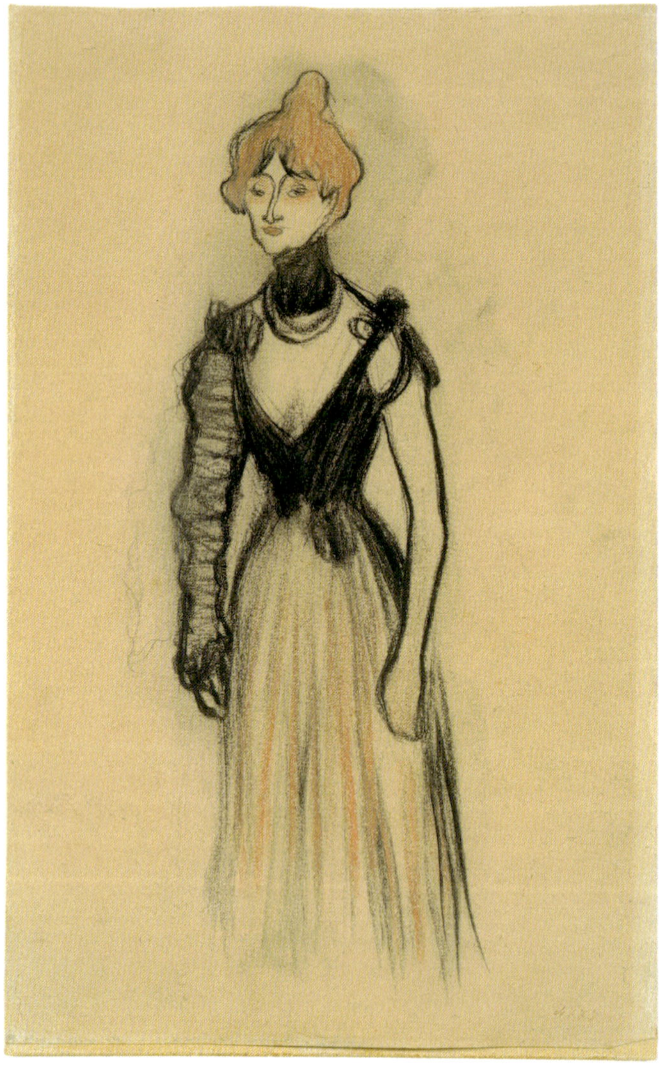

PL. 39 ***La chanteuse de café-concert* (Yvette Guilbert)**
Paris, 1901
Fusain et crayons de couleur sur papier, 21 x 12,5 cm
Museu Picasso, Barcelone

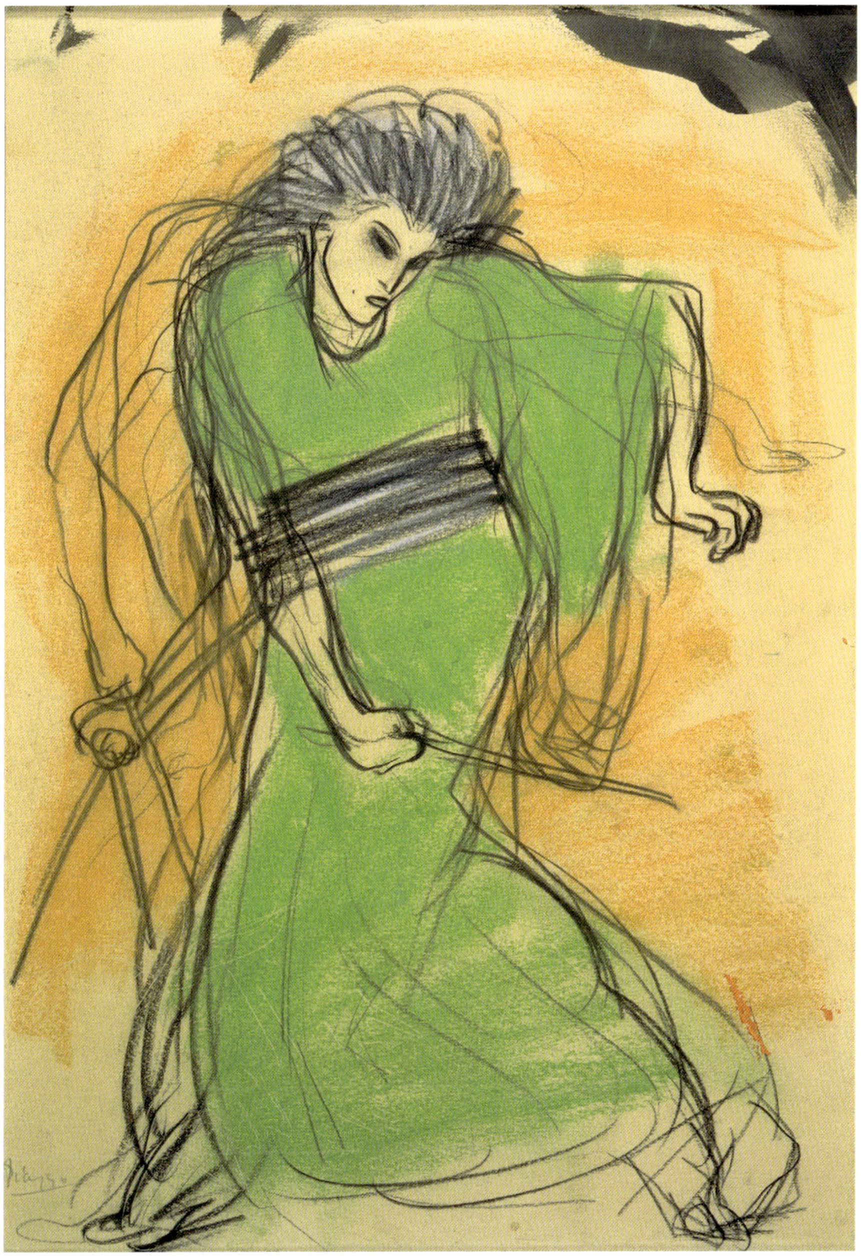

PL. 40 ***Sada Yacco***
Paris, 1901
Pastel et encre sur papier, 37,1 x 25,5 cm
Collection Pieter et Olga Dreesmann, Bruxelles

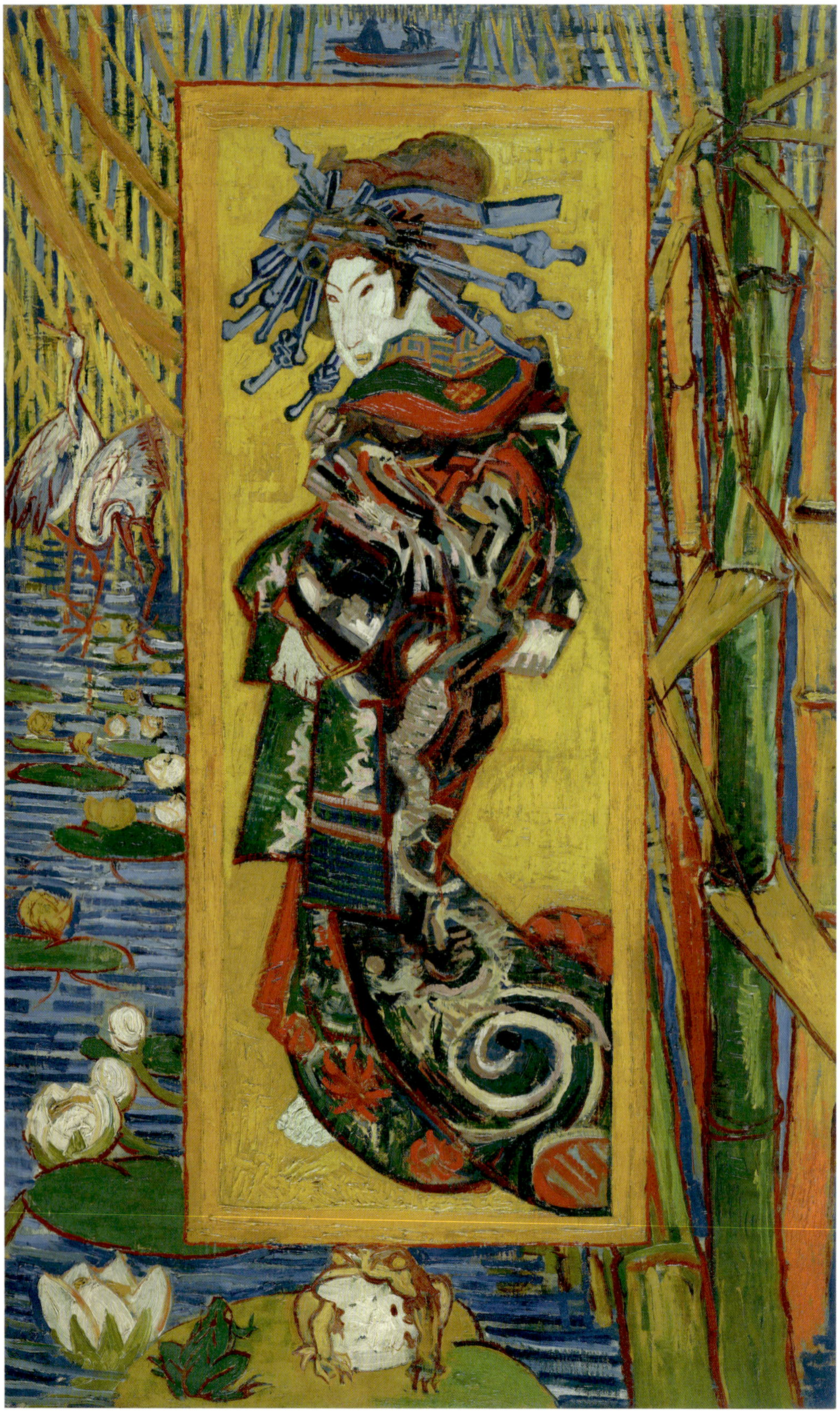

PL. 41 **VINCENT VAN GOGH**
La courtisane (d'après Eisen)
Paris, 1887
Huile sur toile, 105,5 x 60,5 cm
Van Gogh Museum, Amsterdam
(Fondation Vincent van Gogh)

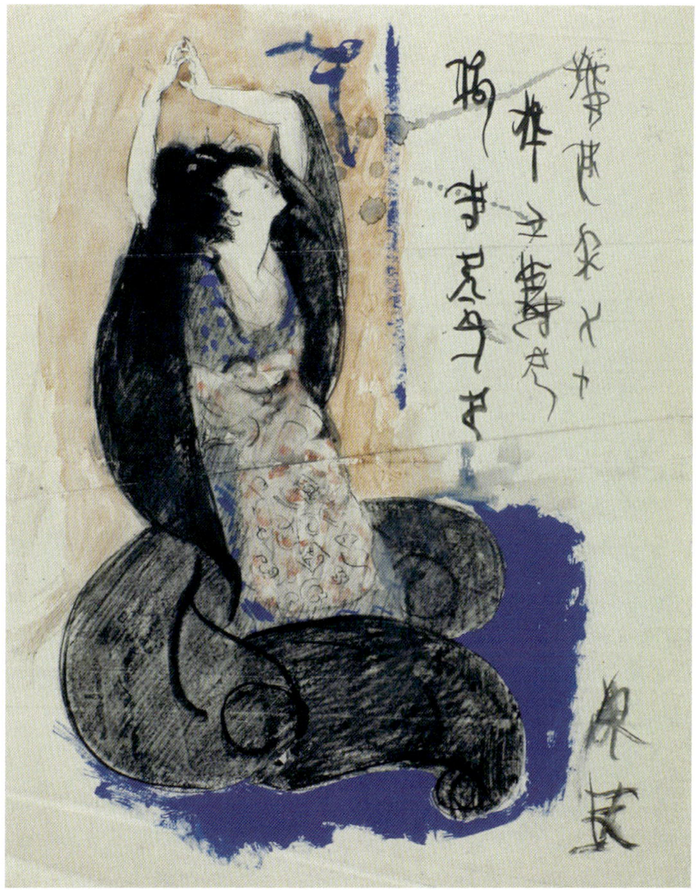

FIG. 13 ***Sada Yacco***
Paris, 1901
Encre de Chine et gouache sur papier, 40 x 31 cm
Collection privée

Ce fut sans doute à l'instigation d'Oller que Picasso fit un projet d'affiche – qui ne sera jamais imprimée – pour le Jardin de Paris (pl. 35), une image qui fait figure d'hommage à Toulouse-Lautrec. L'aquarelle représente un groupe de danseuses de cancan, que Picasso plaça dans la partie supérieure de la feuille avec le nom de l'établissement, réservant une grande partie de l'espace inférieur pour sa signature[37]. La répétition et les positions apparemment aléatoires des bas noirs reflètent les vigoureux mouvements des danseuses et confèrent à ce projet graphique un dynamisme qui rappelle les célèbres affiches de Toulouse-Lautrec (pl. 34, 36, 37).

Picasso réalisa aussi des esquisses de l'actrice japonaise Sada Yacco (pl. 40, fig. 13). Lui et ses amis l'avaient probablement vue se produire à l'Exposition universelle dans le pavillon de la Loïe Fuller – plus tard, en mai 1902, elle accompagna la troupe d'acteurs de son mari à Barcelone, où Casas fera son portrait. On ne connaît pas les circonstances de ce qui semble être une commande d'affiche vantant ses mérites, mais Picasso fit en tout cas plusieurs dessins, sans doute dans cette optique. Dans l'un d'eux, l'image de Sada Yacco exécutant ses spectaculaires et exotiques mouvements est flanquée d'une succession de caractères japonais fantaisistes. Curieusement, cette composition rappelle un tableau de Van Gogh que Picasso ne pouvait pas connaître, *La courtisane (d'après Eisen)* (pl. 41), réalisé quelques années plus tôt (1887) à une échelle beaucoup plus grande. Dans les deux cas, les costumes aux motifs élaborés et la nature peu commune du spectacle reflètent l'attrait suscité par les artistes de scène étrangers sur l'œil du peintre occidental.

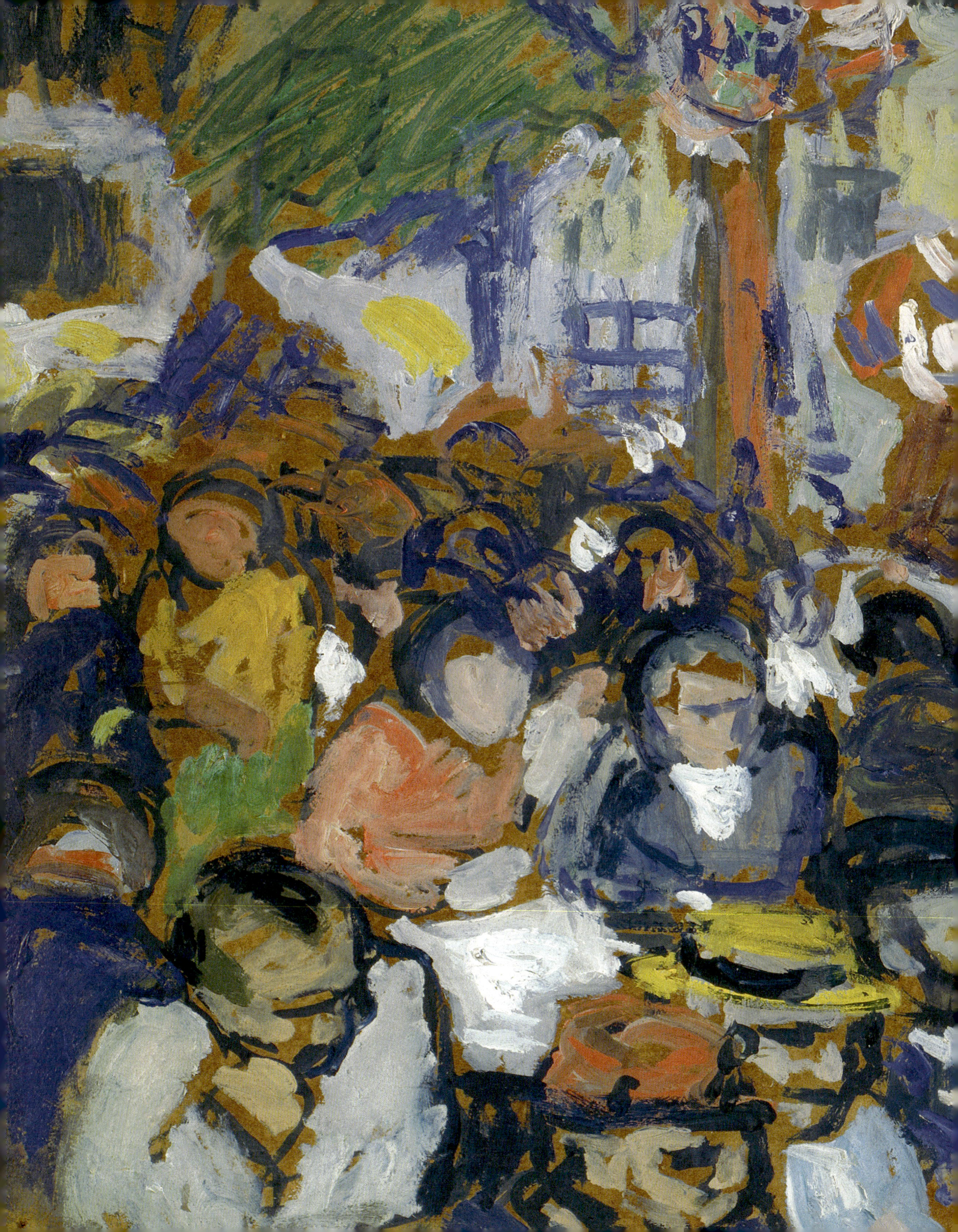

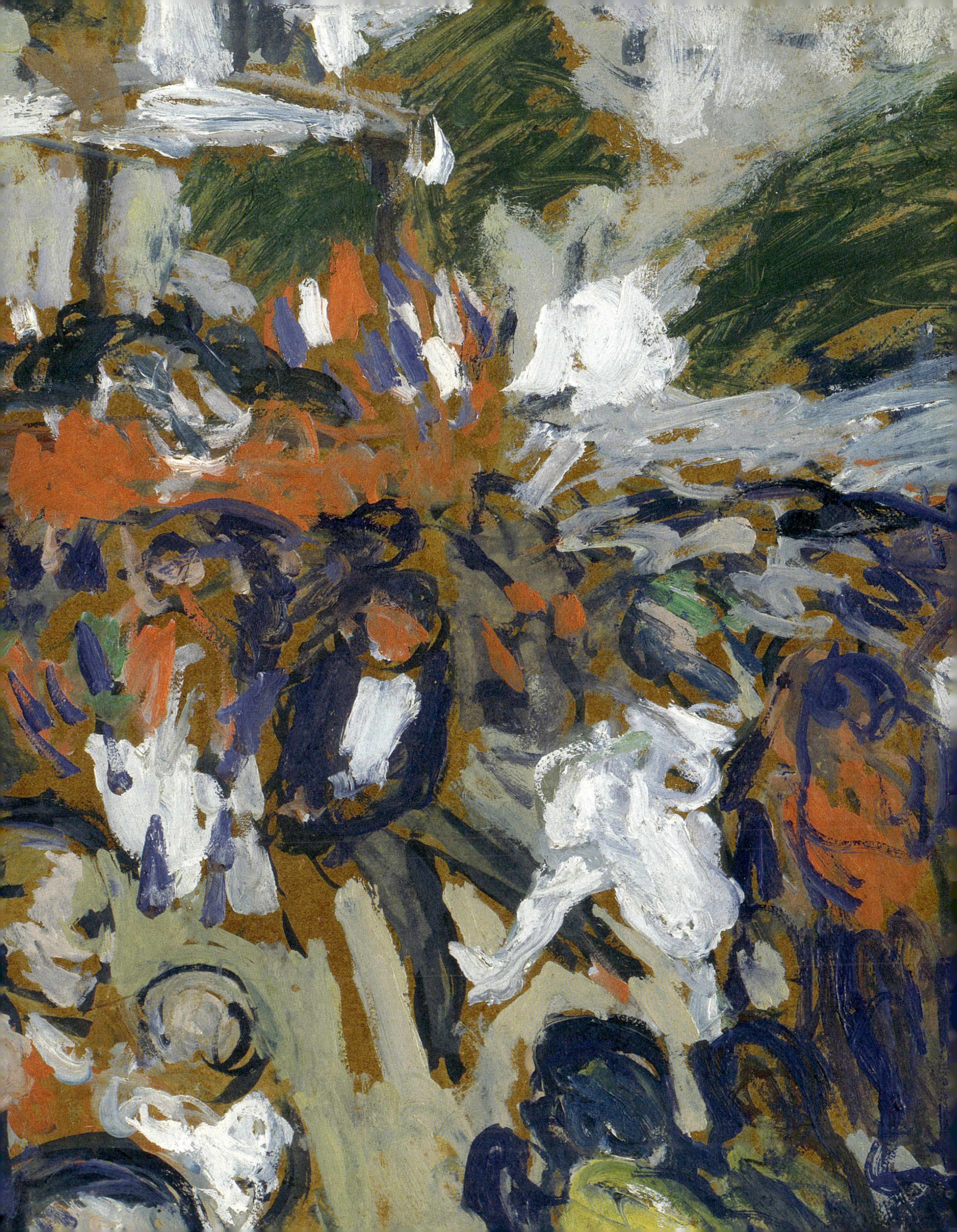

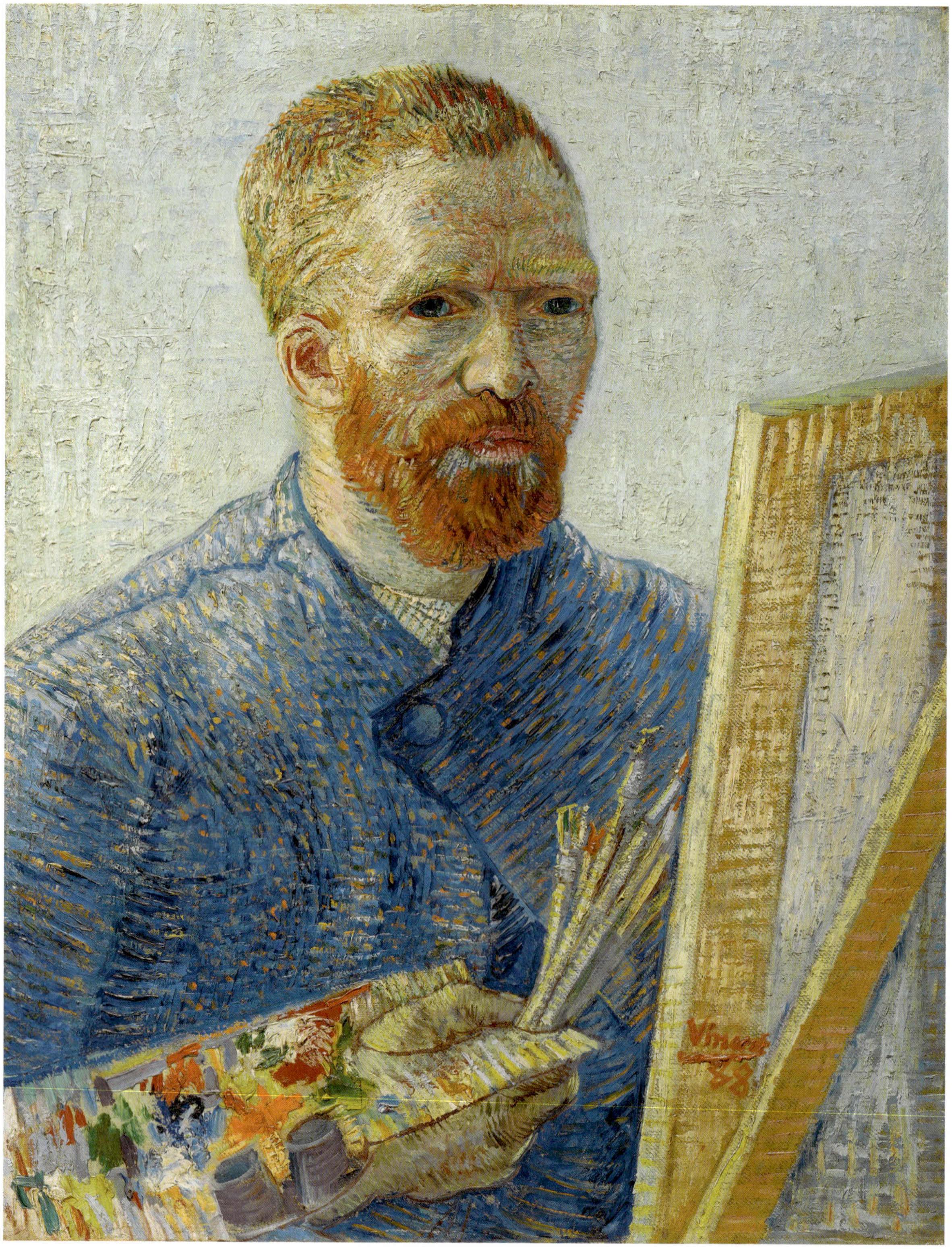

PL. 42 **VINCENT VAN GOGH**
Autoportrait au chevalet
Paris, 1888
Huile sur toile, 65,2 x 50,2 cm
Van Gogh Museum, Amsterdam
(Fondation Vincent van Gogh)

LA RÉPUTATION DE VINCENT VAN GOGH À PARIS VERS 1900

NIENKE BAKKER

Dans son œuvre, Picasso est souvent entré en dialogue avec les grands maîtres de l'histoire de l'art. Il empruntait à leurs œuvres les éléments qu'il pouvait utiliser et les exploitait à ses propres fins[1]. C'est aussi la façon dont il a procédé avec Vincent van Gogh (1853–1890), un des rares peintres envers lesquels il exprimait ouvertement son admiration et son respect. À la fin de sa vie, il l'appelait même « le plus grand de tous », et il éprouvait à son égard une affinité particulière. Selon l'épouse de Picasso, Jacqueline, « Cézanne, il l'admirait ; Van Gogh, il l'aimait »[2]. Sa mystérieuse affirmation, « Les gens ne comprennent pas que c'est moi, Van Gogh, non ? », date de la même époque[3]. Dans les propos de Picasso rapportés par l'une de ses proches, l'écrivaine Hélène Parmelin, durant les années soixante, Van Gogh est décrit à plusieurs reprises comme un artiste révolutionnaire et exemplaire : « On s'est mis à parler peinture comme si c'était un concours, dit Picasso. C'est à celui qui 'ira le plus loin'. Mais qu'est-ce que ça veut dire, le plus loin ?... Quand il s'agit de peinture, qu'est-ce que ça veut dire franchir le mur du son, avec une toile ? Ça veut dire ne rien faire dessus ? Faire n'importe quoi ? Ou bien ça veut dire être Van Gogh ? »[4]. Cette profonde identification avec le maître était caractéristique de Picasso, qui, dès sa jeunesse, s'identifiait littéralement avec un grand artiste comme El Greco, jusqu'à signer des esquisses de son nom[5]. D'entrée de jeu, il était décidé à surpasser tous ses prédécesseurs : « En art, chacun doit tuer son propre père », comme il l'a dit lui-même un jour[6].

La fascination de Picasso pour Van Gogh dans les années cinquante et soixante s'explique avant tout par la gloire acquise par cet artiste, qui atteignait alors des sommets inégalés. Depuis longtemps déjà, Van Gogh passait pour l'un des fondateurs de l'art moderne, mais à partir du milieu des années cinquante, ses tableaux commencèrent à mieux se vendre que ceux de Cézanne, et sa réputation de héros tragique lui valait un véritable statut de vedette. La sortie

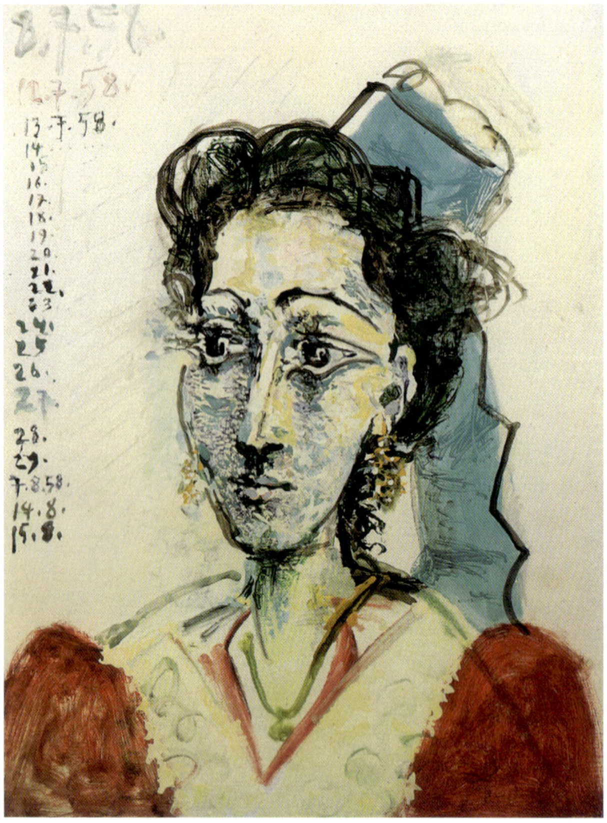

FIG. 14 ***L'Arlésienne (Jacqueline)***
Cannes, 1958
Huile sur toile, 61 x 41 cm
Collection privée

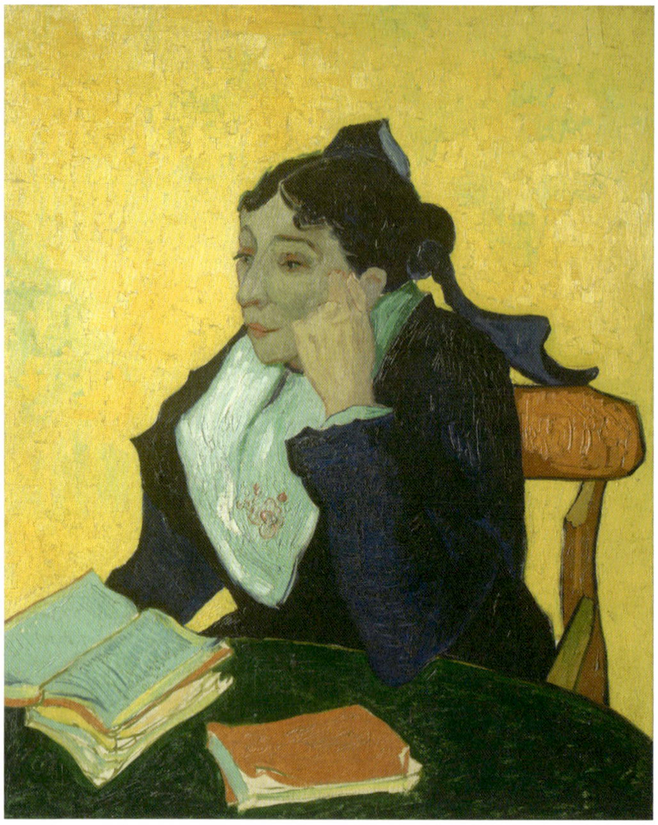

FIG. 15 **VINCENT VAN GOGH**
L'Arlésienne (Madame Ginoux)
Arles, 1888
Huile sur toile, 91,4 x 73,7 cm
The Metropolitan Museum of Art, New York, legs de Sam A. Lewisohn, 1951

en 1956 de la version cinématographique de la biographie de Van Gogh due à Irving Stone – *Lust for Life* (*La vie passionnée de Vincent van Gogh,* 1934) – avec Kirk Douglas dans le rôle titre, venant après la publication en 1952–1954 de la monumentale édition de sa correspondance, traduite dans le monde entier[7], et les festivités en l'honneur du centième anniversaire de sa naissance en 1953, tout contribuait à focaliser l'attention du public. Comme tant d'autres, Picasso était certes fasciné par la vie tragique du peintre hollandais, mais aussi par ses opinions sur l'art et la condition de l'artiste. «Picasso parle tout le temps de Van Gogh, pense tout le temps à Van Gogh», écrira Hélène Parmelin au début des années soixante. «Pour lui, Van Gogh est le peintre à la vie exemplaire, jusques et y compris la mort»[8]. Dans ses œuvres de cette période, Picasso opérait un véritable retour en arrière sur l'histoire de l'art. C'est ainsi qu'il peignit en 1958 *L'Arlésienne (Jacqueline)* (fig. 14), inspirée des portraits d'Arlésiennes réalisés par Van Gogh (fig. 15)[9]. Lorsqu'il habitait Vallauris, il ne manqua pas d'aller voir la grande exposition Van Gogh, organisée en 1953 dans la ville voisine d'Arles. Le petit-neveu du peintre, Johan van Gogh, a raconté sa rencontre avec Picasso: «Il est venu pour voir ces tableaux de Van Gogh. Et alors nous avons décroché un tableau du mur, – mais je ne sais plus lequel [...] – et il a voulu aller l'examiner dehors»[10]. La scène est irrésistible: Picasso, âgé de 72 ans, emportant un tableau de Van Gogh à l'extérieur pour l'admirer à la lumière de la Provence, dans cette même cité d'Arles où, un bon demi-siècle auparavant, Van Gogh avait peint ses chefs-d'œuvre.

Nous souhaitons dans cet article aborder la question de l'impact de Van Gogh sur le *jeune* Picasso, durant ces premières années cruciales vécues à Paris. Picasso lui-même a déclaré que Van Gogh avait alors eu davantage d'influence sur lui que n'importe quel autre artiste, mais cette affirmation date des années cinquante, une époque où il était très désireux d'établir un rapport entre son œuvre précoce et celui de son illustre prédécesseur[11]. Il est généralement admis – peut-être sur cette base – que Van Gogh a effectivement joué un rôle important dans les débuts de Picasso, mais c'est moins évident qu'il n'y paraît. Pour nuancer, commençons par nous pencher sur la réputation de Van Gogh au tournant du siècle, et par déterminer quelles sont les œuvres que Picasso a réellement pu voir.

Après son suicide, en juillet 1890, la modeste réputation que Van Gogh avait acquise de son vivant au sein de l'avant-garde française ne cessa plus d'augmenter. Quelques mois plus tôt, Albert Aurier avait été le premier à consacrer un article à son œuvre, sous le titre « Les isolés. Vincent van Gogh », dans la revue symboliste *Mercure de France*[12]. Bien que sa prose ait été accueillie par Van Gogh lui-même avec des sentiments mêlés, elle allait apporter une contribution décisive à l'image de l'artiste visionnaire, dont l'art serait l'expression d'un esprit tourmenté. Pour son article, Aurier s'était servi de lettres de Van Gogh mises à sa disposition par son frère Theo et par l'artiste Émile Bernard et il avait examiné les tableaux conservés chez Theo et chez le marchand de couleurs Julien Tanguy dit le « Père » Tanguy. Un deuxième article capital, dû à Octave Mirbeau – une autre connaissance de Theo –, parut en 1891 dans *L'Écho de Paris*, à l'occasion du Salon des Indépendants, qui exposait dix toiles de Van Gogh[13]. Émile Bernard, qui s'érigea en propagandiste de Van Gogh après la mort de son ami, consacra plusieurs petits textes aux souvenirs qu'il en avait gardés, tout en publiant, entre 1893 et 1897, une sélection de sa correspondance dans le *Mercure de France*[14].

Aurier considérait Van Gogh comme le prototype de l'« artiste isolé », retiré dans la nature pour créer un art nouveau, tandis que Mirbeau insistait sur le caractère spirituel de son art et le lien entre son tempérament et son style pictural. Quant à Bernard, qui avait bien connu Van Gogh et piochait dans sa correspondance, il le présentait, non comme un solitaire, mais comme un artiste très intelligent et socialement engagé, dont le regard visionnaire ne résultait pas de la maladie mentale, mais du génie. Son œuvre témoignait, selon Bernard, d'« une unité qui, à la longue, le démontre très équilibré, très logique, très conscient. En des toiles dernières, d'aucuns virent la folie. Mais qu'est-elle lorsqu'elle se fait deviner sous la forme présente, sinon le génie ? »[15]. Ces critiques ont construit un personnage héroïque d'artiste luttant et souffrant, s'étant sacrifié pour son œuvre. Ses tableaux et ses dessins étaient désormais inséparables de sa vie particulièrement difficile et de sa correspondance[16].

Les premières publications se focalisèrent surtout sur la personnalité et les convictions de Van Gogh. Sa réputation de penseur original précéda l'étude approfondie de son œuvre, notamment parce que peu de ses tableaux furent visibles à Paris durant les premières années qui suivirent son décès. Après la mort en janvier 1891 de Theo, le frère de Vincent, sa veuve Jo van Gogh-Bonger emmena sa collection aux Pays-Bas. Des tableaux de Van Gogh avaient été exposés à plusieurs reprises au Salon des Indépendants, mais, à une modeste exposition près, en 1892, il fallut attendre 1895 pour que quelques-unes de ses œuvres soient à nouveau exposées dans la capitale française, lors de

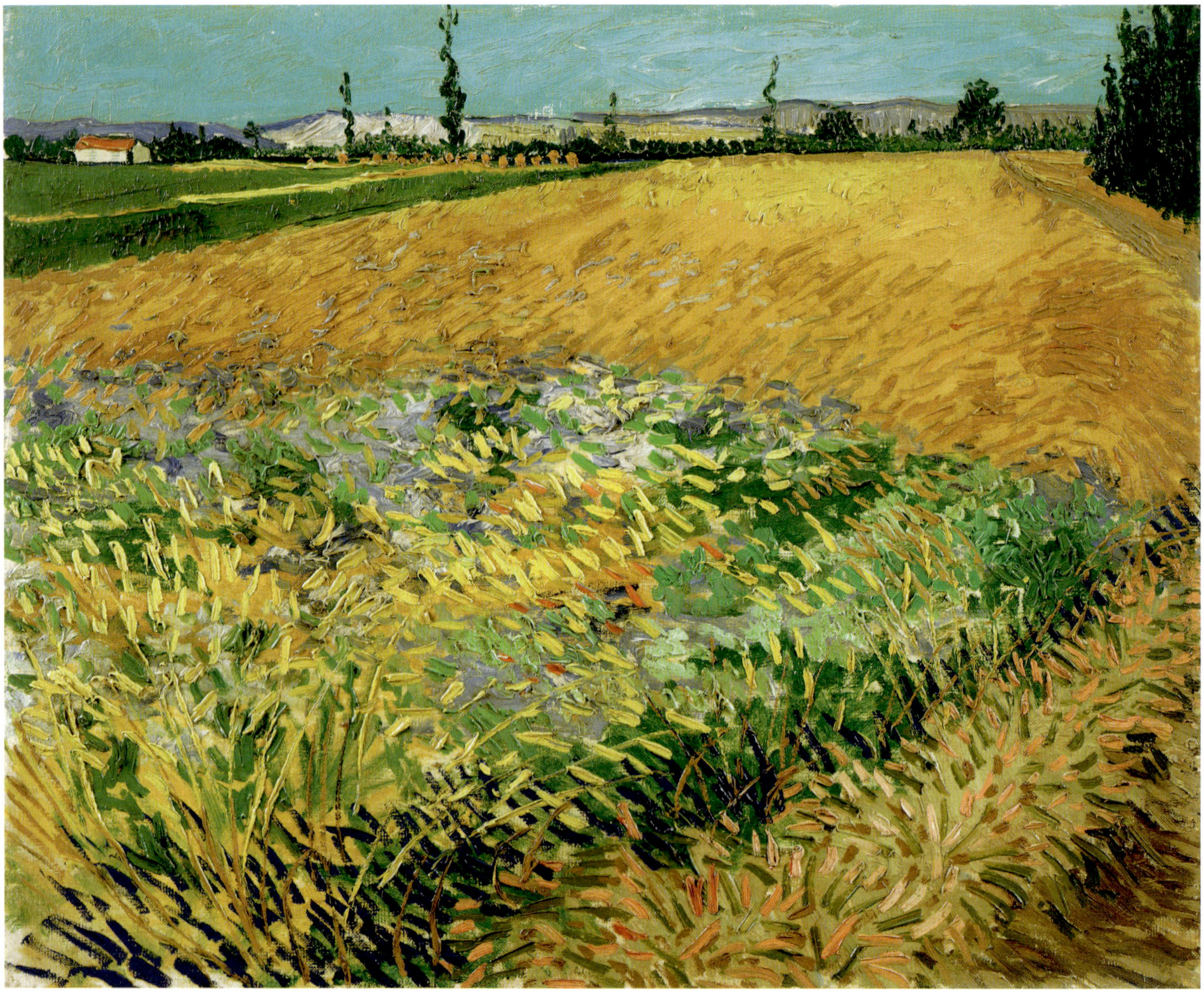

PL. 43 **VINCENT VAN GOGH**
Champ de blé
Arles, 1888
Huile sur toile, 54 x 65 cm
Van Gogh Museum, Amsterdam
(Fondation Vincent van Gogh)

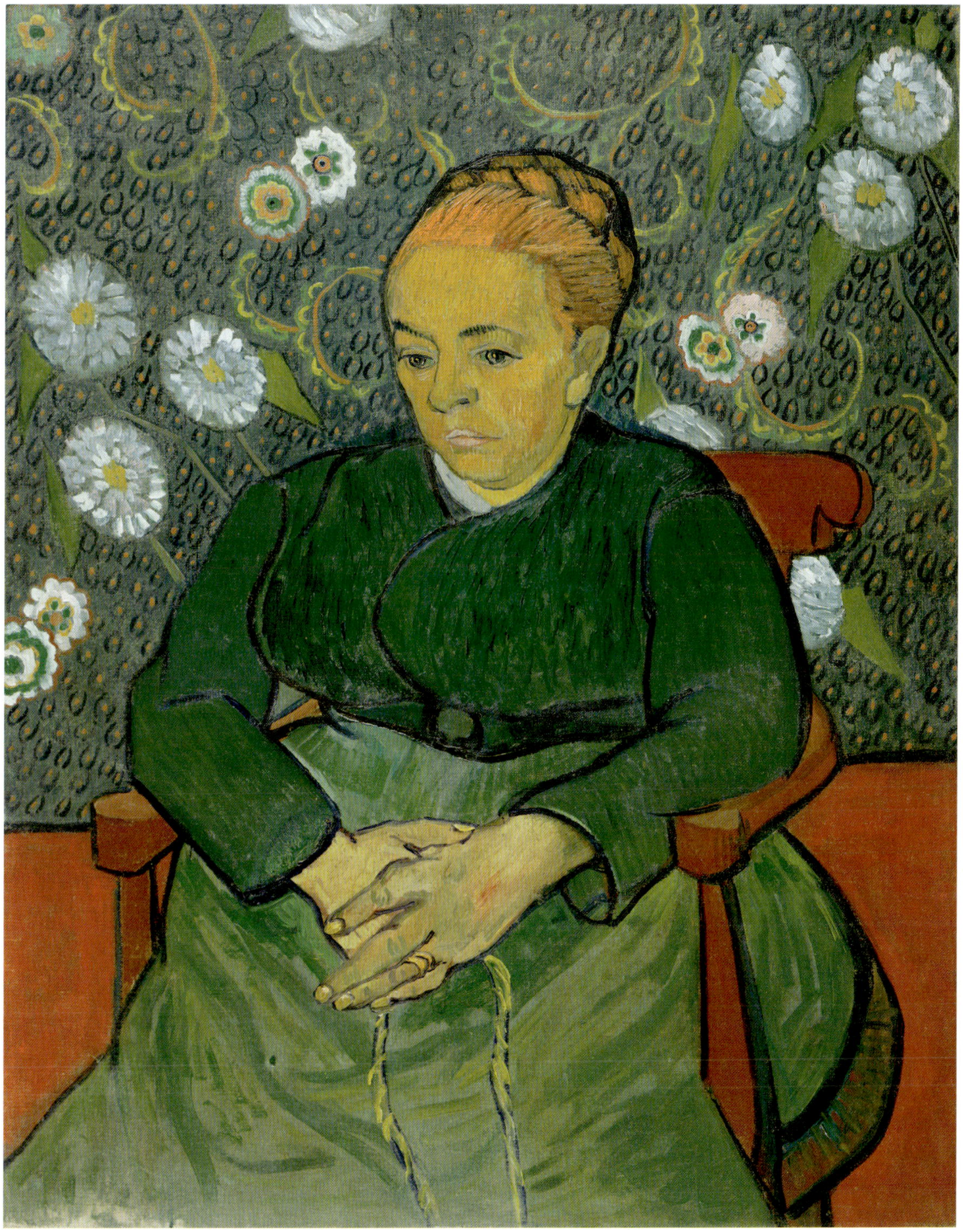

PL. 44 **VINCENT VAN GOGH**
La berceuse (Madame Roulin)
Arles, 1889
Huile sur toile, 91 x 72 cm
Stedelijk Museum, Amsterdam

l'inauguration de la galerie d'Ambroise Vollard, rue Laffitte[17]. Vollard avait rassemblé une série – probablement pas plus d'une vingtaine – de tableaux de la période française de Van Gogh (1886–1890)[18]. Bien qu'élogieuses, les critiques publiées dans *La Revue blanche* et *L'Art et les Lettres* précisaient que le nombre de toiles disponibles était trop faible pour donner une bonne vision d'ensemble de l'œuvre. Un an plus tard, Vollard organisa une deuxième exposition, cette fois avec un échantillon représentatif de l'œuvre de Van Gogh: cinquante-six tableaux et cinquante-quatre dessins appartenant à Jo van Gogh-Bonger[19]. L'initiative n'eut cependant pas le succès escompté, sauf auprès des jeunes artistes. De l'aveu même de Vollard, «le public ne montra guère d'empressement. Les temps n'étaient pas encore venus»[20]. L'exposition n'ayant eu que peu de retentissement dans les revues et périodiques, Vollard, qui n'avait vendu que quelques tableaux, décida de cesser de faire la promotion de l'œuvre de Van Gogh[21].

Telle était la situation en octobre 1900, lorsque l'écrivain Julien Leclercq conçut l'idée d'organiser, chez le marchand d'art parisien Bernheim-Jeune, une exposition qui rendrait justice à Van Gogh et consoliderait définitivement sa réputation. Le moment est enfin venu, écrivit-il à Jo van Gogh-Bonger, dont il sollicita la collaboration: «Vincent avait l'ambition de se faire une place parmi les peintres du groupe des grands impressionnistes français et il reste à peu près le seul qui n'ait pas encore la réputation qu'il mérite. [...] La présentation des œuvres de Vincent chez Vollard a été toujours déplorable. [...] En quelques mois, nous pourrons faire une favorable agitation autour du nom de Vincent»[22].

L'exposition, qui se déroula du 15 au 31 mars 1901, réunissait soixante-cinq tableaux et six dessins. La préface du catalogue, rédigée par Leclercq, présentait brièvement la vie et l'œuvre de Van Gogh et était émaillée d'extraits de sa correspondance[23]. Selon Leclercq, c'était la combinaison de la maladie mentale et du génie qui avait fait de Van Gogh un visionnaire: «Ses souffrances physiques, qui furent réelles et ont amené des troubles passagers, n'ont jamais compromis sa conscience d'artiste. Elles l'ont exaltée, comme il est arrivé à d'autres qui avaient en eux l'essence du génie; elles ont sublimé ses facultés en usant sa machine humaine, certes, mais aussi en faisant de lui un visionnaire»[24]. Ayant résumé en un paragraphe la période hollandaise de l'artiste, qui était à peine évoquée dans l'exposition, il s'étendait longuement sur ses activités en France et lui attribuait la place qu'il estimait devoir lui revenir dans l'école de peinture française: «En trois années [...] il accomplit une carrière prodigieuse et si personnelle qu'il prend une place bien distincte parmi les maîtres qui lui ont donné l'impulsion. [...] Ce nom [Vincent] évoquera des idées magnifiques de couleur»[25].

L'instinct de Leclercq ne l'avait pas trompé: l'heure de Van Gogh était venue, car son œuvre cadrait parfaitement avec l'aspiration à des couleurs vives et à un style expressif qui commençait à se manifester chez les jeunes peintres. L'exposition chez Bernheim-Jeune fut une révélation pour des artistes comme Henri Matisse, Maurice de Vlaminck et André Derain. Ils furent les premiers à juger Van Gogh sur ses seuls mérites artistiques, à étudier son coloris et son coup de pinceau – indépendamment même du sujet et de la symbolique – et à vouloir s'engager à sa suite sur le chemin qu'il leur avait ouvert. L'histoire de sa vie était loin de présenter autant d'intérêt pour eux, et ils ne devaient connaître de ses lettres que les extraits cités par Leclercq dans le catalogue[26].

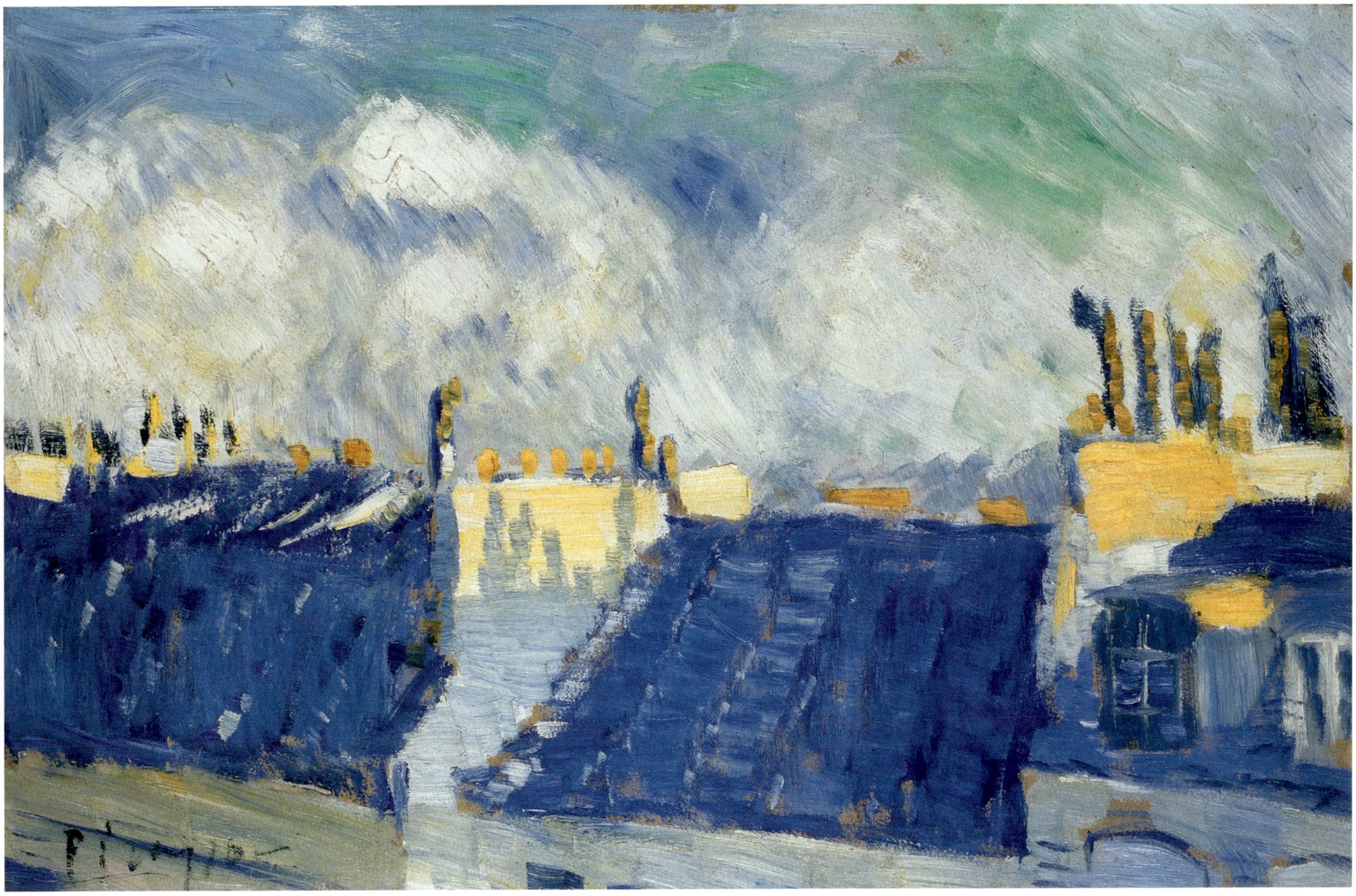

PL. 45 ***Toits bleus***
Paris, 1901
Huile sur carton, 39 x 57,7 cm
The Ashmolean Museum, Oxford,
légué par Frank Hindley Smith, 1939

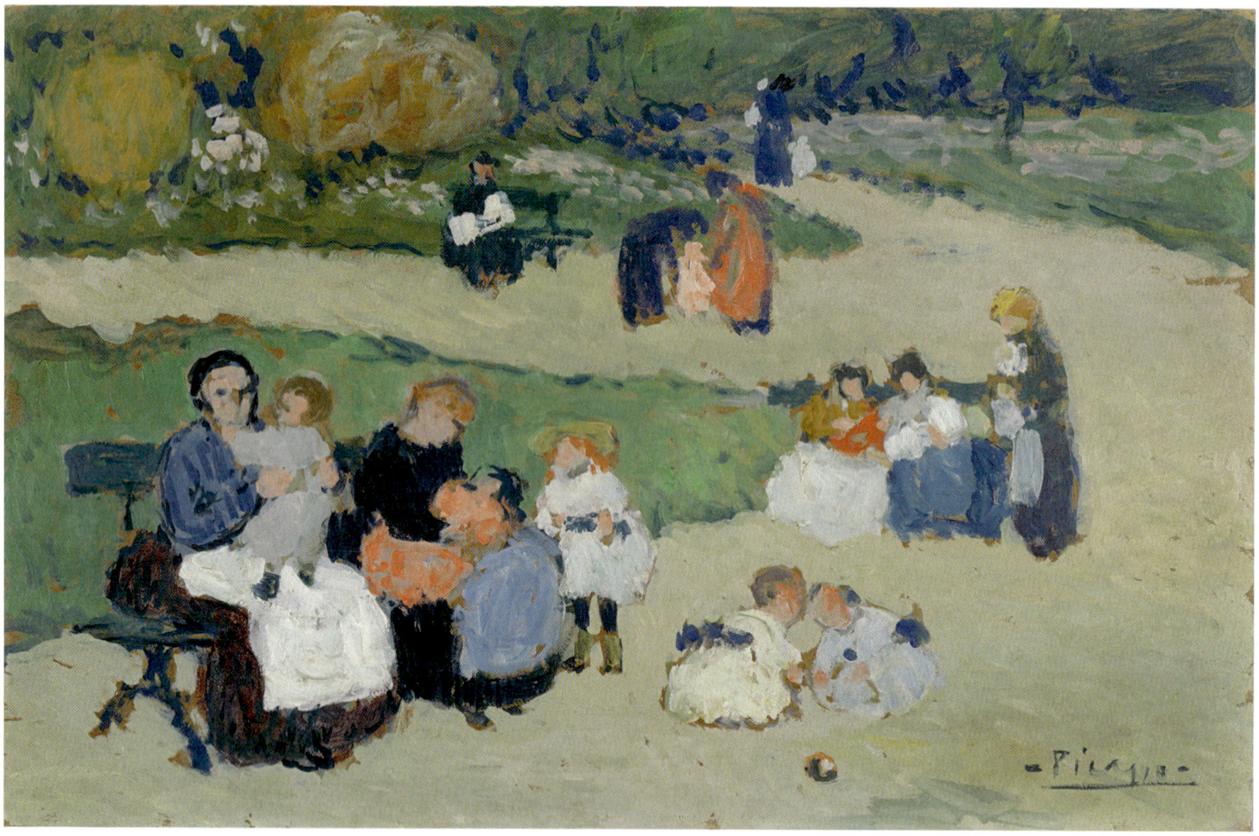

PL. 46 ***Enfants au parc***
Paris, 1901
Huile sur carton, 32 x 47 cm
Collection privée, Rotterdam
(en prêt au Van Gogh Museum)

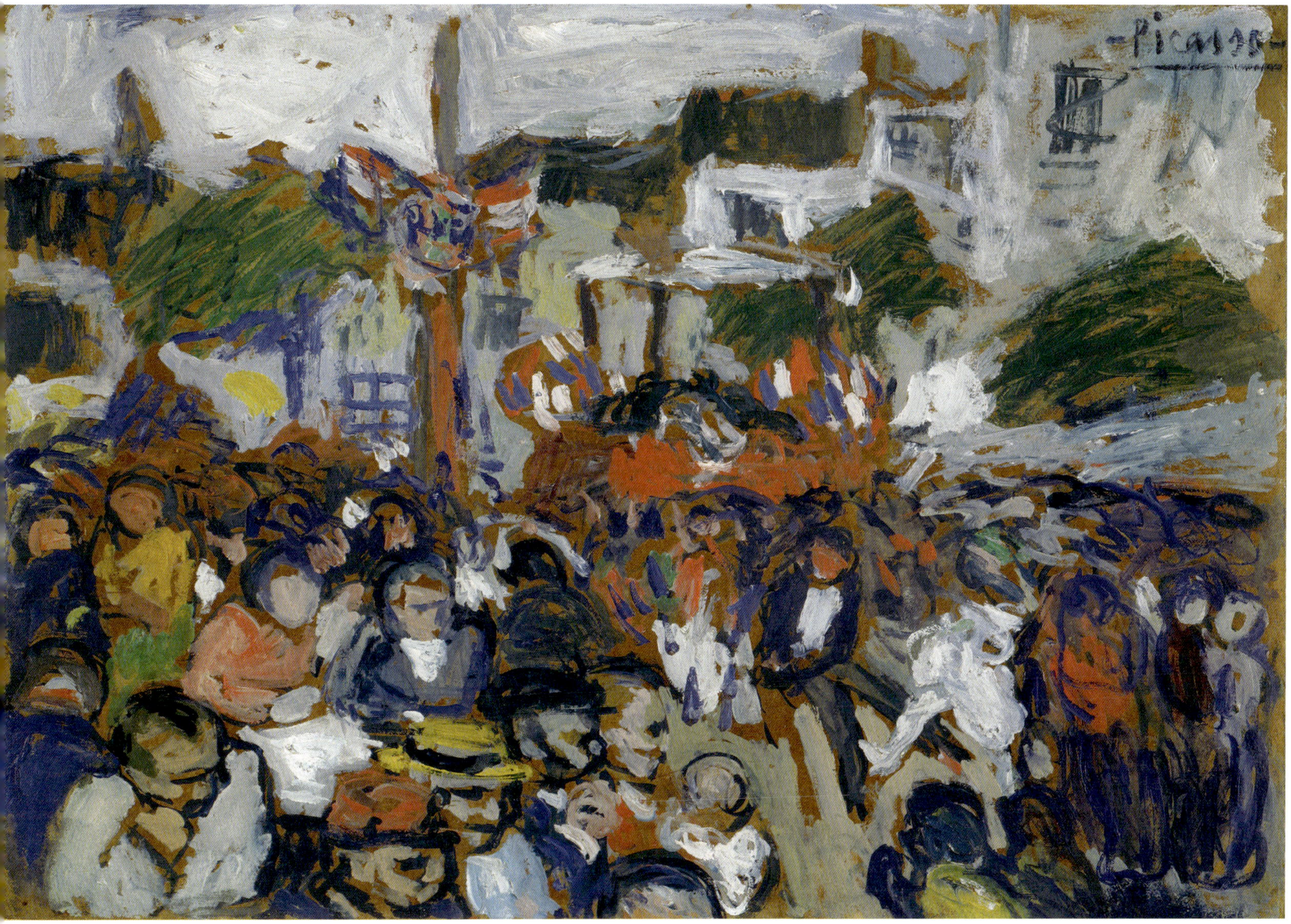

PL. 47 ***14 juillet***
Paris, 1901
Huile sur carton montée sur toile, 48 x 62,8 cm
Solomon R. Guggenheim Museum, New York
Thannhauser Collection, don de Justin K. Thannhauser, 1978

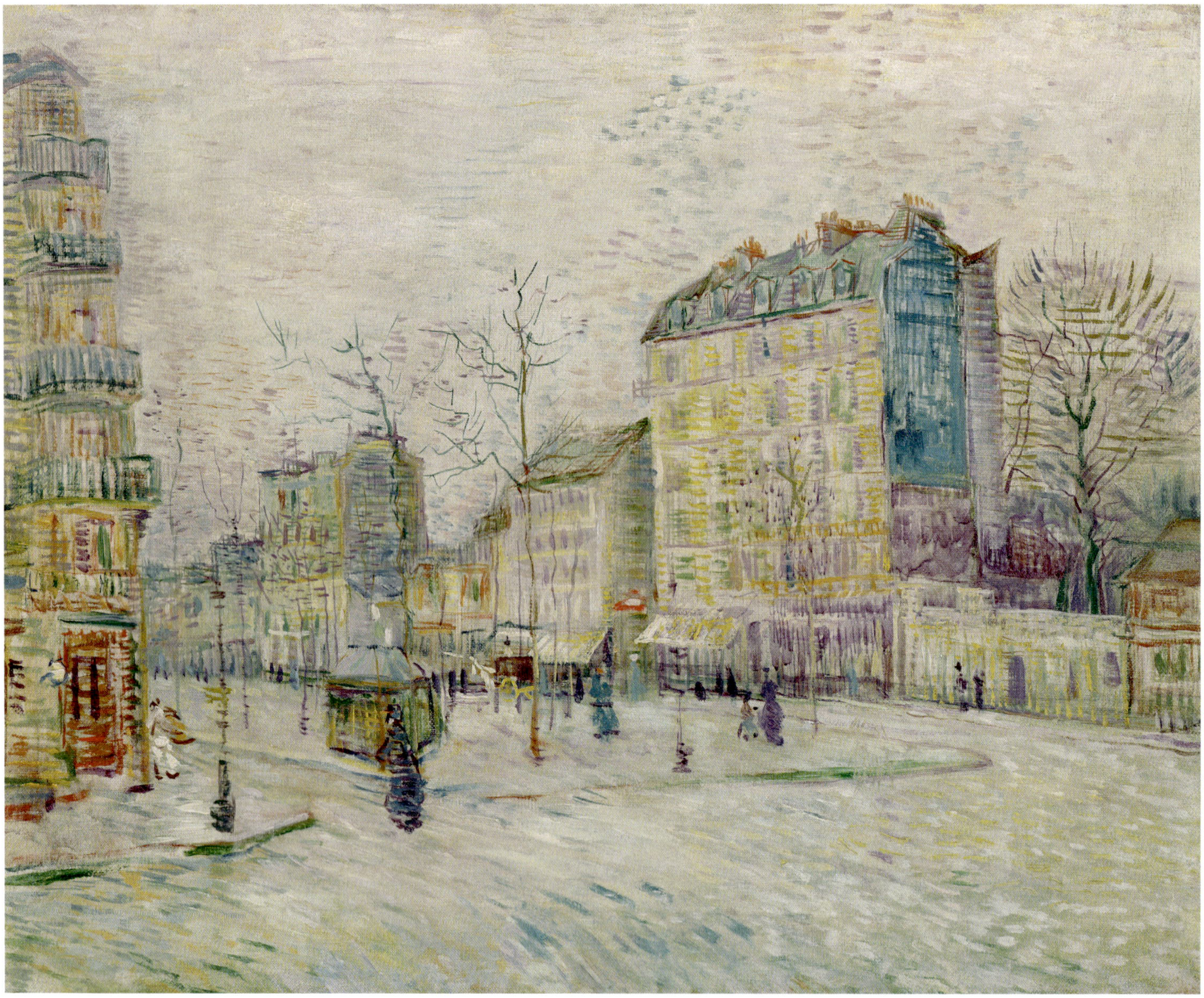

PL. 48 **VINCENT VAN GOGH**
Le boulevard de Clichy
Paris, 1887
Huile sur toile, 46,5 x 55 cm
Van Gogh Museum, Amsterdam
(Fondation Vincent van Gogh)

FIG. 16 ***Boulevard de Clichy***
Paris, 1901
Huile sur toile, 61,6 x 46,4 cm
Collection privée

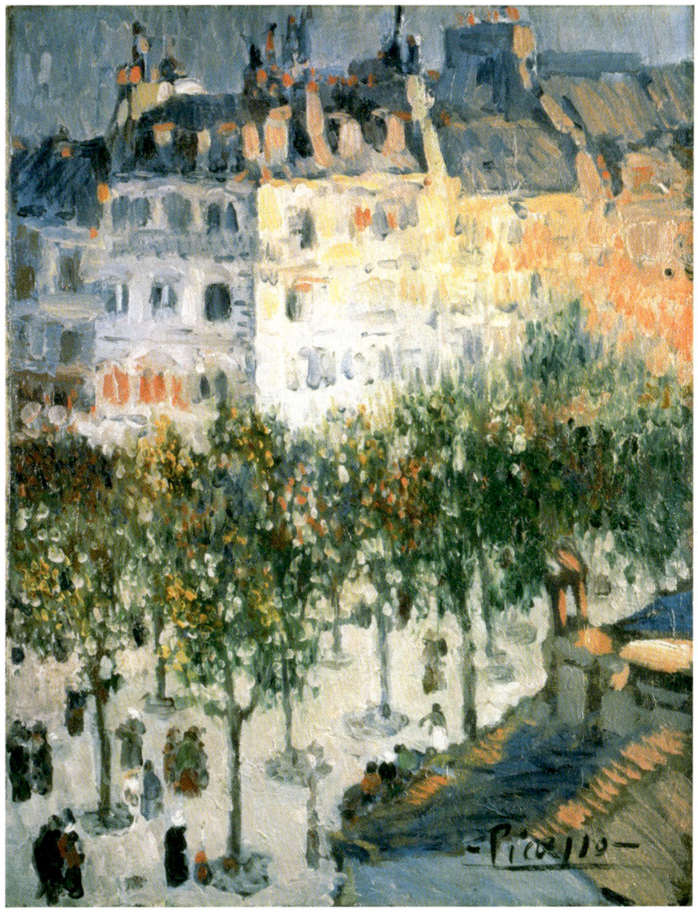

Outre la forte impression laissée sur les futurs fauves, l'exposition de 1901 chez Bernheim-Jeune valut à Van Gogh les honneurs de la presse. Octave Mirbeau, entre autres, lui consacra un essai lyrique, qui se terminait par ces mots: «Il faut aimer Vincent van Gogh et honorer toujours sa mémoire, parce que celui-là fut véritablement un grand et pur artiste...»[27]. Aucun doute possible: dans les milieux artistiques, Van Gogh devait être un sujet de conversation très en vogue! Picasso, de retour à Paris en mai 1901 – trop tard pour l'exposition Van Gogh –, en aura certainement entendu parler par des galeristes et des artistes (il ne fera la connaissance de Matisse et des autres fauves qu'en 1905).

Même si d'aucuns ont suggéré que Picasso avait entendu parler de Van Gogh dès avant son premier séjour à Paris, à l'automne 1900, alors qu'il se trouvait encore à Barcelone, rien ne vient étayer cette affirmation[28]. C'est en 1901 qu'il faut situer sa découverte de Van Gogh. À en juger par la lettre de Leclercq à Jo van Gogh-Bonger déjà citée, l'œuvre de Van Gogh ne faisait pas encore grand bruit en 1900, et il est peu probable que Picasso ait déjà vu certains de ses tableaux, bien qu'il n'ait pas tardé à visiter les galeries d'art contemporain de la rue Laffitte, dont Bernheim-Jeune[29]. Sans doute Leclercq s'occupait-il alors des préparatifs de son exposition et Bernheim-Jeune possédait-il quelques œuvres de Van Gogh, mais il y a peu de chance qu'elles soient tombées sous les yeux de Picasso[30]. La ressemblance souvent relevée entre *Le Moulin de la Galette* (pl. 8), son premier grand tableau parisien, et *La salle de danse à Arles* (fig. 5) de Van Gogh n'est sans doute que l'effet du hasard. Cette toile se trouvait alors probablement chez Vollard, mais celui-ci était connu pour son manque d'empressement à montrer son stock[31]. Picasso ne fit la connaissance du

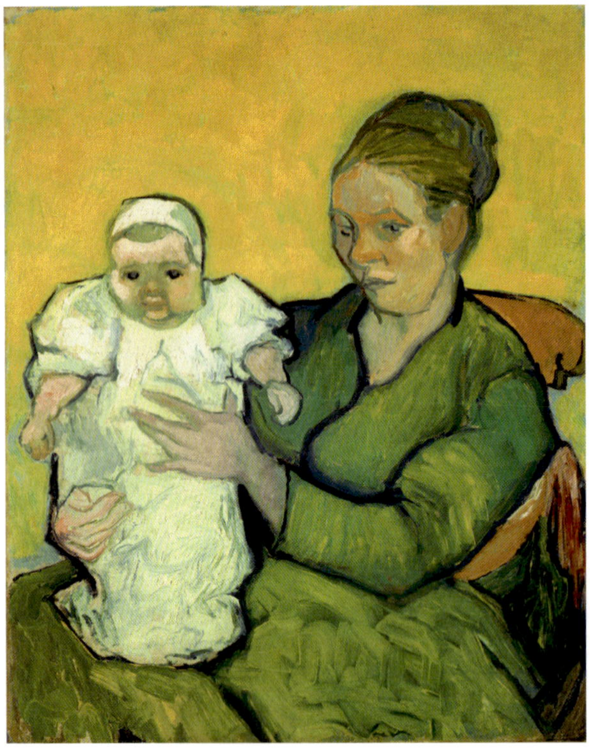

FIG. 17 **VINCENT VAN GOGH**
Portrait de Madame Augustine Roulin et du bébé Marcelle
Arles, 1888
Huile sur toile, 92,4 x 73,5 cm
Philadelphia Museum of Art, legs de Lisa Norris Elkins, 1950

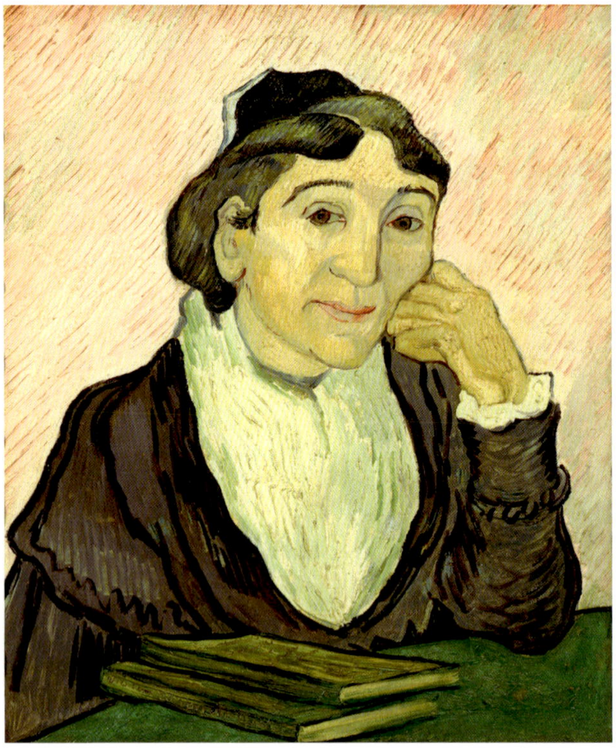

FIG. 18 **VINCENT VAN GOGH**
L'Arlésienne (Madame Ginoux)
Saint-Rémy, 1890
Huile sur toile, 60 x 50 cm
Galleria Nazionale d'Arte Moderna, Rome, avec l'aimable autorisation du Ministero Beni e Att. Culturali

marchand d'art qu'en mai 1901, à un moment où celui-ci avait rassemblé une bonne vingtaine d'œuvres puissantes de Van Gogh – principalement des portraits –, dont une version de *La berceuse (Madame Roulin)*[32].

Il est donc beaucoup plus probable que Picasso, dont la curiosité avait été éveillée par la vague d'intérêt pour Van Gogh consécutive à l'exposition chez Bernheim-Jeune, ait pris le temps d'examiner les Van Gogh de Vollard pendant les préparatifs de sa propre exposition, organisée dans cette galerie au cours de l'été 1901. Contraint de produire en un court laps de temps un grand nombre d'œuvres négociables, il exploita habilement la nouvelle prédilection pour les couleurs vives et la liberté de touche, autant de qualités célébrées dans l'œuvre de Van Gogh. En fait, l'attention que Picasso avait accordée à d'autres artistes ne passa pas inaperçue[33] et Max Jacob devait se souvenir plus tard qu'« on lui reprocha d'imiter Steinlen, Lautrec, Vuillard, Van Gogh, etc., mais tout le monde reconnaissait qu'il y avait là une fougue formidable, un éclat, un œil de peintre »[34].

La touche vigoureuse et empâtée, les contours nets et les couleurs vives des tableaux peints par Picasso au cours de son deuxième séjour à Paris (e.a. pl. 45, 46, 47) révèlent en effet une certaine analogie avec Van Gogh. Il faut pourtant faire preuve de prudence dans la recherche de similitudes, car il est impossible d'énumérer avec certitude les œuvres de Van Gogh que Picasso connaissait, mais les contours accentués et le fond jaune de ses portraits de l'époque, notamment celui de Mañach (fig. 10), évoquent les portraits de Van Gogh

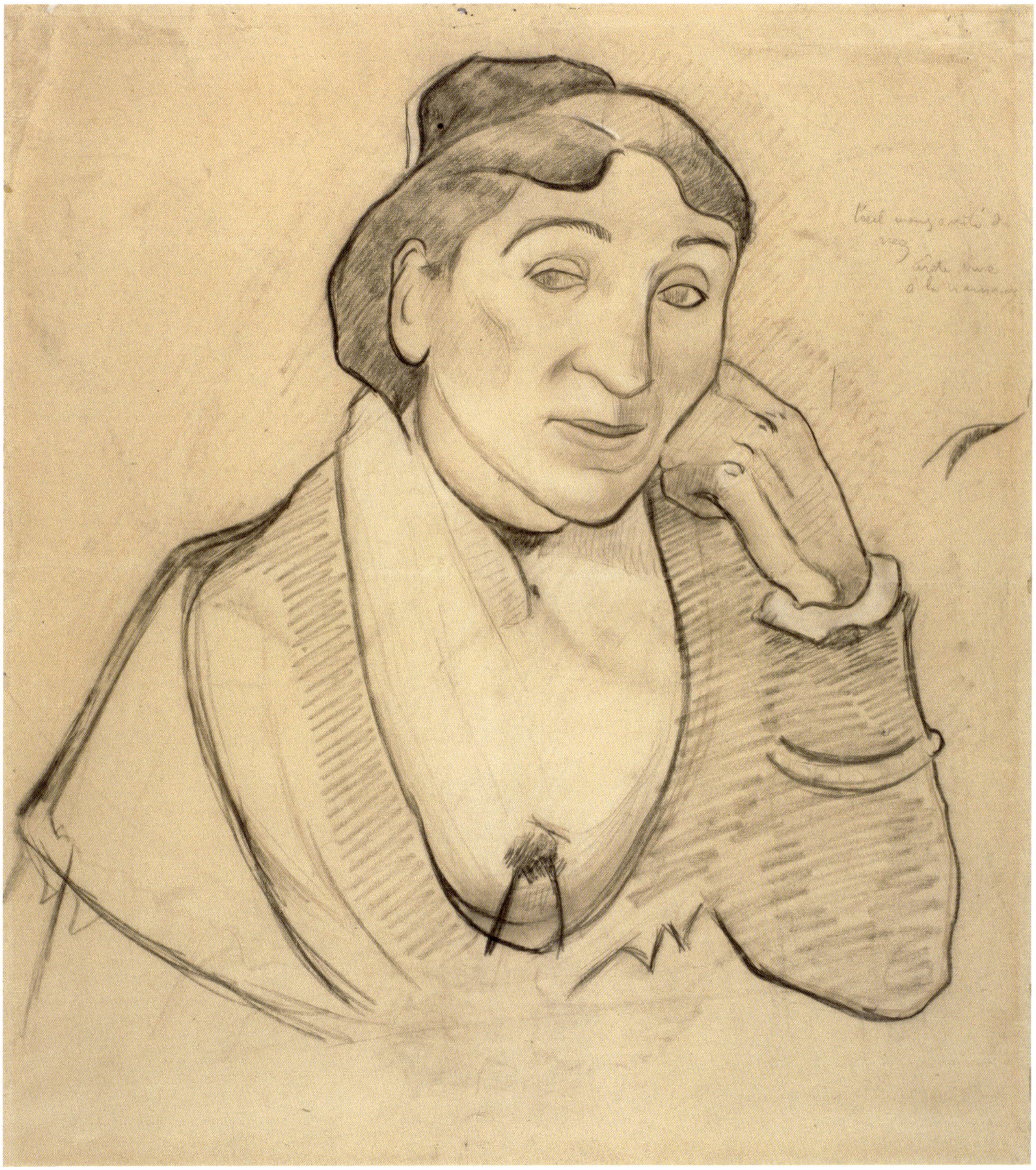

PL. 49 **PAUL GAUGUIN**
L'Arlésienne (Madame Ginoux)
1888
Craie blanche, craies de couleur et fusain sur papier,
56,1 x 49,2 cm
Fine Arts Museums of San Francisco, don en mémoire du
Dr. T. Edward et de Tullah Hanley, Bradford, Pennsylvanie

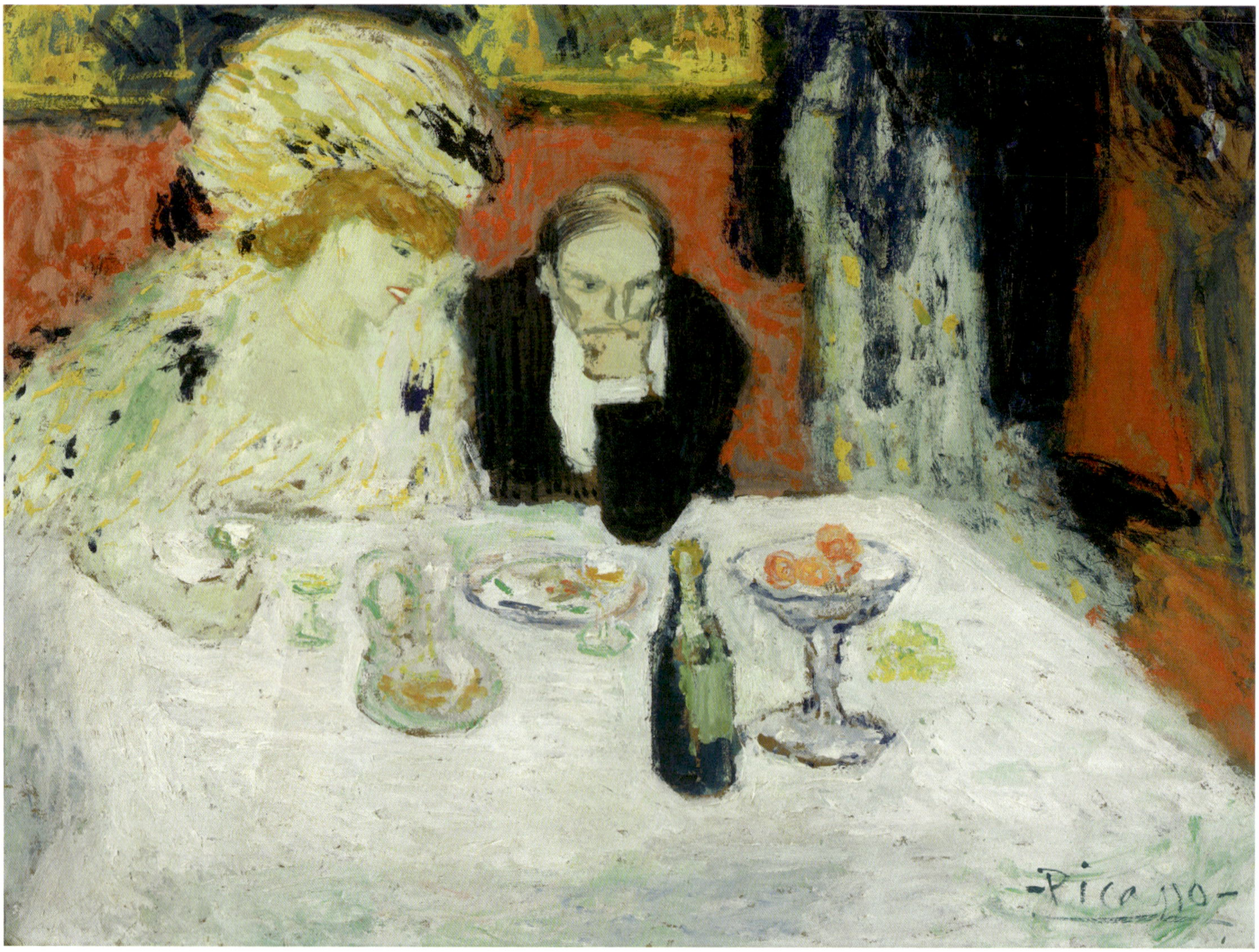

PL. 50 ***Les soupeurs***
Paris, 1901
Huile sur carton, 47 x 62,2 cm
Museum of Art, Rhode Island School of Design, Providence,
legs de George Metcalf

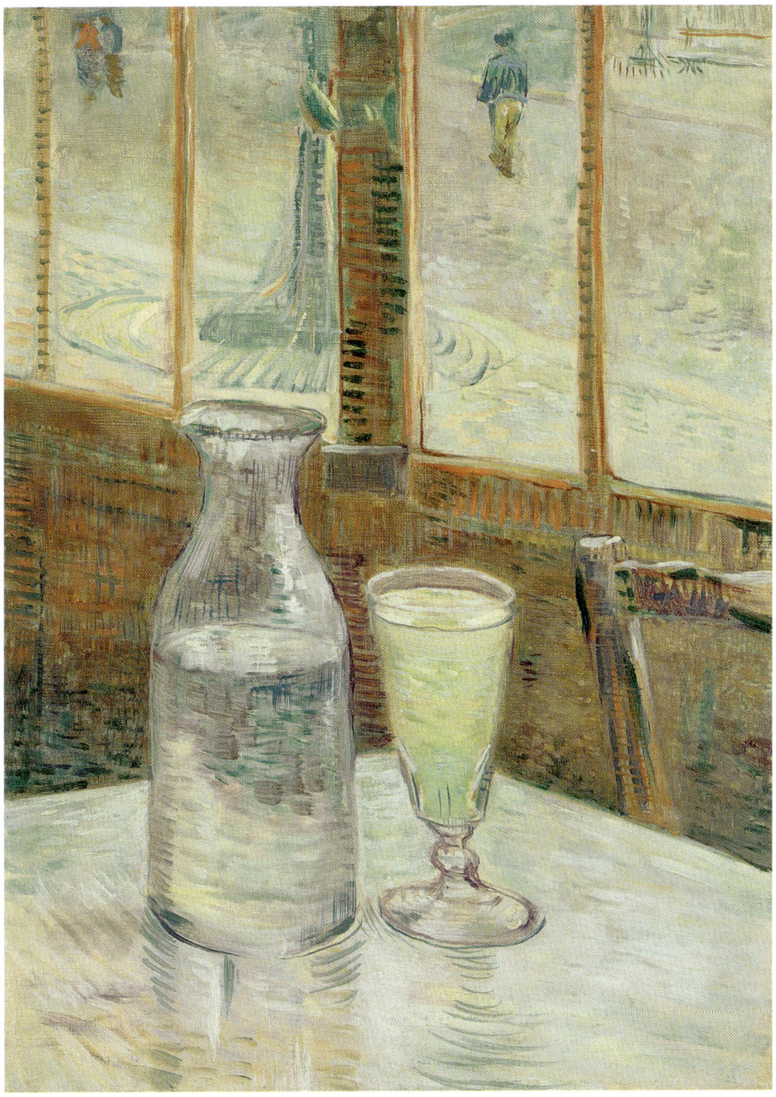

PL. 51 **VINCENT VAN GOGH**
Table de café et absinthe
Paris, 1887
Huile sur toile, 46,2 x 33,3 cm
Van Gogh Museum, Amsterdam
(Fondation Vincent van Gogh)

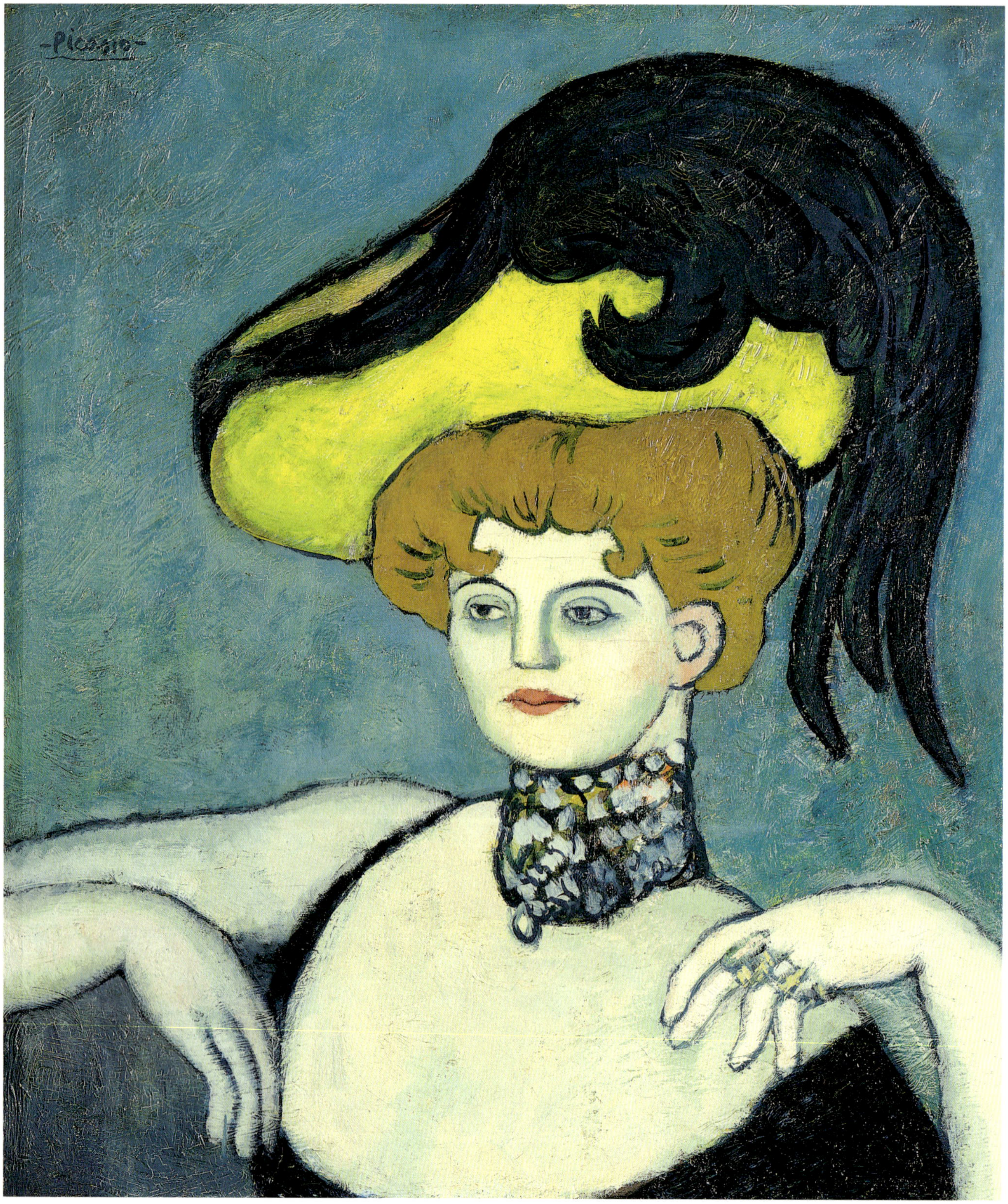

PL. 52 ***Femme au collier de gemmes***
Paris, 1901
Huile sur toile, 65,3 x 54,5 cm
Pinacoteca Giovanni e Marella Agnelli, Turin

FIG. 19 **HENRI MATISSE**
Femme au chapeau
1905
Huile sur toile, 80,7 x 59,7 cm
San Francisco Museum of Modern Art, legs d'Elise S. Haas

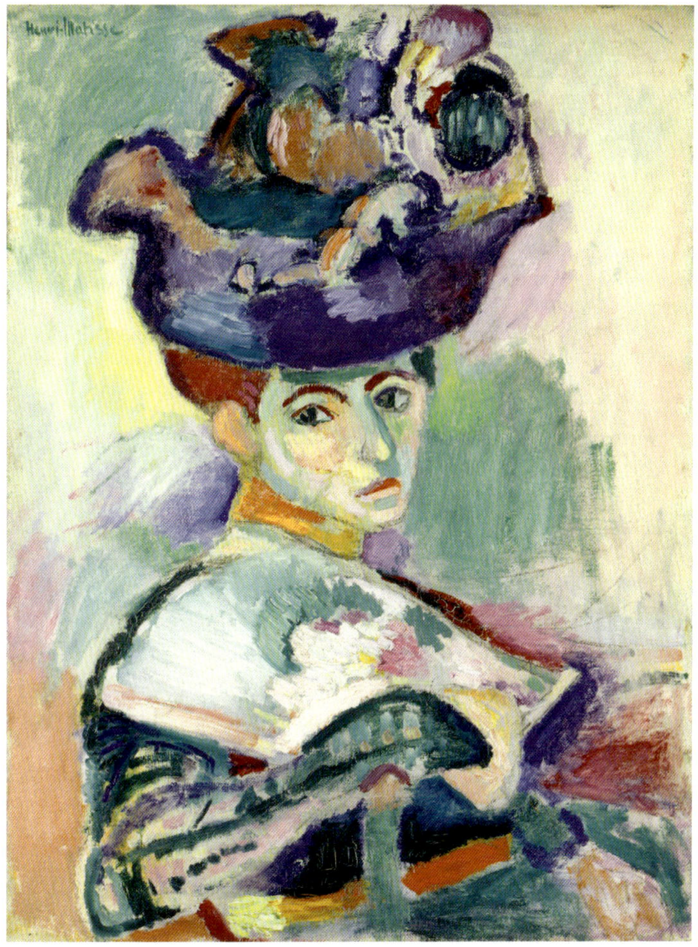

que Vollard avait en sa possession (fig. 17)[35]. Le tableau de Gauguin *Au café (Madame Ginoux)* (1888, Musée Pouchkine, Moscou) est généralement considéré comme la source d'inspiration des portraits de femmes attablées peints par Picasso en 1901[36], mais, à cette époque, *L'Arlésienne* (fig. 18) de Van Gogh – basée sur le dessin préparatoire de Gauguin (pl. 49) – se trouvait également chez Vollard[37].

D'une parenté stylistique entre Picasso et Van Gogh, il ne fut plus question après 1901, même lorsque, quatre ans plus tard, l'artiste hollandais suscita de nouveau l'intérêt de l'avant-garde parisienne. Van Gogh bénéficia alors, au Salon des Indépendants, d'une première exposition individuelle officielle, que Picasso a incontestablement visitée[38]. Davantage encore que celle de 1901, cette exposition eut un énorme impact sur Derain, de Vlaminck et surtout Matisse, qui participa à son organisation en tant que secrétaire des Indépendants et eut ainsi largement l'occasion d'étudier les tableaux. Coloris inhabituel, violentes déformations, expressivité de la touche : les toiles qu'ils présentèrent cette année-là au Salon d'Automne – en particulier la *Femme au chapeau* (fig. 19) de Matisse, effectivement impensable sans l'exemple de Van Gogh – provoquèrent un scandale sans précédent et leur valurent le surnom de « fauves »[39]. Mais, entre-temps, Picasso avait pris une direction différente : engagé dans sa « période rose », il ne s'intéressait plus à Van Gogh. Désormais, il avait davantage d'affinités avec l'œuvre tardive de Gauguin, décédé en 1903, et le classicisme moderne de Puvis de Chavannes qu'avec l'œuvre expressive du Hollandais. Contrairement aux fauves, qui intensifiaient la couleur à la manière de Van Gogh et de Delacroix, Picasso se sentait à présent plus proche d'Ingres, le maître de la ligne et l'opposé de Delacroix[40]. Par Fernande Olivier, l'amie de Picasso, nous savons qu'il admirait alors Ingres davantage que n'importe quel autre peintre et allait volontiers étudier son œuvre au Louvre[41]. Une autre preuve de son changement d'attitude est le fait

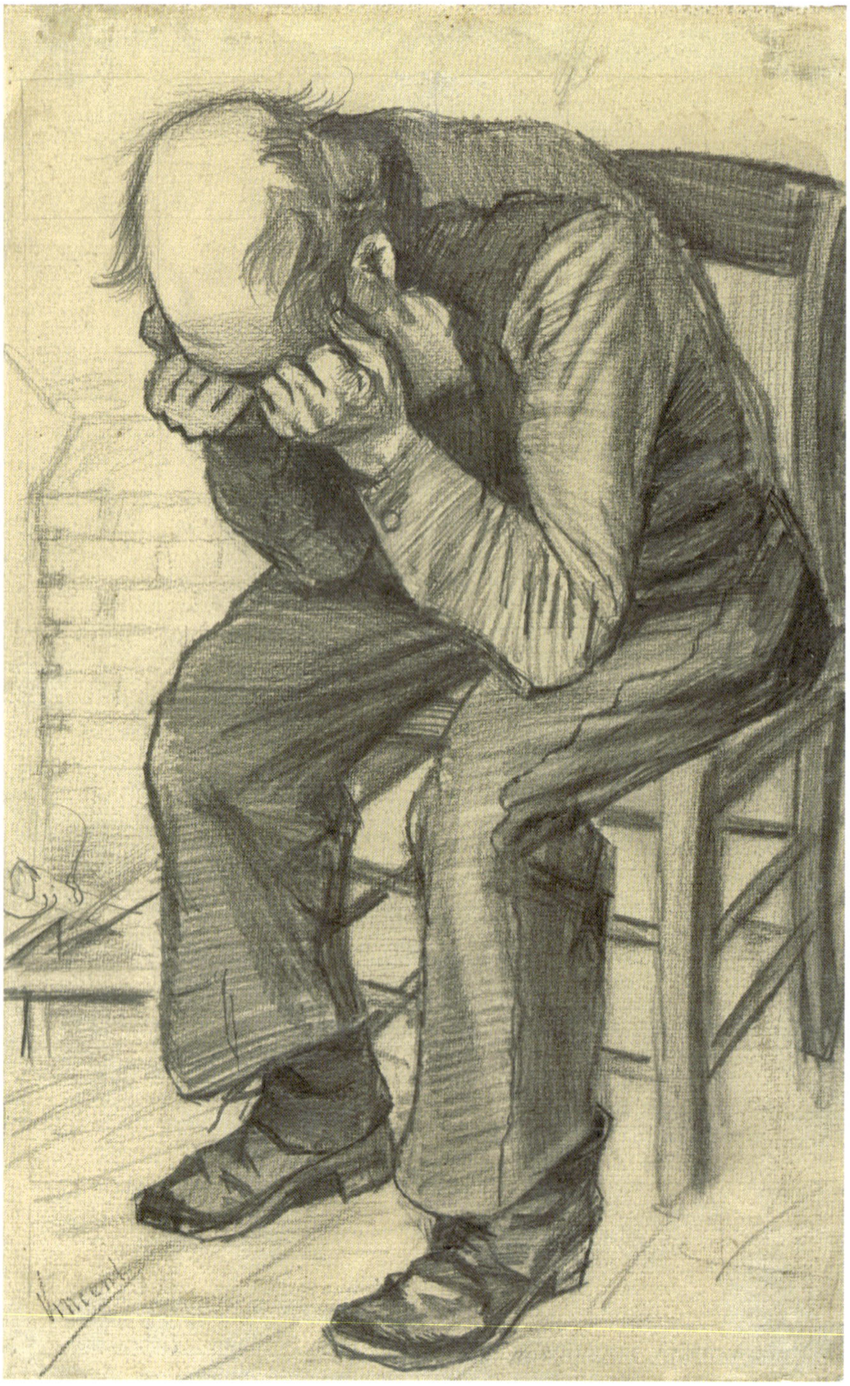

PL. 53 **VINCENT VAN GOGH**
«Worn Out» (Épuisé)
La Haye, 1882
Crayon sur papier aquarelle, 50,4 x 31,6 cm
Van Gogh Museum, Amsterdam
(Fondation Vincent van Gogh)

FIG. 20 Picasso et Pere Mañach en compagnie de Torres Fuster et de sa femme dans l'atelier de Picasso au 130 ter boulevard de Clichy
Paris, 1901
Musée national Picasso, Paris
Les deux tableaux identifiables sont *Femme portant une cape* (Cleveland Museum of Art) sur le mur et *Portrait d'Ambroise Vollard* (fig. 9) au sol.

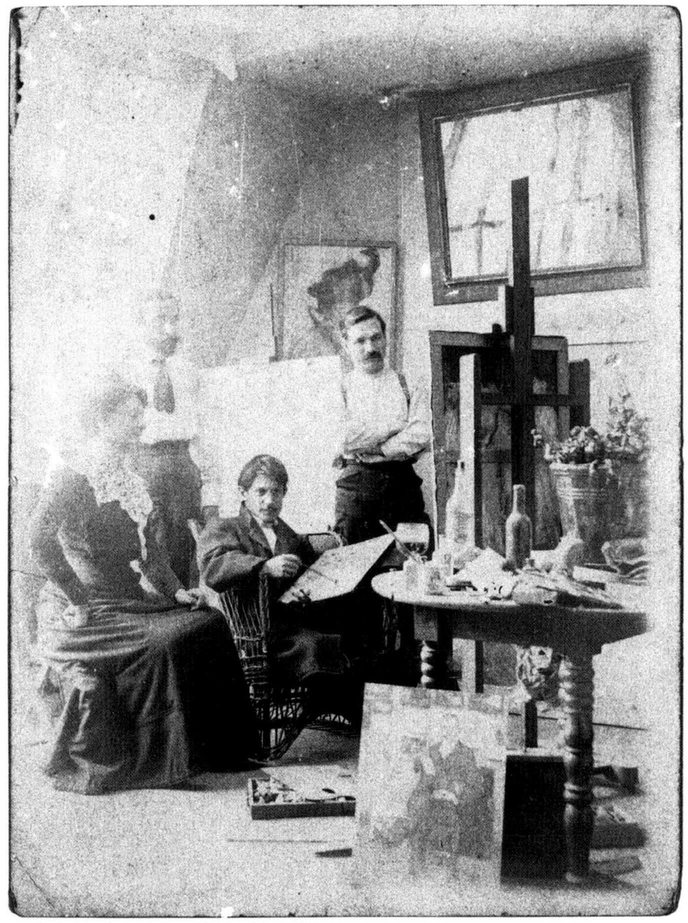

que, pendant l'été 1905, alors qu'il logeait dans la petite station balnéaire de Schoorl, en Hollande septentrionale, il ne prolongea pas suffisamment son séjour pour visiter la grande exposition Van Gogh à Amsterdam[42].

Autrement dit, l'intérêt manifesté par Picasso pour Van Gogh pendant ses premières années parisiennes était basé sur le génie novateur de l'artiste plutôt que sur l'attrait de ses œuvres. Après l'exposition chez Bernheim-Jeune, Van Gogh était devenu un exemple d'une telle importance pour les jeunes peintres que Picasso ne put résister au désir de se mesurer à lui, comme il le faisait avec d'autres maîtres respectés. De puissants autoportraits comme *Yo, Picasso* (fig. 11) peuvent être analysés dans cette optique. L'ambition démesurée de l'artiste de 19 ans qui s'y exprime par un regard assuré et la signature « Yo, Picasso » (Moi, Picasso) mettent le spectateur au défi « de contester son droit d'être le nouveau messie de l'art », selon l'expression de son biographe John Richardson[43].

Le jeune et audacieux Picasso a dû se reconnaître d'entrée de jeu dans l'image d'artiste visionnaire et de génie solitaire sacrifiant tout à son art qui collait alors à Van Gogh. Ou, comme il l'a dit un demi-siècle plus tard à Françoise Gilot à son propre propos : « Chaque être possède la même somme d'énergie. La personne moyenne gaspille la sienne de mille manières. Moi, je canalise toutes mes forces dans une seule direction : la peinture, et je lui sacrifie le reste – vous et tout le monde, moi inclus »[44]. Cet attachement dévorant à l'art, il l'a retrouvé chez Van Gogh, qui écrivait quelques jours avant sa mort, en 1890 : « mon travail à moi j'y risque ma vie et ma raison y a fondrée [= s'y est effondrée] à moitié »[45]. Mais la comparaison s'arrête là, car, contrairement à Picasso, Van Gogh n'a jamais aspiré à devenir un nouveau messie, même si ce rôle lui a été attribué après sa mort.

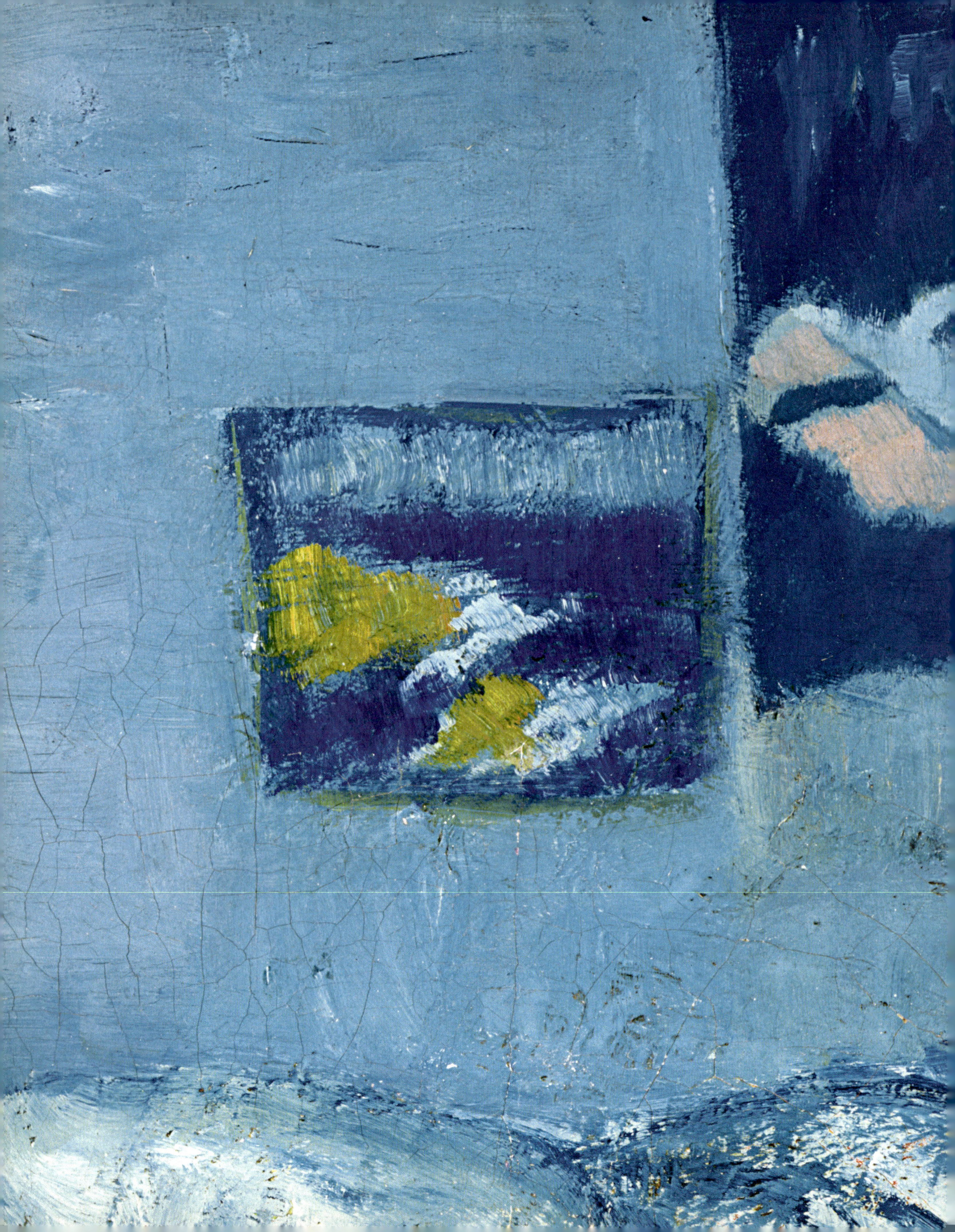

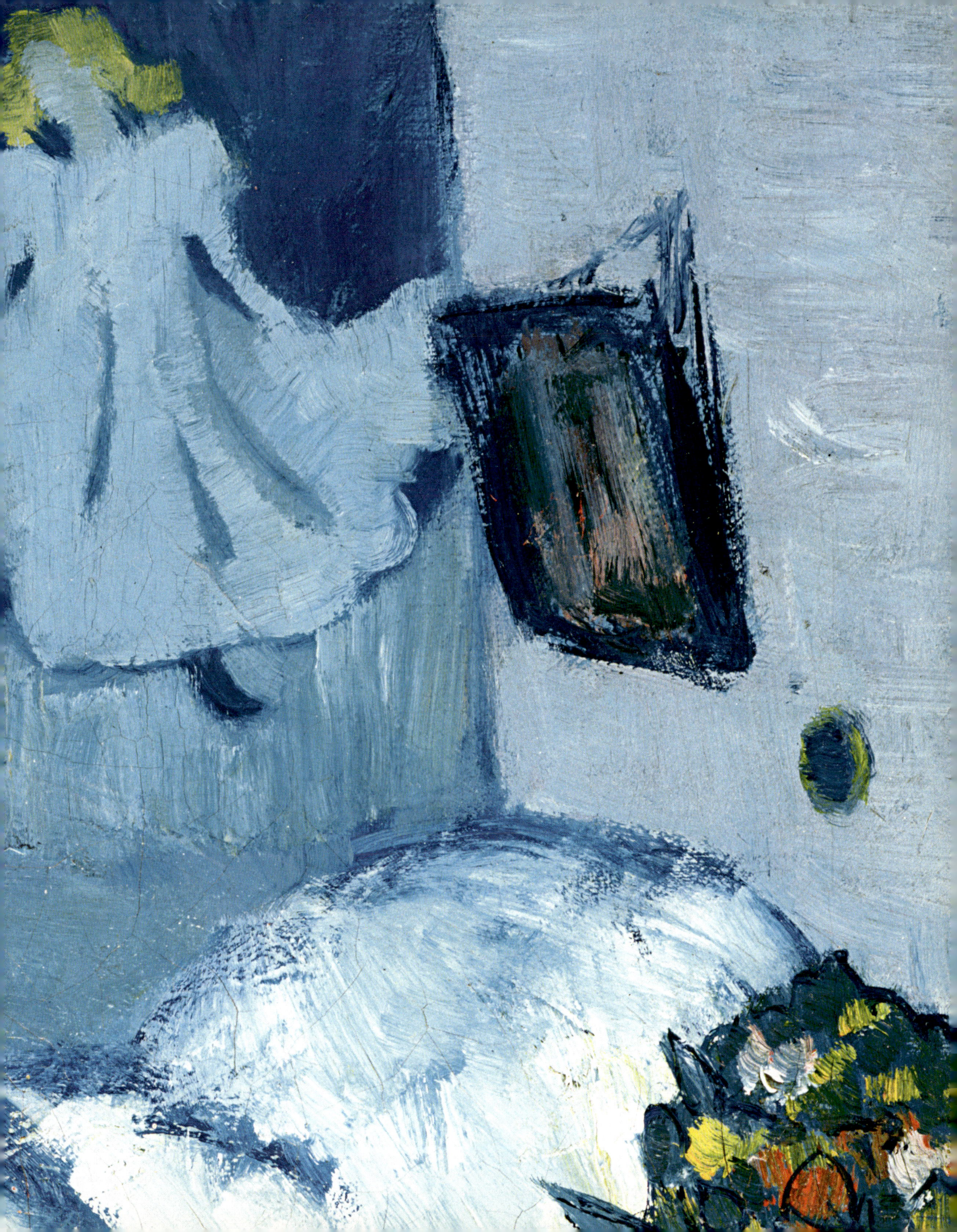

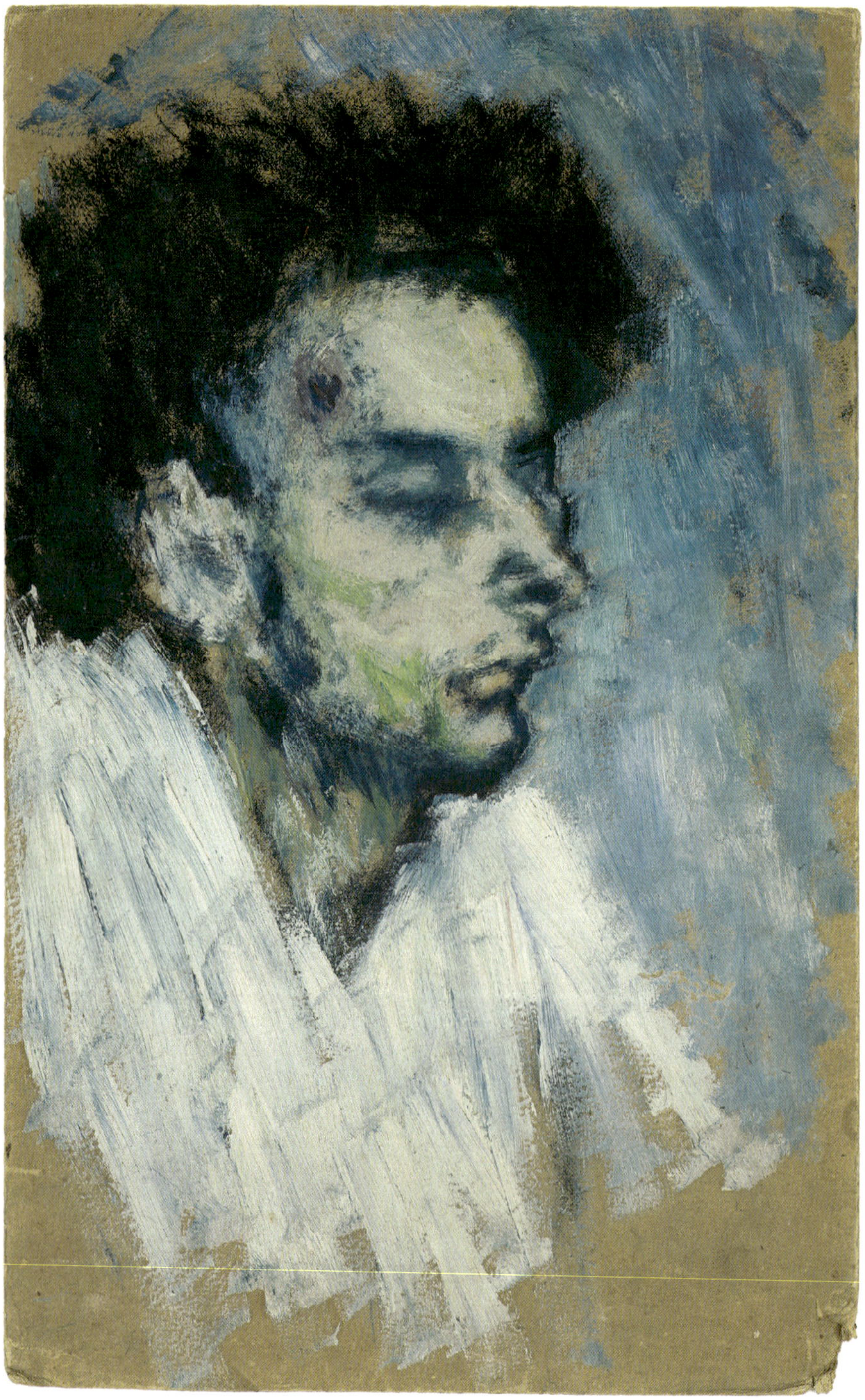

PL. 54 ***Tête de Casagemas, mort***
Paris, 1901
Huile sur carton, 52 x 34 cm
Collection privée, avec l'aimable autorisation de la Fundación Almine y Bernard Ruiz-Picasso para el Arte

LES ORIGINES FRANÇAISES DE LA PÉRIODE BLEUE

MARILYN McCULLY

L'arrivée à Paris de Jaime Sabartés, le grand ami de Picasso, à la fin de l'automne 1901, coïncide avec un changement perceptible dans l'œuvre de l'artiste, à la fois dans les sujets traités et dans l'approche de la forme et de la couleur. Les figures tapageuses de danseuses et de clientes de café, peintes à l'aide de touches rapides et libres et d'une palette vive, qui avaient fait connaître Picasso chez Vollard, cédèrent le pas à des thèmes exprimant une plus grande introspection et une approche tout à fait différente, plus réfléchie, de la composition et de la technique. Sabartés se souviendra que, quelques jours après son installation dans un petit hôtel de la rive gauche, Picasso avait peint son portrait, connu sous le titre *Le bock* (fig. 21), selon cette nouvelle manière, après l'avoir observé assis dans un bar, un verre de bière à la main: «Me voir dans ce merveilleux miroir *bleu* fait sur moi une grande impression. C'est comme si l'eau d'un immense lac retenait quelque chose de moi puisque j'y vois mon reflet. J'y considérai dès sa formation la *période bleue* et ce nouvel aspect de Picasso comble mon désir d'entrevoir à l'infini des horizons nouveaux. Si c'est un des premiers tableaux *bleus*, sa sobriété porte pourtant la marque d'une époque très distincte des autres chez Picasso. La ligne de composition est éloquente par sa simplicité. Elle fixe un geste qui révèle l'impression suggéré dans l'affectif par la présence d'un ami surpris en son abandon»[1].

Sabartés poursuit en décrivant la manière dont Picasso travaillait à cette époque: «La palette est par terre: le blanc rassemblé au centre en abondance, constitue la base d'une espèce de mortier composé surtout avec du bleu. Les autres couleurs égaient les contours. Je ne me rappelle pas l'avoir jamais vu palette en main. Il m'affirme l'avoir parfois tenue, comme tous les peintres. C'est possible: mais je l'ai toujours

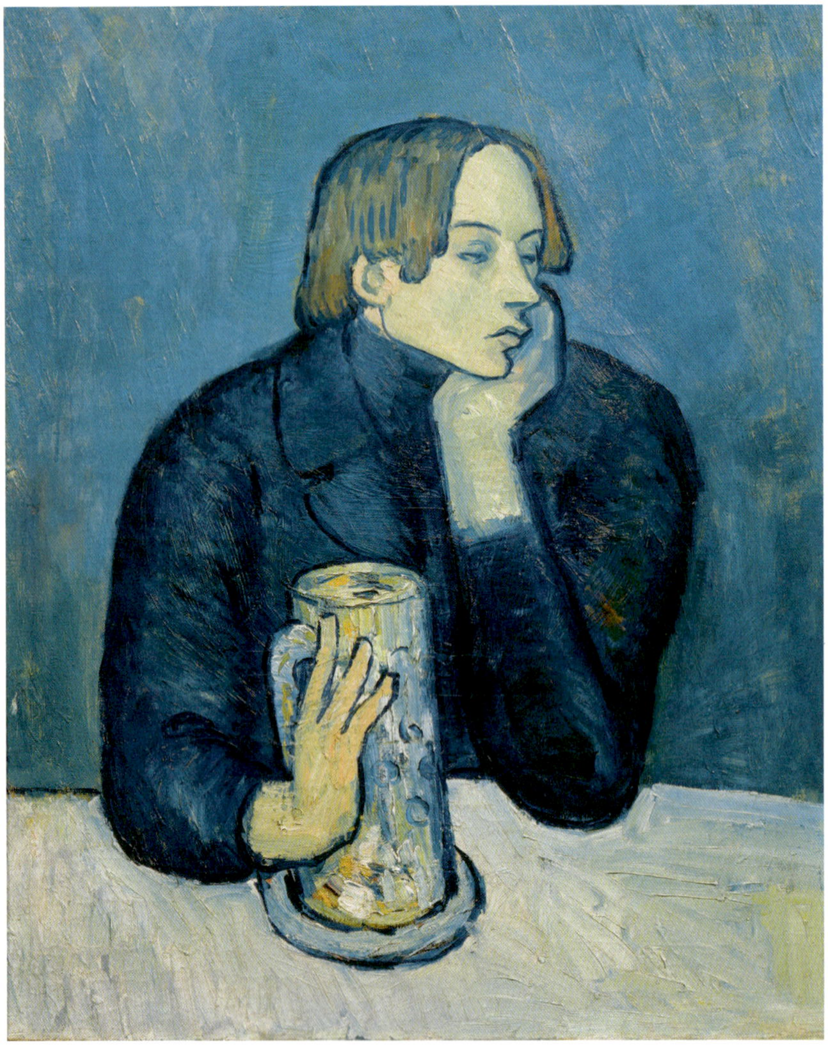

FIG. 21 ***Portrait du poète Jaime Sabartés (Le bock)***
Paris, 1901
Huile sur toile, 82 x 66 cm
Musée Pouchkine, Moscou

vu composer les couleurs penché sur une table, sur une chaise ou par terre»[2].

Dans les tableaux réalisés par Picasso après l'exposition chez Vollard, il devint évident que ce n'était pas seulement sa palette qui changeait, mais qu'il était en train de réorienter complètement son art. Dans *La chambre bleue (le tub)* (pl. 56), par exemple, il concentra son attention sur ce qui allait devenir son thème préféré tout au long de sa vie: le modèle dans l'atelier de l'artiste, c'est-à-dire, une œuvre d'art dont le sujet est l'art. Si Picasso y reconnaît encore la place qu'occupent pour lui Toulouse-Lautrec – en faisant figurer sur le mur son affiche représentant May Milton (pl. 33) – et Degas, en choisissant de montrer le modèle prenant son bain dans l'atelier, cette toile est tout à fait différente de ses œuvres peintes sur carton selon cette manière si rapide, à peine quelques mois auparavant[3]. Ici, la composition est élaborée avec soin, posément, avec une attention particulière portée à l'élément spatial – par exemple, dans la zone du tapis à motifs rabattu dans le plan – et pour les effets créés par l'aplatissement et la compression de l'espace dans les diverses parties de la scène. Les touches plus petites et plus serrées et la prédominance du bleu et du blanc utilisés pour le nu montrent aussi que Picasso commençait à réfléchir à la manière dont il pourrait proposer une nouvelle approche du personnage, en modelant les formes à l'aide de la peinture.

Une autre œuvre, *Le gourmet* (fig. 22), reflète un changement de technique comparable et l'usage d'une palette

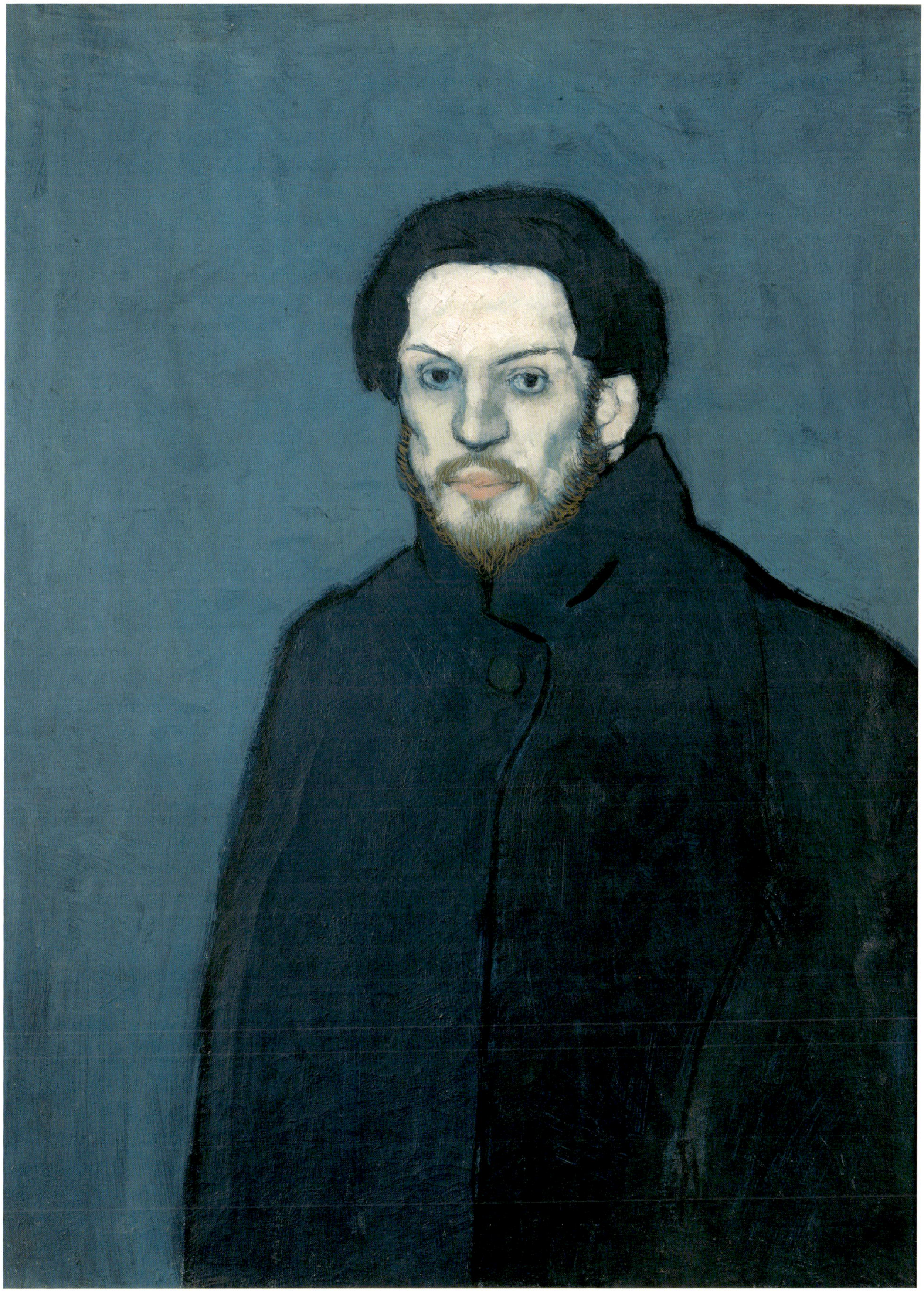

PL. 55 ***Autoportrait***
Paris, 1901
Huile sur toile, 81 x 60 cm
Musée national Picasso, Paris

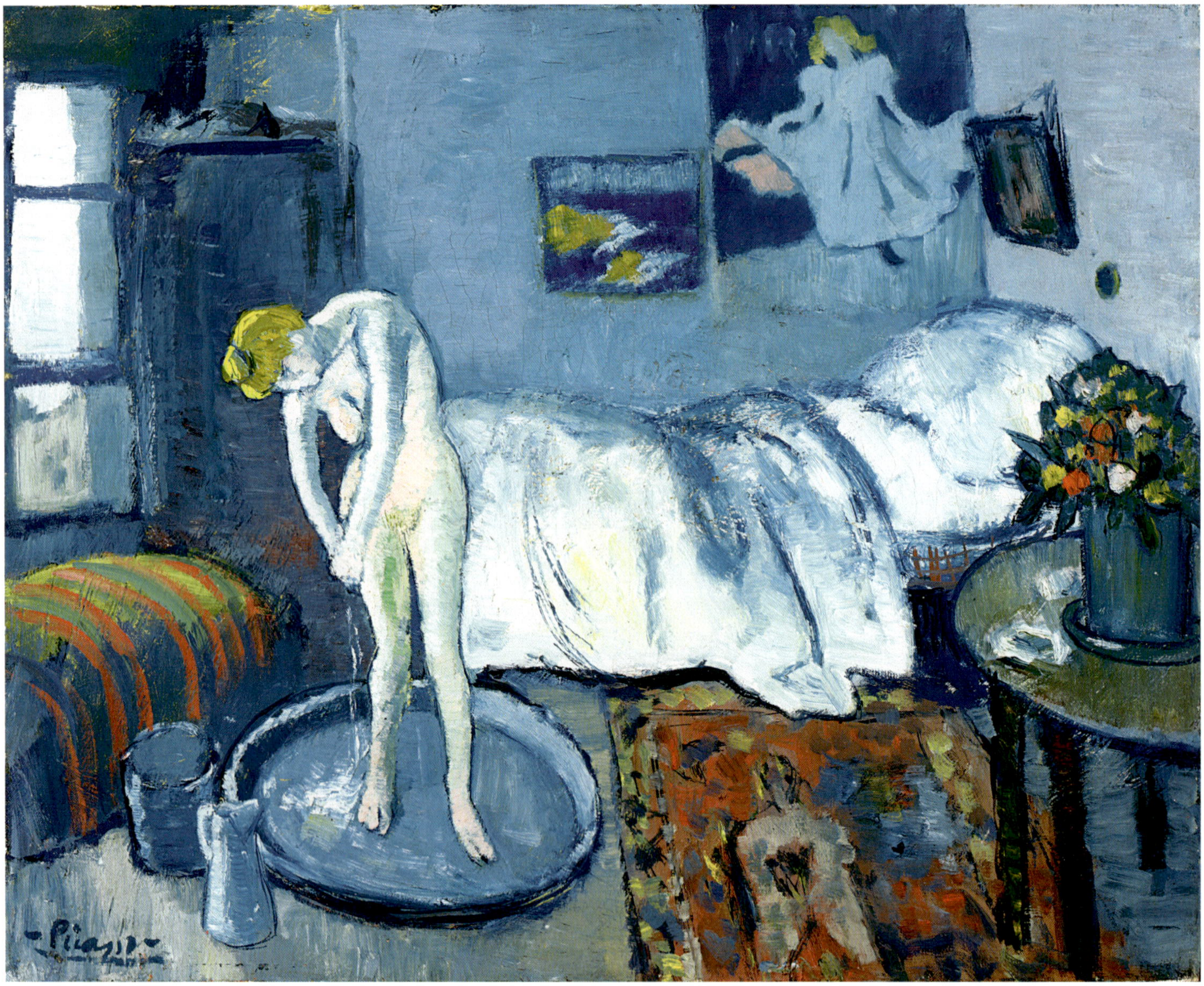

PL. 56 ***La chambre bleue (Le tub)***
Paris, 1901
Huile sur toile, 50,5 x 61,6 cm
The Phillips Collection, Washington, D.C.

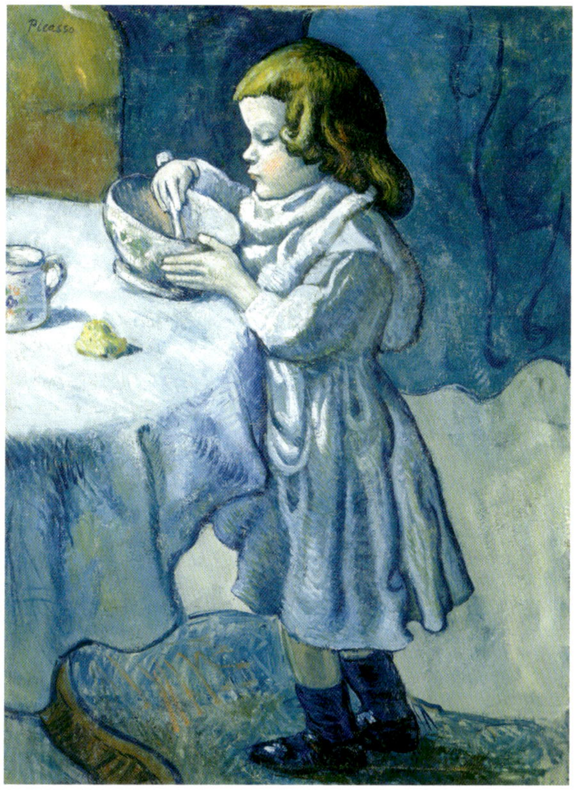

FIG. 22 ***Le gourmet***
Paris, 1901
Huile sur toile, 92,8 x 68,3 cm
National Gallery of Art, Washington, D.C., Chester Dale Collection

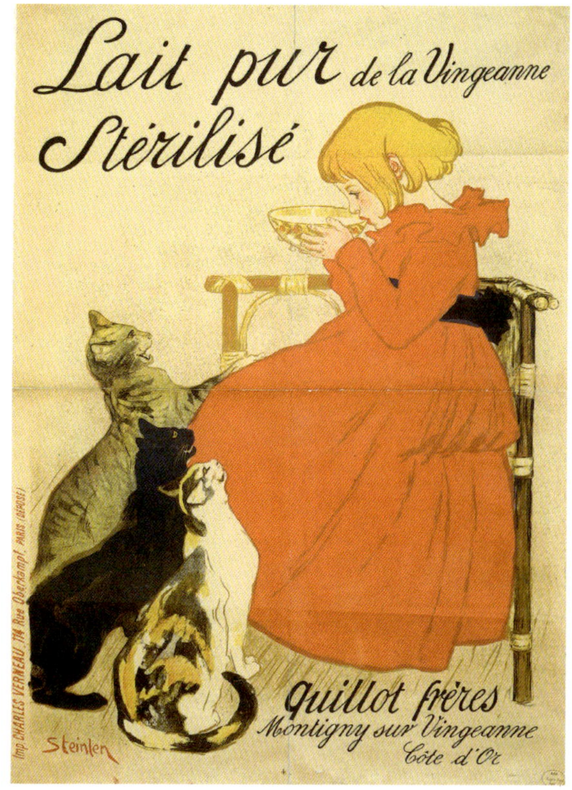

FIG. 23 **THÉOPHILE-ALEXANDRE STEINLEN**
Lait pur stérilisé de la Vingeanne
1894
Affiche lithographique en couleurs, 130 x 100 cm
Bibliothèque nationale de France, Paris

similaire, principalement basée sur les blancs et les bleus[4]. Il est probable que la stylisation de l'image s'inspire d'une source inattendue relevant du monde de la publicité: l'affiche de Steinlen pour le *Lait pur stérilisé de la Vingeanne* (fig. 23), qui met en scène une fillette blonde buvant son bol de lait à petites gorgées. Si les chats anecdotiques et autres détails graphiques sont absents de la version de Picasso, l'accent est mis, dans sa composition, sur une approche sculpturale de la figure, qui n'est pas sans rappeler le traitement du nu dans *La chambre bleue*[5]. Une ligne rythmique très vigoureuse suit la nappe, le bol, la robe et la tête de l'enfant, et trouve un écho dans la division de l'arrière-plan. C'est à cette ligne enveloppante que Sabartés faisait référence lorsqu'il parlait des moyens désormais utilisés par Picasso pour exprimer des idées dans ses compositions.

Aucun autre tableau n'apparaît aussi clairement comme un manifeste de la nouvelle attitude de Picasso envers lui-même et envers son art que son *Autoportrait* résolument bleu (pl. 55), peint à la fin de l'année 1901. Dans cette toile, il a radicalement simplifié la composition, afin de se concentrer sur son visage, qui est tout à la fois romantique – dans le sens où il se présente comme un jeune et beau membre de la bohème – et obsédant, par la singularité de son regard. Le corps est peint comme un plan essentiellement plat, si l'on excepte les quelques traits délimitant les contours de la veste. L'absence de volume qui caractérise le personnage s'applique aussi à l'espace qui l'entoure, peint dans un ton bleu uniforme. En fait, l'usage du bleu pour chacun des aspects de cette composition contribue à l'intensité qui se dégage de cette nouvelle image de soi. La barbe et la moustache de l'artiste, rendues pour leur part par de fines touches de brun rougeâtre appliquées avec soin, contrastent avec le reste de la composition.

Coquiot donnera plus tard à cette phase de l'œuvre de Picasso la célèbre appellation de «période bleue»[6], et si les chercheurs et les écrivains ont fini par l'adopter, elle est souvent principalement associée aux tableaux s'inspirant de l'art espagnol plus ancien, que l'artiste réalisa à Barcelone en 1902–1903[7]. Les racines de la période bleue sont néanmoins spécifiquement françaises. Conformément à son habitude, Picasso réagit au climat et à la situation artistique dans laquelle il se trouve alors, et le changement de sujet auquel nous assistons dans son œuvre à la fin de l'année 1901 reflète la compassion – qu'il partageait avec ses nouveaux amis écrivains – pour la situation critique des exclus de la société et des pauvres. D'autre part, les courants symbolistes présents dans l'art français le poussèrent à développer d'une façon convaincante les aspects formels de son art afin d'atteindre une nouvelle intensité dans l'expression des émotions.

Au niveau personnel, il semble que la période bleue ait été déclenchée par les remords qu'éprouva Picasso lorsque, de retour à Paris, il prit pleinement conscience de la disparition de Casagemas. À l'automne 1901, il se lança dans une commémoration de la mort tragique de son compagnon de route dans une série de tableaux, parmi lesquels une œuvre peinte dans une dominante de bleus (pl. 58). Dans cette œuvre, les touches sont appliquées comme si le peintre modelait littéralement, par le biais de la peinture, le visage du défunt, le linceul et l'espace autour du lit mortuaire ou du cercueil. Le bleu, qui contraste avec le blanc jaunâtre de la peau, évoque symboliquement le froid et le silence de la mort.

À peu près à la même époque, Picasso reçut la visite de deux amis artistes, Pierre Girieud et Fabien Launay, tous deux représentés par Berthe Weill. Girieud se rappellera plus tard avoir été surtout séduit par une composition en particulier: «Je vis alors dans son petit atelier du Boulevard de Clichy, non loin de [la brasserie] Wepler, des toiles toutes différentes; je me souviens du portrait qu'il avait fait alors d'un peintre espagnol, qui venait de se suicider, sur son lit de mort et qui était une chose assez poignante»[8].

Un autre tableau commémoratif de Picasso, dans lequel la tête de Casagemas apparaît en gros plan, à la lueur d'un cierge funéraire étincelant (pl. 57), est réalisé à l'aide de touches véritablement rayonnantes et d'une palette chaude, autant d'éléments rappelant fortement Van Gogh. Nous ignorons si, à l'époque de ce petit tableau, Picasso et Girieud évoquaient ensemble l'artiste hollandais, mais les tableaux de Girieud reflètent le grand enthousiasme qu'il éprouvait alors pour son œuvre[9]. Quoi qu'il en soit, l'allusion artistique fournit à Picasso un moyen d'associer la mort de son jeune compagnon avec le suicide par balle, dix ans plus tôt, de l'artiste hollandais. La tristesse et la culpabilité que Picasso a dû ressentir – après tout, en décidant d'aller à Madrid, il avait laissé un Casagemas encore très abattu retourner seul à Paris – sont davantage palpables dans ce minuscule tableau que dans toutes ses réalisations antérieures.

Un troisième masque mortuaire (pl. 54), dont une grande partie a été peinte à l'aide d'ombres blanches et d'un bleu de glace, met l'accent, grâce à une accumulation de peinture, sur la croûte sanglante marquant l'impact de la balle sur la tempe de Casagemas, comme si Picasso – qui n'a pas été témoin de la scène – avait besoin de rendre ce détail d'un réalisme macabre pour accepter le caractère irrévocable de l'événement. Outre plusieurs compositions faisant référence aux funérailles de Casagemas[10], le suicide de son ami fut commémoré une nouvelle fois au cours de

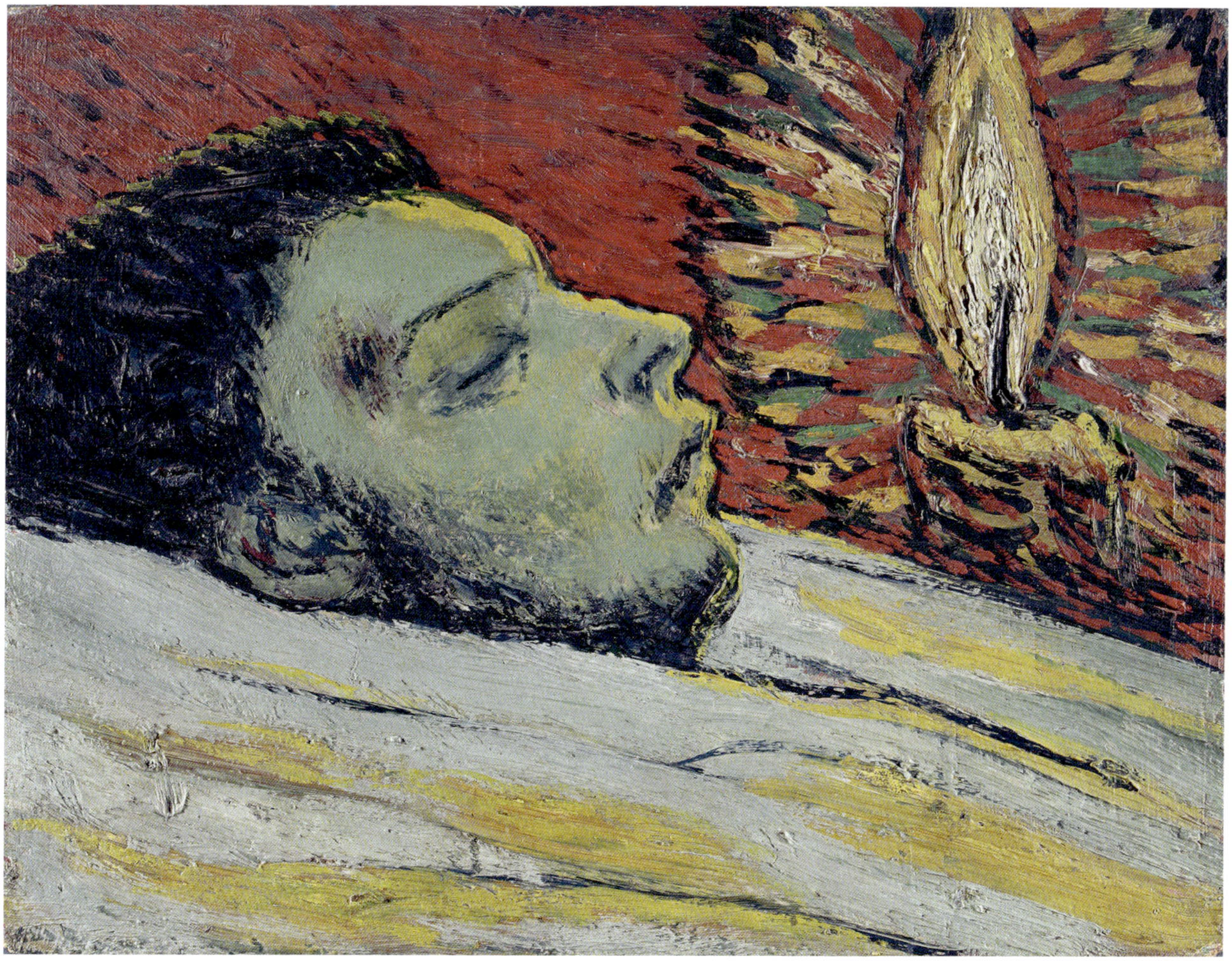

PL. 57 ***La mort de Casagemas***
Paris, 1901
Huile sur panneau, 27 x 35 cm
Musée national Picasso, Paris

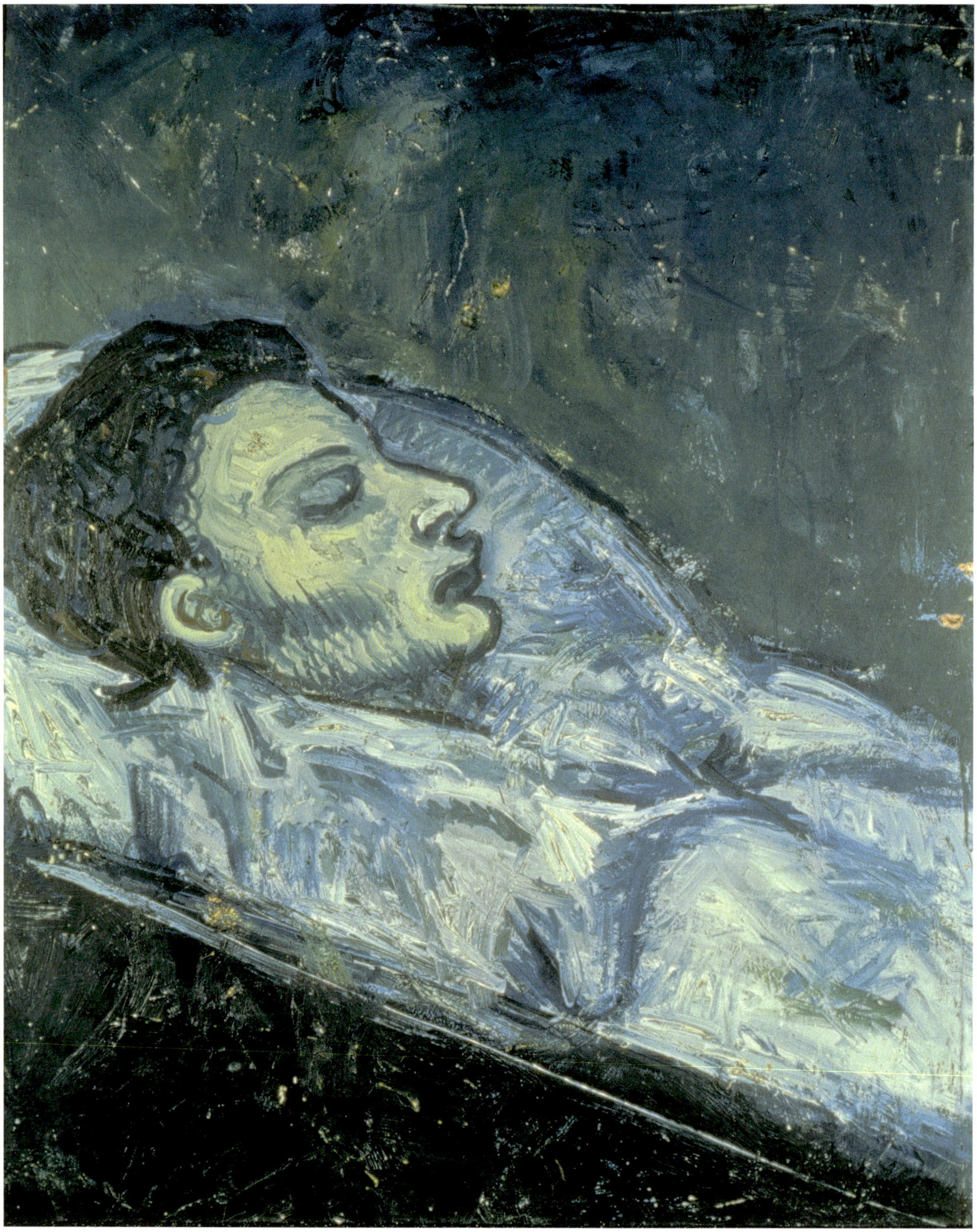

PL. 58 ***Carles Casagemas dans son cercueil***
Paris, 1901
Huile sur carton, 72,5 x 58 cm
Collection privée, avec l'aimable autorisation
de James Roundell

FIG. 24 ***La vie***
Barcelone, 1903
Huile sur toile, 196,5 x 129,2 cm
The Cleveland Museum of Art, don du Hanna Fund

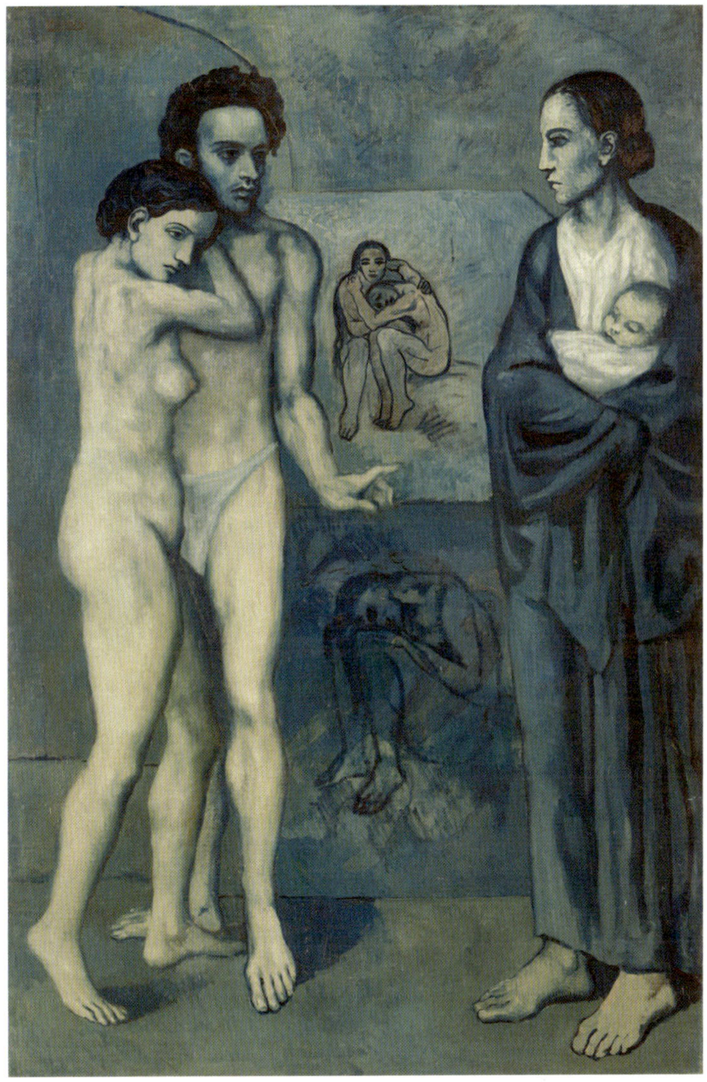

la période bleue lorsque, à Barcelone, Picasso peignit par-dessus son ancienne toile *Derniers moments* – qui était un tableau sur la mort – une œuvre sobrement intitulée *La vie* (fig. 24). Dans cette composition allégorique, Casagemas joue le rôle de l'artiste[11], et Germaine, la femme à l'origine de son supplice, est représentée comme sa maîtresse nue. À droite apparaît une mère à l'enfant (la promesse de la vie), tandis qu'on distingue derrière eux des toiles représentant la vieillesse et le chagrin. *La vie* représentait pour Picasso un double adieu, celui qu'il adressait à la mémoire de son ami et l'adieu à une image, celle du tableau *Derniers moments*, qui avait symbolisé sa propre arrivée dans la capitale française en tant qu'artiste espagnol représenté à l'Exposition universelle.

Les sujets les plus caractéristiques de la période bleue française sont les prostituées enfermées avec leurs bébés à la prison Saint-Lazare dans le 10e arrondissement de Paris (pl. 59). La prison (fig. 25) et ses détenues jouissaient d'une certaine popularité dans les cafés de Montmartre, depuis qu'elles avaient été célébrées par Aristide Bruant

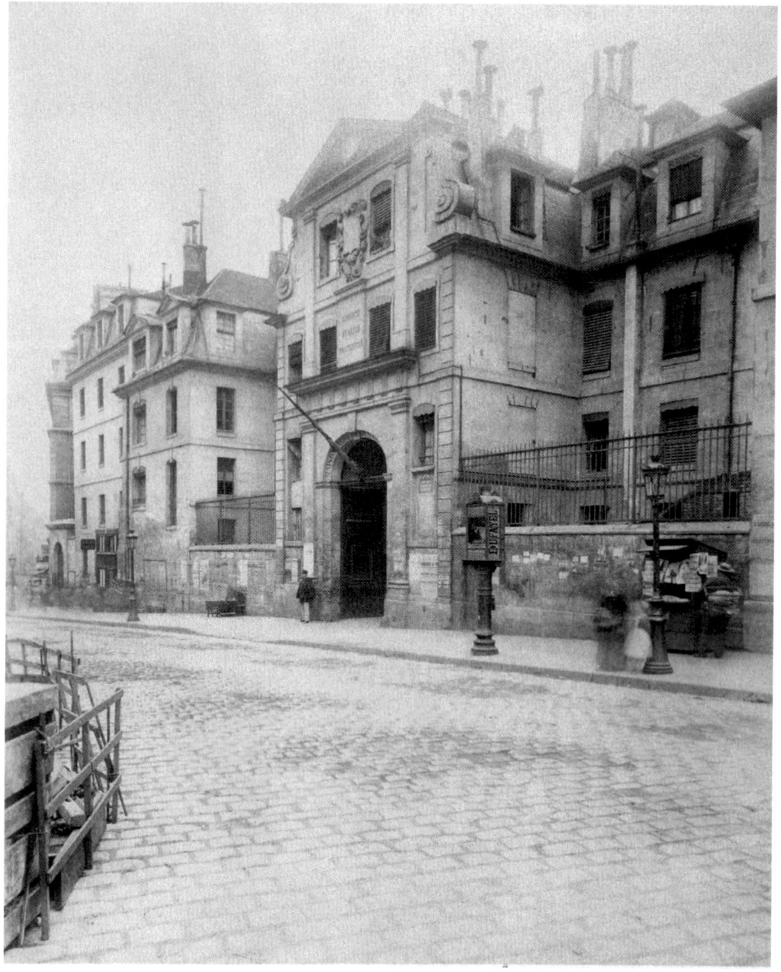

FIG. 25 La prison Saint-Lazare
1900
Photographie d'Eugène Atget
Bibliothèque nationale de France, Paris

dans la chanson *À Saint-Lazare* (fig. 26). Pour Picasso, l'occasion de visiter la prison se présenta suite à sa rencontre avec un certain docteur Louis Jullien, l'artiste y étant même autorisé à y travailler[12]. Il réalisa un certain nombre de compositions montrant des femmes portant des bonnets blancs (pl. 83), qui permettaient de reconnaître les prisonnières souffrant de maladies vénériennes. Curieusement, ce bonnet ressemble à la coiffe bretonne que Gauguin avait utilisée, en tant que forme aplatie et quasi abstraite, dans certains de ses tableaux de Pont-Aven.

Dans *Femmes à la fontaine de la prison* (pl. 60), une œuvre de grande taille qui semble inachevée, Picasso groupa les têtes des femmes et celle de l'enfant à côté de la fontaine située dans la cour de la prison Saint-Lazare. Cette scène ordinaire est l'occasion d'une ambitieuse composition de groupe qui transcende pour ainsi dire l'aspect purement narratif. L'accent mis sur les profils des personnages par rapport à la fontaine, reléguée à l'arrière-plan à droite, assure au thème un caractère plus permanent, évoquant le côté intemporel de la sculpture ou même l'art égyptien. Comme s'en souviendra Sabartés, Picasso « croit l'Art fils de la Tristesse et de la Douleur. Et nous sommes d'accord. Il croit que la tristesse se prête à la méditation et que la douleur est le fond de la vie »[13].

La grande dignité avec laquelle Picasso a représenté les femmes de Saint-Lazare – non comme des prisonnières de bas étage, mais comme des personnes enfermées dans leur solitude – évoque aussi le précédent de Van Gogh. L'artiste hollandais, sans doute davantage que quiconque dans les années 1880, avait peint les gens ordinaires avec énormément de respect, les élevant, par la manière originale dont il les représentait, à un statut supérieur et souvent noble.

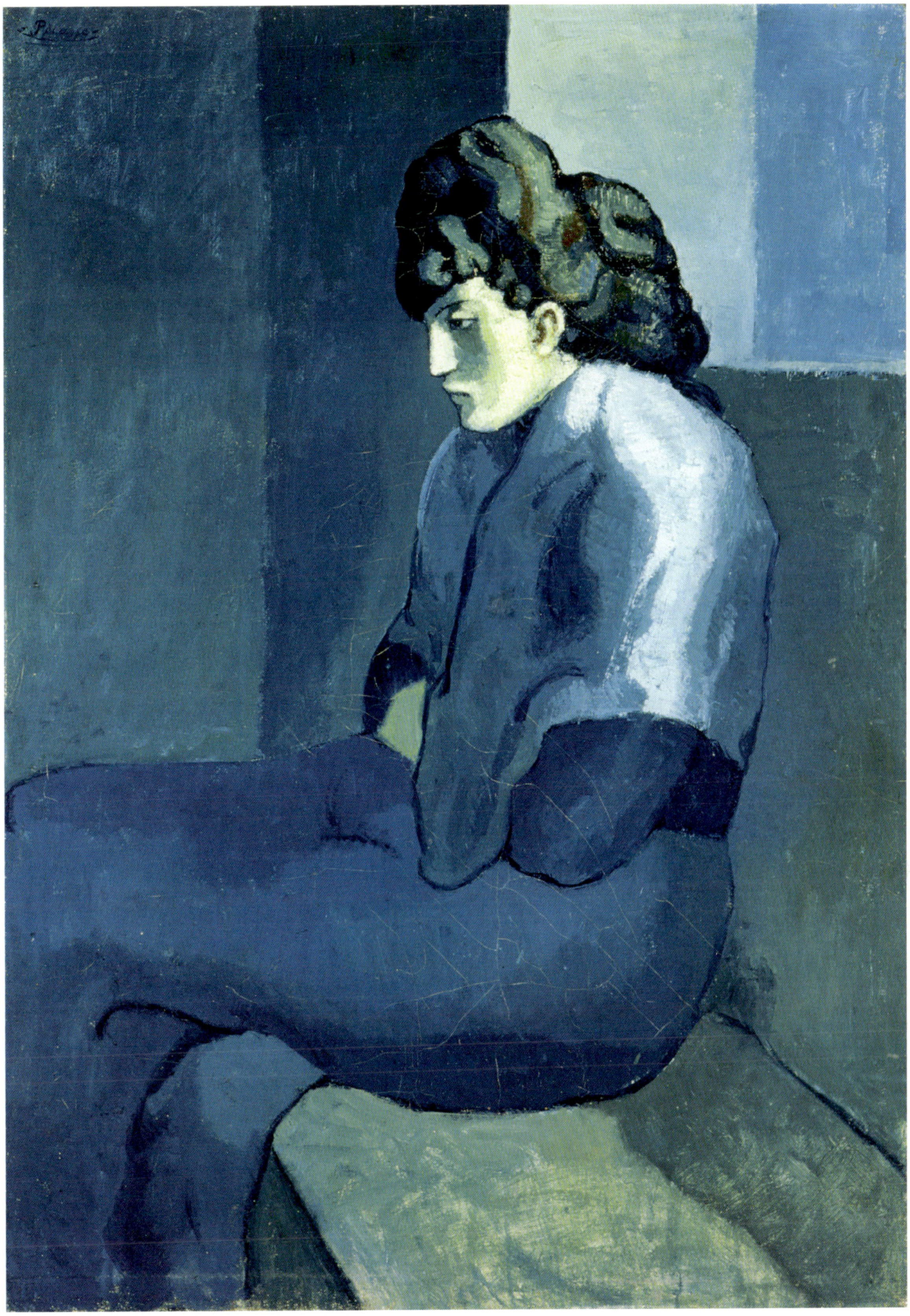

PL. 59 ***Femme mélancolique***
Paris, 1901
Huile sur toile, 100 x 69,2 cm
Detroit Institute of Arts, legs Robert H. Tannahill

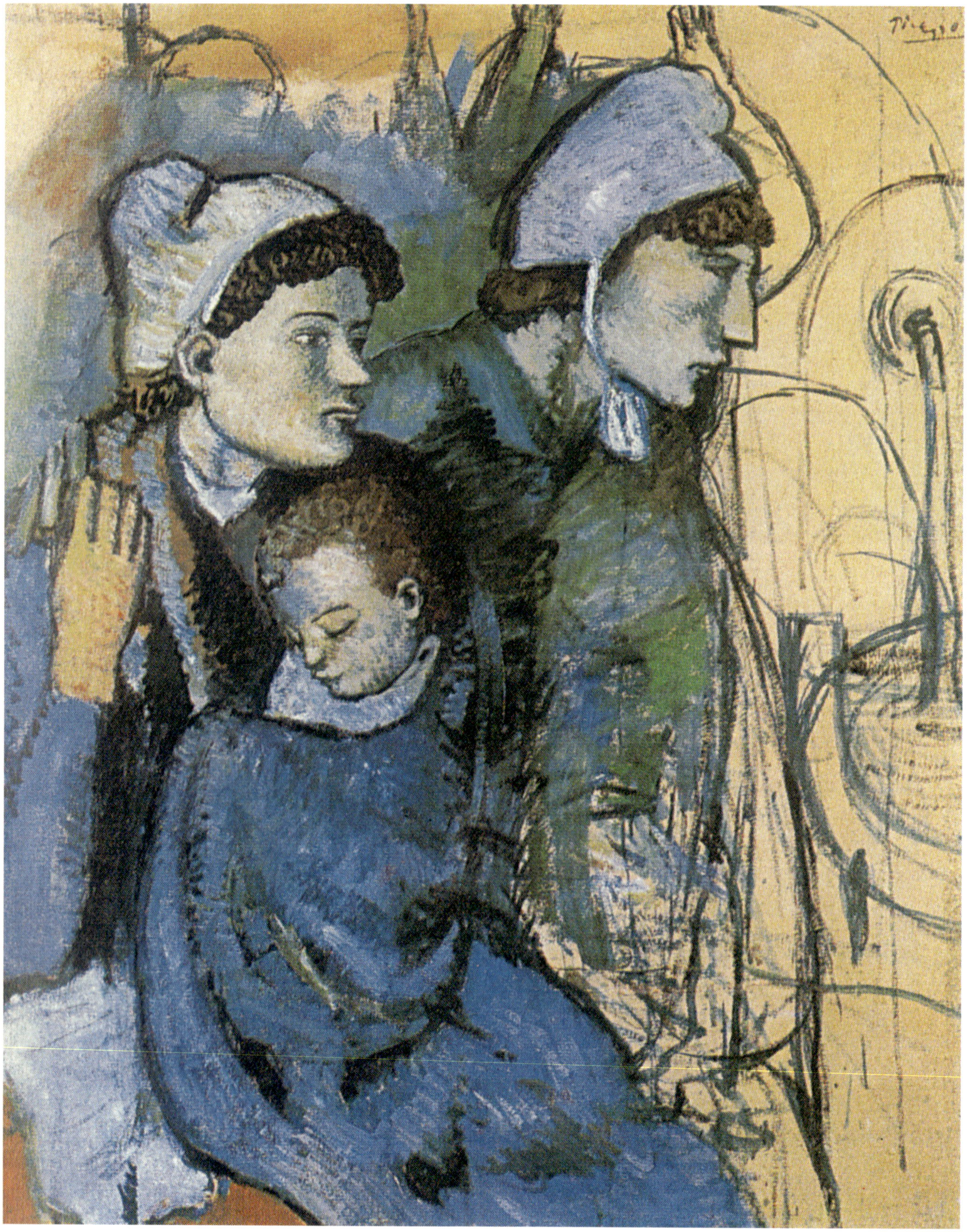

PL. 60 ***Femmes à la fontaine de la prison***
Paris, 1901
Huile sur toile, 81 x 65 cm
Collection privée

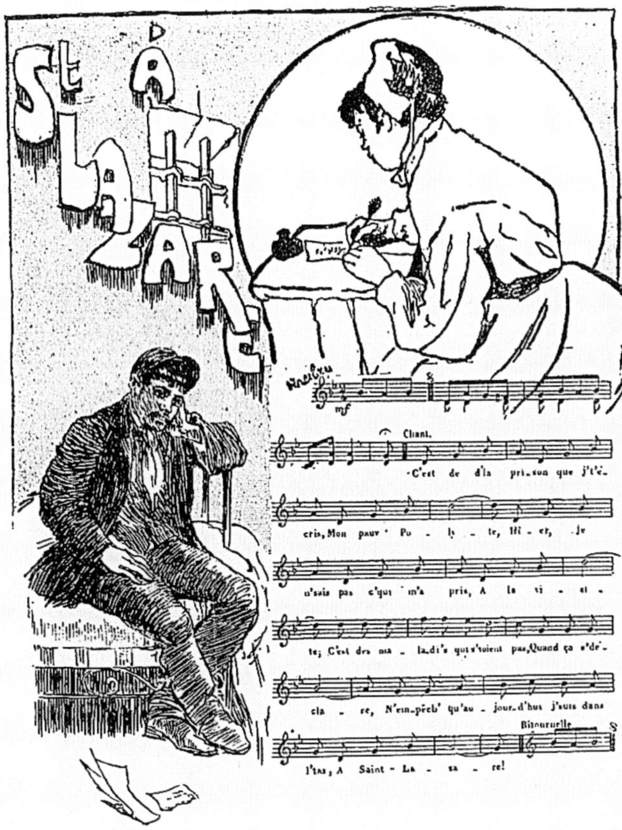

FIG. 26 **THÉOPHILE-ALEXANDRE STEINLEN**
À Saint-Lazare
1887
Bibliothèque nationale de France, Paris
Le feuillet de la chanson d'Aristide Bruant (extrait de l'album *Dans la rue*, auquel il collabora avec Steinlen) intègre un dessin de Toulouse-Lautrec figurant une pensionnaire de la prison Saint-Lazare écrivant à son amoureux.

Vieille Arlésienne et *Portrait de Camille Roulin* (pl. 61, 62), par exemple, hissent l'art du portrait à un autre niveau, en parvenant à rendre, au moyen de la facture et des couleurs, dans un cas la structure du visage très digne de la vieille femme, vêtue simplement de bleu foncé, dans l'autre la flamme de la jeunesse sur les joues du jeune garçon, dont le chapeau et les vêtements sont traités en touches dynamiques. Quel que soit le sujet abordé, l'approche de Van Gogh était toujours guidée par une forme de naturalisme, même lorsqu'il réalisa sa propre version de la *Pietà* de Delacroix (pl. 63), œuvre dans laquelle les croyances chrétiennes passent au second plan, le désir de l'artiste étant d'exprimer avant tout le chagrin de la mère: «Elle aussi par un grand geste désesperé etend les bras vides en avant et on voit ses mains, des bonnes mains solides d'ouvrière»[14].

Dans le cas des tableaux de Saint-Lazare, nous savons que Picasso travailla d'après nature, mais cela ne signifie pas nécessairement que les détenues aient servi de modèles pour des compositions particulières, ni qu'elles aient véritablement posé pour lui. Il est plus probable qu'il les ait observées et qu'il ait pris note mentalement des tenues et des attitudes caractéristiques de la prison. Ces souvenirs visuels auraient ensuite servi de base à ses compositions, exécutées à l'atelier. Même s'il a été frappé par leur banalité en tant que personnes, ses tableaux révèlent qu'il voulait aussi donner un sens plus large à ses évocations.

Outre l'expérience que constitua pour Picasso l'observation directe de la vie quotidienne des prisonnières avec leurs enfants, le fait que son œuvre élève ces femmes pathétiques au rang de madones des temps modernes peut être

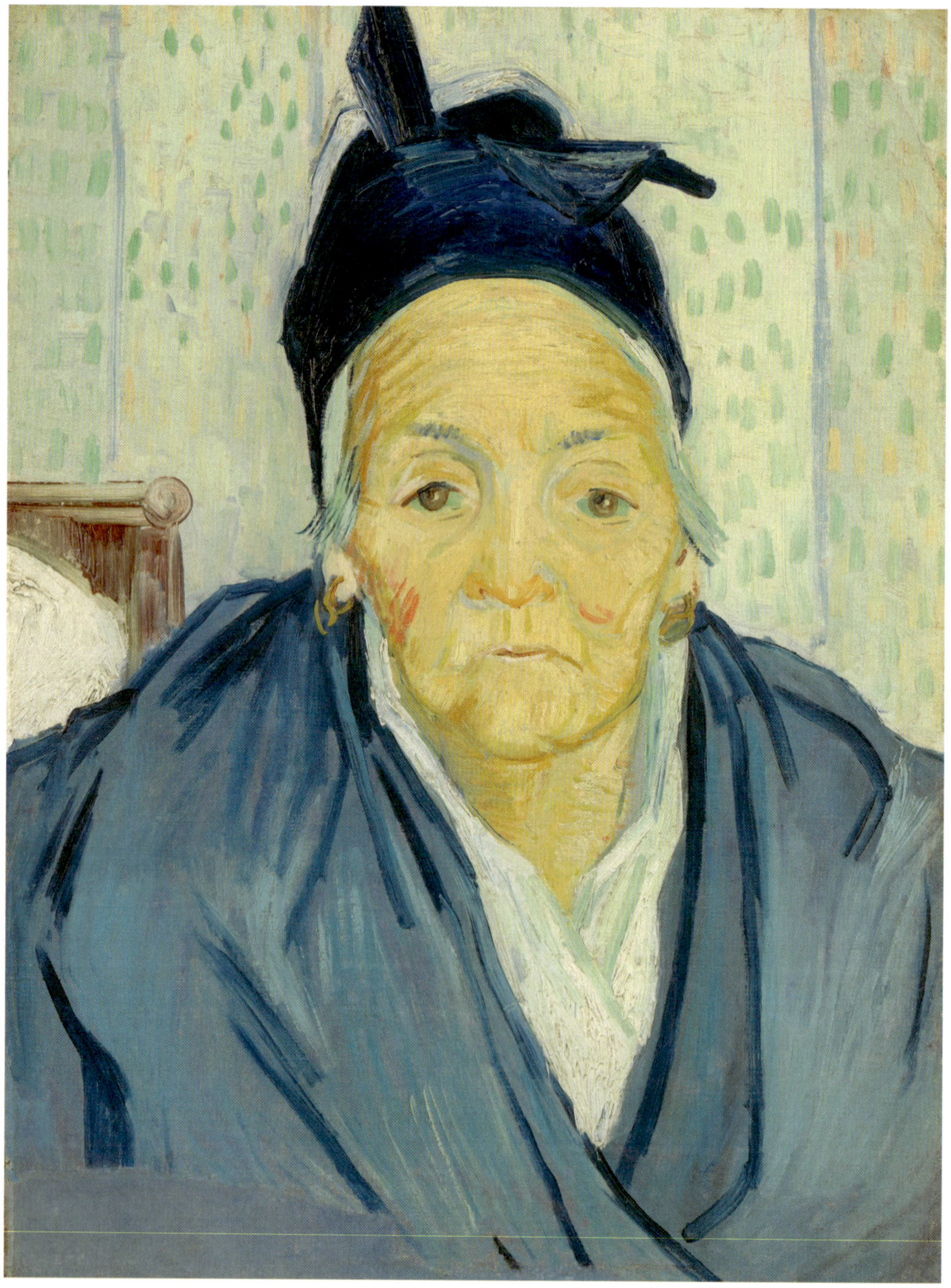

PL. 61 **VINCENT VAN GOGH**
Vieille Arlésienne
Arles, 1888
Huile sur toile, 58 x 42,5 cm
Van Gogh Museum, Amsterdam
(Fondation Vincent van Gogh)

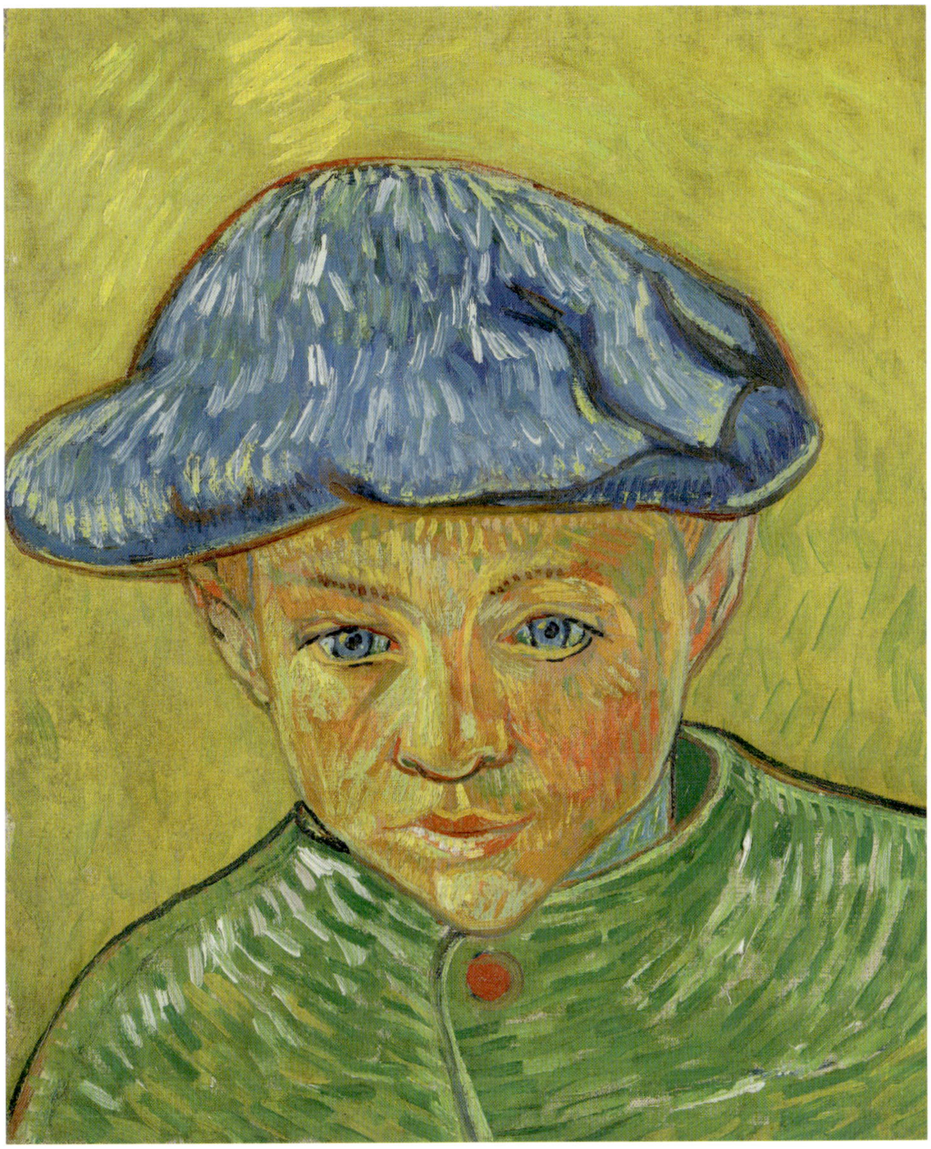

PL. 62 **VINCENT VAN GOGH**
Portrait de Camille Roulin
Arles, 1888
Huile sur toile, 40,5 x 32,5 cm
Van Gogh Museum, Amsterdam
(Fondation Vincent van Gogh)

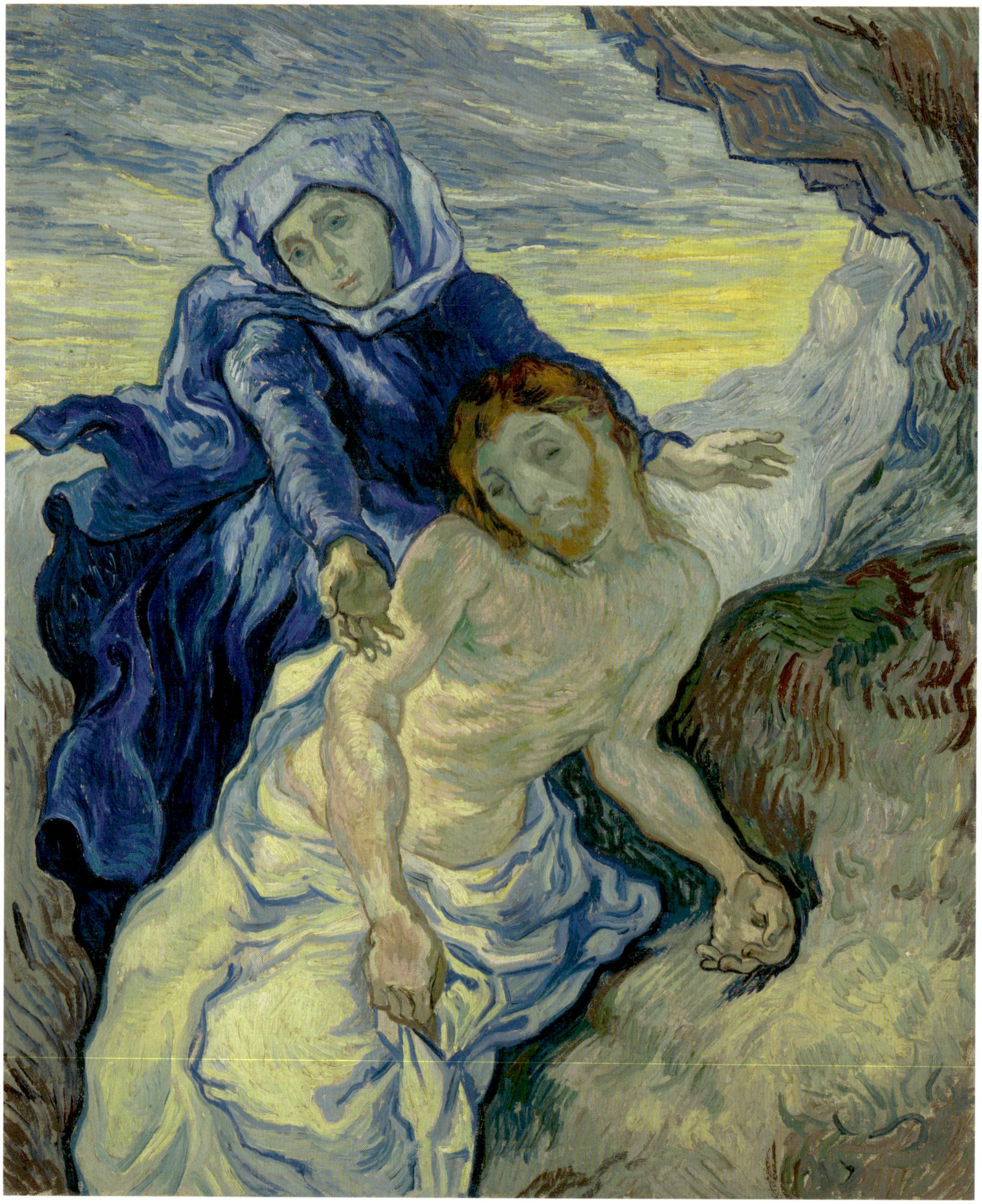

PL. 63 **VINCENT VAN GOGH**
Pietà (d'après Delacroix)
Saint-Rémy, 1889
Huile sur toile, 73 x 60,5 cm
Van Gogh Museum, Amsterdam
(Fondation Vincent van Gogh)

compris à la lumière de la puissante composante religieuse toujours présente dans l'art français, à la fois chez les peintres académiques et, surtout, chez les symbolistes. La formation espagnole de Picasso en tant qu'artiste religieux le rendit particulièrement réceptif à ces courants, qui voient des thèmes chrétiens ou une spiritualité primitive recevoir une expression nouvelle grâce à une autre approche picturale, et non rester une simple reprise d'un motif iconographique bien connu. Pour Picasso, l'exploration de la couleur et de la forme à la recherche d'un moyen artistique permettant d'évoquer des sujets à connotations religieuses d'une manière radicalement neuve serait au cœur même du développement de sa période bleue[15].

L'exposition chez Vollard ayant été satisfaisante, puisque Picasso y aurait vendu plus de la moitié de ses œuvres[16], l'artiste a dû enfin jouir – du moins provisoirement – d'une certaine indépendance financière vis-à-vis de Mañach, dont la présence toute proche dans l'appartement du boulevard de Clichy devenait une source d'irritation croissante[17]. Quelle que soit la nature de leurs désaccords, au début de l'année 1902, ils se brouillèrent et mirent fin une fois pour toutes à leur étroite association, Picasso déménageant pour retourner en Espagne. Mañach continua à travailler avec Berthe Weill et, en l'absence de Picasso, organisa une exposition au printemps 1902, qui comprenait les quelques œuvres de son ami qu'il avait encore en sa possession[18]. Parmi les tableaux de l'exposition mentionnés par Adrien Farge dans sa préface du catalogue se trouvaient une «luxuriante *Nature morte*» (probablement pl. 18), une vue des Jardins du Luxembourg (pl. 46) et un «éclatant, bruyant, criant *14 juillet* (pl. 47), [qui] réunit dans les plus papillotantes couleurs tout l'excessif mouvement, toute la vie intense d'une fête populaire»[19].

Mañach retournera lui aussi à Barcelone quelques années plus tard, et son départ de Paris ainsi que sa rupture avec Picasso marquèrent la fin de sa carrière de marchand et de collaborateur de Weill[20]. En évoquant sa visite à Barcelone pendant la Première Guerre mondiale, Vollard se souviendra de son passage à l'entreprise de Mañach, sans rappeler l'ancienne activité du Catalan. Il illustrera par contre sa finauderie en racontant comment il prévenait les grèves en autorisant les ouvriers à placer une lampe brûlant en permanence devant une statue de saint à l'entrée des ateliers, tout en veillant à leur en faire payer l'huile ![21]

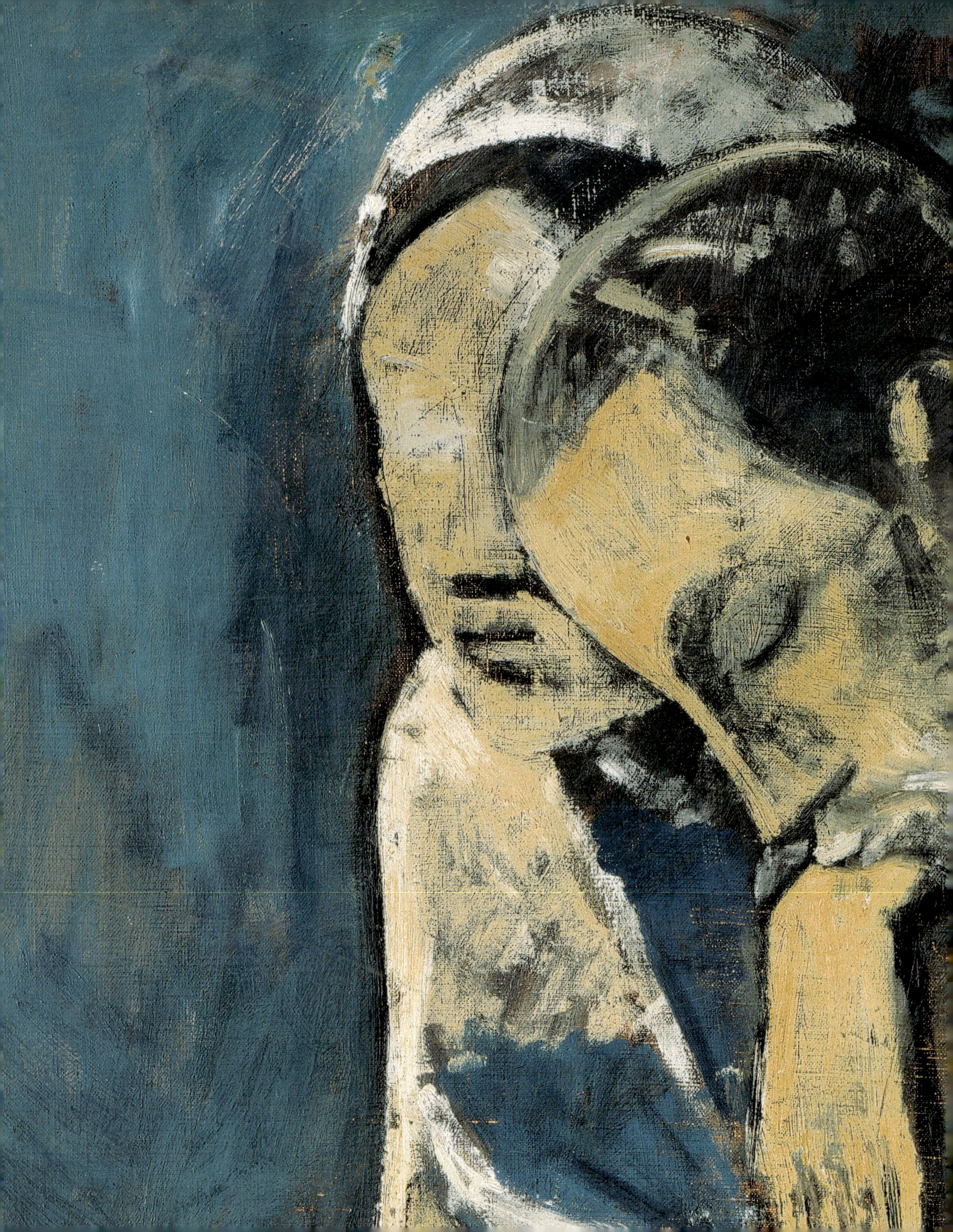

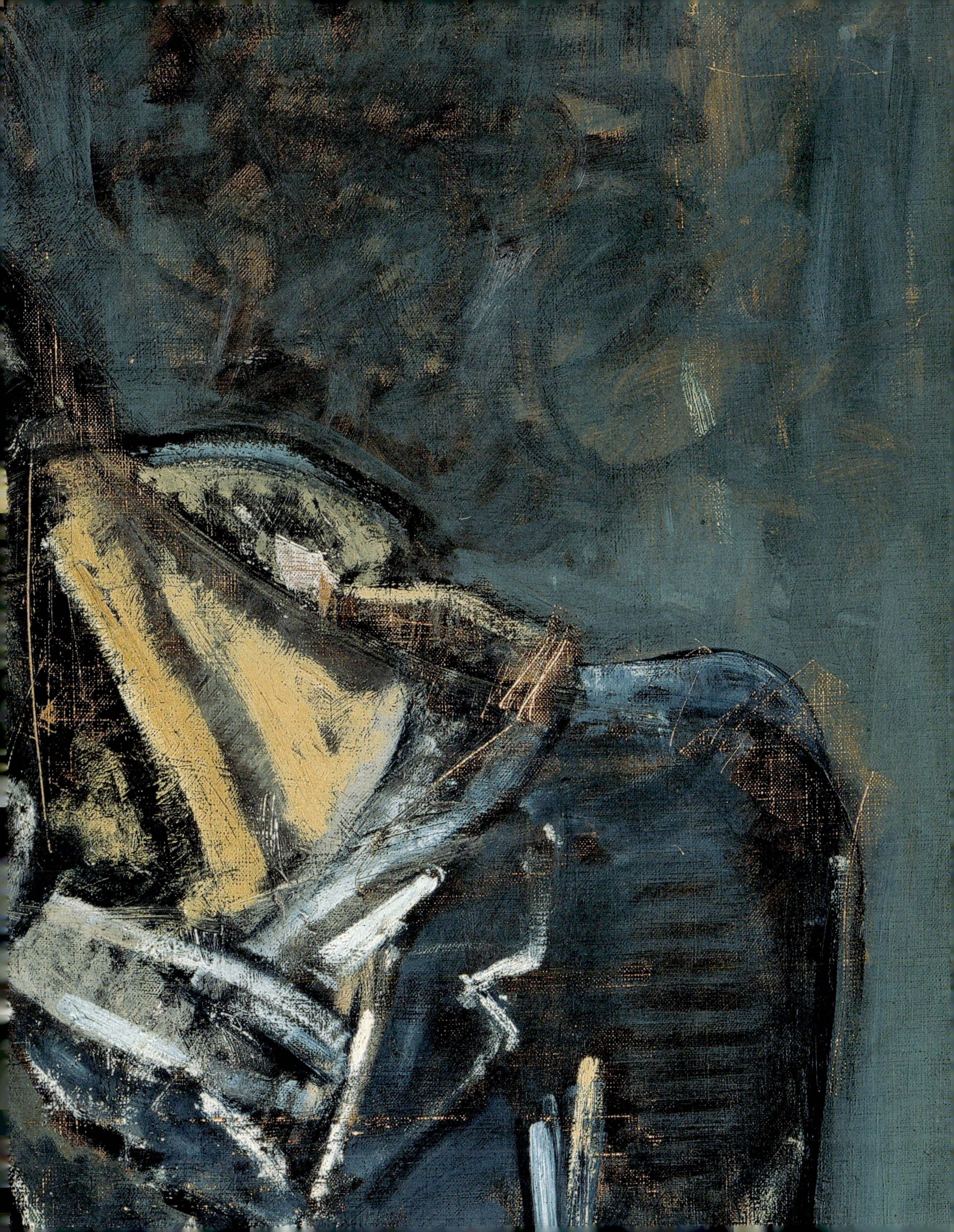

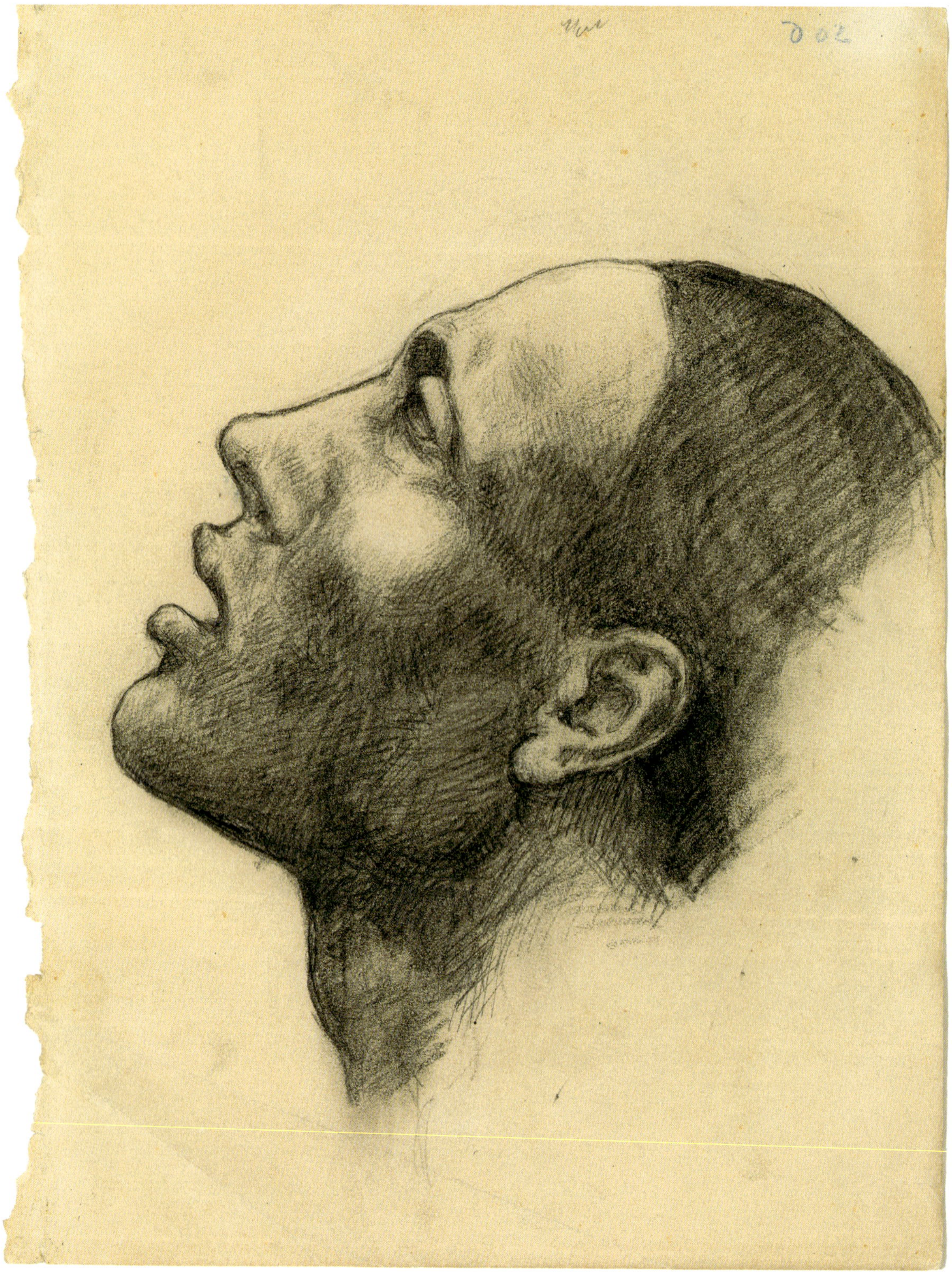

PL. 64 ***Étude d'une tête regardant vers le haut***
Paris, 1902
Crayon Conté sur papier, 31,2 x 24,3 cm
Museu Picasso, Barcelone

PICASSO SYMBOLISTE

MARILYN McCULLY

Le troisième séjour de Picasso à Paris, où il arriva en octobre 1902, n'allait pas aussi bien se dérouler qu'il l'avait espéré[1]. Les perspectives d'une nouvelle et grande exposition dans la capitale française étaient bien maigres, pour ne pas dire inexistantes. En homme avisé, Vollard semble avoir provisoirement disparu de la vie – et de l'art – de Picasso. Il faudra plusieurs années pour que le marchand se réintéresse à sa production, en fait fin 1905, lorsque la réputation du peintre en aura fait une valeur plus sûre. Berthe Weill, avec qui Mañach continuait à collaborer, aida Picasso en lui permettant de prendre part à une exposition qui devait ouvrir ses portes le 15 novembre[2], mais sa galerie et sa clientèle étaient relativement restreintes. Selon Girieud, qui allait participer, avec Picasso mais aussi Launay et Pichot, à cette exposition de novembre, « La boutique était aux dimensions de sa propriétaire c'est-à-dire très petite et basse de plafond, les tableaux étaient disposés de la plinthe au plafond, pour augmenter la surface de l'exposition »[3].

Les neuf œuvres de Picasso figurant dans cette exposition et dans son catalogue comprenaient plusieurs tableaux, dont certains faisaient probablement déjà partie du stock de Weill, trois pastels consacrés au thème des cafés-concerts et quelques dessins non identifiés[4]. Dans la préface du catalogue, la critique Jeanne-Fernande Perrot écrivit, sous son nom de plume de Thilda Harlor, que « La fougue de M. P.R. Picasso a déjà été remarquée. Il a une ardeur inlassable à tout voir, à tout traduire. Il ne s'est pas emprisonné dans une manière, un genre. Il n'a point de procédés »[5]. Le symboliste Charles Morice, un ami de Verlaine et de Gauguin, qui fit la critique de l'exposition dans le *Mercure de France*, entame son texte, malgré la présence de deux Espagnols aux côtés des deux Français, par ces mots : « Tous quatre,

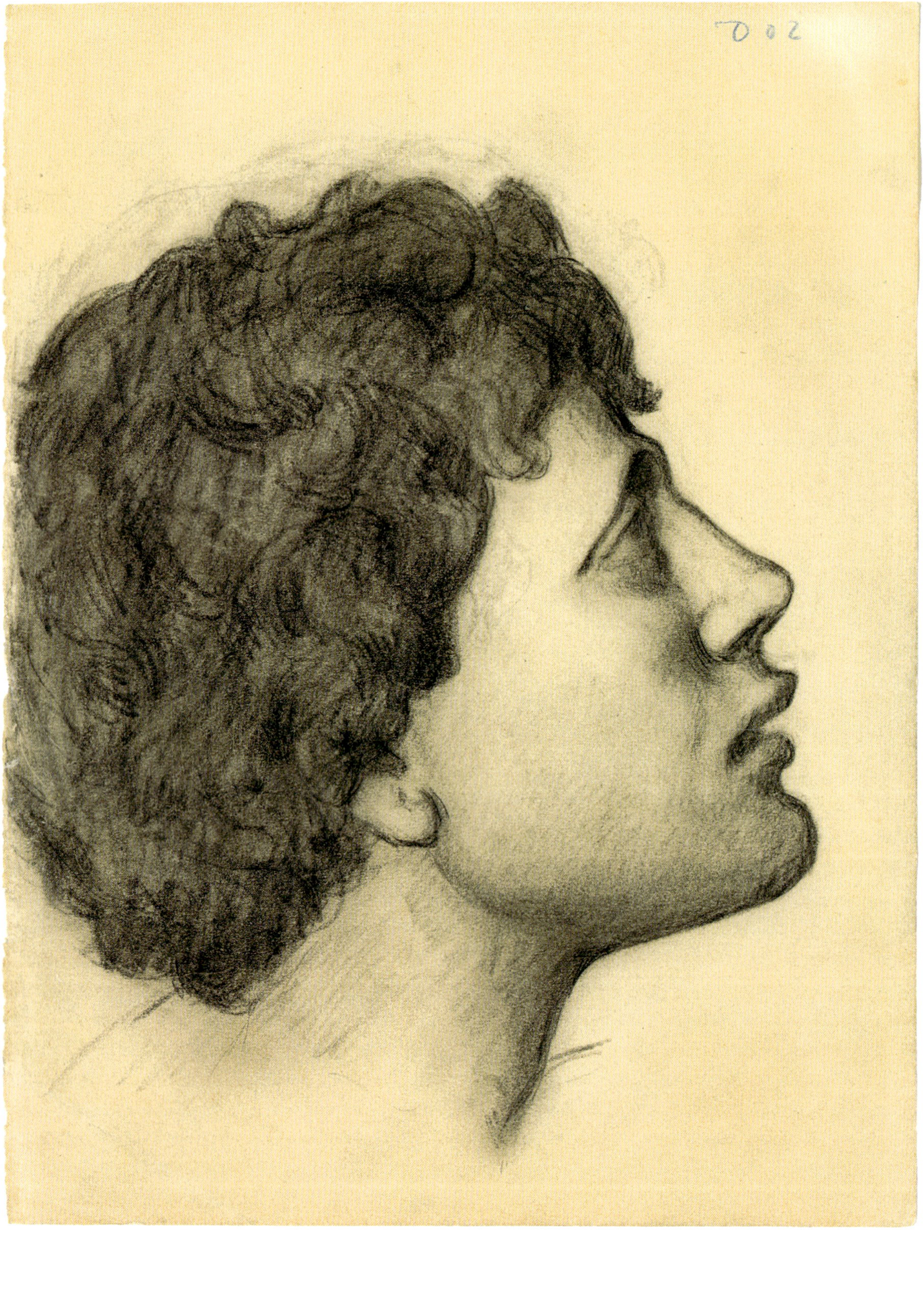

PL. 65 ***Tête de garçon***
Paris, 1902
Crayon Conté et fusain sur papier, 31,2 x 23,5 cm
Museu Picasso, Barcelone

citoyens de Montmartre ! Patrie de leur désir, atmosphère de leurs travaux et de leurs ambitions, de leur art». Dans les lignes qu'il consacre à Picasso, Morice se concentre sur son caractère polyvalent, mais aussi sur la nature profondément sombre de ses sujets : «Picasso, qui peignit avant d'apprendre à lire, semble avoir reçu la mission d'exprimer avec son pinceau tout ce qui est. On dirait d'un jeune dieu qui voudrait refaire le monde. Mais c'est un dieu sombre. Les centaines de visages qu'il a peints grimacent; pas un sourire. Son monde ne serait pas plus habitable que ses maisons lépreuses»[6].

Même si cette modeste exposition lui a permis d'attirer l'attention des critiques[7], Picasso ne semble pas avoir été prêt, lors de ce séjour, à entamer un corpus d'œuvres qui lui aurait permis de prendre un nouveau départ sur le marché parisien. Au contraire, il se limita principalement à travailler sur papier. Et l'histoire raconte que l'hiver fut si froid que, à l'image du poète Rodolfo dans *La bohème*, il brûla ses dessins pour se chauffer. Le seul trésor qu'il affirma plus tard avoir sauvé des flammes fut sa copie de l'ouvrage illustré *Noa-Noa* de Gauguin, annotée de ses propres dessins, qui lui avait été donnée par Charles Morice[8].

Le criant manque d'argent de Picasso avait aussi pour conséquence de compliquer singulièrement la recherche d'un logement et d'un atelier convenables. Pour des raisons inconnues, en arrivant à Paris, il décida cette fois de ne pas retourner à Montmartre et finit par atterrir dans un hôtel minable de la rive gauche, où vivait un groupe d'Espagnols, dont aucun n'était un ami proche. Picasso fut rebuté par leurs fêtes trop animées tournant à la débauche et qu'il trouvait repoussantes[9]. Pendant son séjour à l'Hôtel du Maroc, il réalisa cependant quelques dessins au fusain et au crayon émouvants et puissants, parmi lesquels une *Étude d'une tête regardant vers le haut* et une *Tête de garçon* (pl. 64, 65)[10]. Un peu plus tard, il s'installa boulevard Voltaire, où il partagea la minuscule chambre de Max Jacob. Bien qu'il adorât la compagnie de cet ami lettré et spirituel, l'endroit était trop petit pour eux deux, et il fut incapable d'y exécuter la moindre œuvre majeure.

Dépourvu d'atelier convenable, Picasso en profita pour visiter divers musées et monuments de Paris, y compris le Louvre. Son ami italien Ardengo Soffici se souviendra que Picasso «allait de musée en musée pour se nourrir de bonne peinture ancienne et moderne, et comme je faisais de même, il n'était pas rare que nous nous retrouvions au Luxembourg, dans la salle des impressionnistes, ou au Louvre, où Picasso revenait sans cesse aux salles du rez-de-chaussée, qu'il arpentait en tous sens, comme un chien de chasse à l'affût du gibier, entre les antiquités égyptiennes et phéniciennes – entre les sphinx, les idoles en basalte, les papyrus et les sarcophages peints de couleurs vives»[11].

La prédilection de Picasso pour les salles des antiquités se reflète dans les dessins de l'Hôtel du Maroc, où l'intérêt porté à l'approche classicisante de la forme et à l'immobilité, perceptible dans le choix des sujets, y compris les personnages éplorés, contraste avec les représentations enlevées de la vie parisienne et les illustrations de magazines au style caricatural réalisées l'année précédente. Cette nouvelle phase de l'évolution de Picasso annonce le pas énorme qu'il franchira en 1906, période où l'art archaïque jouera, une fois encore, un rôle essentiel dans l'orientation radicalement différente que son approche allait finir par adopter.

Une autre découverte de Picasso lors de ses expéditions dans Paris fut celle du Panthéon, où il fut frappé par les compositions murales de Puvis de Chavannes[12]. À la fin du XIXe siècle, Puvis de Chavannes était devenu une sorte de

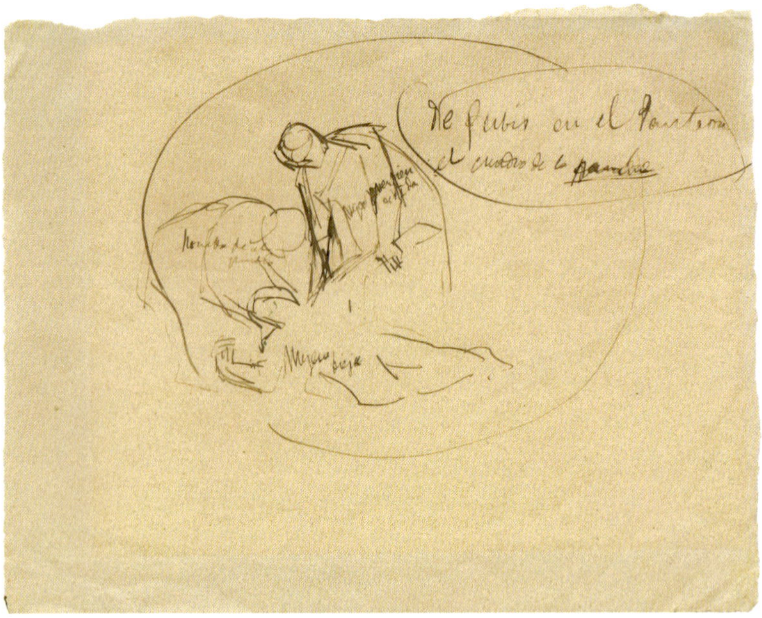

FIG. 27 ***La charité*** (dessin d'après la peinture murale de Puvis de Chavannes *Sainte Geneviève ravitaillant Paris*)
Paris, 1903
Encre sur papier, 14,8 x 18,1 cm
Museu Picasso, Barcelone
Inscription: «D'après Puvis au Panthéon le tableau de la famine» («De Pubis en el Panteón el cuadro de la hambre»).

héros pour les artistes d'avant-garde comme Toulouse-Lautrec[13], et sa réputation parmi les peintres restait élevée. Son approche artistique des sujets conventionnels avait apporté une heureuse rupture par rapport aux vieilles formules éculées de la peinture académique. Les esquisses conservées révèlent que Picasso exécuta bel et bien des dessins d'après les peintures de Puvis visibles au Panthéon. L'un d'eux, *Homme portant un sac* (pl. 68), s'inspirant du personnage situé à droite dans *Sainte Geneviève ravitaillant Paris*, fut reproduit plusieurs mois plus tard dans le journal barcelonais *El Liberal*[14]. En outre, l'émergence de certains thèmes dans l'œuvre picassienne de cette époque – comme *La charité* (fig. 27), *L'Âge d'or* (pl. 66) ou des pêcheurs ressemblant au Christ (Museu Picasso, Barcelone) – montre que l'art du peintre français eut un impact immédiat sur l'œuvre de l'Andalou[15]. Outre les sujets, ce qui attirait particulièrement Picasso chez Puvis, c'était l'importance donnée au geste et à la disposition des personnages dans l'espace (pl. 67), plutôt que le recours à des détails narratifs trop nombreux ou trop explicites. Dans l'exemple de Puvis – et dans le fait que nombre de ses œuvres présentaient une monochromie bleue – Picasso trouva la confirmation du fait que son propre travail était sur la bonne voie.

L'optimisme des premiers séjours de Picasso dans la capitale française laissa cependant la place, durant l'hiver 1902–1903, à la déception et à une certaine confusion sur la question de savoir en quel lieu il envisageait de bâtir son avenir artistique. Paris lui semblait désormais peu accueillant. Il y renonça donc pour retourner à Barcelone, où il allait rester plus d'un an. Malgré le fait qu'il n'y avait ni marchand ni perspective d'exposition, il travailla avec un regain d'ardeur en revenant dans la capitale catalane, produisant un grand nombre de toiles et de panneaux ainsi qu'une énorme quantité de dessins. Maintes compositions réalisées à Barcelone reflètent l'influence de l'ancien art espagnol, en particulier les sujets liés à l'iconographie

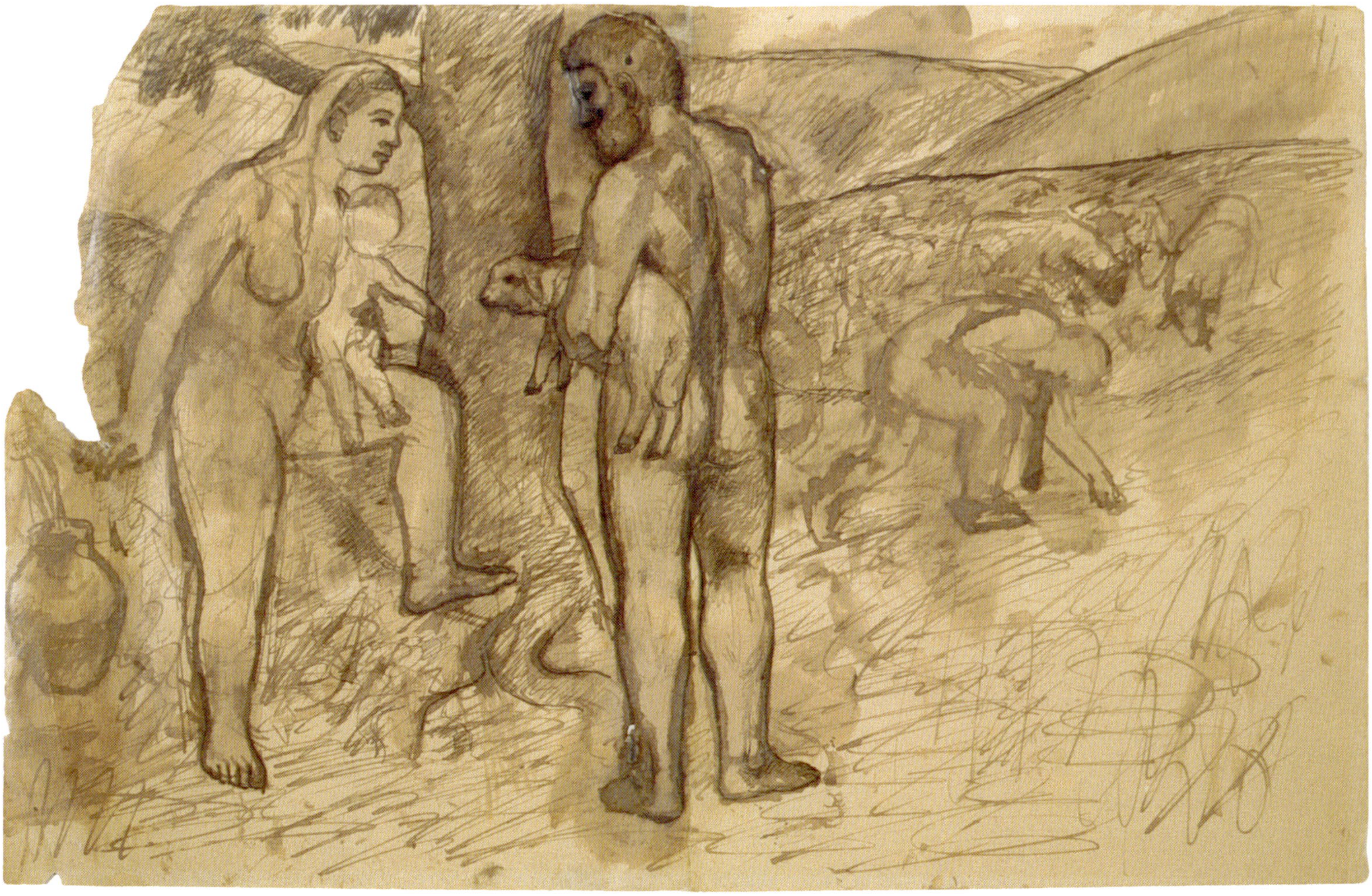

PL. 66 ***L'Âge d'or***
Paris, 1902
Plume, encre sépia et lavis sur papier, 26 x 40 cm
Museu Picasso, Barcelone

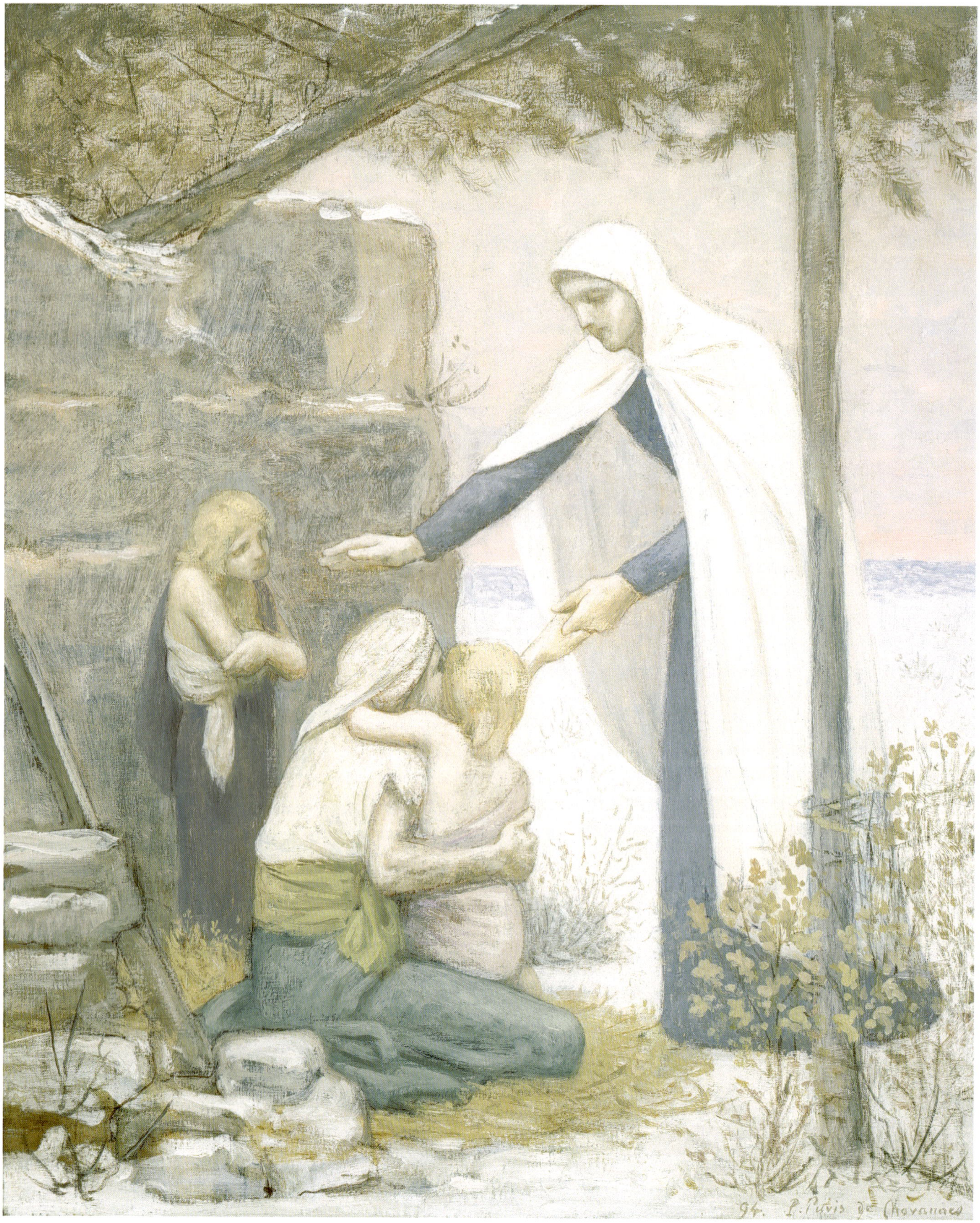

PL. 67 **PIERRE PUVIS DE CHAVANNES**
Charité
1894
Huile sur toile, 91,4 x 71 cm
Mildred Lane Kemper Art Museum, Washington University, St. Louis

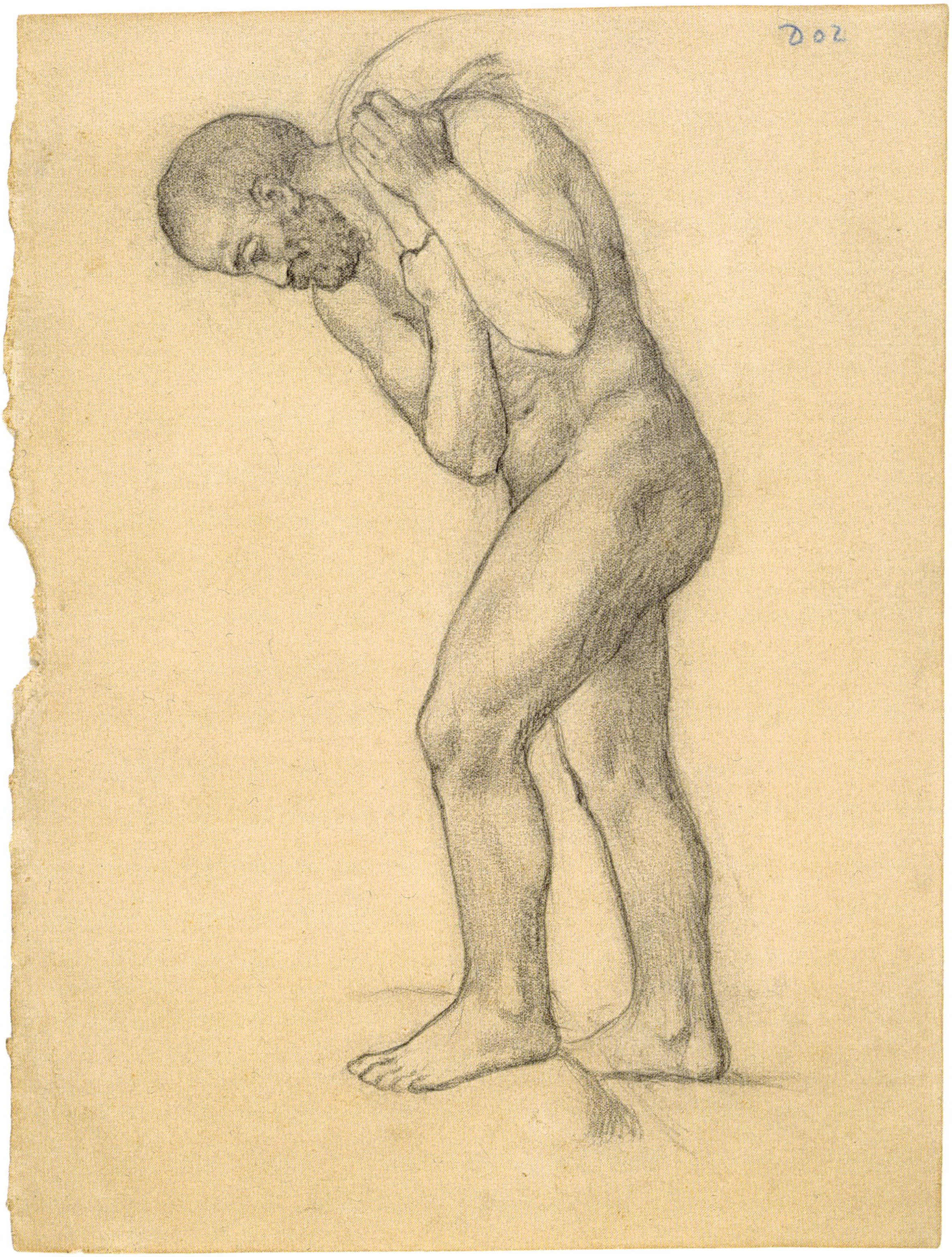

PL. 68 ***Homme portant un sac (d'après Puvis de Chavannes)***

Paris, 1902

Crayon graphite sur papier, 31,2 x 23,5 cm

Museu Picasso, Barcelone

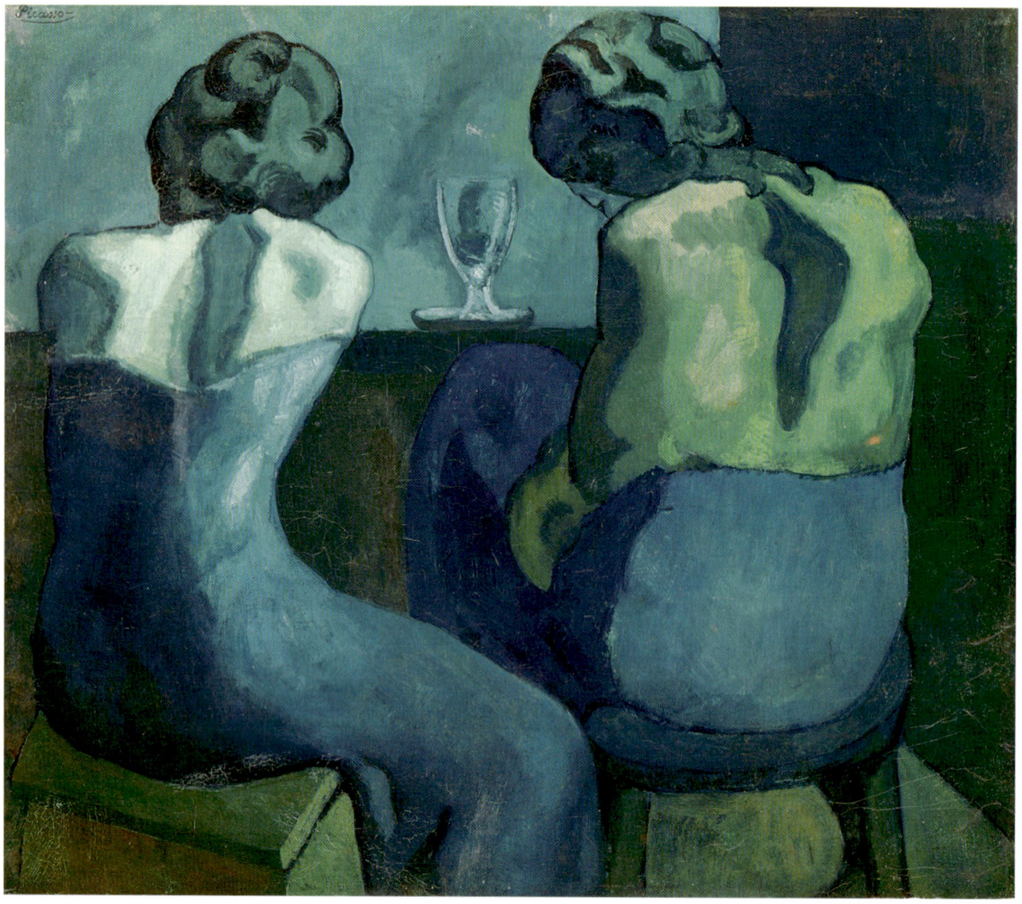

FIG. 28 ***Deux femmes assises à un bar***
Barcelone, 1902
Huile sur toile, 80 x 91,4 cm
Hiroshima Museum of Art

religieuse, parmi lesquels figurent, une fois encore, des *Maternités*, mais aussi des allégories des sens et des portraits de philosophes mendiants, thèmes majeurs de la peinture des XVIe et XVIIe siècles[16]. Picasso s'était ainsi réincarné, du moins temporairement, en artiste espagnol, même si l'évolution de son approche formelle continuait de refléter les bases de son expérience française, en particulier les exemples de Gauguin et de Rodin.

Gauguin est un artiste auquel Picasso fit souvent référence dans son œuvre tout au long de sa période initiale. Juste avant de quitter Paris, en hommage à son héros, il alla même jusqu'à utiliser, pour signer un dessin à la Gauguin représentant un nu, le prénom « Paul » plutôt que son équivalent espagnol « Pablo » (1902–1903, collection privée allemande). Picasso avait vu ses premiers tableaux de Gauguin en 1901 dans l'atelier du sculpteur Paco Durrio à Montmartre, qu'il avait visité avec Sabartés[17]. Il en avait probablement aperçu d'autres dans la galerie Vollard. On peut déjà déceler des preuves de l'influence de Gauguin dans les œuvres que Picasso réalisa pour l'exposition chez Vollard, et l'œuvre du peintre français continua à exercer une influence sur les compositions à figures multiples de

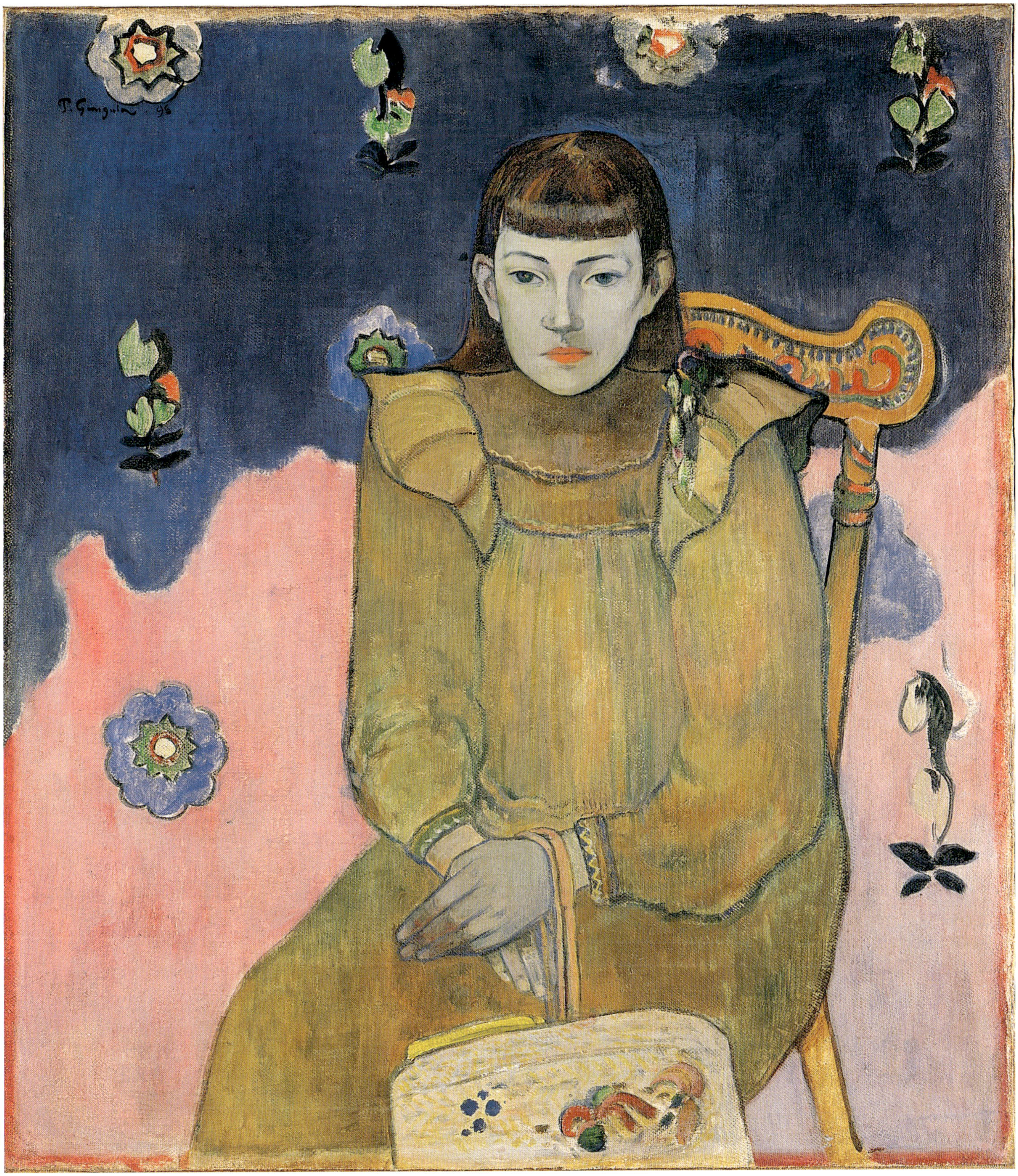

PL. 69 **PAUL GAUGUIN**
Portrait d'une jeune femme (Vaite Goupil)
1896
Huile sur toile, 75 x 65 cm
Ordrupgaard, Copenhague

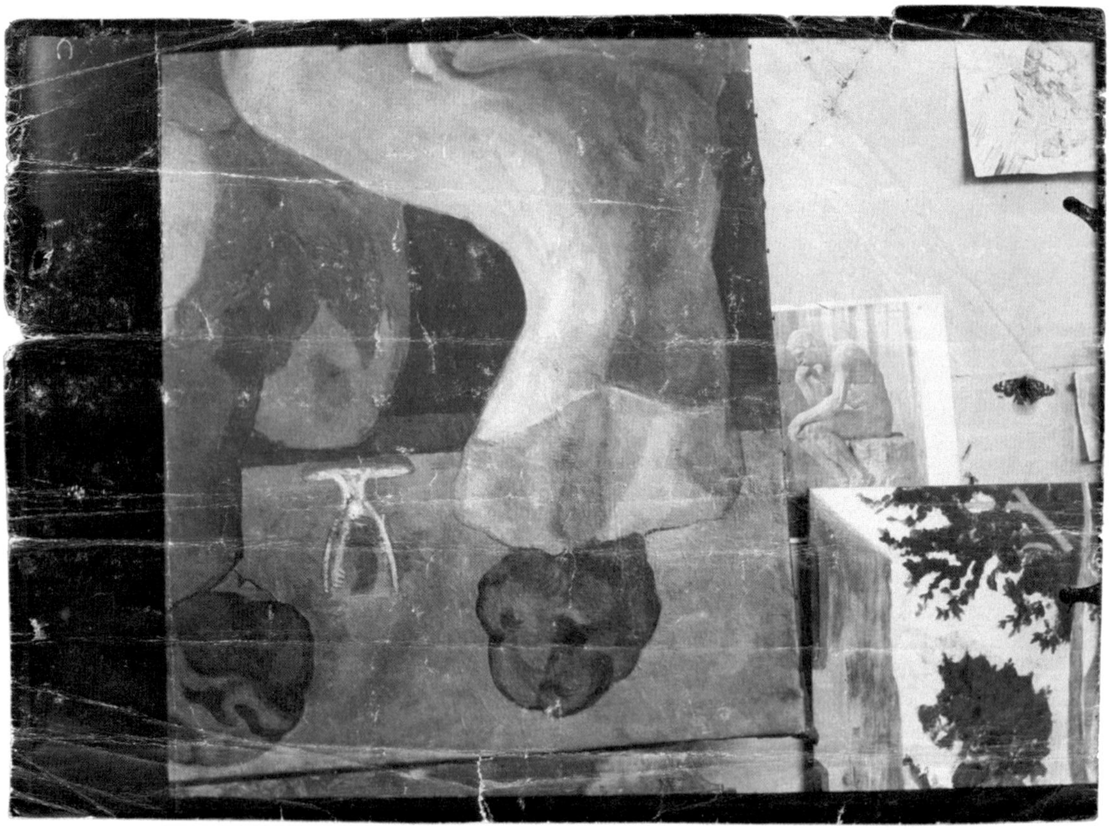

FIG. 29 L'atelier de Picasso à Barcelone
1902
Avec *Deux femmes assises à un bar* à l'envers et une photographie du *Penseur* de Rodin punaisée au mur
Archives Picasso, Paris

Picasso appartenant à la période bleue de Barcelone, en particulier dans les exemples où deux figures ou davantage sont étroitement juxtaposées. Dans *Deux femmes assises à un bar* (fig. 28), par exemple, les aplats de couleur entourés d'une ligne enveloppante très appuyée servent à la fois à définir les formes et à les distinguer, tandis que la palette suggestive leur donne une résonance symboliste.

Durant les périodes de forte invention formelle, Picasso se tournait souvent vers la sculpture pour élaborer ses idées sur le volume et les qualités expressives de la forme tridimensionnelle. Une photographie de l'atelier de Picasso à Barcelone prise en 1902 révèle qu'il avait punaisé au mur une photographie du *Penseur* de Rodin, juste au-dessus de son tableau *Deux femmes assises à un bar*, posé sur un chevalet (fig. 29). Toujours en 1902 et 1903, il s'essaya également au modelage de l'argile dans l'atelier d'un ami barcelonais (Emili Fontbona), où il produisit plusieurs pièces, qui furent ensuite tirées en bronze. Alors que sa *Femme assise* (1902, Musée Picasso, Paris) est très proche des femmes recroquevillées visibles dans les dessins et les tableaux de sa période bleue, en particulier par leur pose et leurs formes anguleuses, le modelage du masque d'un picador au nez cassé (fig. 30) témoigne d'autres conceptions sculpturales. Le traitement de la surface, rythmée par l'ombre et la lumière, suggère que Picasso avait à l'esprit l'exemple de Rodin[18]. De plus, le dessin qu'il fit d'un portrait en buste réalisé par Auguste Rodin (fig. 31), paru, en même temps que *Homme nu portant un sac*, dans le

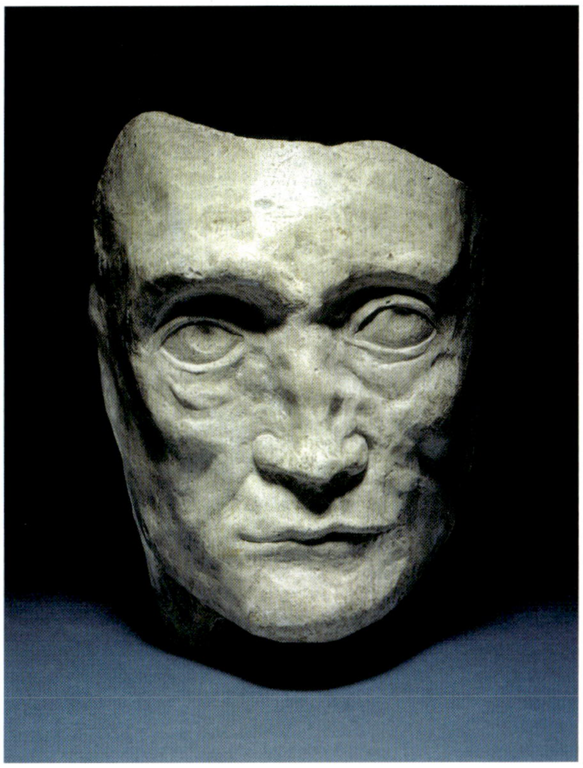

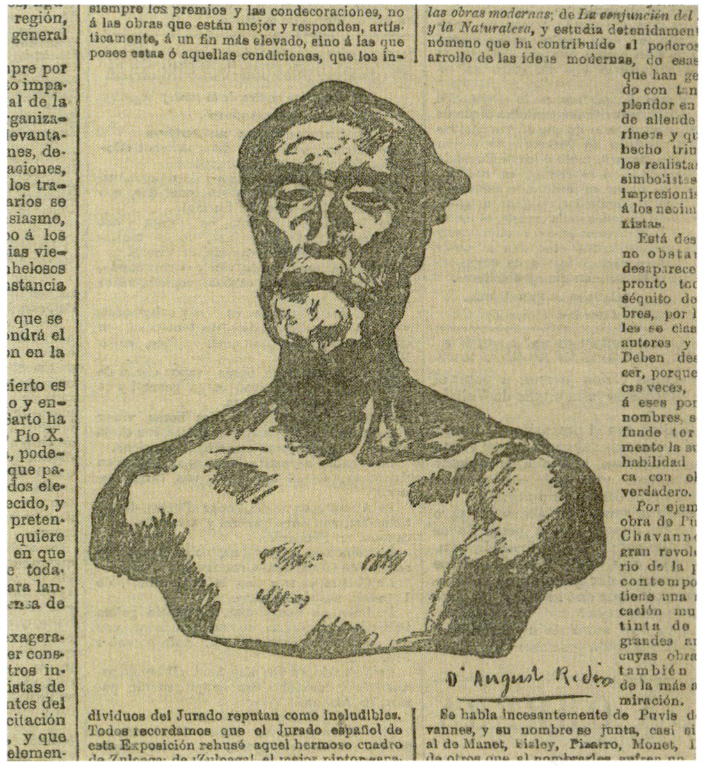

FIG. 30 ***Tête de picador au nez cassé***
Barcelone, 1903
Plâtre, 19 x 14,5 x 12 cm
Collection Marina Picasso, avec l'aimable autorisation de la Galerie Krugier & Cie, Genève

FIG. 31 Dessin de Picasso d'après le buste de Jules Dalou par Rodin (1883), tel qu'il est reproduit dans *El Liberal*, 10 août 1903
Arxiu Històric de la Ciutat, Barcelone

quotidien barcelonais *El Liberal* (10 août 1903), n'est pas sans intérêt à cet égard. Malgré sa nature graphique, le dessin reflète l'attention accordée aux effets de lumière et d'ombre jouant sur la surface sculptée de l'œuvre du sculpteur.

Il existe également de fortes similitudes entre l'œuvre de Rodin représentant une vieille femme émaciée (pl. 70) et des compositions de personnages de la période bleue, comme *Le vieux guitariste* (fig. 32), où l'émotion naît d'un fascinant traitement de la forme. Dans le tableau de Picasso, le corps tordu du vieil homme, dont les épaules décharnées et pointues atteignent presque le haut de la composition, a été comprimé pour tenir dans l'espace disponible; tandis que dans la sculpture de Rodin, la torsion et la compression des différents parties, également squelettiques, du corps de la femme expriment sa fragilité et son âge.

Au cours des mois suivants, l'humeur de Picasso vira à la frustration. Il quitta un atelier, en raison du manque de sérieux du peintre dont il partageait l'espace, pour s'installer dans un autre, où il pouvait travailler seul[19]. Il se rendit finalement compte, une fois pour toutes, que son avenir artistique était ailleurs et, au printemps 1904, il prit la décision de s'installer à Paris de manière permanente. Un article d'adieu, écrit par Carles Junyer-Vidal et évoquant le jeune talent précoce et les prouesses qu'il avait réalisées jusque-là, parut dans *El Liberal* le 4 mars 1904. En résumé, Junyer-Vidal y chante les louanges de Picasso en tant que peintre témoignant des intentions les plus sérieuses dans son art,

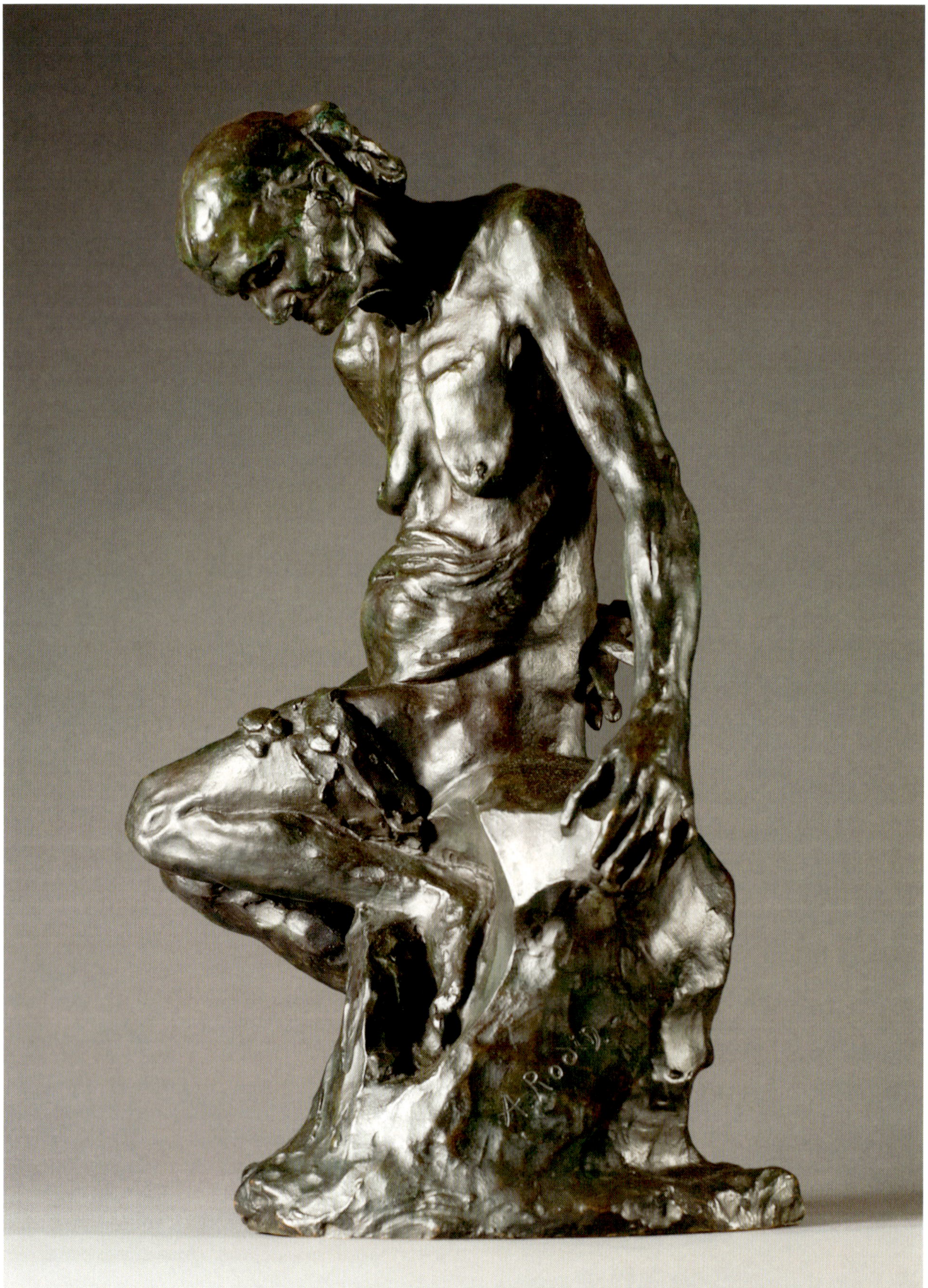

PL. 70 **AUGUSTE RODIN**
Celle qui fut la belle heaulmière
1883
Bronze, 50,5 x 31 x 23 cm
Collection privée, The Edelweiss Trust

FIG. 32 ***Le vieux guitariste***
Barcelone, 1903–1904
Huile sur panneau, 122,9 x 82,6 cm
The Art Institute of Chicago, Helen Birch Bartlett Memorial Collection

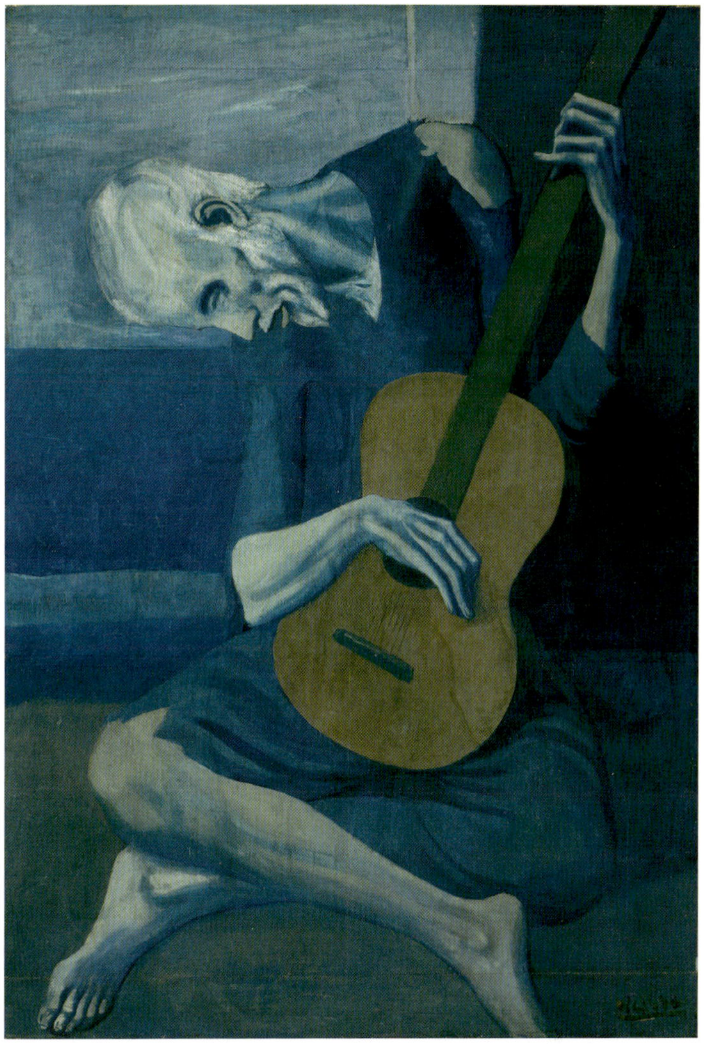

et termine en prédisant que c'est à Paris qu'il va obtenir la reconnaissance qu'il mérite: «Chaque nouvelle production du jeune artiste est un pas de plus vers le but final: une démonstration de vie supérieure, de vie ascendante, étant donné que Picasso n'est pas de ceux qui haïssent l'imbécillité, la routine et l'indifférence – stades négatifs de la conscience sociale – sans pouvoir les remplacer par de nouvelles affirmations. Au contraire, il travaille avec foi, avec enthousiasme, avec acharnement, il approfondit chaque jour davantage ses convictions et ses forces finissent par exploser et s'entrechoquer, marquant ainsi la fin de la journée de travail.

«Rares, très rares sont ceux qui possèdent son honnêteté en art. Son habilité est stupéfiante et, s'il le voulait, il pourrait produire beaucoup et bien vendre. Mais il se sacrifie et ne veut pas plaire au public des philistins, une attitude qui étonne ceux qui, cyniquement, ne considèrent l'art que comme un commerce ou un passe-temps à la portée de n'importe qui.

«Rappelez-vous que le travail de Picasso ne peut être comparé à rien de ce qu'on produit ici, il s'agit d'autre chose. Comprenez-le bien, novices et experts!

«Picasso retourne incessamment à Paris. C'est là qu'il pourra être jugé et discuté»[20].

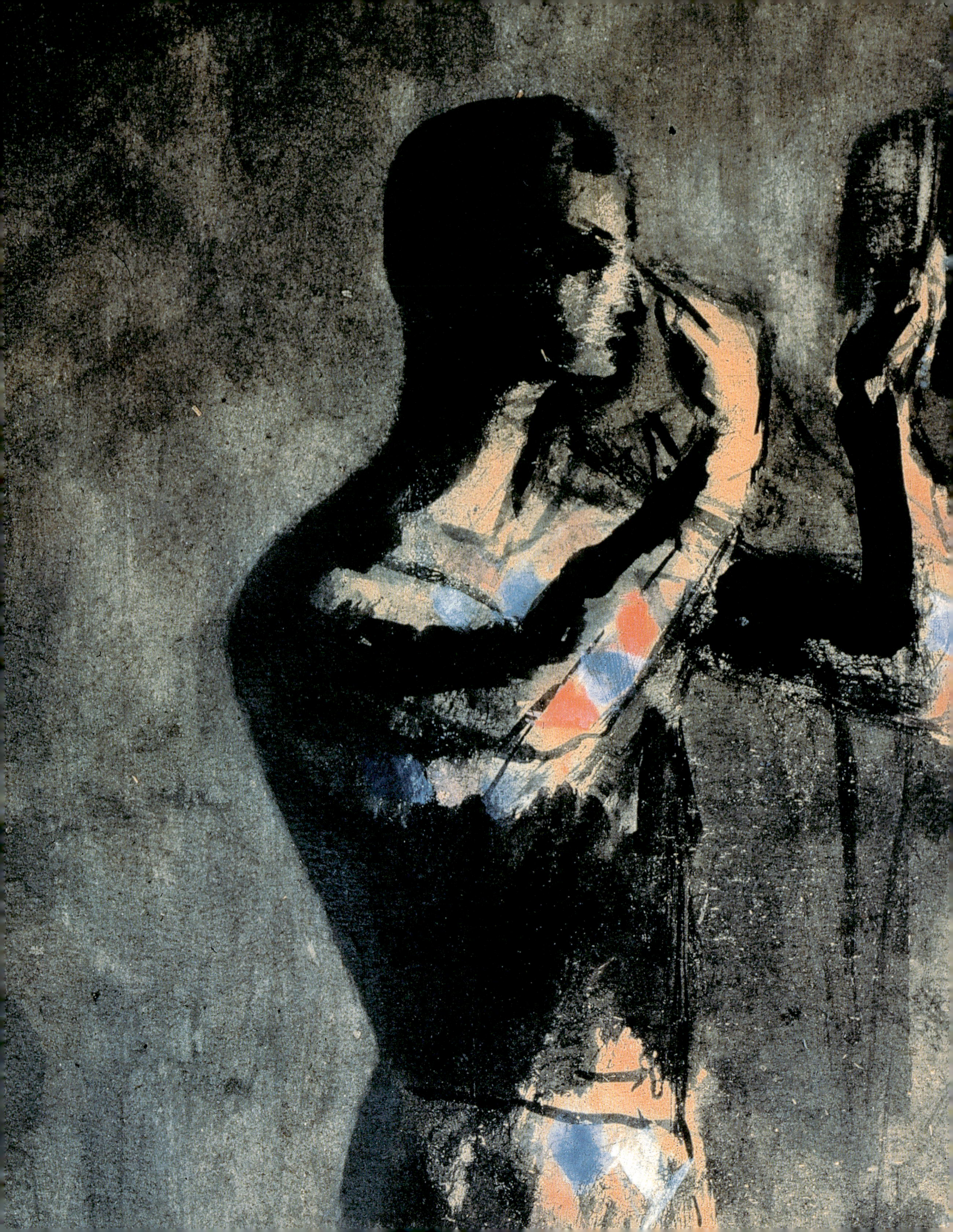

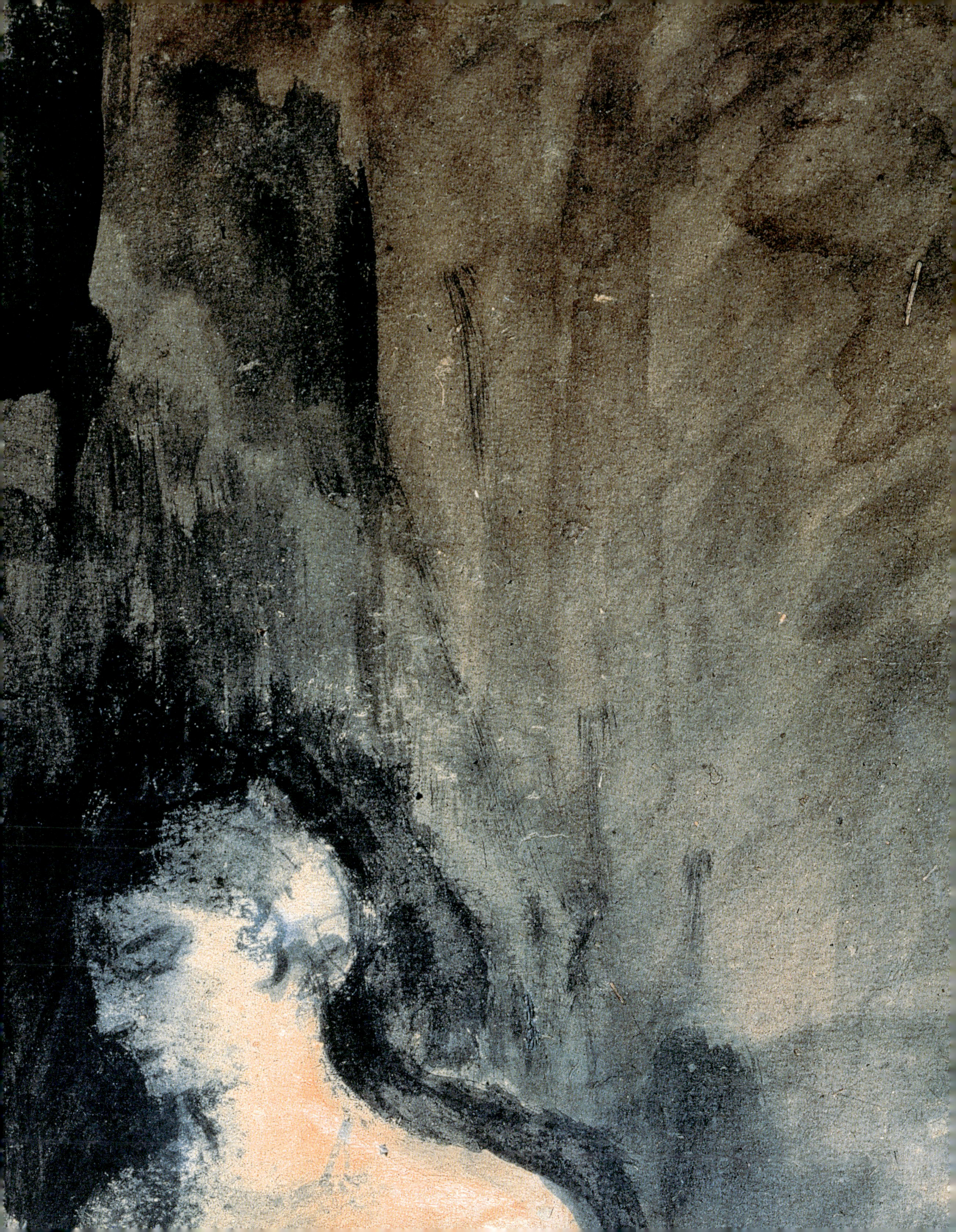

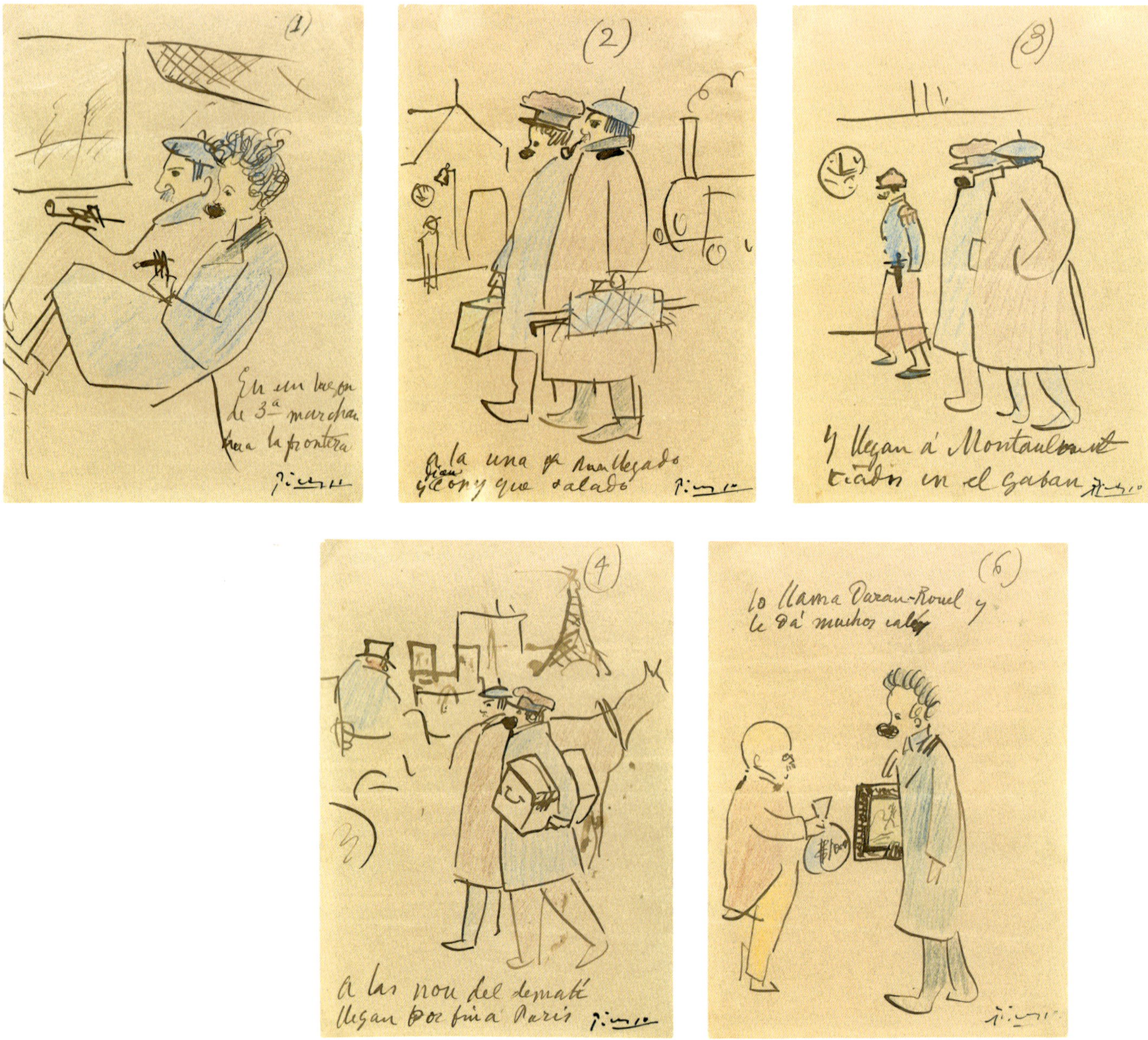

PL. 71 ***Picasso et Sebastià Junyer-Vidal se rendent à Paris***
1. Picasso et Junyer partent en train. 2. Picasso et Junyer arrivent à la frontière. 3. Picasso et Junyer arrivent à Montauban. 4. Picasso et Junyer arrivent à Paris. 6. Junyer rend visite à Durand-Ruel
[le 5 est perdu]
Paris, 1904
Plume, encre et crayons de couleur sur papier, cinq esquisses,
22 x 16 cm chacune
Museu Picasso, Barcelone

LA VIE DE BOHÈME

MARILYN McCULLY

Picasso a raconté son voyage en train, effectué à la mi-avril 1904 en compagnie de son ami Sebastià Junyer-Vidal (le frère de Carles), dans une amusante suite de dessins humoristiques montrant également la visite qu'ils rendirent, une fois arrivés à Paris, au marchand Durand-Ruel (pl. 71). Picasso séjourna d'abord quelques jours à Montparnasse avec d'autres artistes catalans, les frères Joan et Juli González, mais les nouveaux arrivés apprirent que l'atelier de Paco Durrio, rue Ravignan, était désormais libre. Durrio avait emménagé dans une grande maison située dans un quartier de Montmartre connu sous le nom du Maquis, moins construit et plus décentré, afin d'y installer un four, qu'il appelait sa «cuisine atelier»[1]. Picasso et Junyer-Vidal reprirent l'atelier situé au dernier étage de l'édifice[2], dont la verrière faîtière offrait une vue époustouflante sur la ville, portant jusqu'à la tour Eiffel. Junyer-Vidal n'y resta cependant que peu de temps, laissant tout l'espace à Picasso.

La structure en bois sans plan bien défini – appelée «Bateau Lavoir» en raison de sa ressemblance avec les embarcations brinquebalantes du même nom – servait déjà de logis à toutes sortes de peintres, sculpteurs, écrivains et modèles, dont beaucoup allaient contribuer à la richesse du contexte dans lequel allait baigner Picasso, contexte qui allait lui permettre de développer aussi rapidement, en quelques années seulement, ses idées artistiques. Durrio et Sunyer venaient de déménager, mais il y avait d'autres Espagnols au Bateau Lavoir, comme Canals, qui vivait là avec sa compagne italienne Benedetta Coletti (ou Bianco)[3]. En 1908, Juan Gris, le compatriote de Picasso, allait également y prendre possession d'un minuscule atelier avec deux fenêtres donnant sur le square. Parmi les autres étrangers de l'époque qui, à un moment ou à un autre, occupèrent le misérable bâtiment figurent les artistes hollandais Otto van Rees et son épouse peintre Adja Dutilh, Kees van Dongen

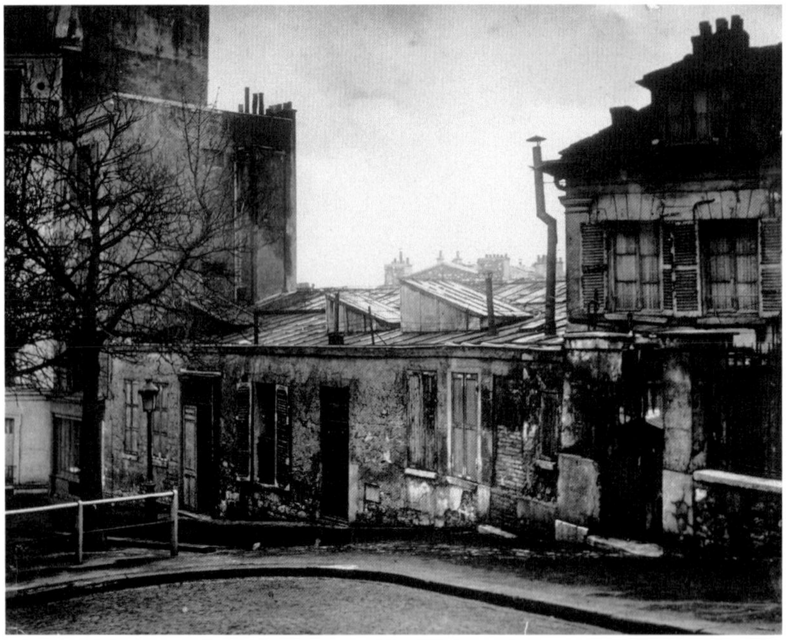

FIG. 33 Entrée du Bateau Lavoir, rue Ravignan
Photographie de Brassaï prise en novembre 1946
Musée national Picasso, Paris

et son épouse, l'artiste-peintre Guus Preitinger. Le frère de Van Dongen, Jean, vivait aussi à Montmartre, à deux pas, et était marié à une chanteuse du nom de Marie, qui se produisait au Lapin agile[4]. Il faut aussi mentionner le jeune Allemand Karl-Heinz Wiegels, qui se suicida dans l'immeuble en 1908, et l'artiste suisse Rodolphe Fornerod, qui avait épousé Antoinette, l'un des modèles qui avaient partagé l'appartement de Picasso rue Gabrielle en 1900. Un certain nombre d'artistes et d'écrivains français avaient aussi leur atelier au Bateau Lavoir, et le grand ami de Picasso, Max Jacob, allait y devenir son voisin en 1907[5].

C'est au Bateau Lavoir, à la fin de l'été 1904, que Picasso rencontra son premier amour, le modèle Fernande Olivier, qui partageait le logement de Ricard Canals et de Benedetta. Fernande se souviendra qu'un soir d'été, au retour d'une séance de pose, elle était assise dehors, devant le Bateau Lavoir, près d'un groupe d'Espagnols bruyants parmi lesquels se trouvait Picasso, quand survint un orage: «Le ciel était noir, et quand les nuages se déchirèrent, nous dûmes nous dépêcher de nous abriter. Le peintre espagnol tenait entre ses bras un tout jeune chat qu'il m'offrit en riant, tout en m'empêchant de passer. Je ris comme lui. Il semblait émettre un rayonnement, un feu intérieur, et je ne pouvais résister à ce magnétisme. J'allai avec lui à son atelier, qui était rempli de grandes toiles inachevées – il avait dû travailler très dur, mais quel désordre. Grand Dieu! Ses peintures sont étonnantes. Le côté morbide qui s'en dégage me gêne bien un peu, mais me charme aussi»[6].

Au début de leur relation, Fernande continua à vivre dans l'atelier de Canals et à travailler comme modèle, entre autres pour François Sicard et Fernand Cormon. Benedetta, qui travaillait elle aussi comme modèle, avait posé pour le *Monument aux morts* de Bartholomé au Père Lachaise, et, de façon plus notoire, pour Degas[7]. En septembre 1904, les deux amies posèrent ensemble pour Canals. Le tableau *Aux arènes* (pl. 73), qui était destiné au Salon, avait été commandé par le banquier catalan Ivo Bosch, un collectionneur vivant à Paris. C'est l'aspect folklorique de la scène – la présence de *majas* espagnoles en mantilles et en robes pittoresques – qui y monopolise l'attention, au détriment de la corrida à laquelle ces spectatrices sont censées s'intéresser.

Joaquim Sunyer, qui était l'amant de Fernande lorsqu'elle rencontra Picasso et qui la courtisait encore au Bateau Lavoir, réalisa lui aussi une composition s'inspirant des deux modèles, mais en les représentant non pas aux arènes mais parmi le public du Cirque Médrano (pl. 74). L'image que

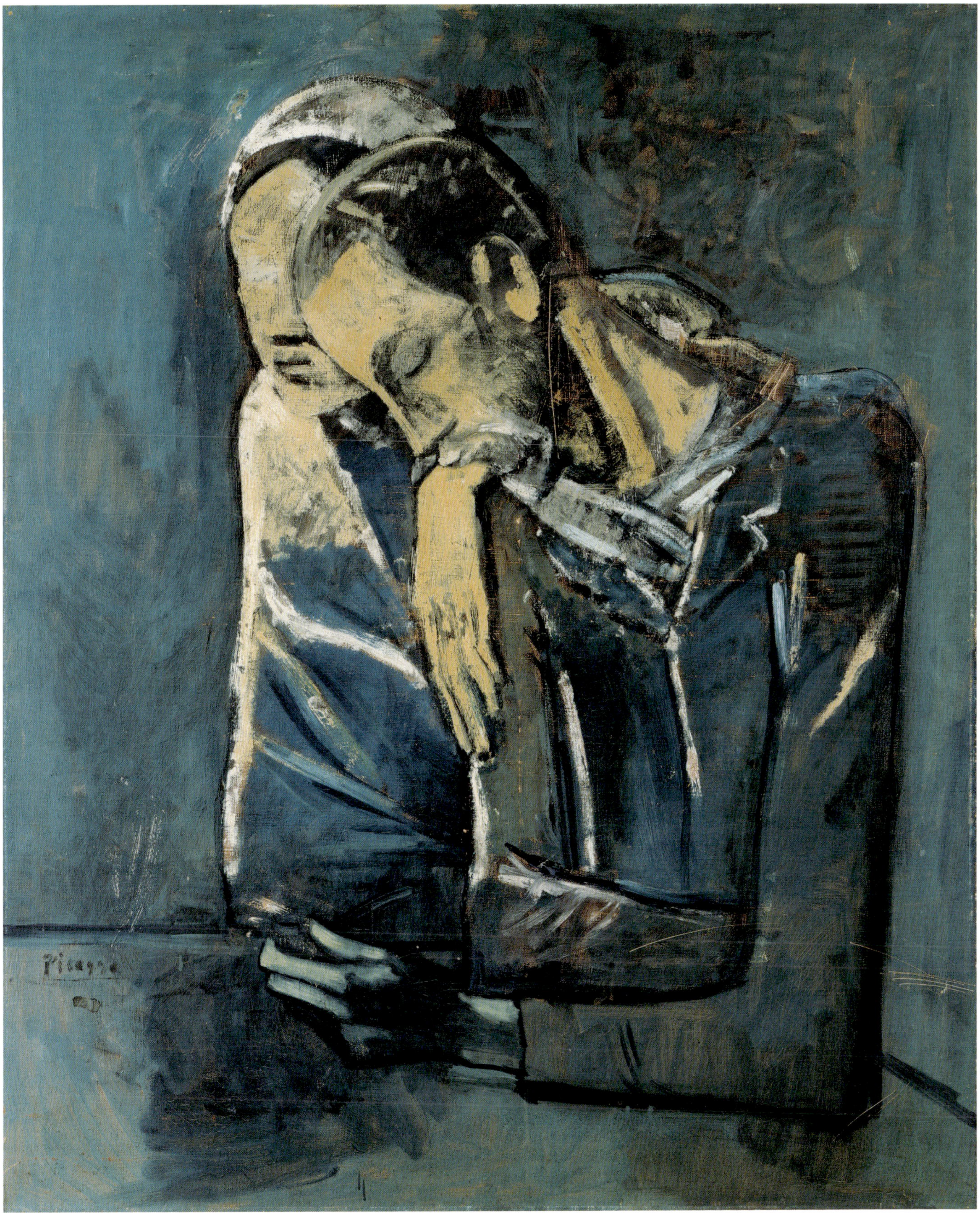

PL. 72 ***Le couple***
Paris, 1904
Huile sur toile, 100 x 80,5 cm
Merzbacher Kunststiftung

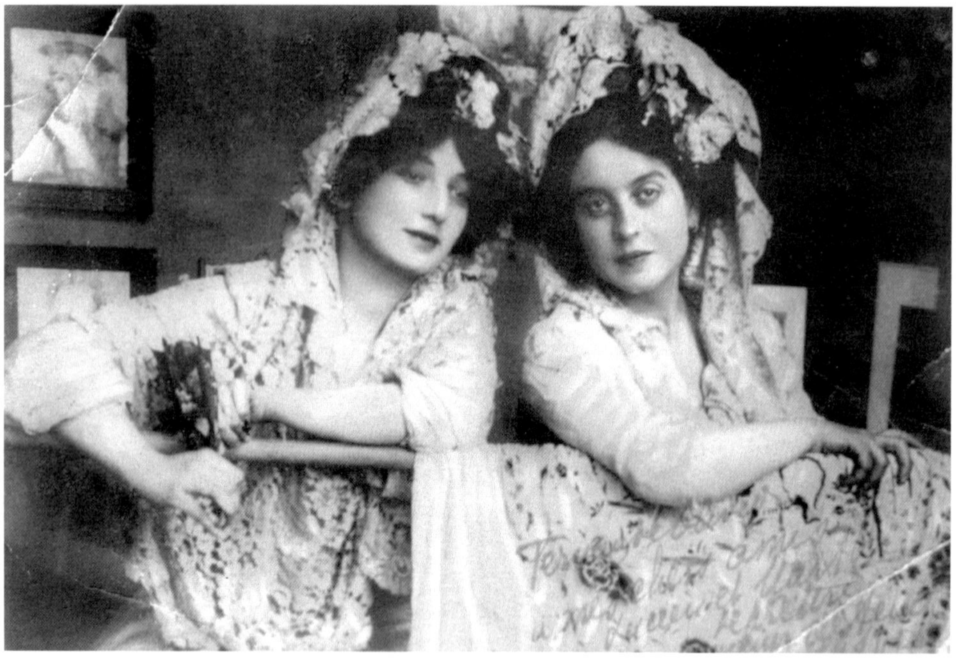

FIG. 34 Photographie de Fernande Olivier et de Benedetta Canals dans l'atelier de Ricard Canals
1904

nous livre Sunyer est vivante et même tendre, mais les deux femmes ont tendance à s'y ressembler. Cependant, son usage très sûr du pastel confère à son œuvre une atmosphère joyeuse, dans laquelle les protagonistes semblent beaucoup apprécier le spectacle – une nouvelle fois inédit – qui se déroule sur la piste.

Lorsque, quelques mois plus tard, Picasso réalisa un portrait de Benedetta (pl. 75), il resta fidèle au caractère espagnol instillé par Canals en faisant poser son modèle avec une mantille. Peut-être était-ce une manière de dire à Canals, ainsi qu'à son rival Sunyer, qu'il pouvait faire mieux qu'eux. À en juger par les photographies du modèle, le tableau de Picasso est très ressemblant, mais l'accent y est mis sur la technique. Au lieu de consacrer du temps à des détails délicats ou pittoresques, Picasso est parvenu, grâce à l'accumulation de touches et de couches de peinture soigneusement modulées, à donner aux formes un aspect palpable et sculptural. En outre, la tonalité chaude qui baigne l'ensemble de la composition – y compris la mantille noire de Benedetta – crée une atmosphère qui évoque plutôt l'atelier, où le tableau a été réalisé, que les arènes de Canals ou le cirque de Sunyer.

Une exposition de groupe ouvrit ses portes fin octobre à la galerie de Berthe Weill : elle présentait l'œuvre de Picasso et de six autres artistes, parmi lesquels plusieurs peintres pleins d'avenir comme Raoul Dufy et Francis Picabia. Picasso était représenté par cinq tableaux, dont *L'enterrement* – une des versions de *L'enterrement de Casagemas* –, cinq pastels et une gouache, ainsi que deux dessins[8]. Bien que Weill ait pu, semble-t-il, vendre certaines des œuvres de Picasso, celui-ci ne fut apparemment pas satisfait des efforts qu'elle avait déployés. Elle se souviendra plus tard : « Je vends bien de ci, de là, quelques Picasso, dessins ou peintures, mais ne puis arriver à subvenir à ses besoins, et j'en suis navré, car il m'en veut ; ses yeux me font peur et il en abuse !! Pour tenir, il faut que j'achète un peu à tous, avec un seul, cela ne serait pas possible ; comment le lui faire comprendre ? »[9].

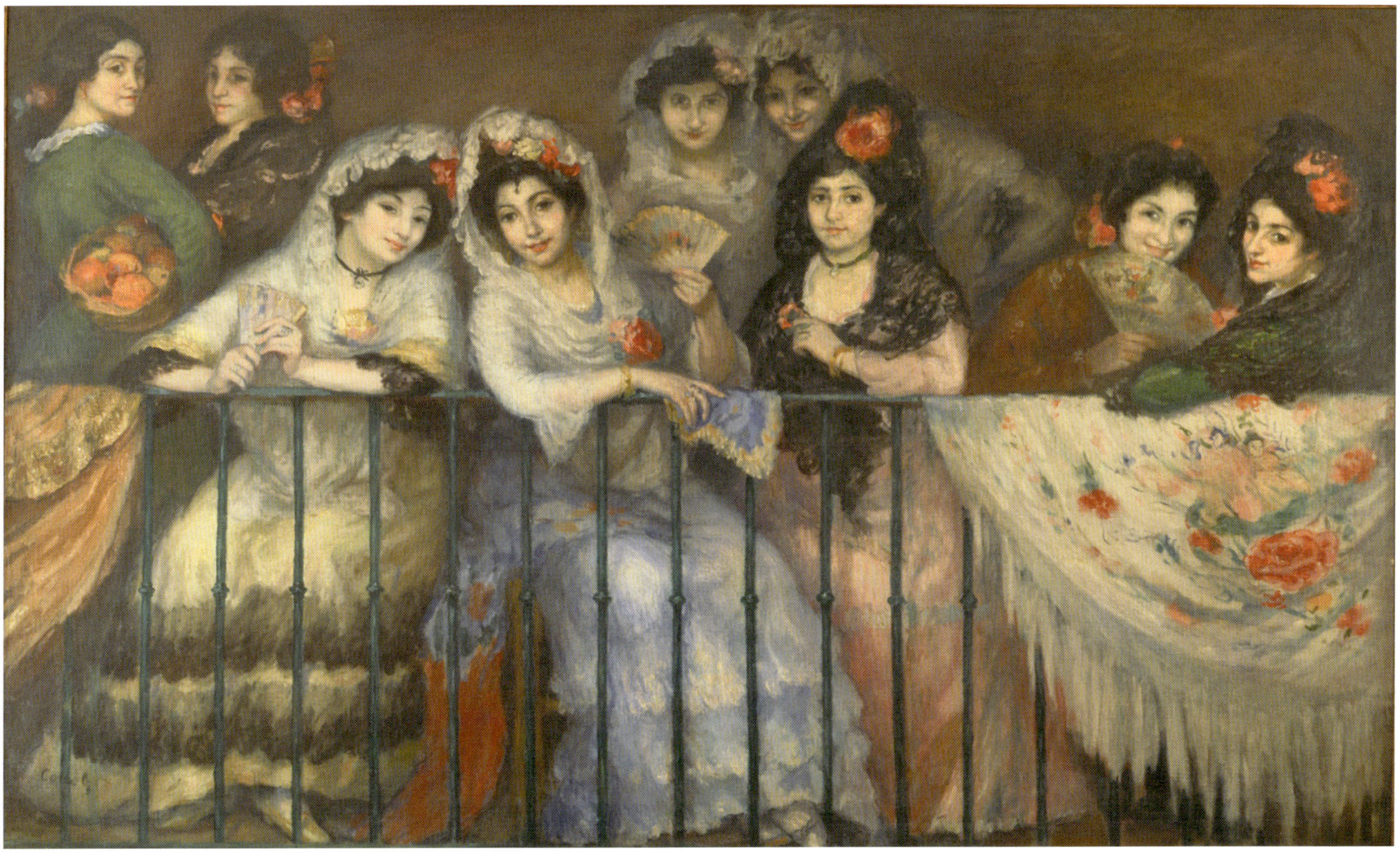

PL. 73 **RICARD CANALS**
***Aux arènes* (Fernande et Benedetta)**
1904
Huile sur toile, 157 x 256,3 cm
Collection privée, Barcelone

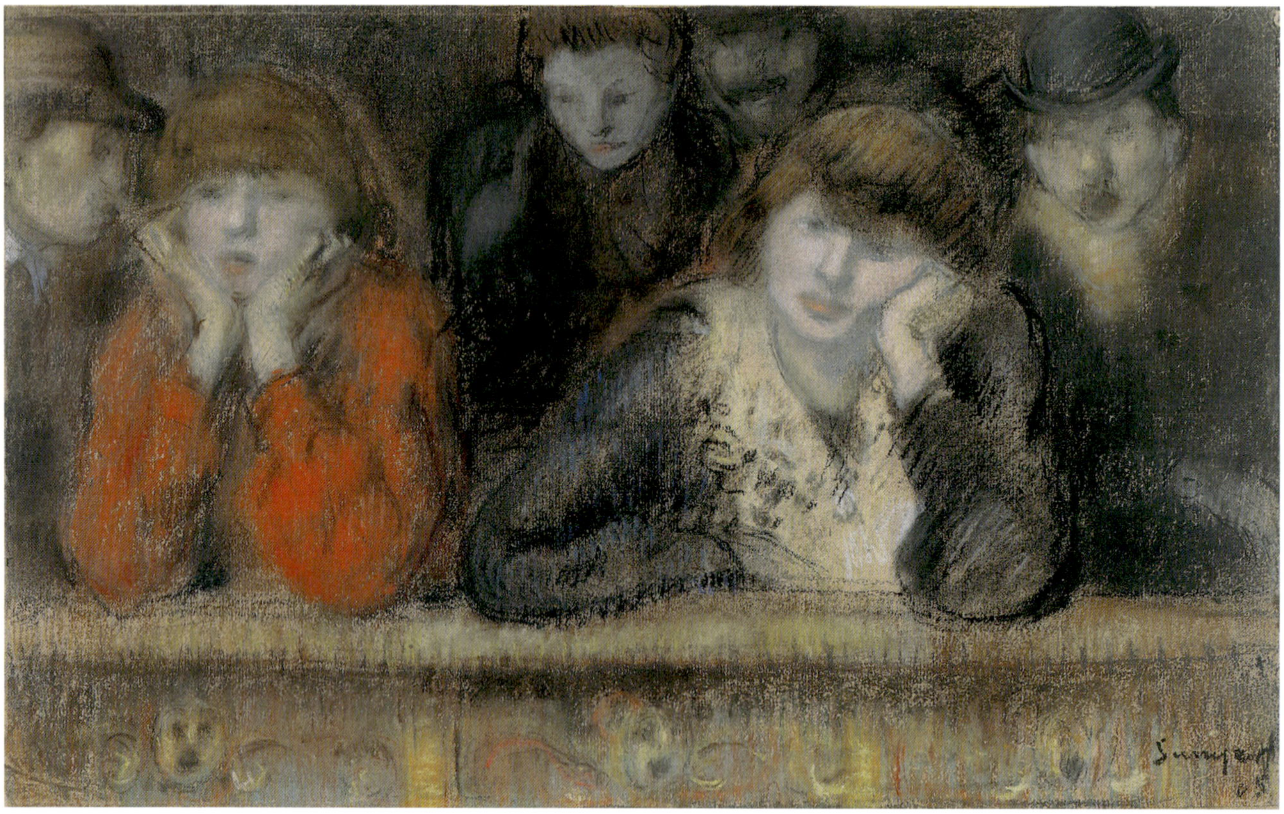

PL. 74 **JOAQUIM SUNYER**
Au Cirque Médrano* ou *La Loge
1905
Pastel sur papier, 31 x 48 cm
Collection Eusebi Isern Dalmau

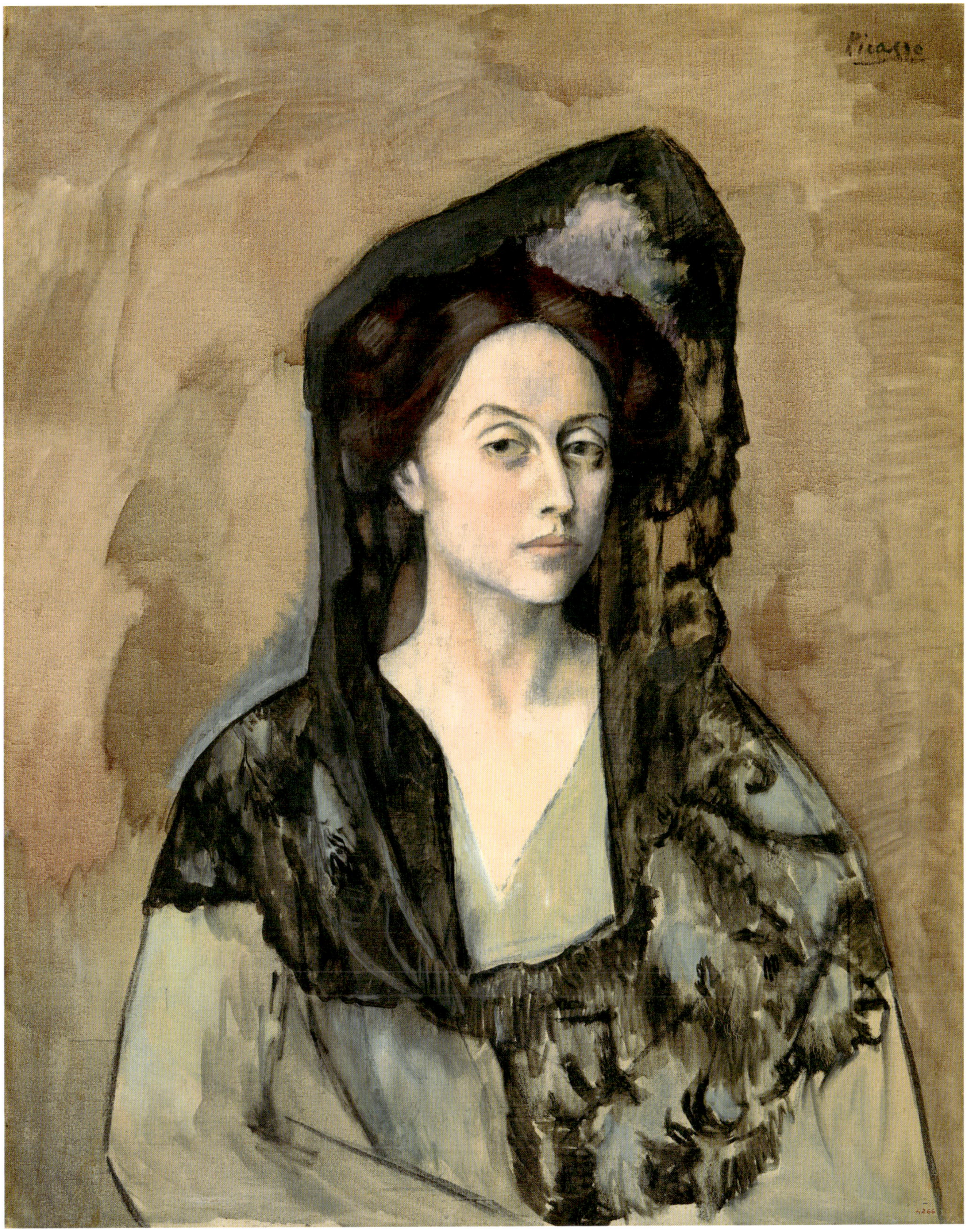

PL. 75 ***Portrait de Benedetta Canals***
Paris, 1905
Huile et fusain sur toile, 90 x 69,5 cm
Museu Picasso, Barcelone

Avant de quitter Barcelone, Picasso avait tiré un peu d'argent de la vente de *La vie*[10], mais il l'avait sans doute déjà dépensé, et il lui fallait à tout prix trouver un moyen de subsistance[11]. Juli González lui proposa la gravure comme nouvelle source de revenus et prépara à son intention une grande plaque de zinc. C'est ainsi que vit le jour une gravure de grande taille connue sous le titre *Le repas frugal* (pl. 76). Fernande décrit cette œuvre, qu'elle allait aussi voir dans l'atelier en septembre: «À cette époque Picasso travaillait à une eau-forte maintenant célèbre: un homme et une femme sont assis devant une table chez le marchand de vins et de ce couple famélique se dégage une intense expression de misère et d'alcoolisme, d'un réalisme effrayant»[12]. La scène, qui se rattache encore à la période bleue par son thème, a été exécutée avec une grande adresse, ce qui suggère que Picasso a rapidement maîtrisé la technique de l'eau-forte et l'usage du grattoir[13].

Pour le tirage, Picasso s'adressa à Eugène Delâtre, qui était bien connu des artistes du quartier comme l'imprimeur de Toulouse-Lautrec, et dont l'atelier se trouvait rue Lepic, juste avant le sommet de la butte. Picasso semble avoir réussi à vendre au moins un tirage du *Repas frugal*[14], mais il demanda également à son ami Sebastià Junyent d'essayer d'en écouler pour lui à Barcelone. Junyent répondit à cette requête le 26 décembre 1904: «Merci pour l'eau-forte car elle est très bien faite. Il me semble qu'à Paris vous en vendrez beaucoup. Ici, c'est plus difficile. Vous savez quel est l'art qu'ils préfèrent ici, mais j'essaierai néanmoins d'en vendre. Je vous félicite aussi pour la vente que vous m'annoncez – c'est toujours ça – et cela prouve qu'il n'y a pas que des malheurs dans la vie. Je n'ai pas encore donné d'eau-forte à votre père, je le ferai à la première occasion»[15]. Encouragé par l'intérêt suscité par cette première expérience sérieuse dans le domaine de la gravure, Picasso décida de produire d'autres planches au cours de l'hiver en vue de sa prochaine exposition, prévue pour février 1905.

C'est Charles Morice qui se chargea de l'organisation de cette exposition, qui allait se tenir aux Galeries Serrurier[16], un établissement situé boulevard Haussmann qui était avant tout un magasin de décoration intérieure et de meubles géré par René Dulong, le partenaire français de l'architecte belge Gustave Serrurier-Bovy[17]. Picasso devait y exposer ses œuvres avec celles de deux autres artistes, le Suisse Albert Trachsel et le Français Auguste Gérardin. Avant l'ouverture de l'exposition, le 25 février, Morice envoya divers messages à Picasso, tous écrits au début du mois, pour lui demander les titres et les prix des œuvres et lui rappeler que les tableaux devaient absolument être encadrés[18]. Il y évoquait aussi le catalogue pour lequel il proposait sa collaboration à Picasso[19]. La galerie avait également prévu une série de conférences-débats, comme nous l'apprend un prospectus, au dos duquel Picasso a dessiné une invitation personnelle pour Max Jacob (pl. 77).

L'exposition chez Serrurier vint à point nommé car elle offrait à Picasso une nouvelle occasion de se présenter en tant qu'artiste indépendant – et non comme un peintre travaillant dans le sillage des peintres français du XIXe siècle – et comme un artiste avec lequel il allait falloir compter sur la scène artistique parisienne. Depuis l'exposition chez Vollard en 1901, il n'avait plus eu l'occasion d'exposer un corpus important d'œuvres nouvelles. Il présenta cette fois une thématique et une manière de la traiter qui reflétait, en partie, le monde des idées et la littérature de ses nouveaux amis français. Sa transformation poétique du thème des saltimbanques – ou des acrobates – et du sujet connexe des artistes de cirque allait attirer l'attention des collec-

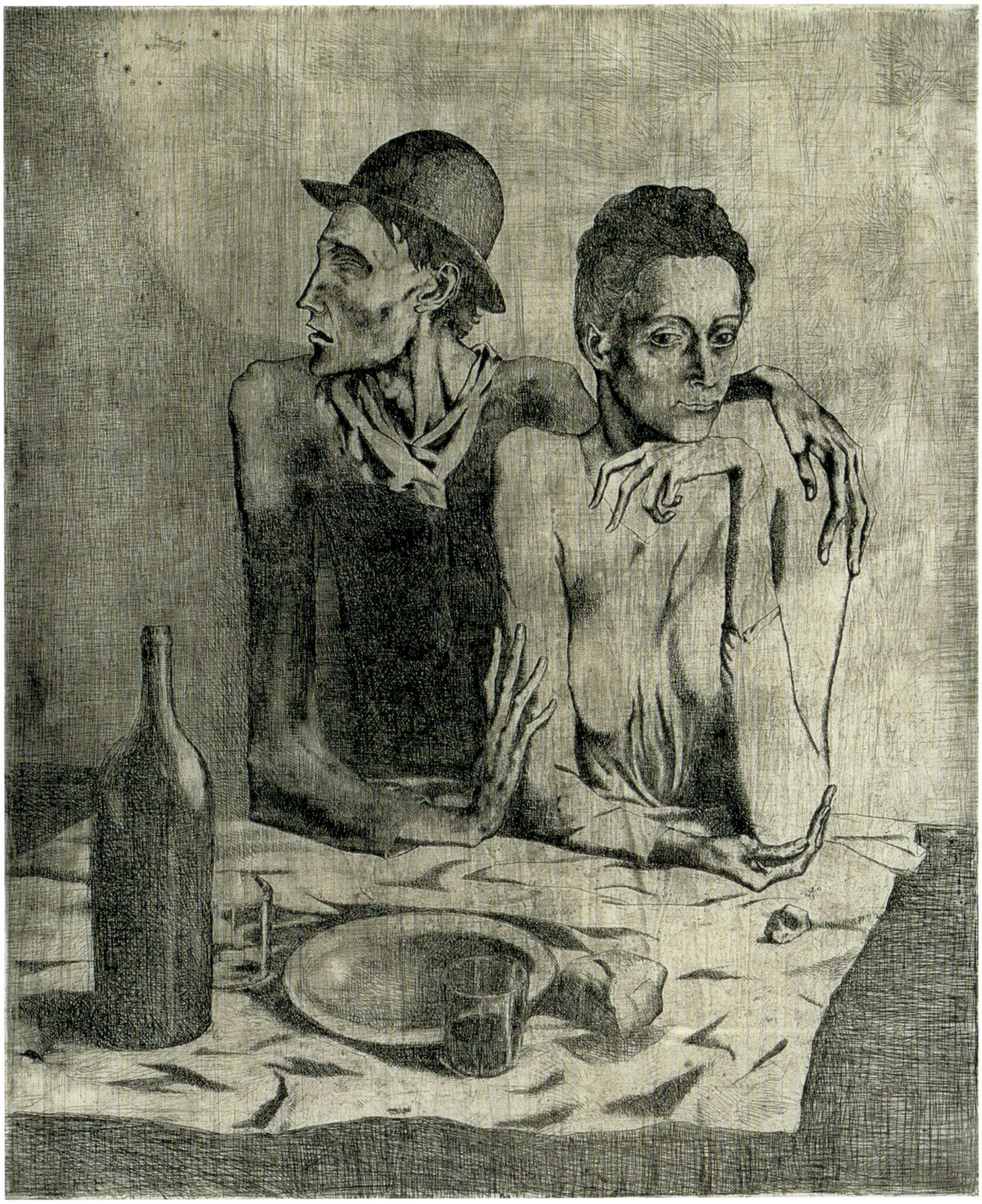

PL. 76 ***Le repas frugal***
Paris, 1904
Gravure à la pointe sèche sur papier, 46,2 x 37,8 cm (taille de la planche)
Collection Pieter et Olga Dreesmann, Bruxelles

tionneurs et des critiques, ainsi que celle du public visitant l'exposition.

À l'époque des premiers séjours de Picasso en France, les troupes d'artistes ambulants et les petits cirques faisaient partie du paysage, tant à la campagne que dans les villes. Les costumes d'Arlequin défraîchis que portaient nombre de ces artistes et les rôles qu'ils incarnaient s'inscrivaient dans une tradition artistique et culturelle beaucoup plus ancienne, qui remontait à la *commedia dell'arte*. Ce genre de théâtre populaire était né en Italie à la fin de la Renaissance, mais les costumes et les intrigues qui étaient associés aux manigances des principaux personnages, Arlequin, Polichinelle et d'autres encore, avaient ensuite été repris et modifiés dans d'autres pays. En Angleterre était né Punch, bouffon et marionnette, tandis que la France avait donné naissance au personnage spécifiquement français du Pierrot rêveur et à son équivalent, le Gilles, immortalisé par Watteau. Plus tard, des artistes comme Daumier (pl. 80), Cézanne et Degas, avaient représenté ces personnages costumés dans leurs œuvres. Alors que Daumier se concentrait sur les spectacles populaires interprétés par ces comédiens, Degas choisit de représenter Arlequin et Pierrot tels qu'ils apparaissaient dans les ballets[20]. Cézanne alla jusqu'à habiller son fils et un ami de celui-ci de ces costumes traditionnels pour peindre une scène de carnaval[21]. Dans le contexte du théâtre, Arlequin et Pierrot représentaient les deux faces du tempérament masculin. Les losanges multicolores du vêtement ajusté d'Arlequin, son masque noir, son chapeau et son bâton devinrent les symboles de sa personnalité malicieuse et de son esprit vif, tandis que la tenue de Pierrot – chapeau noir, col souple et volumineuse veste blanche – fut associée à la Lune, à l'innocence et à l'émotivité de ce personnage, qui se fait voler sa fiancée par Arlequin.

Dans la France du XIXe siècle, on pouvait assister à un spectacle né de la *commedia dell'arte* appelé Arlequinade : une troupe de comédiens et de danseurs exécutaient des pièces généralement burlesques dans des cabarets ou exécutaient des parades devant le chapiteau d'un cirque. Sur de petites scènes, ces personnages, souvent habillés en Arlequin et en Pierrot, interprétaient leurs numéros paillards au son du tambour ou d'une musique. Leur fréquente apparition dans l'œuvre de caricaturistes et d'affichistes tels Adolphe Willette et Jules Chéret les fit entrer dans la culture populaire parisienne du tournant du XXe siècle. Et si d'autres artistes avant Picasso, comme Rusiñol et Casas à Barcelone ou Daumier, Toulouse-Lautrec et Seurat en France, avaient repris le thème de ces comédiens, le mérite du peintre espagnol est d'avoir réussi à s'approprier le thème des saltimbanques. Tel qu'il est décrit par l'artiste, le monde poétique qu'ils habitaient fut au centre de ce que Coquiot allait plus tard nommer – en se référant surtout à l'évolution de la palette de Picasso – sa « période rose ».

Par leurs costumes, les saltimbanques de Picasso font écho à leurs incarnations traditionnelles, mais ses Arlequins de la période rose (pl. 78, 79) font spécifiquement référence aux artistes ambulants – les troupes d'hommes forts et d'acrobates accompagnés de leur famille et de leurs animaux. Il déclara plus tard à Palau i Fabre que c'était après avoir assisté au spectacle d'un groupe de saltimbanques sur l'Esplanade des Invalides qu'il avait eu l'idée de les peindre[22]. D'une certaine manière, il voyait dans les habitudes de leurs vies itinérantes des similitudes avec l'expérience de l'artiste tirant le diable par la queue, vivant en marge de la société et tentant de survivre grâce à son art.

Cette identification de Picasso avec Arlequin ou avec un saltimbanque, qui lui permet de reformuler son personnage

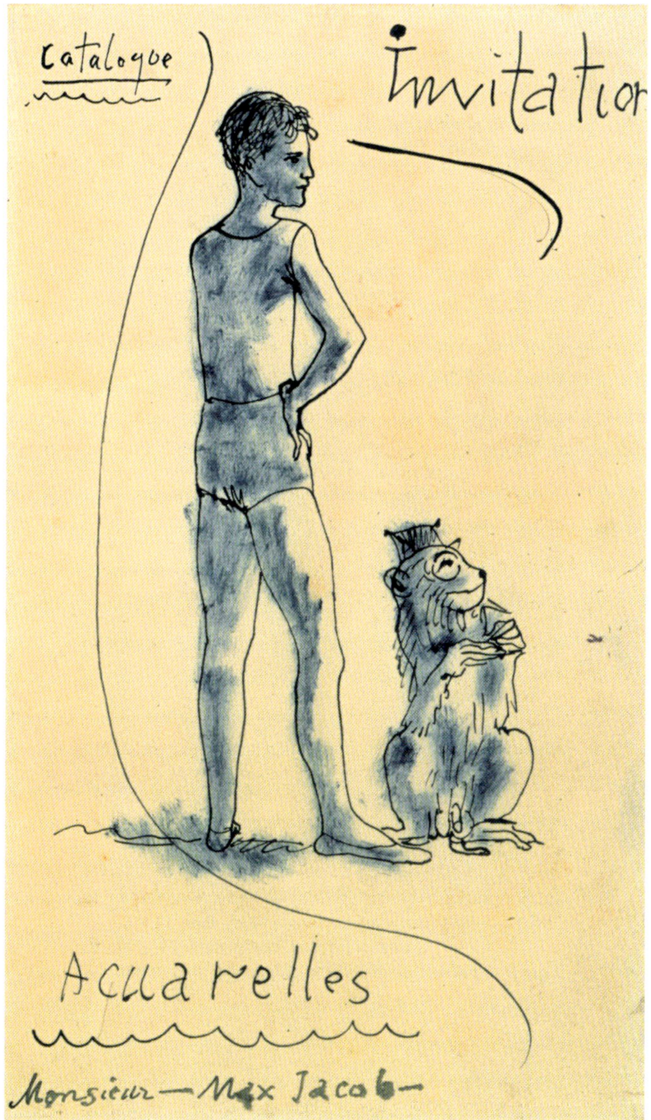

PL. 77 ***Jeune acrobate et singe*** **(Invitation adressée à Max Jacob)**
Paris, 1905
Plume, encre et aquarelle sur papier, 21,6 x 12,7 cm
Collection Pieter et Olga Dreesmann, Bruxelles

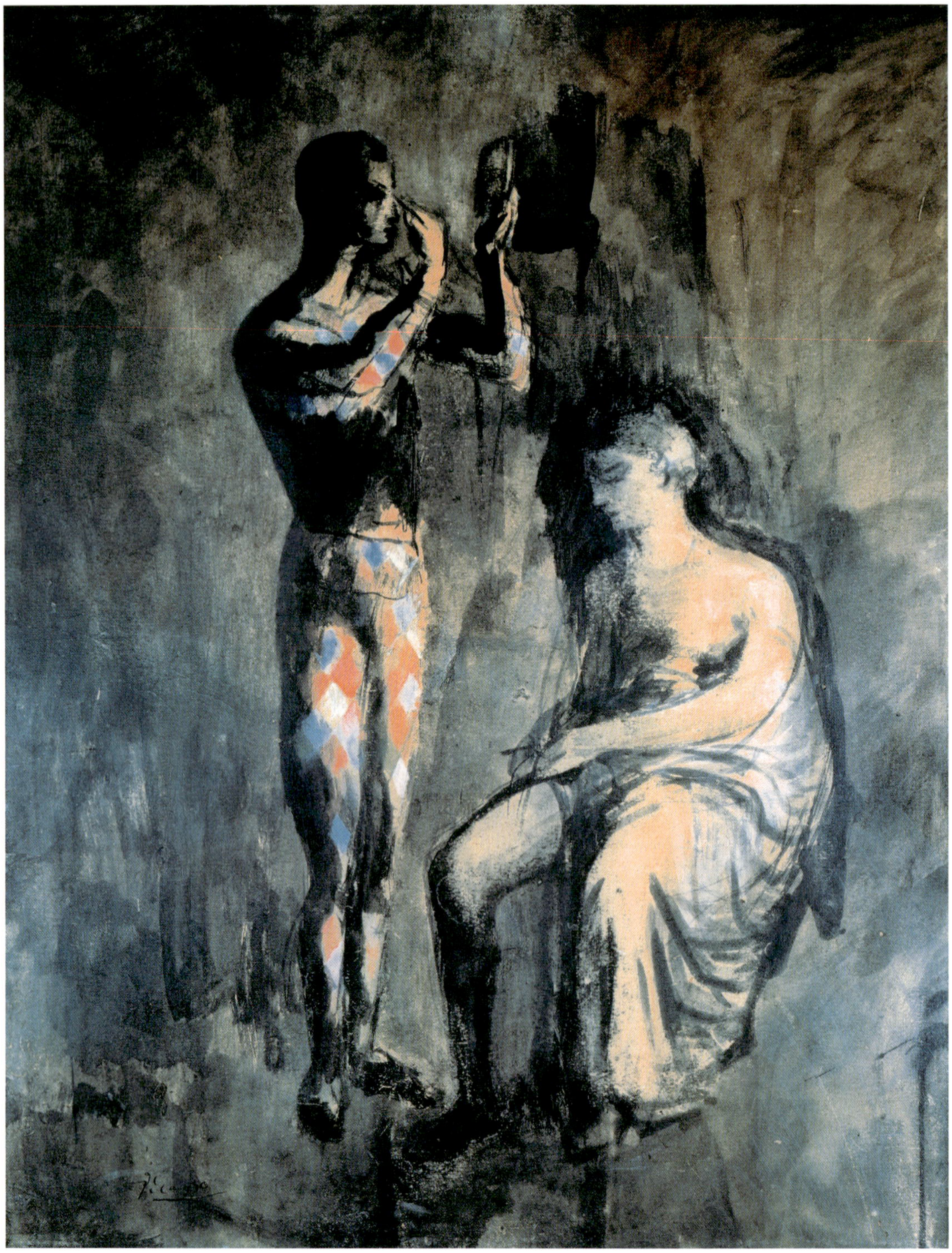

PL. 78 ***Arlequin se maquillant***
Paris, 1905
Gouache sur carton, 69 x 53,5 cm
Collection Marina Picasso

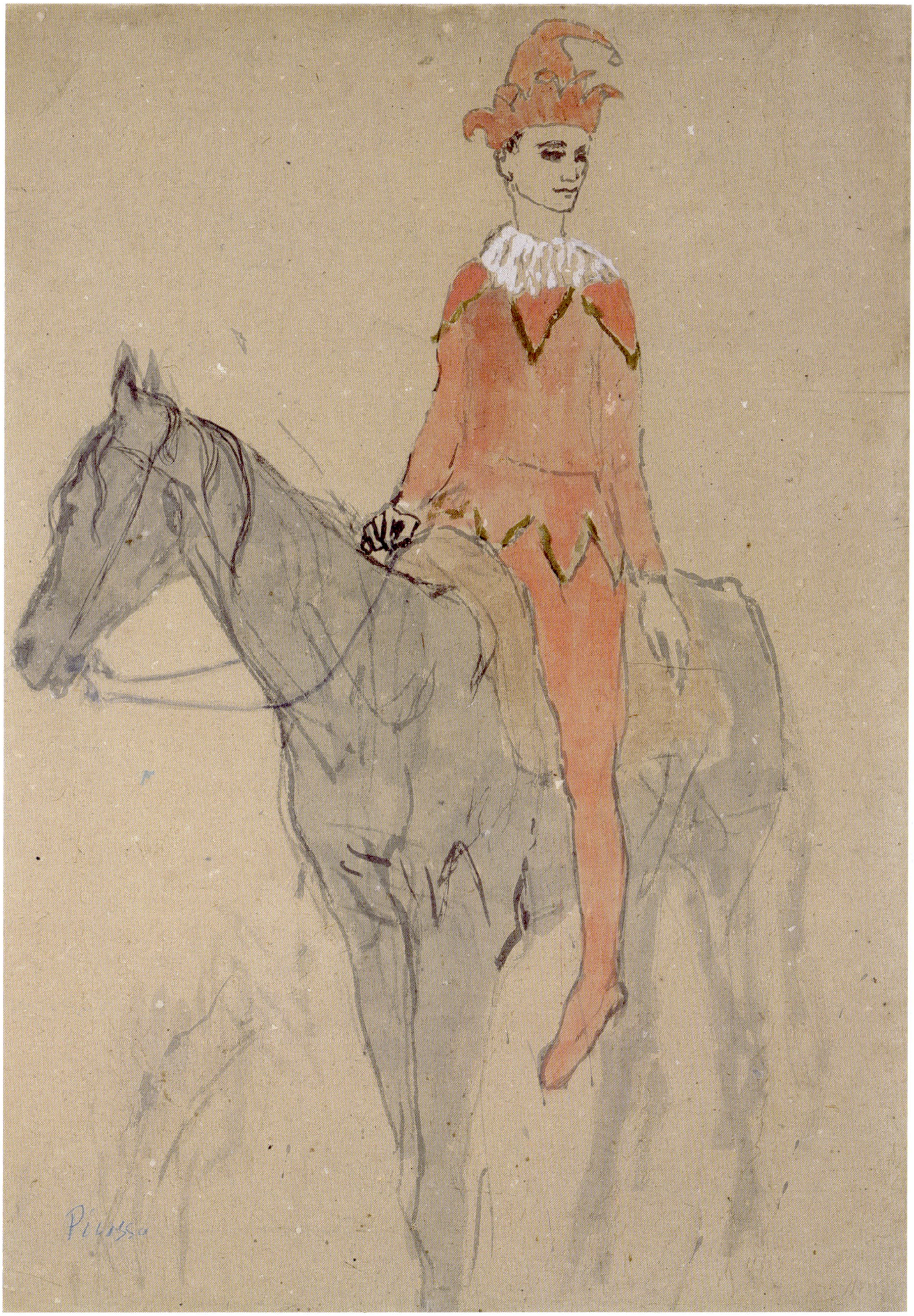

PL. 79 ***Acrobate à cheval***
Paris, 1905
Huile sur carton, 100 x 69,2 cm
Virginia Museum of Fine Arts, Collection of
Mr. and Mrs. Paul Mellon, Richmond

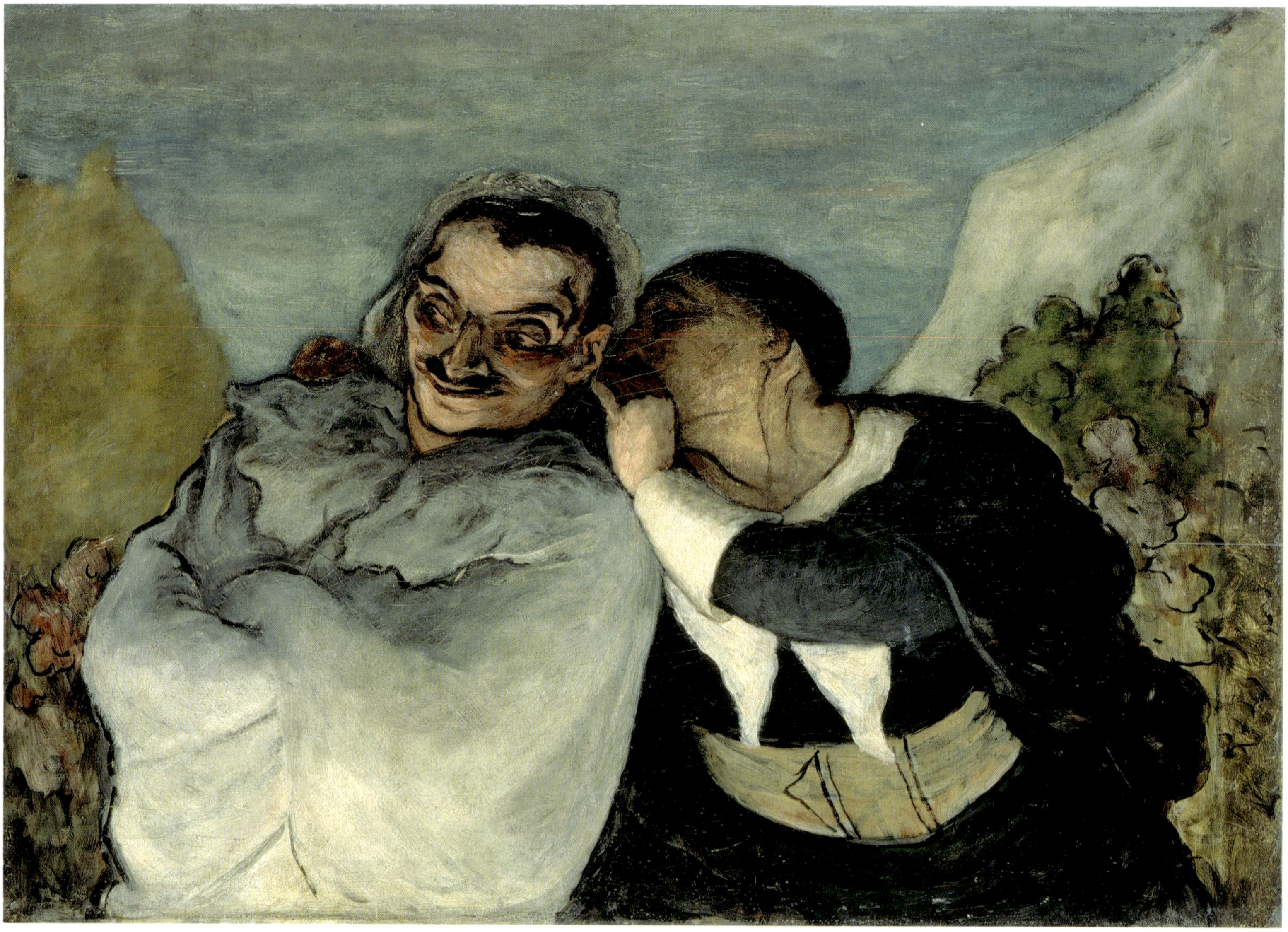

PL. 80 **HONORÉ DAUMIER**
Crispin et Scapin
1863–1864
Huile sur toile, 60,5 x 82 cm
Musée d'Orsay, Paris

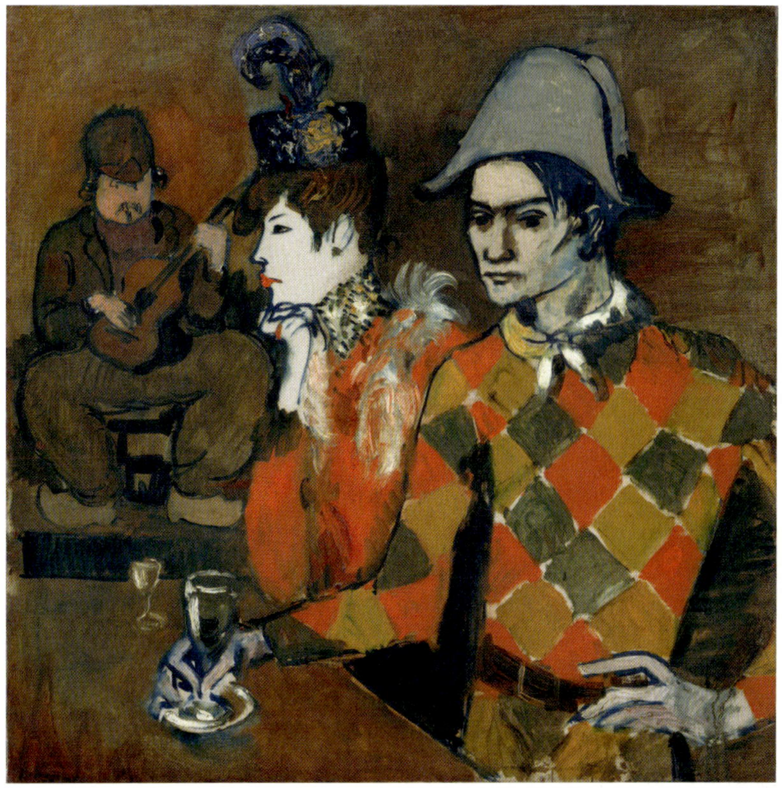

FIG. 35 ***Au Lapin agile***
Paris, 1905
Huile sur toile, 99,1 x 100,3 cm
The Metropolitan Museum of Art, New York, The Walter H. and Leonore Annenberg Collection, don de Walter H. et Leonore Annenberg, 1992, legs de Walter H. Annenberg, 2002

parisien, apparaît clairement dans son tableau de 1905 intitulé *Au Lapin agile* (fig. 35). L'œuvre était destinée à promouvoir ce célèbre lieu de Montmartre, un cabaret artistique dont le gérant était un personnage appelé Frédéric Gérard, connu sous le nom de Père Frédé. La toile non encadrée apparaît d'ailleurs, accrochée au mur, sur une photographie de l'intérieur de cet établissement[23]. Dans le tableau, l'artiste porte le costume d'Arlequin, tandis que la Colombine assise à ses côtés n'est autre que sa vieille amie – et ancienne maîtresse – Germaine. À l'arrière-plan apparaît le Père Frédé en train de gratter sa guitare. En se plaçant lui-même dans cette œuvre avec la femme responsable de la mort de Casagemas, Picasso semble avoir voulu dire que les choses avaient changé depuis cette sombre époque, au même titre que leurs aspirations et leurs existences. Germaine avait épousé un autre Catalan, le peintre Ramon Pichot, et tous deux s'étaient installés dans la Maison rose, non loin de l'établissement du Père Frédé. Pour sa part et grâce à la force de son art et de sa personnalité, Picasso occupait désormais le centre de la scène artistique montmartroise, avec l'assurance de jouer bientôt un rôle beaucoup plus important.

Pour l'exposition chez Serrurier, Picasso sélectionna 28 tableaux et dessins, y compris un groupe de huit compositions de saltimbanques, plus deux « estampes » – vraisemblablement des eaux-fortes –, trois gravures au burin et un carnet de croquis. Parmi les tableaux figuraient une vue de la rue Ravignan, une version de *Femme au corbeau* (fig. 36), représentant la fille du Père Frédé, Margot, qui fut acquise par Olivier Sainsère[24], un portrait de la chanteuse d'opéra wagnérien Suzanne Bloch[25], plusieurs portraits et tableaux de personnages non identifiés et quelques œuvres exécutées à Barcelone, comme *Paysage de Montjuich (Espagne)*[26].

De toutes les critiques de l'exposition, l'article du poète Guillaume Apollinaire, qui parut dans *La Plume* le 15 mai 1905, fut de loin celui qui contribua le plus à révéler le nom de Picasso dans les cercles d'écrivains et d'artistes du Paris de l'époque. Apollinaire, qui avait rencontré Picasso en octobre 1904, ne deviendra pas seulement un contact important pour l'artiste ; il restera, jusqu'à sa mort en 1918, un ami intime et apportera sa précieuse contribution à divers projets de Picasso. Dans sa critique, il évoque les saltimbanques

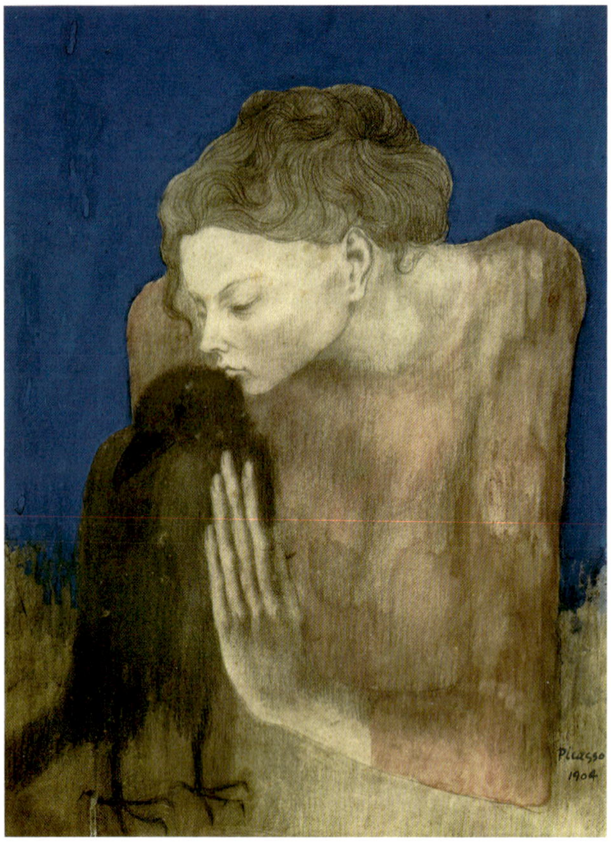

FIG. 36 ***Femme au corbeau***
Paris, 1904
Gouache et pastel sur papier, 60,5 x 45,5 cm
Collection privée

d'une manière très suggestive: «Les arlequins vivent sous les oripeaux quand la peinture recueille, réchauffe ou blanchit ses couleurs pour dire la force et la durée des passions, quand les lignes limitées par le maillot se courbent, se coupent ou s'élancent… […] Les sœurs adolescentes, foulant en équilibre les grosses boules des saltimbanques, commandent à ces sphères le mouvement rayonnant des mondes. Ces adolescentes ont, impubères, les inquiétudes de l'innocence, les animaux leur apprennent le mystère religieux. Des arlequins accompagnent la gloire des femmes, ils leur ressemblent, ni mâles ni femelles. La couleur a des matités de fresques, les lignes sont fermes. Mais placés à la limite de la vie, les animaux sont humains et les sexes indécis»[27].

L'adolescente faisant de l'équilibre sur une balle est le thème d'un tableau de 1905 conservé au Musée Pouchkine, qui fut d'abord acquis par Gertrude Stein avant d'être vendu au Russe Ivan Morosov. La même jeune acrobate apparaît dans plusieurs compositions apparentées, parmi lesquelles une aquarelle qui fut achetée par les amis de Stein, Etta et Claribel Cone, ainsi qu'une pointe sèche intitulée *Saltimbanques* (fig. 37), qui faisait peut-être partie des estampes présentées à l'exposition. Apollinaire est l'un des premiers critiques à relever l'activité de graveur de Picasso. La délicatesse de son tracé à la pointe sèche lui permet, selon Apollinaire, d'exprimer toute la poésie du thème des saltimbanques.

L'observation d'Apollinaire selon laquelle la couleur de Picasso a «des matités de fresques» fait référence au caractère mat et suggestif de la gouache, que l'artiste privilégia pour tellement de compositions de saltimbanques afin de souligner les qualités poétiques de ses personnages et des espaces indéterminés dans lesquels ils évoluent. À cet égard, l'exemple du symboliste Odilon Redon n'aura pas échappé à son attention. Redon exposait fréquemment dans les premières années du siècle, et il fut représenté au Salon d'Automne de 1904 par quelque 18 tableaux et 21 pastels, ainsi que par des dessins et des lithographies. Depuis la fin des années 1890, Redon testait la technique du pastel, trempant parfois ses bâtons dans l'eau afin de créer des contrastes entre les traits ainsi obtenus, dont l'épaisseur

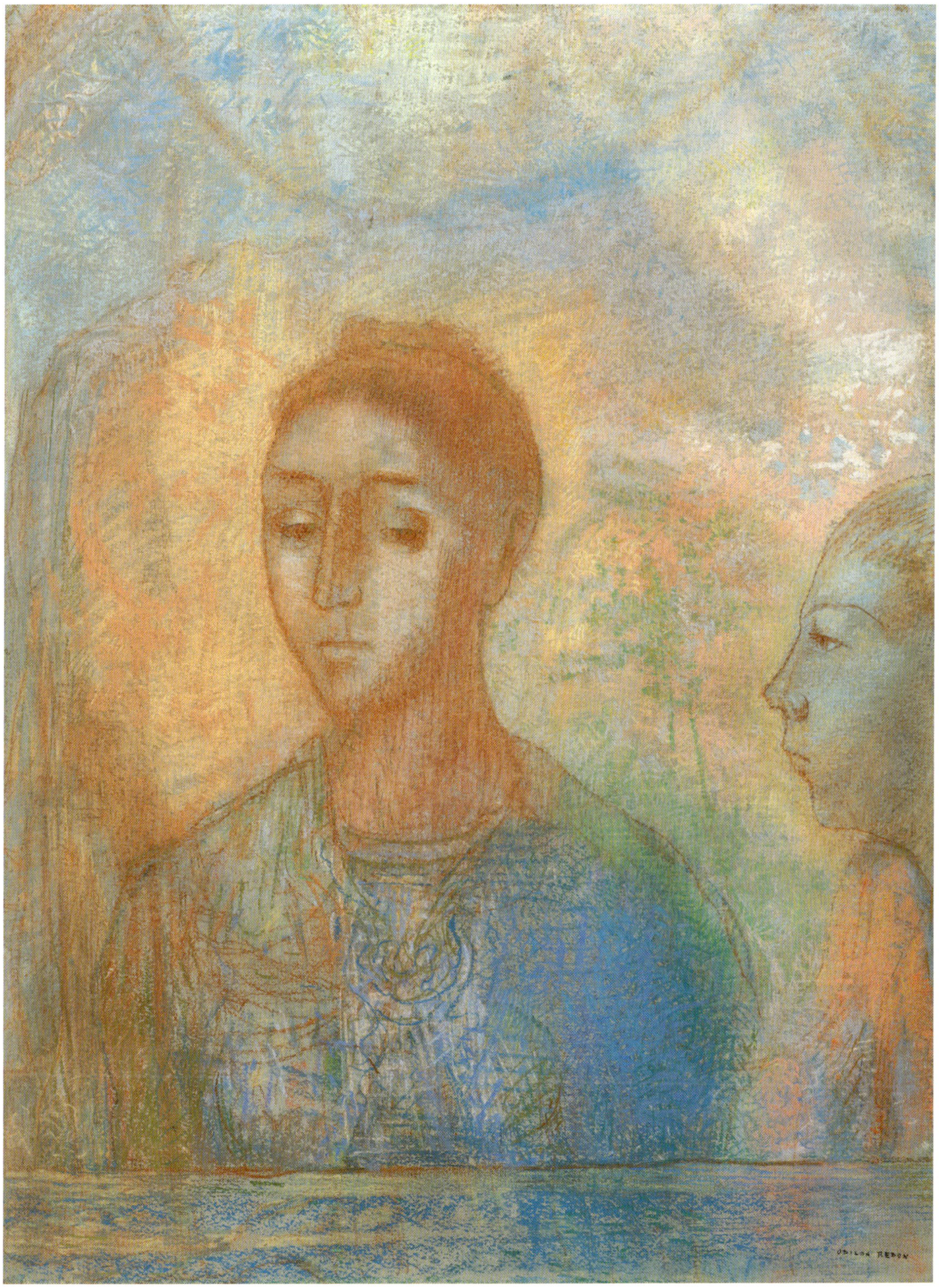

PL. 81 **ODILON REDON**
Femme et enfant
Vers 1898
Pastel sur papier, 59,5 x 43,6 cm
Van Gogh Museum, Amsterdam

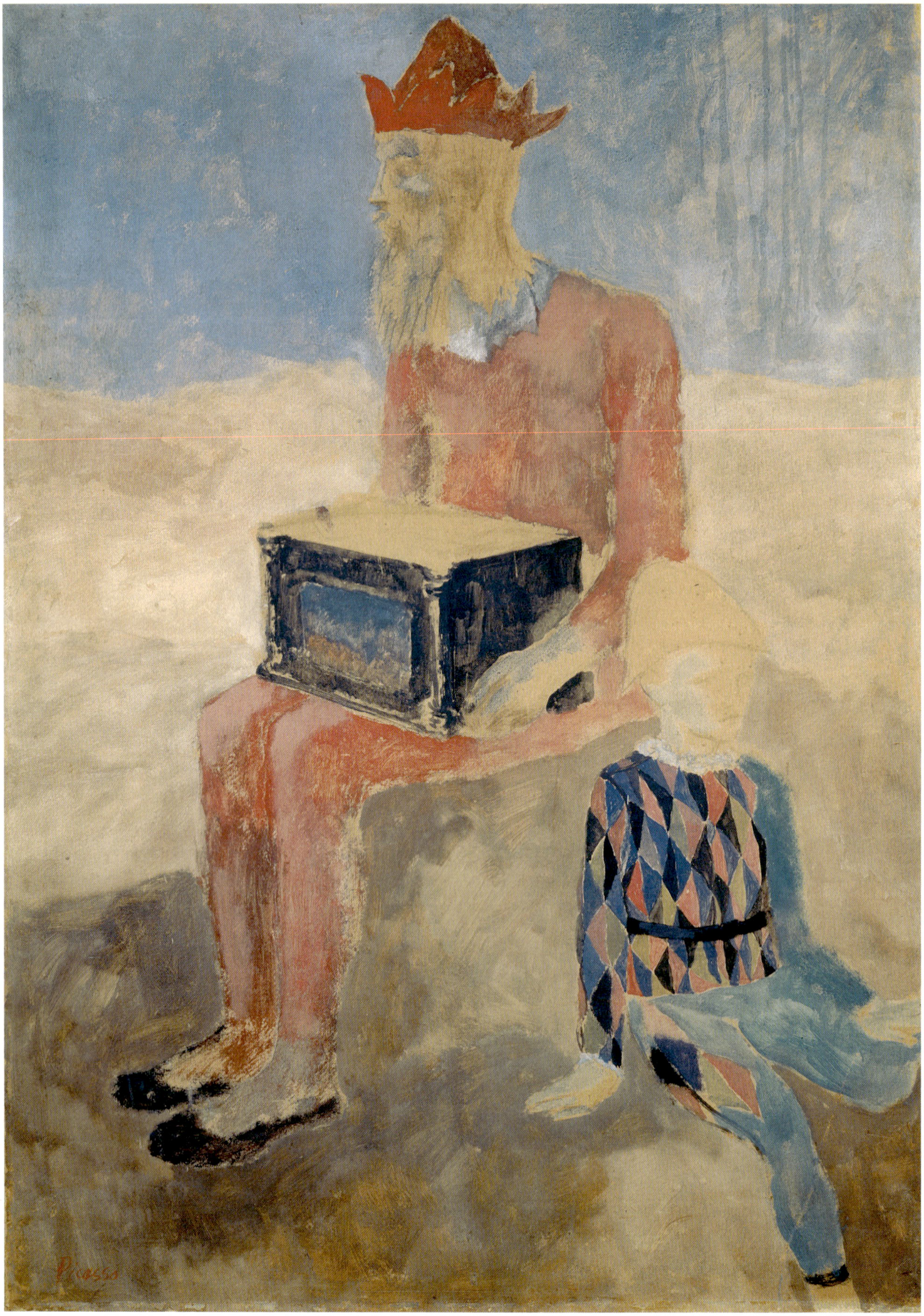

PL. 82 ***Joueur d'orgue de Barbarie et petit Arlequin***
Paris, 1905
Gouache sur carton, 100,5 x 70,5 cm
Kunsthaus Zürich

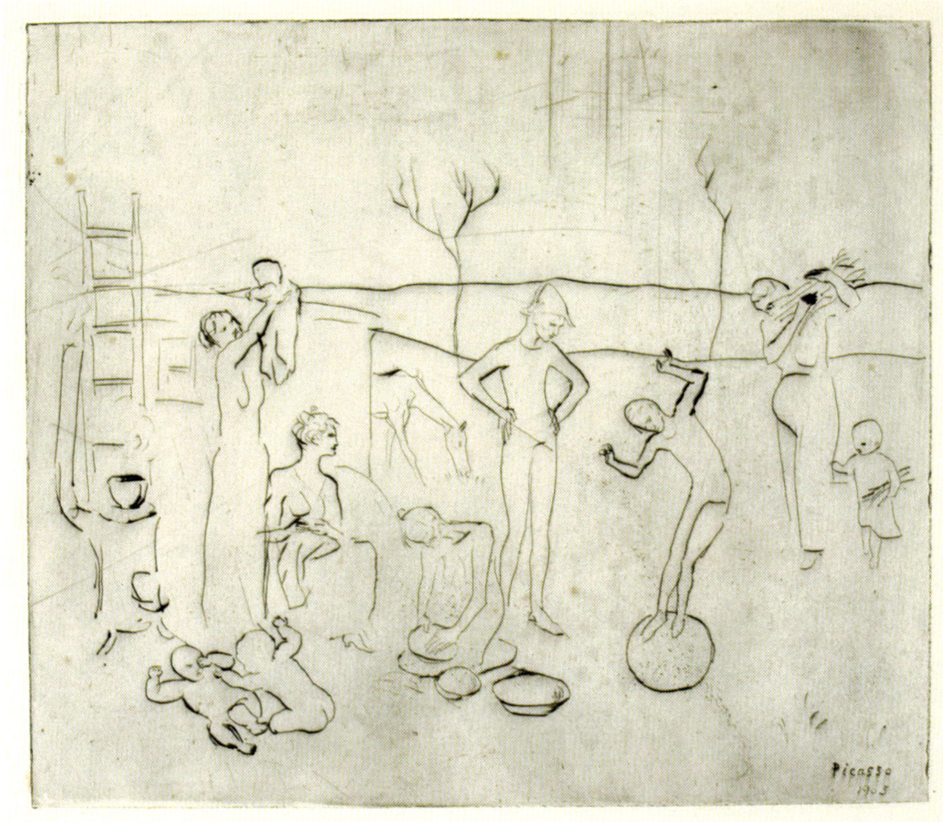

FIG. 37 ***Saltimbanques***
Paris, 1905
Pointe sèche, 28,8 x 32,6 cm
Marlborough Gallery, New York

évoquait des empâtements, et les traits poudreux tracés à l'aide de pastels secs[28]. Il appliquait ces différents procédés à toute une gamme de sujets, y compris les scènes mystiques, ainsi qu'aux têtes de femmes et d'enfants (pl. 81), dans lesquelles la technique utilisée contribue à l'atmosphère onirique et symboliste que Redon désirait créer. Bien que Picasso usât aussi de contrastes dans sa manière d'appliquer la peinture, sa méthode préférée à cette époque consistait à appliquer de fins lavis – de peinture à l'huile, comme dans la *Fillette à la boule*, ou de gouache – pour créer des personnages dont la présence semble aussi éphémère et suggestive que leur existence marginale d'artistes ambulants.

Le poète et le peintre avaient la même fascination pour la vie que menaient ces artistes. Sur la lancée des commentaires perspicaces que lui inspiraient les tableaux de Picasso, Apollinaire composa des poèmes qui, dans certains cas, semblent être le pendant de la toile. Citons l'exemple du joueur d'orgue de Barbarie, représenté par Picasso en compagnie d'un garçon en costume d'Arlequin (pl. 82). La gouache aux tons doux appliquée en une couche fine a tendance à fondre les personnages dans leur environnement, l'espace vide d'un terrain vague. Décrivant lui aussi un joueur d'orgue de Barbarie dans son poème *Un fantôme de nuées*, Apollinaire complète la scène en évoquant les sons mystérieux de l'instrument:

«Vois-tu le personnage maigre et sauvage
La cendre de ses pères lui sortait en barbe grisonnante
Il portait ainsi toute son hérédité au visage
Il semblait rêver à l'avenir
En tournant machinalement un orgue de Barbarie
Dont la lente voix se lamentait merveilleusement
Les glouglous les couacs et les sourds gémissements»[29].

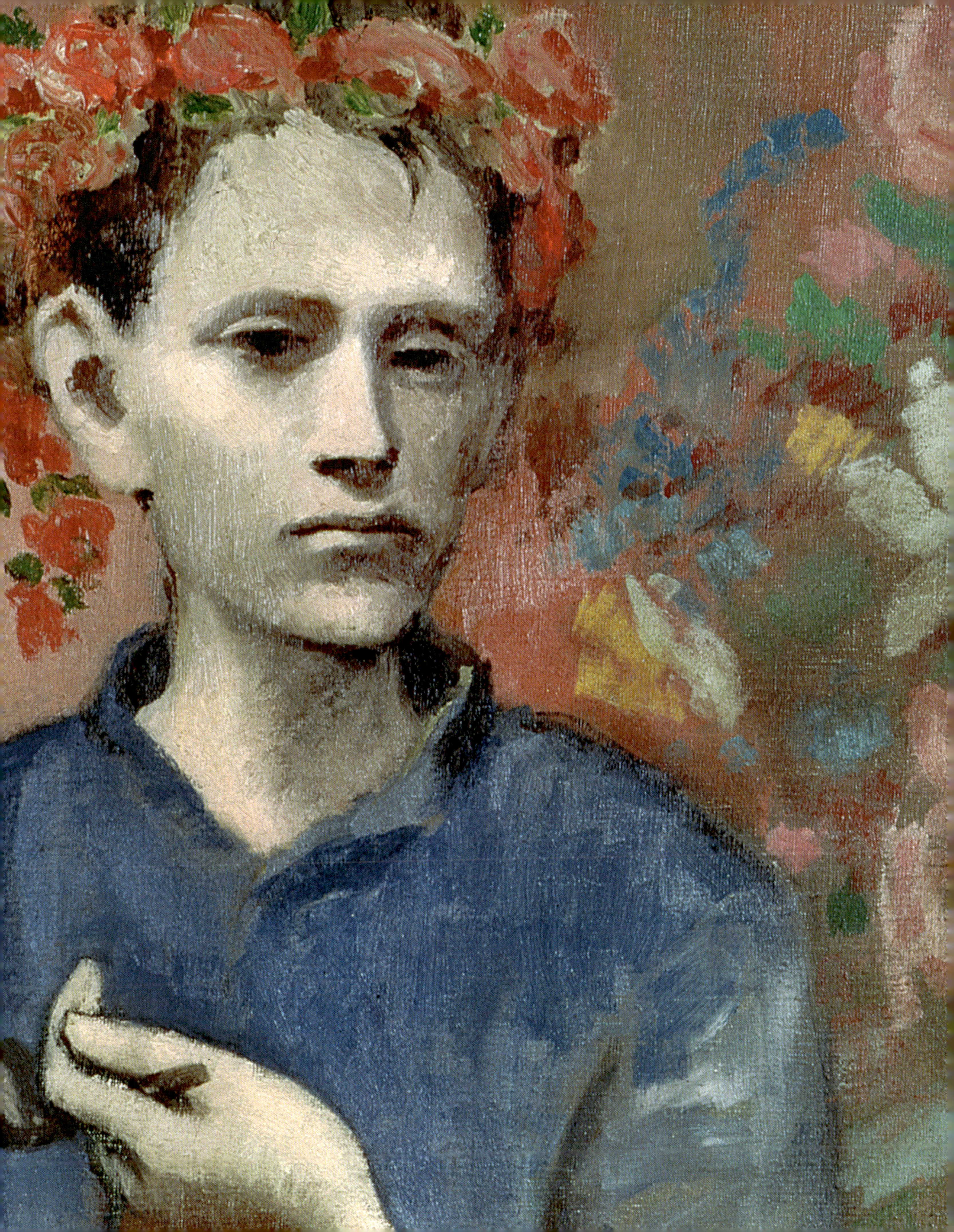

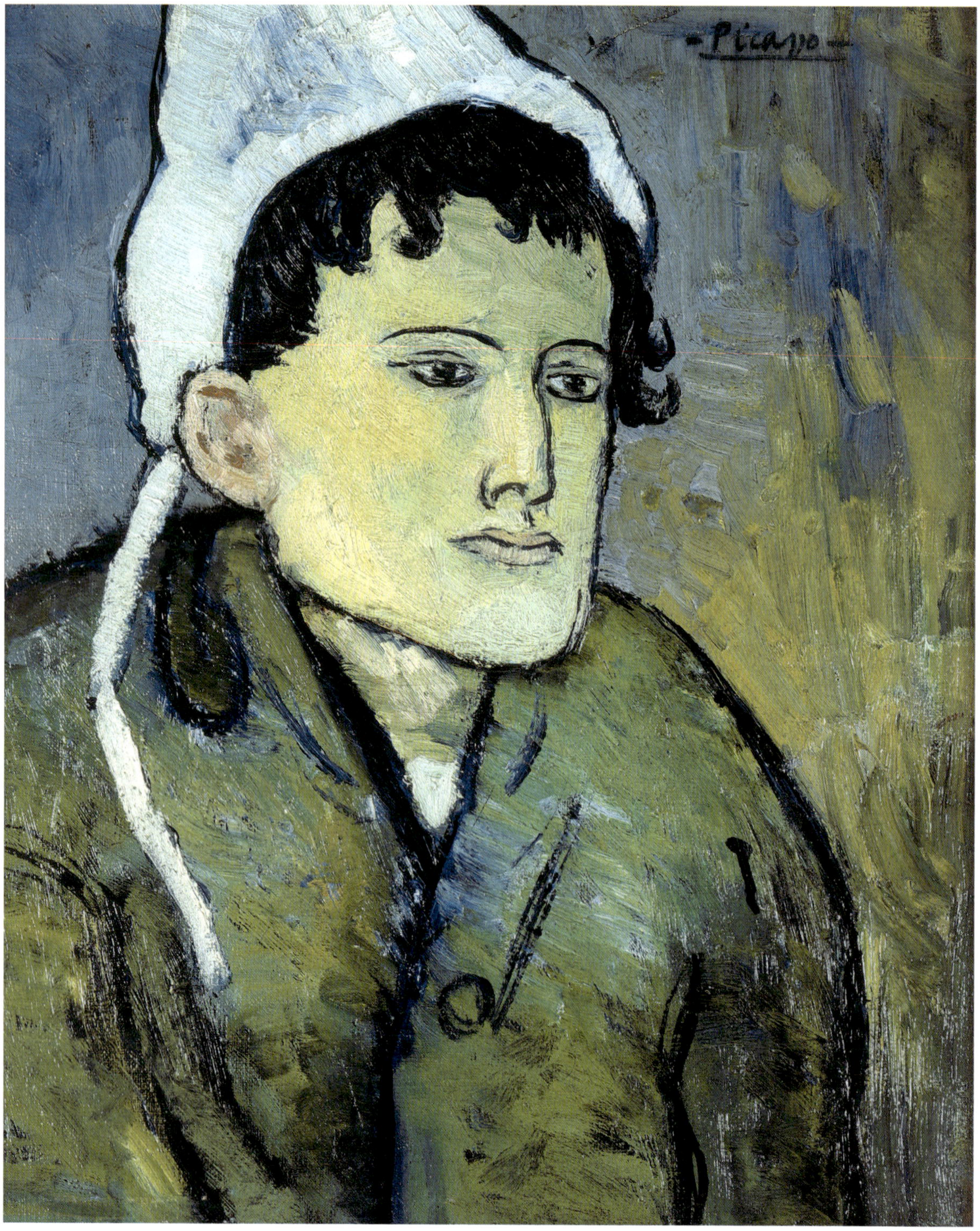

PL. 83 ***Femme au bonnet***
Paris, 1901
Huile sur toile, 41 x 33 cm
Museu Picasso, Barcelone

« TOUTES LES MATIÈRES DE LA CONNAISSANCE »

L'art de Picasso et l'environnement intellectuel de ses premières années à Paris

PETER READ

Maurice Raynal, l'un des initiés qui vit Picasso à l'œuvre au Bateau Lavoir, relate comment l'artiste, «vêtu de ses 'bleus' impeccables, peignait, la pipe aux dents, avec une méticulosité attentive»[1]. Raynal ajoutera plus tard: «On ne saurait imaginer quelle époque de ferveur ardente et continue signifient dans l'art de Picasso les œuvres de la manière bleue. Je lui en ai vu peindre plusieurs. Il semblait tellement pénétré de son action qu'il paraissait comme s'incarner dans les sujets qu'il peignait. Armé, parfois, de petits bouts de pinceau, il avait l'air de tirer les lignes du carton ou de la toile comme avec une pince, et tout le dessin suivait docilement sa main; on eût dit qu'il le tenait en laisse. La rapidité avec laquelle il exécutait ses compositions, même les plus compliquées, témoignait chez lui d'une sorte d'état de transes d'autant plus inconscient qu'il semblait découvrir lui-même le monde nouveau que sa main réalisait»[2].

Raynal témoigne de l'engagement absolu, quasi chamanistique, de Picasso dans l'acte créateur. Selon lui, cependant, cet engagement intense n'enlevait rien à l'appétit intellectuel insatiable et protéiforme qui motivait Picasso et les meilleurs des jeunes artistes de son entourage: «Toutes les matières de la connaissance seront plus ou moins consultées, peut-être au hasard mais toujours en esprit, jamais à la lettre. Tour à tour poésie, littérature, philosophie, science, seront interrogées beaucoup plus sur le secret de leurs intentions que sur les réalisations obtenues. Aussi la poésie demeura certainement pour eux le symbole de l'imagination»[3]. Jusqu'à quel point, toutefois, cet environnement intellectuel façonna-t-il ou nourrit-il réellement l'évolution artistique de Picasso ou la conception de telle œuvre particulière?

À partir de 1901, le premier ami français de Picasso à Paris, Max Jacob (fig. 38), joua un rôle essentiel dans son évolution littéraire et linguistique: il l'emmenait au théâtre et lui apprit le français en lui récitant les œuvres de poètes romantiques et symbolistes[4]. Picasso reconnut quant à lui

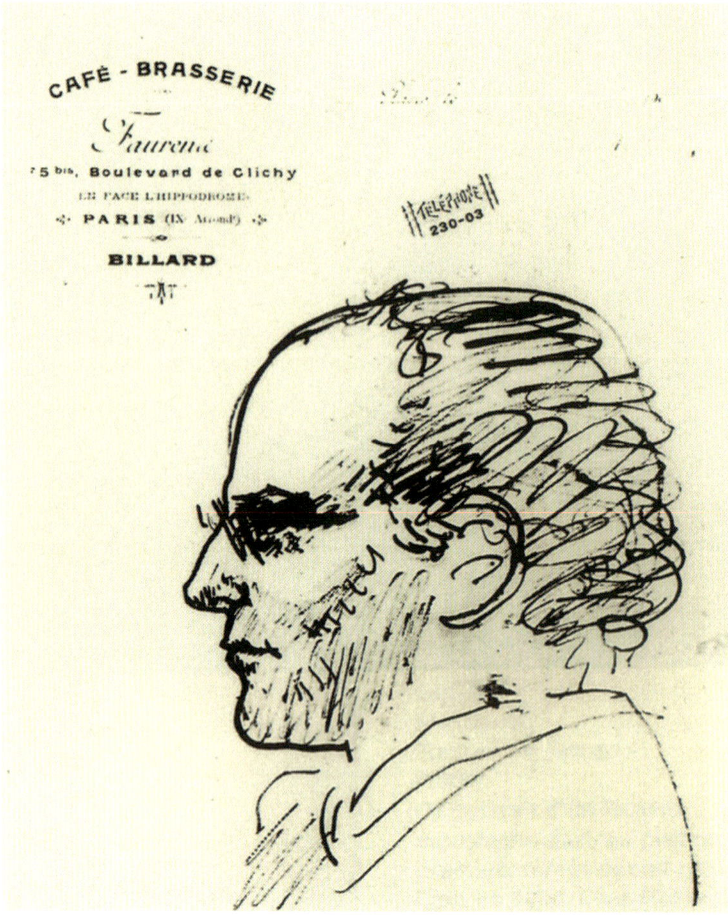

FIG. 38 ***Portrait de Max Jacob***
Paris, 1904-1905
Encre sur papier (papier à en-tête du café-brasserie Faurena, 75 bis boulevard de Clichy), 25,8 x 20,1 cm
Collection privée (M. L., Paris)

les qualités et le potentiel de Max Jacob et lui fit la célèbre recommandation d'abandonner sans hésitation son travail de salarié et de vivre comme un poète[5]. Les deux amis s'offrirent mutuellement un solide soutien moral et matériel. Parmi les cadeaux offerts à Max Jacob par Picasso figure ainsi un paravent à quatre panneaux décoré de peintures de sa main[6], alors que Max aurait payé la caution de l'atelier de Picasso au Bateau Lavoir[7]. Certains dessins du jeune artiste semblent directement liés à des poèmes que Max Jacob lui avait fait découvrir, notamment des œuvres de Vigny et de Verlaine, même si, bien entendu, une grande partie du répertoire de la période bleue s'inspire plutôt de modèles artistiques tels Degas, Le Greco et Steinlen. À partir de cette époque, l'art de Picasso refléta aussi cependant un aspect essentiel de l'esprit de l'époque, particulièrement présent dans le microcosme intellectuel de Montmartre: un sentiment général d'exclusion et d'aliénation résultant des changements dramatiques récemment imposés à la configuration de la capitale.

Pour faire face au surpeuplement, au choléra et à la tuberculose – la population de Paris avait doublé depuis les années 1820 – le baron Georges-Eugène Haussmann avait en effet lancé en 1853, en tant que Préfet de la Seine, un vaste programme visant à percer de larges boulevards, équipés de trottoirs modernes, de systèmes d'écoulement des eaux, d'égouts et de squares. Les artères élargies étaient également destinées à empêcher l'érection de barricades et à faciliter les interventions de l'armée. Les promoteurs immobiliers bâtirent ainsi des fortunes, mais les pauvres furent écartés et repoussés jusque dans les faubourgs à mesure que les quartiers populaires étaient éventrés. Dès lors, à Montmartre, l'attachement à la vie de bohème,

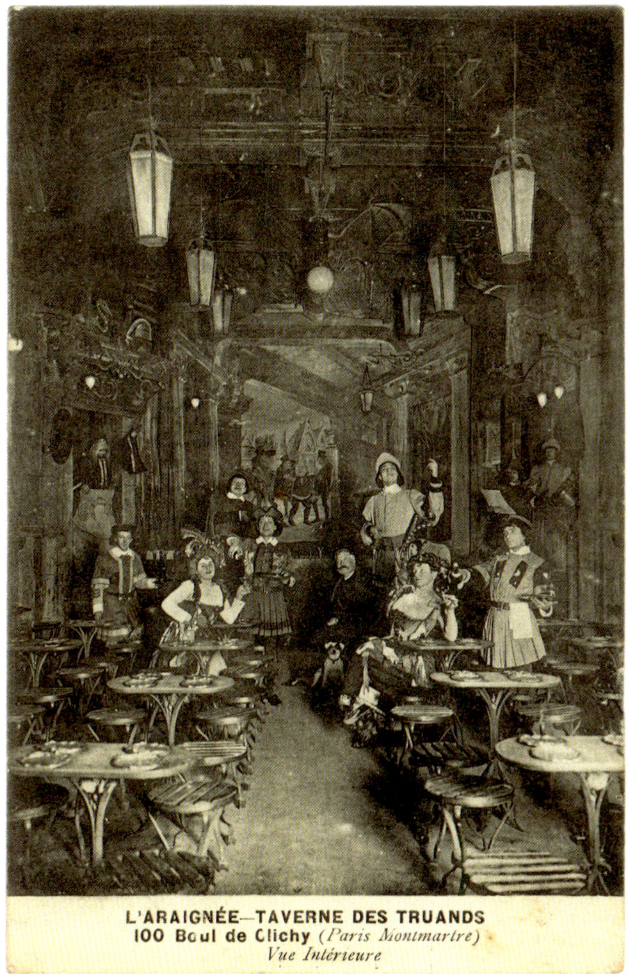

FIG. 39 Intérieur du Cabaret des Truands (100, boulevard de Clichy) avec serveurs en costumes médiévaux
Vers 1904

teintée d'anarchisme et d'anticonformisme, qu'affichait une bonne part de la population devenait l'expression d'une résistance aux valeurs qui sous-tendaient la reconstruction géométrique de la capitale, dorénavant soumise à la volonté d'un pouvoir centralisateur. Aux Quat'z'arts, au Chat Noir, au Lapin agile et dans d'autres cabarets, le regret des anciens quartiers disparus provoqua un regain d'intérêt pour la poésie de François Villon[8]. Jehan Rictus – pseudonyme médiévisant de Gabriel Randon – récitait des poèmes composés dans un argot qui rappelait le jargon de la pègre et le langage des ouvriers utilisés dans les journaux anarchistes comme *La Sociale* et *Le Père Peinard*. Rictus parlait pour les opprimés, et une édition définitive de ses œuvres plaintives, intitulée *Les soliloques du pauvre*, parut en 1903 avec une centaine d'illustrations d'Alexandre Steinlen, dont la première représentait une famille de sans-abri dans la rue, blottis les uns contre les autres pour se protéger du froid[9].

Ce sentiment contagieux de rancœur et d'aliénation fut l'une des raisons qui fit passer Picasso des couleurs éclatantes et des touches vibrantes de ses premiers tableaux parisiens à des scènes monochromes illustrant la pauvreté et l'alcoolisme, mettant en scène des musiciens, des mendiants, des marchands ambulants, émaciés et éclopés, ou les prostituées internées à Saint-Lazare (pl. 83), une institution établie sur l'emplacement d'une léproserie fondée au XIIe siècle. Tous ces personnages semblent émerger des ténèbres antérieures aux Lumières. Picasso continua à peindre les déplacés et les dépossédés après son retour à Barcelone – autre ville en proie à une modernisation radicale – et poursuivit dans le même registre à Paris en 1904, dans les œuvres de la fin de la période bleue, comme

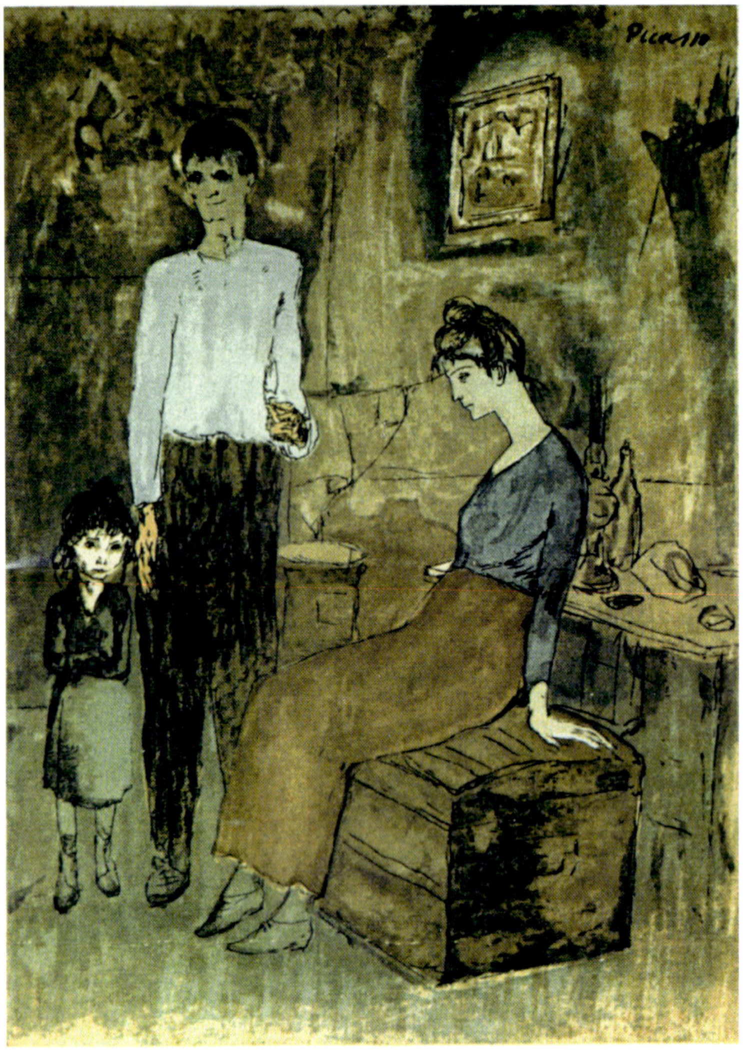

FIG. 40 ***Les misérables***
Paris, 1904
Plume et gouache sur carton, dimensions inconnues
Collection privée, Paris

Les misérables (fig. 40), un dessin à l'encre et à la gouache représentant une famille chassée de son foyer.

Roger Marx surnomma Picasso le «Steinlen espagnol»[10] et sa période bleue réunit en effet des éléments proches du style et de la conscience sociale de Steinlen et du ton dolent des soliloques de Jehan Rictus. Pierre MacOrlan évoqua le «décor médiéval» du Bateau Lavoir[11], et Jules Romains trouva l'atelier de Picasso «d'un délabrement, d'un dénuement tels que je me demande à la réflexion si ce n'était pas un peu étudié»[12]. Le style et l'environnement de Picasso à cette époque correspondaient, en effet, à un rejet conscient des normes bourgeoises et indiquaient qu'il s'identifiait avec ceux qui étaient marginalisés par l'hygiénisme impérieux de la ville haussmannienne.

En 1905, cependant, la rencontre de Picasso avec un nouveau groupe d'amis brillants, principalement composé de poètes de langue française de sa propre génération, marqua un tournant dans l'évolution de son art. Le groupe comprenait Guillaume Apollinaire, André Salmon et d'autres personnages tels Nicolas Deniker et Maurice Cremnitz, aujourd'hui oubliés, mais considérés alors comme les étoiles montantes de la littérature contemporaine. En leur compagnie, Max Jacob donna toute la mesure de son talent de débatteur et de fantaisiste, tout en produisant une grande quantité de poésie et de prose, qu'il ne devait publier que plus tard. La conscience nouvelle d'appartenir à une communauté, centrée sur son atelier, permit à Picasso de rompre avec l'humeur nostalgique d'une bohème de plus en plus démodée et de renouer avec le dynamisme novateur qui l'avait, à l'origine, propulsé vers Paris.

On a beaucoup écrit sur l'empathie créatrice qui s'établit entre Picasso et Guillaume Apollinaire (fig. 41)[13].

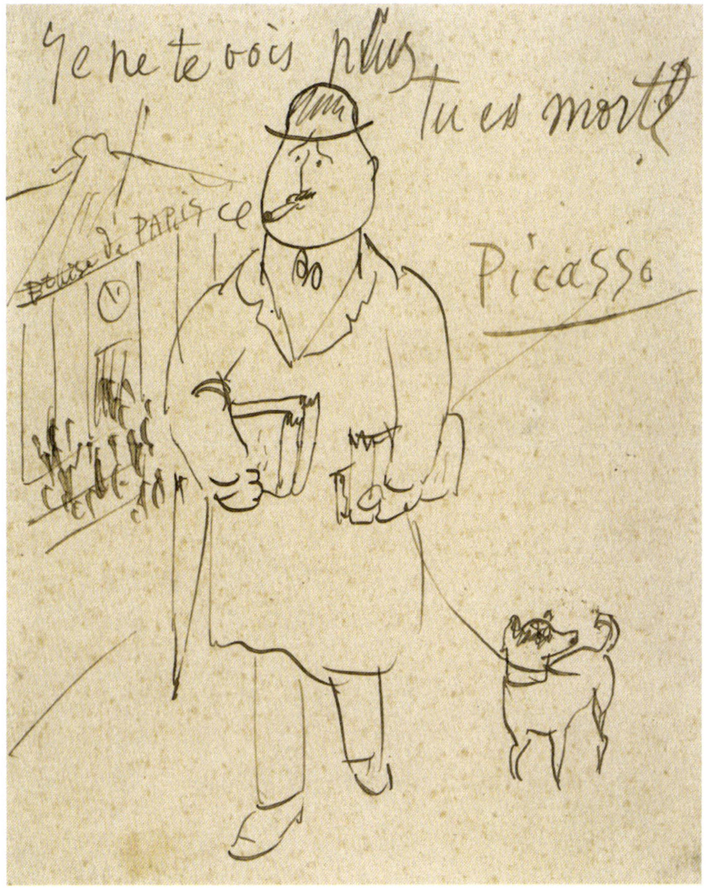

FIG. 41 ***Guillaume Apollinaire, employé de banque***
Paris, 6 décembre 1905
Plume et encre sur papier, 14 x 11 cm
Staatliche Museen zu Berlin, Nationalgalerie, Museum Berggruen, Berlin
Inscription: «Je ne te vois plus / tu es mort?»

Les deux articles bien observés et habilement tournés qu'Apollinaire publia sur les tableaux et les dessins de Picasso en avril et mai 1905 cimentèrent leur alliance. Le paysage mental et la pratique poétique d'Apollinaire apportèrent aussi à l'atelier un nouveau modèle d'imagination et de créativité multidirectionnelle, libre de toutes normes et conventions sclérosantes. Selon Maurice Raynal, Picasso et Apollinaire «se trouvèrent immédiatement frères en cet amour de la liberté qui les animait tous deux»[14].

Il a été fait moins de cas du rôle d'André Salmon, qui rencontra lui aussi Picasso dans les premières semaines de 1905 et qui connaissait Apollinaire depuis 1903 grâce aux soirées littéraires et sociales organisées par la revue *La Plume*, au sous-sol d'un café du Quartier latin, où les deux poètes firent leurs débuts littéraires. Salmon était le fils d'un artiste et graveur. En 1896, à l'âge de quinze ans, il s'était rendu à Saint-Pétersbourg, où travaillait son père, et y avait trouvé un emploi au consulat de France. Grand, mince et élégant, il était, en 1905, selon Max Jacob, «l'enfant chéri du Montparnasse d'alors et considéré à très juste titre comme le grand poète de l'époque et l'espoir de la Poésie, bien autant que sinon plus que Guillaume»[15]. Il publia cette année-là ses *Poèmes*, bien avant les premiers recueils d'Apollinaire ou de Max Jacob. Une dizaine d'exemplaires furent accompagnés d'une gravure de Picasso représentant deux jeunes acrobates qui se remettent après l'effort d'un spectacle (fig. 42). La foi de Salmon dans le génie de Picasso fut immédiate et absolue, et un poème du recueil intitulé «Le banquet», dédié à l'artiste espagnol, se termine par ces mots: «Tu me sacras Poète à la fin du banquet»[16], formule qui rappelle le conseil donné par Picasso à Max

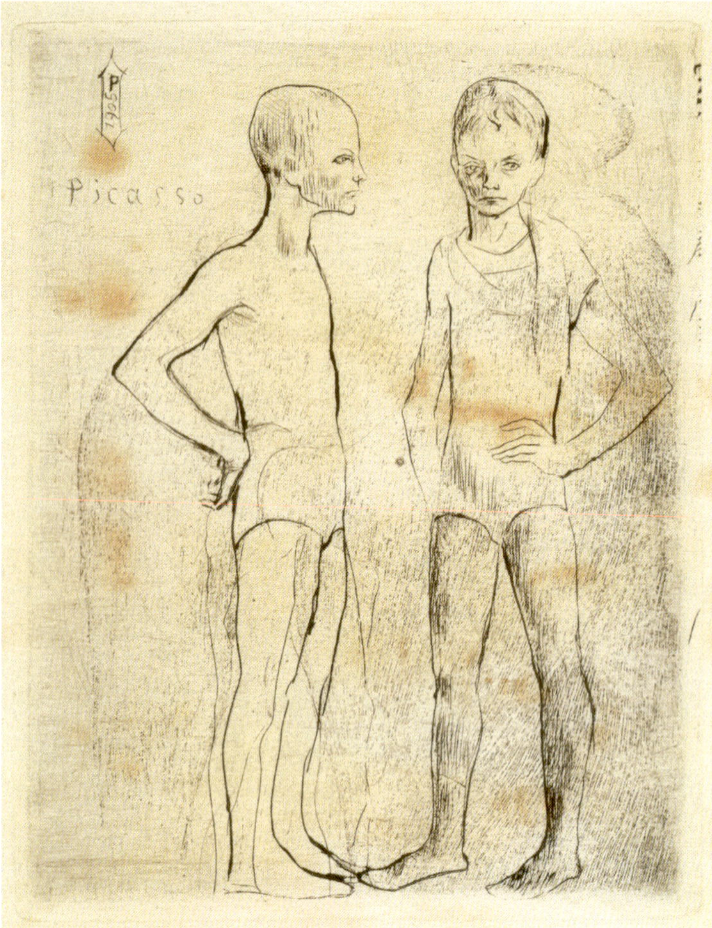

FIG. 42 ***Deux acrobates***
Paris, 1905
Musée national Picasso, Paris
Imprimé en guise de frontispice des *Poèmes* d'André Salmon.

Jacob et qui confirme le rôle du peintre en tant qu'autorité habilitée à valider les vocations poétiques.

Salmon vanta les qualités de Picasso dans un article remarquable publié en novembre 1905. Dans une chronique censée rendre compte du Salon d'Automne, Salmon passe rapidement à un éloge de Picasso et des marchands perspicaces qui exposent alors ses œuvres: «Picasso que nous rencontrons n'a pas exposé, il a sans doute d'excellentes raisons, nous regrettons cependant de ne pas voir ici ses arlequins visionnaires, ses enfants prophétiques, ses fleurs pantelantes, ses mères douloureuses. Volland [sic] et Sagot plus heureux exposent quelques-unes de ses toiles poignantes entre toutes. Les peintres et les poètes ont le devoir de descendre rue Laffitte. On connaît trop le boulevard et pas assez la rue Laffitte, si proche, où il y a dix toiles de Picasso, qui sont l'apport le plus neuf de la peinture depuis dix ans, et chez Durand-Ruel un Greco incomparable que Madrid n'a pas su retenir»[17].

Si les écrits et les exploits légendaires d'Arthur Rimbaud ont motivé le jeune Picasso, ce fut grâce à Salmon, le principal admirateur du poète au sein du groupe. Son poème «Arthur Rimbaud» (1906) le présente comme un exilé génial, un explorateur et un prophète-né, proche des peuples qu'il rencontra en Afrique[18]. Dans «Mauvais sang», poème en prose d'*Une saison en enfer*, Rimbaud prend en effet le parti de la population locale confrontée aux troupes françaises qui débarquent sur les rivages africains. Salmon exprime une position similaire dans «Makohoko Ier», un poème du recueil *Féeries* paru en 1907: il y campe un roi africain en larmes, solitaire, debout sur une plage, en train d'envisager le suicide. Ses guerriers sont morts, son royaume a été dévasté et le képi français

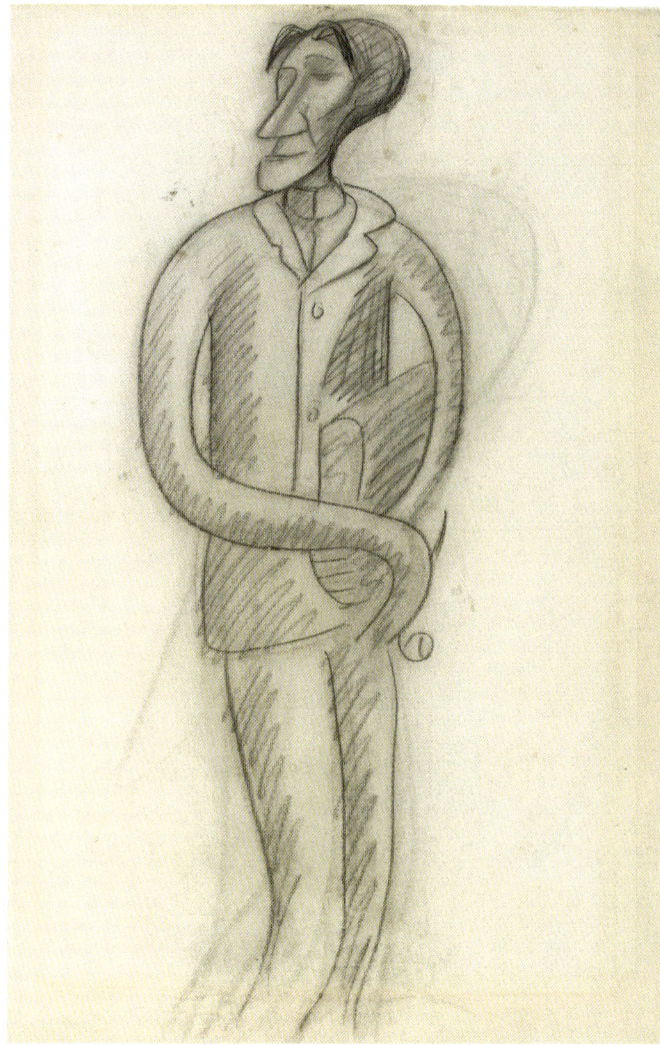

FIG. 43 ***Portrait d'André Salmon***
Paris, 1907
Fusain sur papier, 60 x 40 cm
Musée national Picasso, Paris

qu'il arbore indique clairement la part de responsabilité qui revient aux envahisseurs.

Apollinaire affirma en 1903 que les jeunes immigrants «enrichissent le patrimoine spirituel de leur nouvelle nation comme le chocolat et le café, par exemple, ont étendu le domaine du goût»[19]. Un tel humanisme cosmopolite conjugué à l'anti-impérialisme de Salmon contribua à façonner le cadre intellectuel dans lequel Picasso commença à s'intéresser à la sculpture africaine. L'artiste associa d'ailleurs Salmon à cet aspect de son œuvre en réalisant des dessins sculpturaux du poète (fig. 43) parmi les expériences graphiques qui donnèrent naissance aux *Demoiselles d'Avignon* (fig. 48).

Max Jacob surnomma le Bateau Lavoir «l'Acropole cubiste»[20], dénomination qui impliquait une élévation à la fois mentale et topographique. Picasso, écrivit-il, était exclusivement concentré sur la poursuite de «cet idéal de perfection dans le dessin qui a été le but de sa vie», et de le citer: «Je ne sais pas si je suis un grand peintre, mais je suis un grand dessinateur»[21]. Picasso ne se situa jamais, cependant, au-dessus de la vie de la cité. Ses fréquentations et les tableaux qu'il exposait à la galerie Vollard lui valurent un rapport de police, dressé en juin 1901, dans lequel il fut catalogué comme un anarchiste à surveiller de près, consigne qui fut reconduite lorsque ses œuvres furent à nouveau exposées en mai 1905[22]. Les sujets de la période bleue de Picasso n'étaient pas politiquement neutres, et Fernande Olivier, lorsqu'elle le rencontra en août 1904, y discerna avec raison un «appel douloureux à toute la pitié humaine» qui semblait témoigner d'«un profond et désespérant amour de l'humanité»[23].

En 1905, les nouveaux amis de Picasso n'ont guère dû paraître plus rassurants aux yeux de la police que les immigrés espagnols qu'il avait fréquentés auparavant. Apollinaire n'était-il pas lui-même un immigré apatride, fils illégitime d'un père inconnu? Officiellement considéré comme Russe, il était souvent pris pour un immigrant juif du fait de la consonance polonaise de son nom véritable, Wilhelm de Kostrowitzky. Son poème «Avenir», publié dans *La Plume* du 1er mai 1903, prophétisait une révolution apocalyptique qui libérerait l'humanité du militarisme et de la servitude, expression d'une mentalité anarchiste qui devait se confirmer dans ses premières nouvelles, peuplées de chiffonniers et de vagabonds. Son premier livre, publié fin 1906 et intitulé *Les onze mille verges*, est un roman truffé de scènes d'une obscénité et d'une violence volontairement sacrilèges. André Salmon, pour sa part, avait été bercé par les récits de la Commune de Paris de 1871, à laquelle son père et sa mère avaient

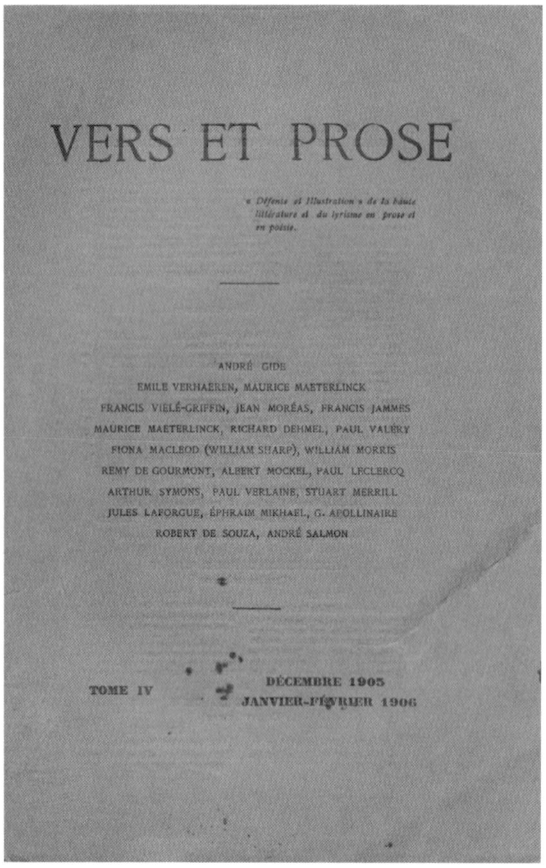

VERS ET PROSE

« Défense et Illustration » de la haute littérature et du lyrisme en prose et en poésie.

ANDRÉ GIDE
EMILE VERHAEREN, MAURICE MAETERLINCK
FRANCIS VIELÉ-GRIFFIN, JEAN MORÉAS, FRANCIS JAMMES
MAURICE MAETERLINCK, RICHARD DEHMEL, PAUL VALÉRY
FIONA MACLEOD (WILLIAM SHARP), WILLIAM MORRIS
REMY DE GOURMONT, ALBERT MOCKEL, PAUL LECLERCQ
ARTHUR SYMONS, PAUL VERLAINE, STUART MERRILL
JULES LAFORGUE, ÉPHRAIM MIKHAEL, G. APOLLINAIRE
ROBERT DE SOUZA, ANDRÉ SALMON

TOME IV

DÉCEMBRE 1905
JANVIER-FÉVRIER 1906

FIG. 44 Couverture de *Vers et Prose*, décembre 1905/janvier-février 1906

participé, et il ne cessait d'afficher des sympathies anarchistes[24].

Parmi les proches du cercle du Bateau Lavoir figuraient aussi le grand pourfendeur des régimes autoritaires, Alfred Jarry, auteur d'*Ubu Roi*, et le philosophe et critique juif d'origine polonaise Mécislas Golberg, qui avait fondé en 1895 *Sur le trimard. Organe des revendications des «sans travail»*, journal libertaire consacré aux chômeurs, aux plongeurs des restaurants, aux hommes-sandwiches et à tous les autres représentants du sous-prolétariat, réunis sous l'appellation de «trimardeurs». Il fut expulsé de France en 1896 et 1898, connut la prison après avoir illicitement regagné Paris mais fut finalement autorisé à y rester, à condition de s'abstenir de toute activité politique. À partir de janvier 1905, il fut le directeur littéraire, l'éditorialiste et l'éminence grise de *La Revue littéraire de Paris et de Champagne*, et malgré la tuberculose dont il souffrait et qui s'aggravait inéluctablement, il continua à publier livres et articles, acheva la dernière et la plus connue de ses œuvres, *La morale des lignes*, et exerça une influence considérable jusqu'à sa mort en décembre 1907. Il était particulièrement proche de Salmon, auquel il avait facilité sa première publication en tant que poète, dans *La Plume*[25]. Quant à Picasso, il est certain qu'il connaissait Jarry et Golberg de réputation, même si rien ne permet d'établir qu'il les ait rencontrés.

Les périodiques spécialisés telle la *Revue littéraire de Paris et de Champagne*, mensuel dans lequel Salmon se vit confier une chronique artistique, étaient alors les vecteurs essentiels du débat culturel et intellectuel. Au printemps 1905, un nouveau magazine littéraire baptisé *Vers et Prose* (fig. 44) fut lancé par Paul Fort. En 1890 déjà, alors qu'il n'était encore qu'un lycéen de dix-sept ans, cet homme hors du commun avait fondé Le Théâtre d'Art, la première et la plus éminente compagnie de théâtre symboliste de France. Paul Sérusier, Maurice Denis, Gauguin, Vuillard et Bonnard en étaient les créateurs attitrés de décors et de programmes. Fort édita également *Le Livre d'Art*, un périodique de grand format à faible tirage, qui publia *Ubu Roi* dans sa deuxième livraison, datée d'avril-mai 1896. En juillet 1912, ses pairs en littérature l'élurent «Prince des Poètes».

André Salmon était le secrétaire de rédaction de *Vers et Prose*. La revue trimestrielle dépassa les 700 abonnés dès son troisième numéro, réussite qui s'explique par le fait qu'après des années de rivalités littéraires et artistiques, sectaires et générationnelles, *Vers et Prose* inaugurait une stratégie conciliatrice, réunissant les œuvres récentes des survivants du symbolisme et la toute dernière production des jeunes poètes. Le périodique favorisa l'éclosion à Paris d'un sentiment de fraternité intellectuelle et son succès annonça le mouvement international de créativité moderniste qui allait s'emparer de la capitale française à la veille de la Grande Guerre. L'esprit positif de la revue trouva son expression la plus conviviale dans les célèbres soirées *Vers et Prose,* qui se déroulaient tous les mardis à la Closerie des Lilas, un grand café doté de verdoyantes terrasses et d'une salle à l'étage, situé à l'angle sud des Jardins du Luxembourg. Jules Romains en a décrit l'ambiance: «Une quarantaine de personnes, plus ou moins groupées par tables, mais voisinant d'une table à l'autre. La fumée et la rumeur d'une salle ordinaire. Mais – pour être juste – une atmosphère beaucoup plus excitante. [...] Des têtes de tous les âges et de tous les styles. Des costumes d'une élégance ou d'une étrangeté fort inégales. [...] Peu de femmes». Paul Fort, tout de noir vêtu, chevelure épaisse rabattue sur une oreille, «Grand nez, grands yeux, grosse moustache», se tenait debout près de la porte, serrant les mains et accueillant chacun, à l'affût de nouveaux abonnés[26].

Les soirées réunissaient plusieurs générations, étaient cosmopolites et essentiellement littéraires, malgré la présence de certains artistes[27], en particulier Picasso, qui avait la réputation d'être taciturne, bien que doué pour les saillies mordantes. En 1905, par exemple, lorsqu'il présenta le contenu de son atelier au jeune poète et étudiant en droit Henri Mahaut, il ne fit guère de commentaires, mais conclut par un aveu lapidaire et révélateur sur les œuvres de la période bleue: «Tout cela, c'est du sentiment»[28]. Selon Salmon, à la Closerie des Lilas, Picasso «écoutait et disait quelques paroles extraordinaires»[29]. Il esquissait souvent des caricatures, dont certaines sont conservées, qui représentaient ses amis, des célébrités et d'autres illustres inconnus qui remplissaient la salle (fig. 45). Parmi eux figurait Jean Moréas, personnage clé de ces soirées. Né à Athènes en 1856, il avait publié un «Manifeste symboliste» dans *Le Figaro* du 18 septembre 1886 et coédité *Le Symboliste,* hebdomadaire éphémère. En janvier 1891, une édition spéciale de *La Plume* célébra «Le Symbolisme de Jean Moréas», mais neuf mois plus tard, le poète proclamait la mort du symbolisme et du vers libre et fondait l'École Romane, promulguant un retour aux formes classiques et à la «pureté», à la «dignité» et au «principe gréco-latin», qui, prétendait-il, sous-tendaient la bonne littérature française, depuis les troubadours du XIe siècle jusqu'au XVIIe siècle de Racine et de La Fontaine[30]. Ses nouveaux poèmes furent publiés en quatre volumes, sous le titre *Stances,* en 1899 et 1901, et réédités en 1905. À la Closerie des Lilas, Moréas s'installait habituellement au fond de la salle, face à la porte, et accueillait ceux qui arrivaient d'une épigramme provocante ou d'un couplet satirique. Il proclamait que «Monsieur Picasso est un homme très bien»[31], mais il affectait aussi de mépriser les peintres[32] et demandait, «Dites-moua, Picasso, est-ce que Velázquez avait du talent?»[33]. Il s'en prenait ainsi au nouveau venu qui risquait de lui voler la vedette. Max Jacob se souvint qu'«Un soir, Moréas répéta pendant une heure à intervalles réguliers: 'Don Pablo Picasso de Ségovie!' avec son sublime croassement. Picasso prit violemment sa casquette et me dit: 'Bamanos!' ce qui signifie en espagnol, paraît-il, 'Allons-nous-en!' et qu'Apollinaire traduisait 'Barrons-nous!'»[34].

Moréas jouissait alors d'une haute réputation et Apollinaire, par exemple, l'appelait «le Poète parfait»[35]. Son «Appel à l'ordre» joua un rôle non négligeable dans l'émergence, au début du XXe siècle, en France et en Catalogne, de mouvements influents qui cherchaient à établir une définition du modernisme apte à incorporer les aspects méditerranéens de l'identité culturelle et du patrimoine de l'Europe. De telles idées marquèrent une bonne partie de la poésie contemporaine, des sculptures aussi importantes que *La Méditerranée* de Maillol, réalisée en 1905, ainsi que les principes esthétiques d'écrivains aussi profondément différents que Charles Maurras et Mécislas Golberg[36]. La sensibilité de Picasso envers le même état d'esprit attique transparaît clairement dans ses tableaux néoclassiques et arcadiens de 1906, où l'artiste déploie des couleurs mates et une perspective peu profonde pour situer des personnages nus, parfois accompagnés de chevaux (pl. 95), dans des paysages arides, méridionaux. L'adoption d'un tel style de composition objectif, synthétique et impersonnel marqua une étape cruciale dans son cheminement vers le cubisme.

Le thème de l'appartenance à une communauté artistique, présent chez Picasso dans la série des saltimbanques, était renforcé par le sentiment de fraternité accueillante que *Vers et Prose* avait réussi à promouvoir. Picasso contribua par sa présence charismatique aux séances du mardi à la Closerie des Lilas, mais Paul Fort grimpa également jusqu'à Montmartre. Lui et son épouse, Marguerite Gillot, accompagnés de leur fille Jeanne, quittèrent la rue Boissonnade à Montparnasse pour s'installer dans un appartement à l'angle de la rue Lepic et de la rue de l'Orient, probablement en 1906. Ils retrouvaient Picasso, Apollinaire, Jacob, Salmon et d'autres encore dans leur café préféré, Au Téléphone, situé au tournant de la rue Lepic, et poursuivaient parfois leurs entretiens au Lapin agile[37]. Ils fréquentaient également l'atelier de Picasso, où ils appréciaient « les bons dîners de Fernande Olivier »[38]. Marguerite Gillot y constituait une attraction majeure, en tant que poète, lauréate inattendue d'un concours littéraire au théâtre de l'Odéon, mais aussi en sa qualité de jeune femme extrêmement belle, à la chevelure blonde et aux yeux verts[39].

Picasso et ses amis étaient unis par la même passion jubilatoire pour les personnages fictifs de hors-la-loi et de renégats : ils devaient tous s'avouer des fans de Fantômas, antihéros et génie du crime. En 1905, toutefois, le mouvement anarchiste s'essoufflait déjà en France. L'intérêt que portait Picasso à l'actualité politique et sociale continua néanmoins à s'exprimer dans son œuvre, souvent de manière indirecte et imprévue. Par exemple, Max Jacob présenta Picasso au violoniste Henri Bloch, qui vint jouer dans son atelier, en compagnie du compositeur Déodat de Séverac[40]. Picasso fit un dessin à l'encre et à l'aquarelle, probablement au début de l'année 1905, intitulé *Famille d'artistes de cirque avec violoniste* (fig. 46), qui représente une famille de saltimbanques et leur singe familier en train d'écouter un musicien. Le singe, placé dans une attitude proche de celle de l'enfant du cirque, écoute la musique aussi attentivement que les êtres humains, rapprochement qui souligne leurs similitudes anatomiques et mentales[41]. Le dessin inspira une œuvre majeure de 1905 intitulée *Famille d'Arlequin avec singe* (pl. 84). Une partie de la fascination exercée par le tableau réside dans le fait que des personnages itinérants appartenant au monde moderne y sont placés devant une toile de fond intemporelle, d'une manière qui rappelle une vénérable tradition européenne de peinture religieuse, et en particulier les représentations de la Sainte Famille. Le singe remplace ici le bœuf et l'âne associés à l'étable de Bethléem. Le fin profil de la femme, dans le style de Botticelli, ainsi que le recours à une palette, à une matière et à une surface qui rappellent les fresques de la Renaissance, contribuent à renforcer les références historiques. Dans son premier article sur Picasso, en avril 1905,

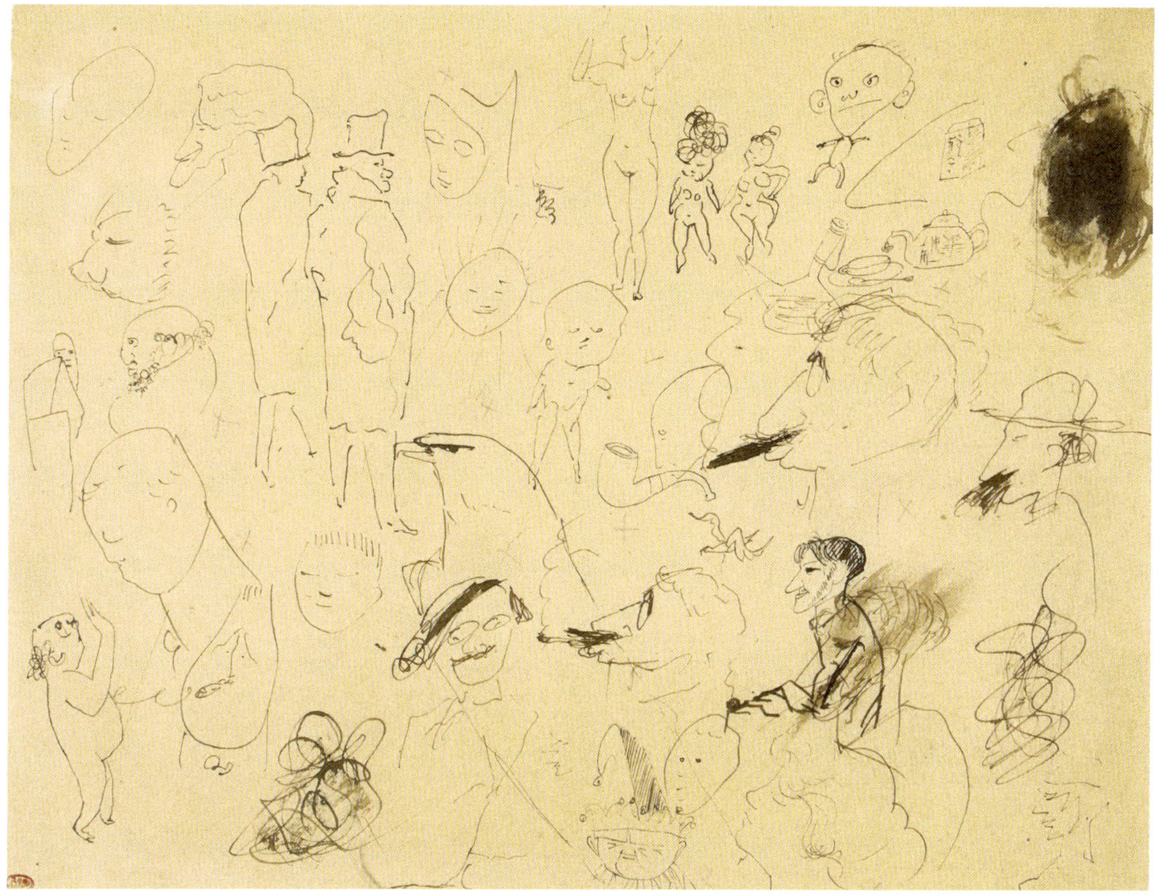

FIG. 45 ***Caricatures et portraits***
Paris, 1905
Plume, encre brune et crayon sur papier, 25,5 x 32,7 cm
Musée national Picasso, Paris
Dans la partie inférieure du dessin (de gauche à droite), on distingue Apollinaire (avec la tête en forme de poire et en train de fumer), Paul Fort, Jean Moréas (avec un cigare), André Salmon (tenant une pipe) et, plus bas, Fernande Olivier.

Apollinaire affirma à ce propos: «Son naturalisme amoureux de précision se double de ce mysticisme qui en Espagne gît au fond des âmes les moins religieuses»[42]. Par la suite, dans son commentaire de mai 1905 portant sur les familles de saltimbanques de Picasso (pl. 85), il choisit un vocabulaire spécifiquement associé à la Vierge Marie et au Nouveau Testament: «L'enfant rapproche du père la femme que Picasso voulait glorieuse et immaculée. [...] Noël! Elles enfantèrent de futurs acrobates parmi les singes familiers, les chevaux blancs et les chiens comme les ours»[43].

Dans *La famille d'Arlequin avec singe*, l'homme et le singe ont les avant-bras pareillement raccourcis, les deux adultes et l'animal ont les mêmes doigts allongés, les mêmes gestes de la main. Les ressemblances entre le singe et l'enfant à moitié nu sont également frappants: assis dans une position similaire, ils arborent chacun un appareil génital de forme et de proportions très semblables. Les visites nocturnes que Picasso et ses amis faisaient régulièrement au zoo du Jardin des Plantes, selon les souvenirs de Fernande Olivier et de Max Jacob, peuvent être utiles à l'appréciation du tableau[44]. Le poète Nicolas Deniker, qui fréquentait le

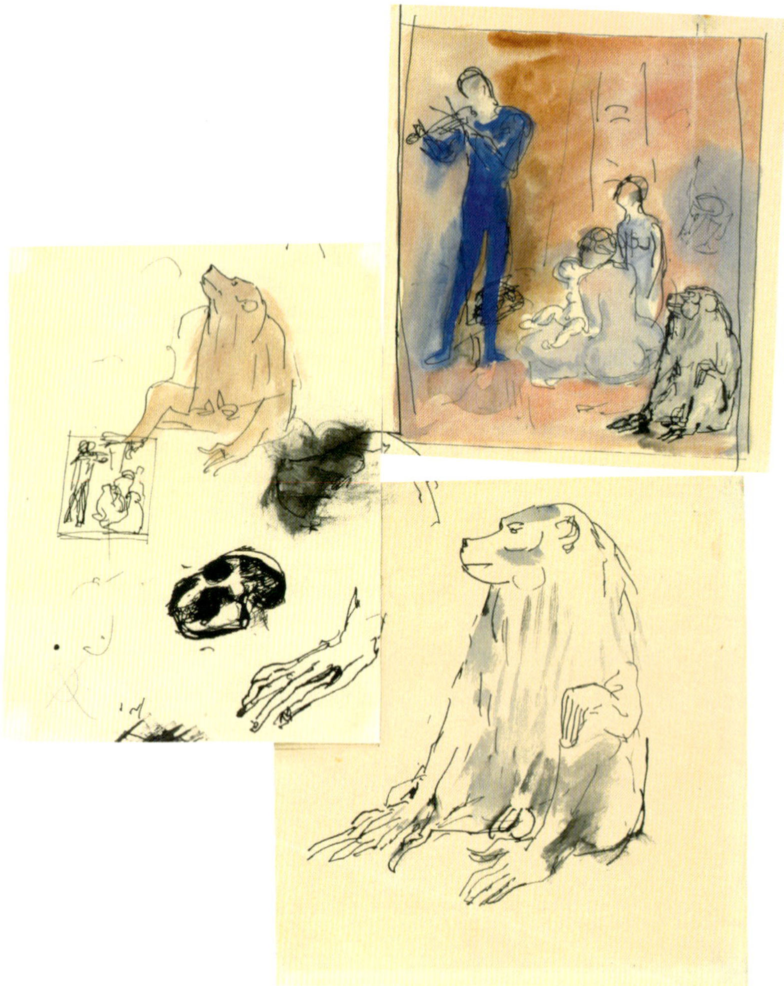

FIG. 46 Feuille d'esquisses (Paris, 1905) reconstituée à partir de dessins des collections du Baltimore Museum of Art
Esquisses d'un singe et d'une famille de clowns avec violoniste (à gauche)
Plume et encre noire, aquarelle et graphite, 19,6 x 15 cm
Famille d'artistes de cirque avec violoniste (en haut à droite)
Plume et encre noire, aquarelle et gouache, 18,1 x 15,8 cm
Singe (en bas à droite)
Plume et encre noire, pinceau et lavis noir, 20,1 cm x 18,8 cm
The Baltimore Museum of Art. The Cone Collection, constituée par le Dr. Claribel Cone et Miss Etta Cone de Baltimore, Maryland (à gauche et en haut, à droite) et legs du Dr. Grace McCann Morley, New Delhi, Inde, en mémoire de Sarah Stein (en bas, à droite).

Bateau Lavoir avec son jeune frère Georges, possédait une clé des Jardins, car leur père, l'éminent naturaliste Joseph Deniker (1852–1918), y était bibliothécaire et toute la famille y occupait une maison de fonction. En 1886, Joseph Deniker, qui était une autorité en matière d'anatomie des singes, avait publié sa thèse, illustrée de photographies et de gravures, dans laquelle il comparait les fœtus d'un gorille et d'un gibbon avec trois jeunes singes anthropoïdes et sept fœtus humains. Il montrait que les différences entre les humains et les gorilles n'apparaissent véritablement qu'au cours de la seconde moitié du développement fœtal du gorille, et l'un de ses chapitres est consacré aux similitudes qui existent entre l'appareil génital humain et celui du gorille[45]. Il travaillait selon une approche résolument darwinienne, et s'il est très peu probable que Picasso ait lu ses livres, il est vraisemblable qu'il en ait entendu parler par les fils du zoologue, d'autant plus que de telles recherches faisaient alors l'objet de sérieuses controverses.

Resituée dans son contexte scientifique et intellectuel, *La famille d'Arlequin avec singe* semble être une allégorie darwinienne dans laquelle les personnages seraient disposés de manière à illustrer un modèle d'évolution et à suggérer la parenté génétique existant entre les êtres humains et le singe. Le tableau comporte aussi, toutefois, des références au Nouveau Testament: il réunit ainsi l'héritage religieux et une appréhension scientifique et contemporaine des origines et de l'identité de l'homme. Il fait donc référence

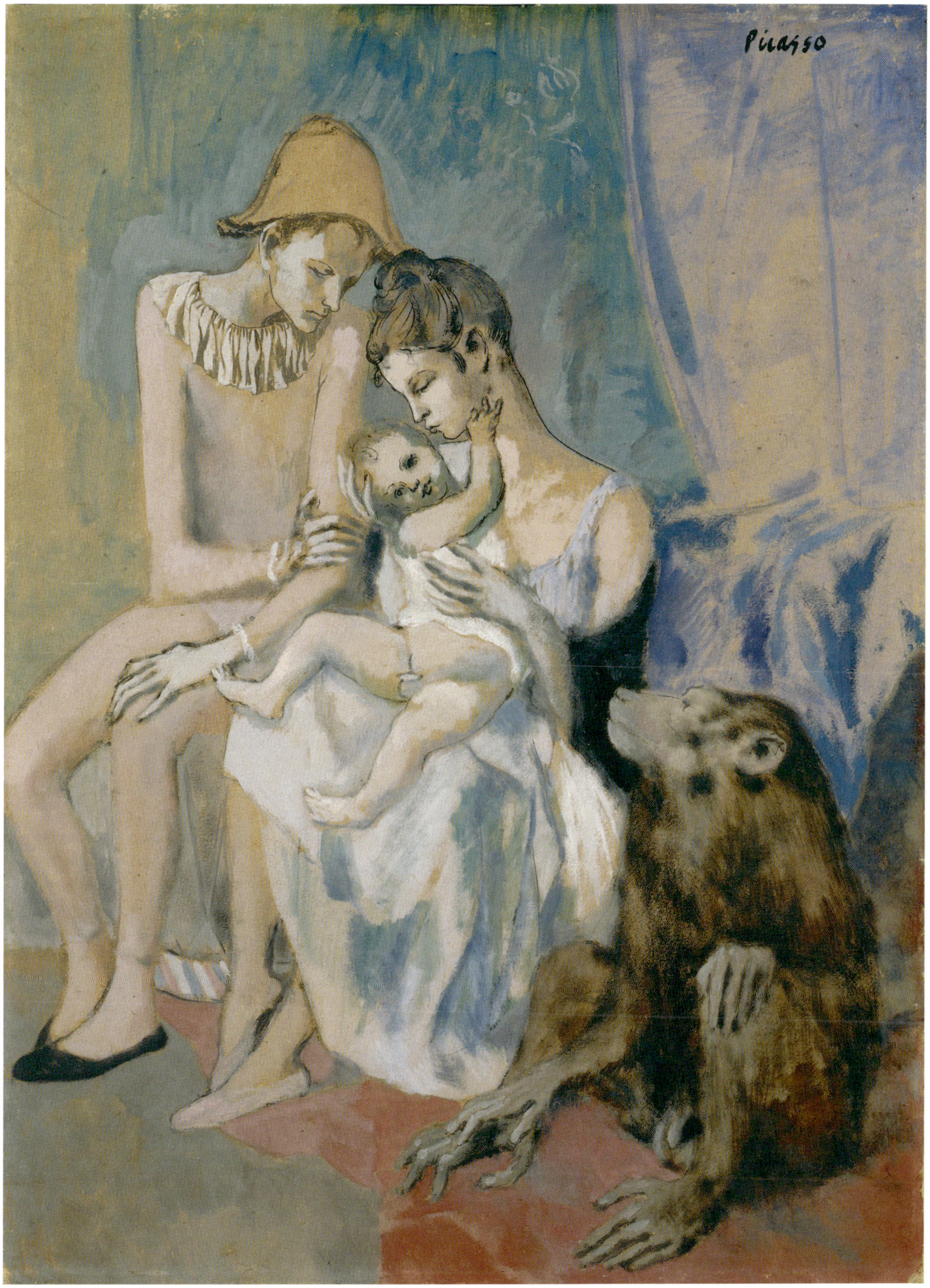

PL. 84 ***Famille d'Arlequin avec singe***
Paris, 1905
Gouache, aquarelle, pastel et encre de Chine
sur carton, 104 x 75 cm
Göteborgs Konstmuseum

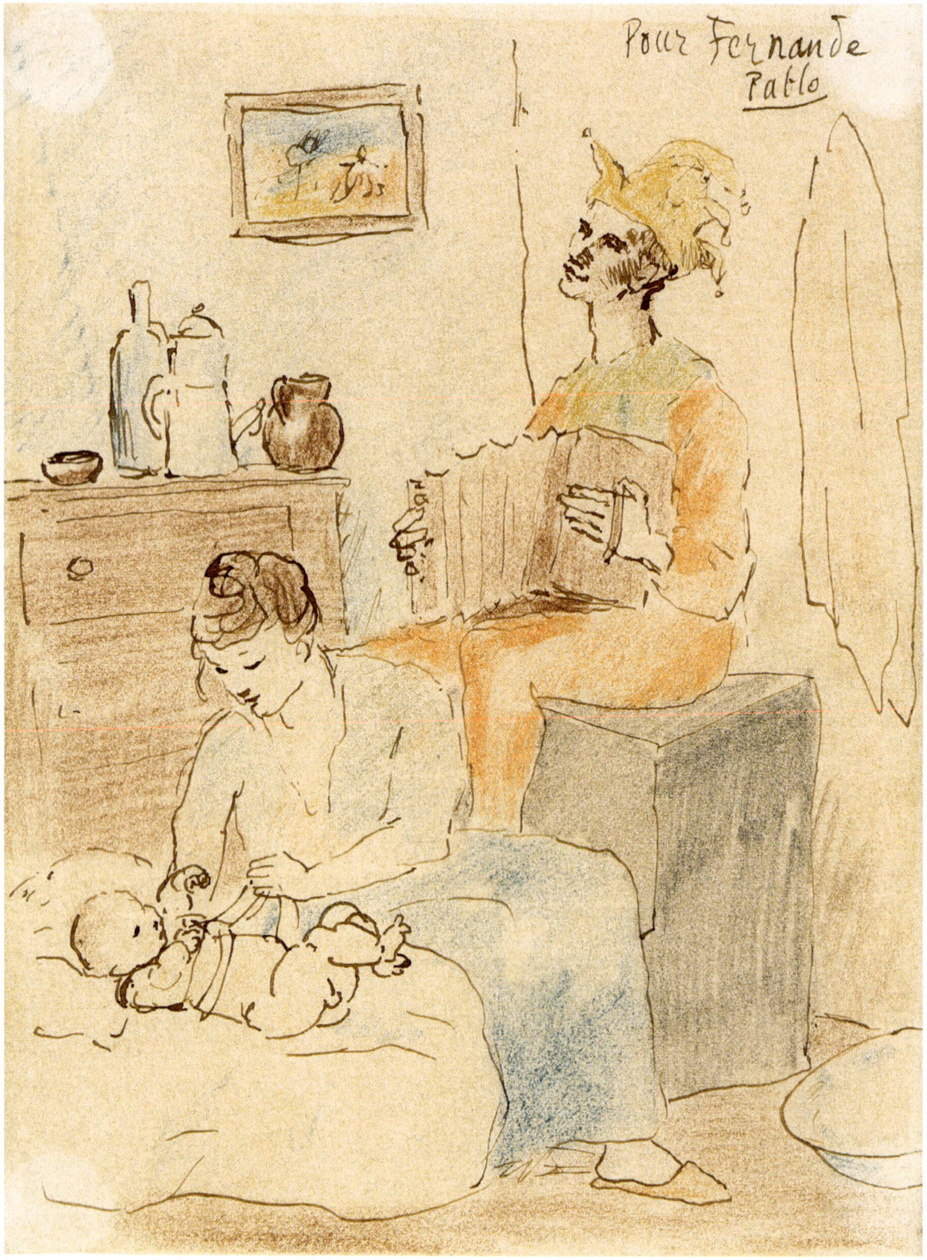

PL. 85 ***Famille de saltimbanques («Pour Fernande»)***
Paris, 1905
Encre, fusain et aquarelle sur papier, 16,5 x 12,5 cm
Collection Gabriele et Horst Siedle, Allemagne

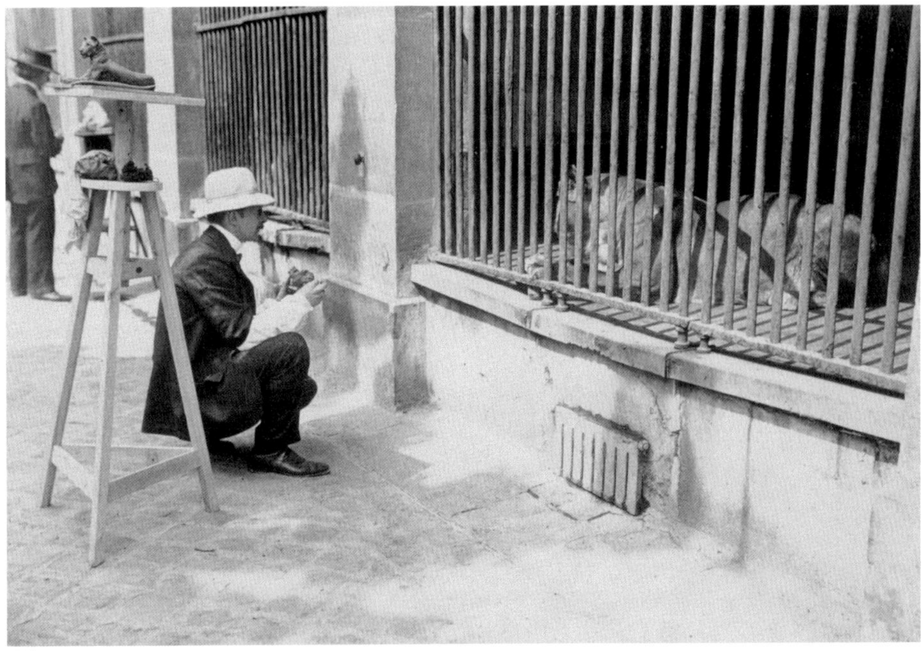

FIG. 47 Étudiant de l'École des Beaux-Arts modelant des lionnes au Jardin des Plantes
Paris, vers 1900
Photographie de Paul Géniaux
Musée Carnavalet, Paris

à une question politique et éthique de première importance, très chaudement débattue cette année-là, à savoir le projet du gouvernement de séparer les Églises et l'État, de rendre la République résolument laïque et de supprimer les subsides versés par l'État aux différentes confessions alors présentes en France. La loi avait d'abord été soumise à la Chambre des députés le 31 janvier, y avait été l'objet de maints et longs débats jusqu'en juillet, avant d'être envoyée au Sénat et d'être finalement votée le 9 décembre 1905. Cette question très sensible resta donc à la une des journaux tout au long de l'année. Dans son tableau, Picasso entremêle admirablement les valeurs et les points de vue religieux et laïques. Un singe sous un chapiteau de cirque ne semble guère incongru ; un singe darwinien au cœur d'une image à résonance chrétienne offrait par contre une juxtaposition provocante qui en venait à évoquer le choc de deux cultures opposées. Le tableau bousculait des traditions iconographiques immémoriales, mais malmenait aussi, non sans ironie, les antagonismes pédants des deux camps qui se confrontaient autour de la question la plus chaudement contestée de l'année.

Une association semblable du sacré et du profane apparaît dans le *Garçon à la pipe* (pl. 86), une toile de Picasso datant de l'automne 1905, qui représente un jeune apprenti vêtu de ses bleus de travail. Salmon se souviendra qu'un soir, laissant soudain ses amis à leurs discussions, Picasso s'était précipité à son atelier pour ajouter une couronne de roses au personnage du tableau, auquel il n'avait pas touché depuis un mois[46]. Salmon fournit également la source qui avait inspiré cette trouvaille : « Les roses ? D'après une image de première communion offerte par une gosse de la place Ravignan »[47]. Le garçon en bleu est ainsi béatifié par la couronne que Picasso a empruntée à la Vierge Marie ou à quelque saint de l'Église. Une couronne de roses est aussi

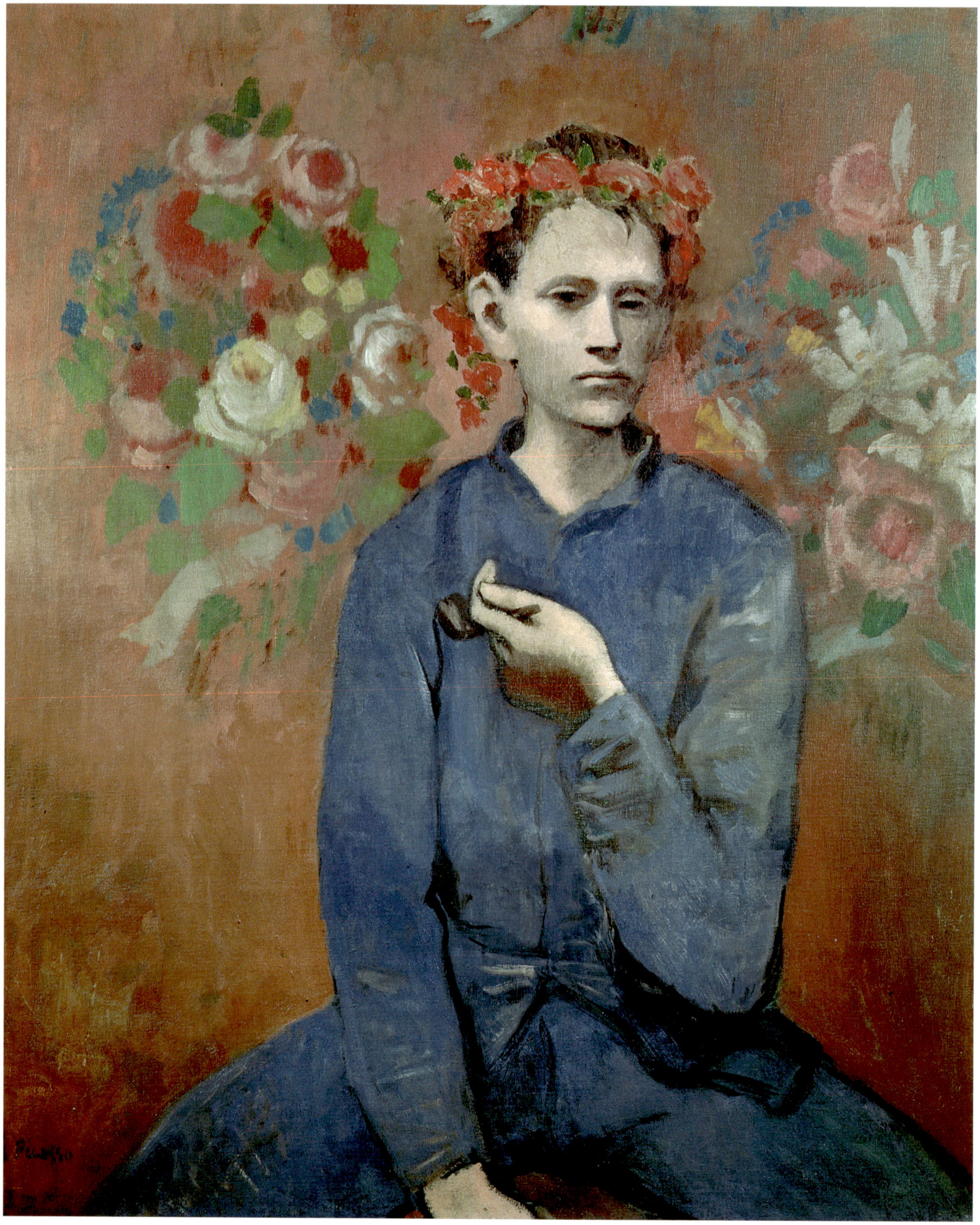

PL. 86 ***Garçon à la pipe***
Paris, 1905
Huile sur toile, 100 x 81,3 cm
Collection privée

une couronne d'épines, conférant au jeune ouvrier une identité christique qui préfigure un destin fait de souffrance, clos par une mort précoce. Le regard pensif du jeune travailleur, aux traits si pâles et intelligents, suggère qu'il a la prémonition de ce qui l'attend; l'état définitif du tableau constitue donc une œuvre à la fois spirituelle et politique. Il n'est pas non plus dénué d'ironie, puisque le modèle du garçon habillé de bleu, loin d'être un saint, était en fait un délinquant nommé P'tit Louis, qui faisait travailler plusieurs prostituées de Montmartre et fréquentait le Bateau Lavoir[48]. Dans *La Négresse du Sacré-Cœur,* roman d'André Salmon, il sert de modèle à Camille Meunier, personnage couramment nommé Mumu, qui pose pour un tableau intitulé *Le Marlou rose,* à la condition que lui en soit donnée l'esquisse préliminaire[49]. Salmon compléta son roman autobiographique d'une clé d'interprétation, qui confirme la fascination du groupe du Bateau Lavoir pour P'tit Louis, que l'auteur décrit comme «un affreux petit personnage séduisant, un atroce et gracieux petit criminel, un franc ami du mal et peut-être innocent, au cas, pas impossible, que tout est écrit là-haut, en lettres de feu, de toute éternité»[50]. En 1912, Salmon évoqua ce tableau à deux autres reprises. Il affirme d'une part, qu'il avait été réalisé sans modèle[51], une observation expliquée par un passage de *La Négresse du Sacré-Cœur* où Mumu pose pour le portrait, mais où Sorgue, l'artiste, y travaille surtout seul, la nuit, à la lumière d'une bougie qu'il tient de la main gauche[52]. Il ajoute encore que le tableau pourrait être une sorte d'autoportrait, évoquant «À peu près l'apparence de l'artiste lui-même aux heures de travail»[53]. En habillant le personnage de sa propre tenue d'artisan, Picasso s'est en effet projeté dans le tableau. Il s'agit par conséquent d'un portrait composite, représentant un personnage doté de grâce et de beauté, qui est à la fois un pécheur, un saint et l'artiste lui-même, conscient de son destin singulièrement glorieux et vraisemblablement douloureux.

Joseph Deniker était aussi un célèbre anthropologue et un spécialiste de religions orientales. Parmi ses publications majeures figure *Les races et les peuples de la terre,* ouvrage publié en 1900, dans lequel il étudie les mœurs et l'organisation sociale des peuples de tous les continents, y compris l'Europe. Il mit ainsi en question la validité d'une division des êtres humains en «types» raciaux, car «plus les peuples sont civilisés, plus ils sont mélangés entre eux dans certaines limites territoriales»[54]. Affirmant qu'il existe par conséquent des similitudes entre les Européens et d'autres peuples, Deniker soulignait la réalité et affirmait la richesse du métissage social, culturel et ethnique. Il réfutait ainsi les théories de Gobineau et celles, plus récentes, de Gustave Le Bon, auteur des *Lois psychologiques de l'évolution des races,* ouvrage de 1894 qui postulait la division immuable des groupes raciaux et la prééminence des caractéristiques physiques et psychologiques sur les influences sociales et institutionnelles. La position de Deniker était en même temps diamétralement opposée à celle des royalistes et des nationalistes tels Charles Maurras et Maurice Barrès, qui défendaient un idéal exclusif d'identité culturelle française et de pureté raciale, et à celle des républicains comme Jules Ferry, qui qualifiaient les races européennes de «supérieures» et les races non européennes d'«inférieures» afin de justifier la politique coloniale française.

Selon Christopher Green, les écrits anthropologiques de Joseph Deniker constituent un élément essentiel du contexte intellectuel dans lequel évoluait Picasso, en particulier en ce qui concerne *Les demoiselles d'Avignon* (fig. 48). Ce tableau peut être considéré comme une expres-

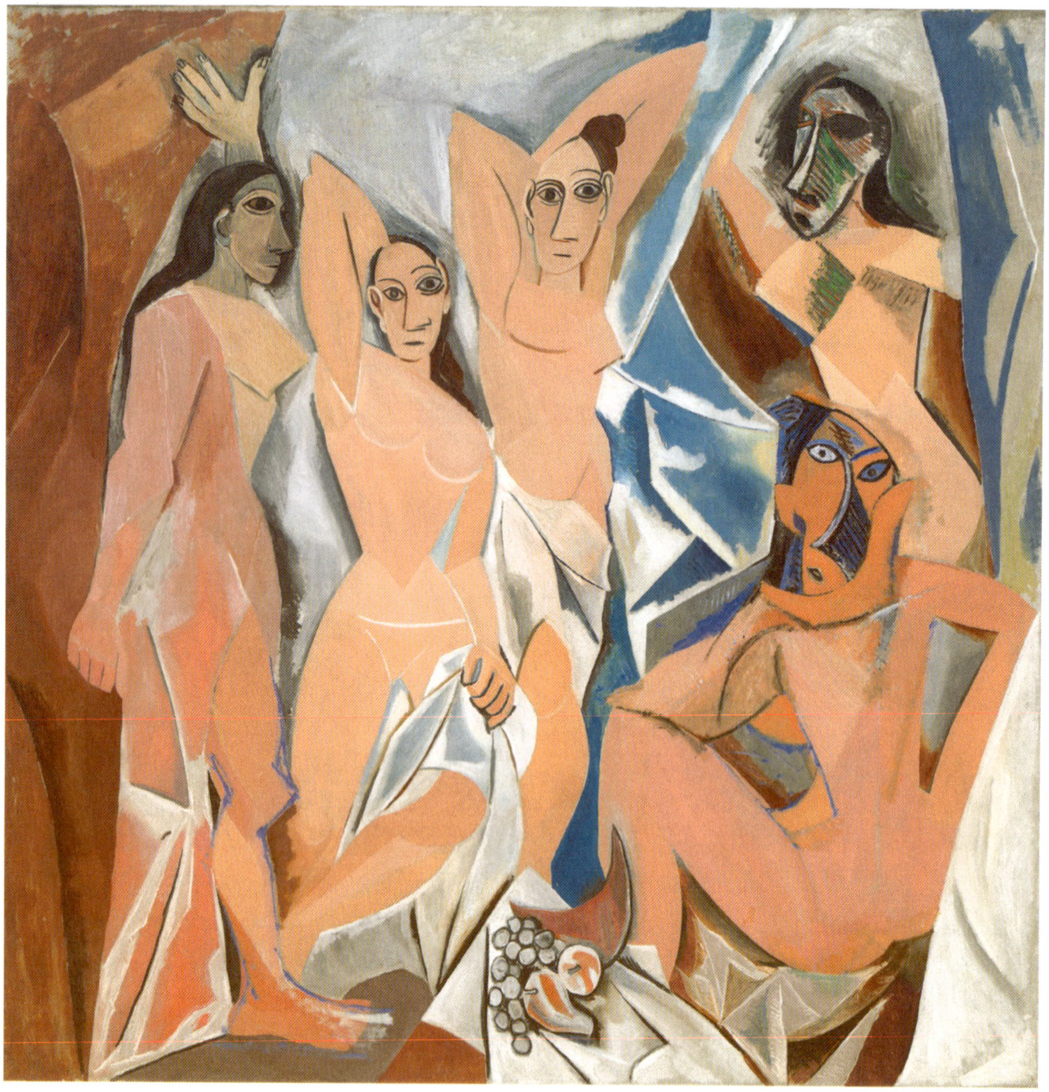

FIG. 48 ***Les demoiselles d'Avignon***
Paris, 1907
Huile sur toile, 243,9 x 233,7 cm
The Museum of Modern Art, New York.
Acquis grâce au legs de Lillie P. Bliss

sion expérimentale d'hybridité raciale et culturelle, une œuvre qui «brouille les codes» en mêlant des conventions propres à l'art européen en matière de composition et de représentation avec des éléments empruntés aux cultures africaines et océaniennes[55]. Comme le suggère Green, Picasso n'a probablement jamais lu *Les races et les peuples de la terre* de Deniker. Une fois encore, il est cependant probable qu'il ait entendu parler du travail ethnographique de Joseph Deniker par ses fils, peut-être par le cadet, Georges, dont les tendances et les centres d'intérêt étaient proches de ceux de son père, puisqu'il entra plus tard dans le corps diplomatique et devint une autorité dans le domaine des cultures et des religions orientales[56]. La collection de cartes postales de Picasso reproduisant des photographies d'Edmond Fortier (fig. 49) qui montrent les types ethniques du Sénégal, du Soudan et d'autres pays de l'Afrique occidentale confirme son intérêt pour l'iconographie anthropologique[57]. Si Picasso était effectivement au courant des objections de Deniker concernant la théorie des catégories raciales immuables, il a dû considérer avec une certaine ironie ces photographies dont les légendes faisaient naïvement référence à des types ethniques féminins propres aux différentes régions.

Mécislas Golberg avait un diplôme en sciences sociales de l'Université de Genève et était en outre passionné d'anthropologie. En 1895, au congrès de Paris de l'Institut international de Sociologie, il donna une conférence intitulée «L'origine des races et la division du travail», dont l'argument préfigurait les travaux de Joseph Deniker. S'appuyant sur les récits d'explorateurs allemands et anglais, Golberg

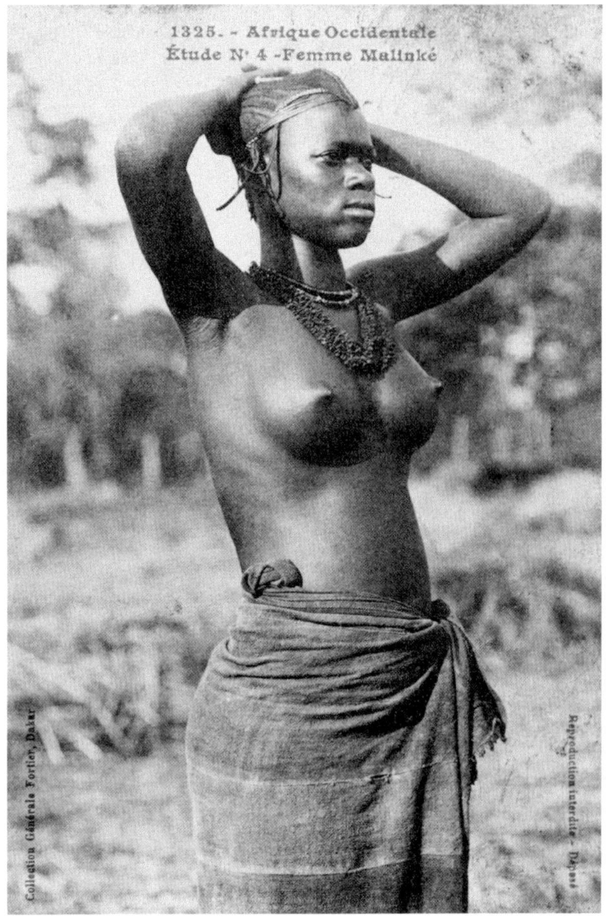

FIG. 49 **Femme Malinké**
1906
Carte postale, photographie d'Edmond Fortier, issue de la collection de Picasso
Archives Picasso, Paris

dénombra des variations de mœurs et d'organisation entre des tribus appartenant à plusieurs régions différentes d'Afrique et démontra qu'à mesure que les sociétés évoluent et deviennent plus complexes, elles assimilent des peuples et des races disparates et donnent naissance à un *melting pot* identitaire qui réduit à néant les divisions raciales bien définies. Connaissant bien les écrits de Durkheim, il affirma que ce sont les facteurs socio-économiques plutôt que les origines raciales qui constituent les éléments déterminants d'une communauté humaine, tout en ajoutant que plus une société est développée – que ce soit en Europe, en Afrique ou ailleurs – plus grande est sa mixité raciale. Les arguments et les exemples de Golberg démontraient par ailleurs que certains des peuples africains soumis à la force militaire européenne appartenaient en fait à des cultures très anciennes, d'un haut niveau de développement et de sophistication[58].

Il existait donc des affinités philosophiques et scientifiques entre des écrivains qui étaient associés par des liens de parenté ou d'amitié à l'entourage immédiat de Picasso. Il est d'autant plus probable, si l'on tient compte du contexte intellectuel ainsi créé, que le pouvoir vertigineusement perturbateur des *Demoiselles d'Avignon*, auquel contribuent ses ambiguïtés disjonctives, ait été dirigé non seulement contre les canons traditionnels de la beauté occidentale, mais aussi, dans une certaine mesure, contre les systèmes philosophiques et politiques qui prônaient la hiérarchie des races et la séparation des cultures.

Picasso lisait les journaux, mais n'était sûrement guère friand d'épais volumes scientifiques. Ses amis du Bateau Lavoir tendaient cependant vers des idées qui correspondaient, sur le plan poétique, aux arguments que d'autres présentaient de manière scientifique. Au cours de ses premières années à Paris, totalement engagé dans les réalités pratiques de la production artistique, Picasso ne cessa d'entretenir des rapports créateurs, mouvants et changeants avec les œuvres d'artistes, anciens et modernes, qu'il admirait, tout en restant néanmoins attentif aux controverses et aux débats politiques, philosophiques et littéraires de son époque, qui eurent également un impact sur son art. Ces années virent Picasso également entouré et soutenu par un réseau social, culturellement évolué et d'une grande originalité créative, qui stimula et amplifia sa curiosité intellectuelle innée, accentuant ainsi la complexité, la valeur et la richesse de son œuvre.

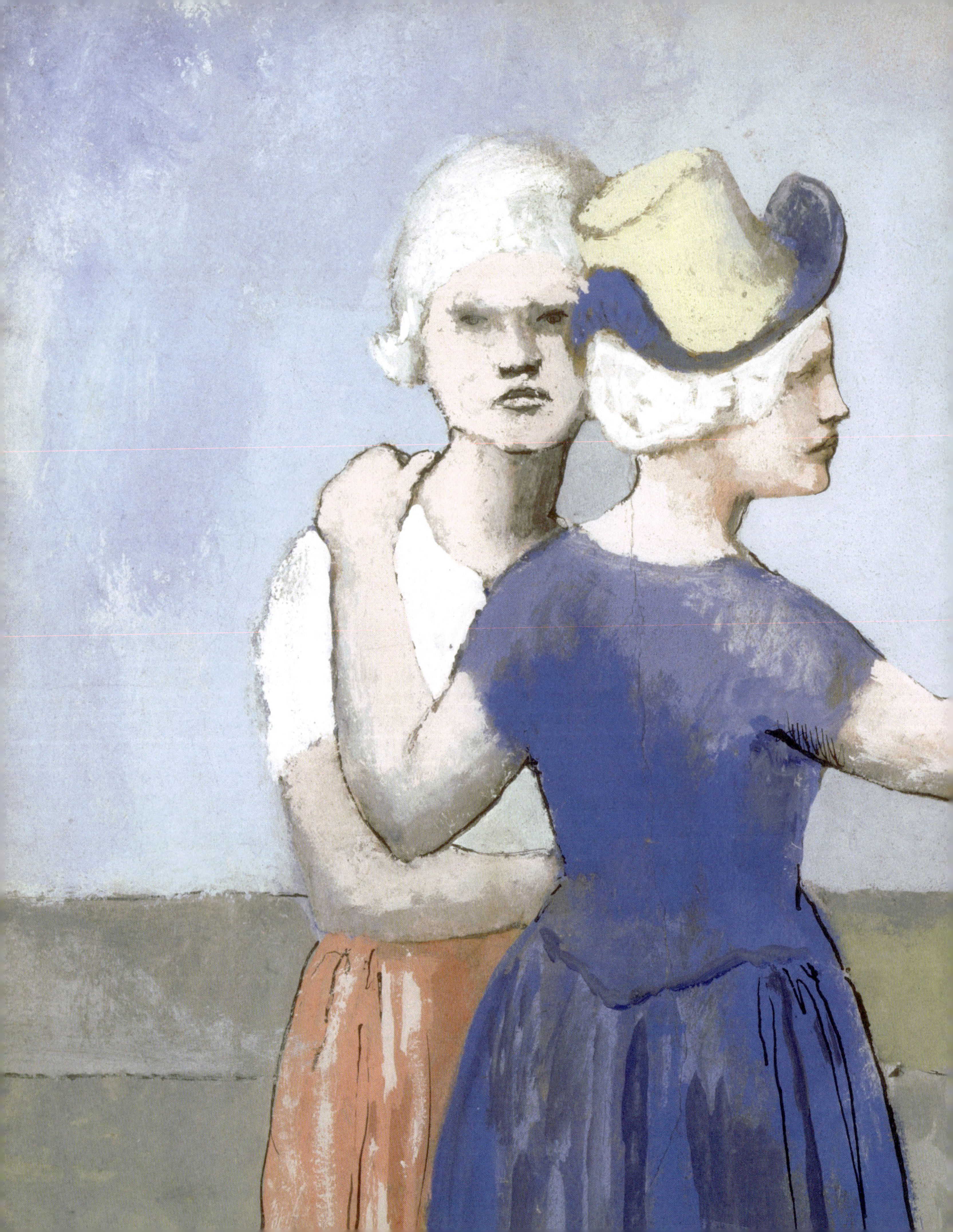

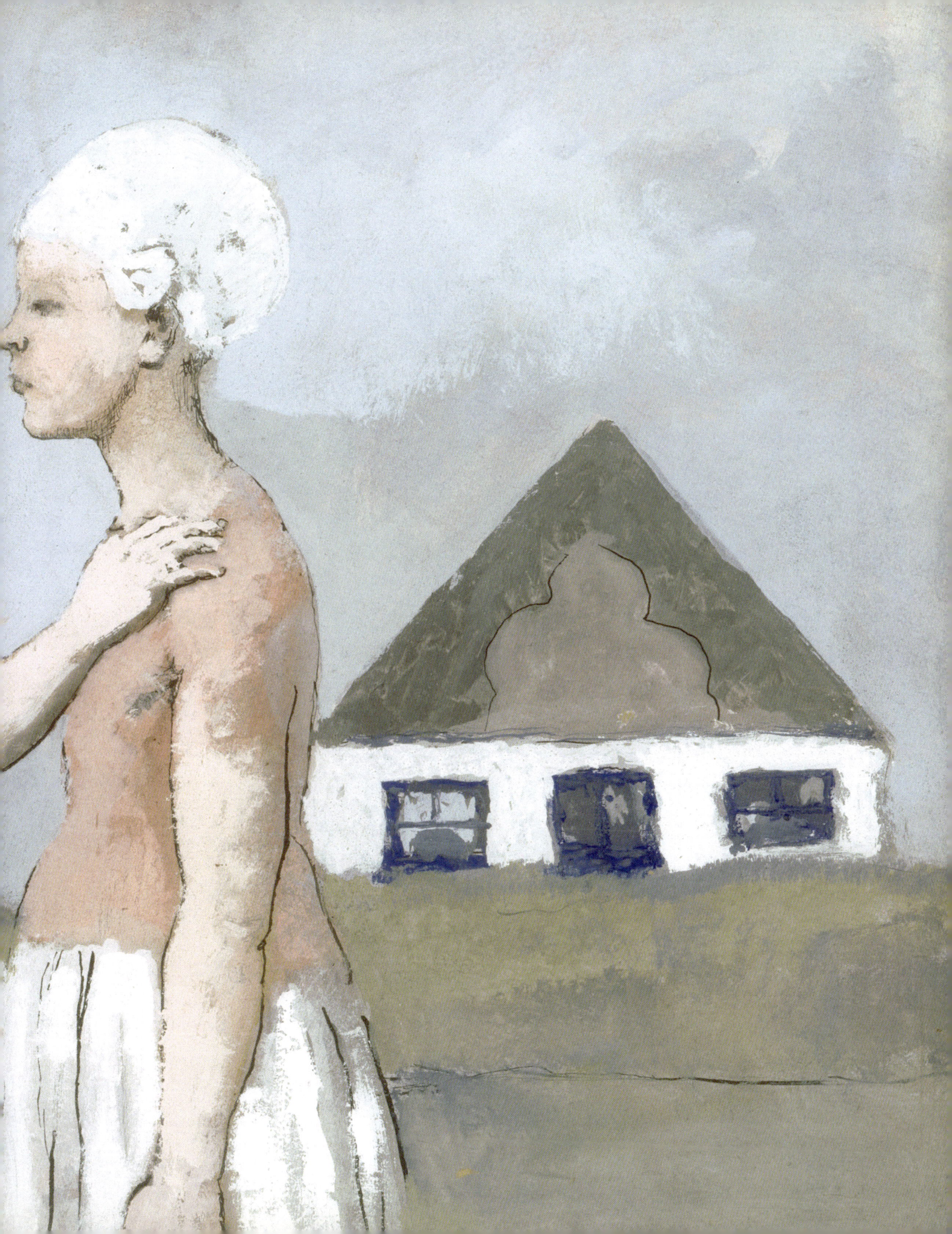

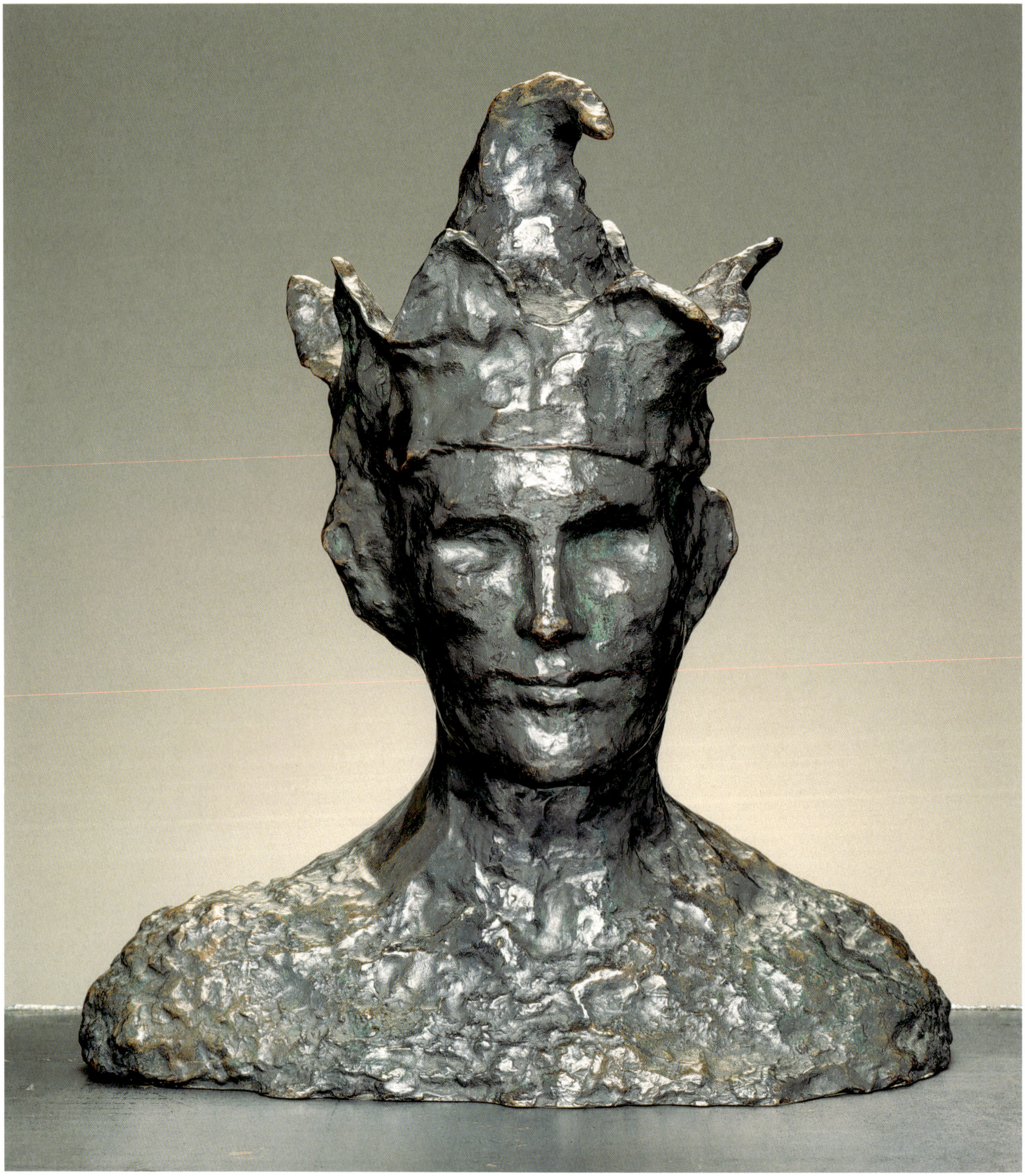

PL. 87 ***Tête de bouffon***
Paris, 1905
Bronze, 41,5 x 37 x 22,8 cm
Collection Fondation Pierre Gianadda, Martigny

L'ÉLARGISSEMENT DU CERCLE DE PICASSO

MARILYN McCULLY

L'exposition chez Serrurier et la réception critique positive dont elle fit l'objet rehaussèrent le nom et la réputation de Picasso sur la scène artistique parisienne. En outre, les liens qu'il entretenait avec la communauté d'artistes et d'écrivains qui vivaient ou se rassemblaient au Bateau Lavoir indiquent qu'il se mêlait, plus qu'il ne l'avait jamais fait, à la vie locale. En 1905, ses amis les plus proches étaient, et de loin, Max Jacob, Guillaume Apollinaire et André Salmon. Fernande, qui tint un journal pendant les années passées avec Picasso, raconte que «Max Jacob, Apollinaire venaient chaque jour et Max, si spirituel, si amusant, si plein de vie, de dynamisme, était le dispensateur de nos jeux. Picasso et Guillaume pouvaient rire toute une soirée des propos, des inventions, des chansons, des jeux de physionomie de Max. L'atelier qui se remplissait peu à peu retentissait de nos rires. [...] Un autre qui vient souvent ici est André Salmon, qui est un ami de Max et de Guillaume, bien qu'il soit très différent et que sa poésie soit plus empreinte de sentiment»[1].

En une occasion, après une visite au Cirque Médrano et tard dans la nuit, Picasso aurait modelé un portrait de Max, qu'il transforma ensuite en une *Tête de bouffon* (pl. 87)[2]. Dans sa forme finale, l'œuvre fait allusion de façon tout à fait explicite aux saltimbanques des tableaux de la période rose. Désormais, Picasso eut de plus en plus recours à la sculpture pour étayer ses recherches artistiques. Cette technique lui permettait d'étudier, en trois dimensions, les notions de surface et d'équilibre entre matérialité et illusion.

Fernande mentionne aussi dans ses mémoires les endroits où ils allaient se restaurer et s'amuser, ainsi que les noms de certaines de leurs fréquentations régulières. Un restaurant de quartier appelé Chez Vernin, par exemple, où Picasso pouvait manger à crédit lorsqu'il était à court d'argent,

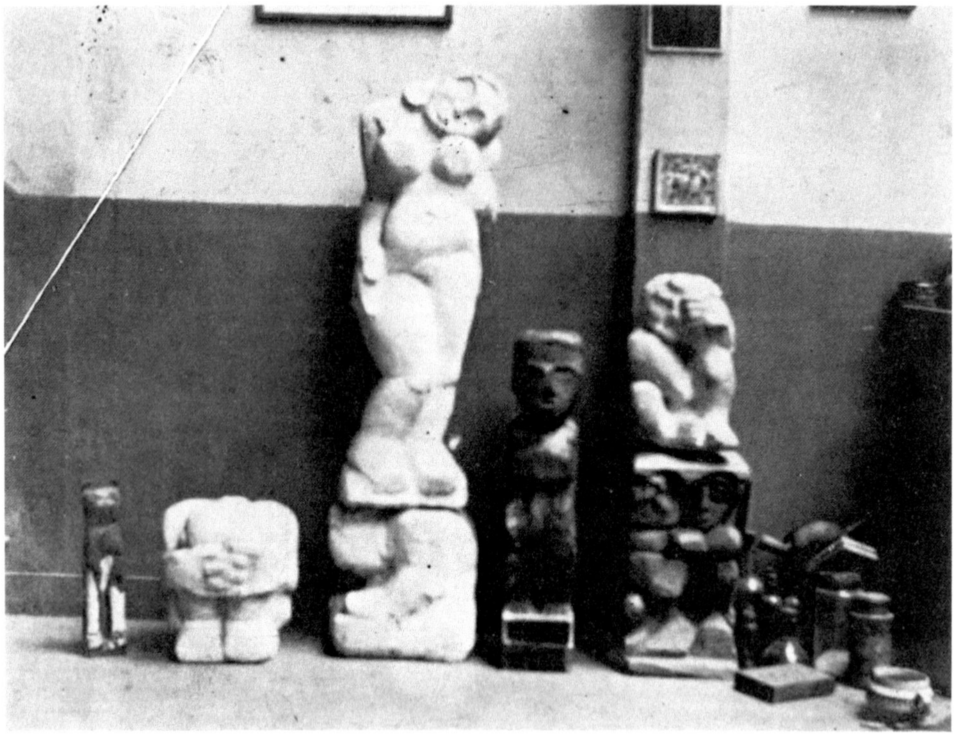

FIG. 50 L'atelier de Derain à Paris
1908
Photographie de Gelett Burgess
Archives Taillade

comptait parmi ses habitués des gens du monde du théâtre – le directeur Charles Dullin et différents acteurs – ainsi qu'un groupe d'Espagnols parmi lesquels les sculpteurs Durrio et Manolo, et le guitariste Fabián de Castro[3]. À propos de Durrio, Fernande écrit avec tendresse: «Paco Durio [sic], celui qui m'a demandée [sic] de l'épouser l'année dernière, était tout petit, tout rond, curieux, d'un tempérament solide, original, artiste, sincère, amoureux de l'art. Un vrai cœur humain. [...] Il avait été un grand ami de Gauguin au temps où ils habitaient tous deux rue de la Grande-Chaumière avant le départ de Gauguin pour Tahiti, et Picasso est son autre passion»[4]. Elle continue en disant qu'ils mangeaient souvent avec Canals et Benedetta ou avec le peintre espagnol Zuloaga, et qu'«il partageait les frais avec [le peintre basque] Etchevarría, Pichot et [un autre artiste barcelonais] Anglada, qui étaient plus fortunés»[5].

Picasso s'aventurait aussi au-delà des limites de son atelier et de Montmartre. Fernande raconte que le mardi soir ils commencèrent à fréquenter la Closerie des Lilas sur le boulevard Montparnasse[6], et qu'ils y assistaient aux soirées de *Vers et Prose* organisées par Paul Fort, le fondateur de cette revue. Selon elle, Jean Moréas aimait croiser le fer avec Picasso sur le terrain de la littérature espagnole, tandis que l'écrivain Maurice Raynal, qui écrira plus tard la première étude d'envergure sur l'œuvre de Picasso[7], était résolu à dilapider son héritage au profit de l'art et des artistes[8].

À peu près à cette époque, Picasso se lia d'amitié avec plusieurs peintres français, comme André Derain et Maurice de Vlaminck, et ils se rendaient parfois visite dans leurs ateliers respectifs. Derain et de Vlaminck faisaient partie du cercle de jeunes artistes considérés à l'époque comme des disciples de Matisse. Leurs toiles «fauves», présentées au Salon d'Automne de 1905, où une salle entière était réservée aux tableaux de Matisse, firent sensation. Dans une critique de l'exposition, le peintre nabi Maurice Denis mit en exergue la *Femme au chapeau* de Matisse (fig. 19),

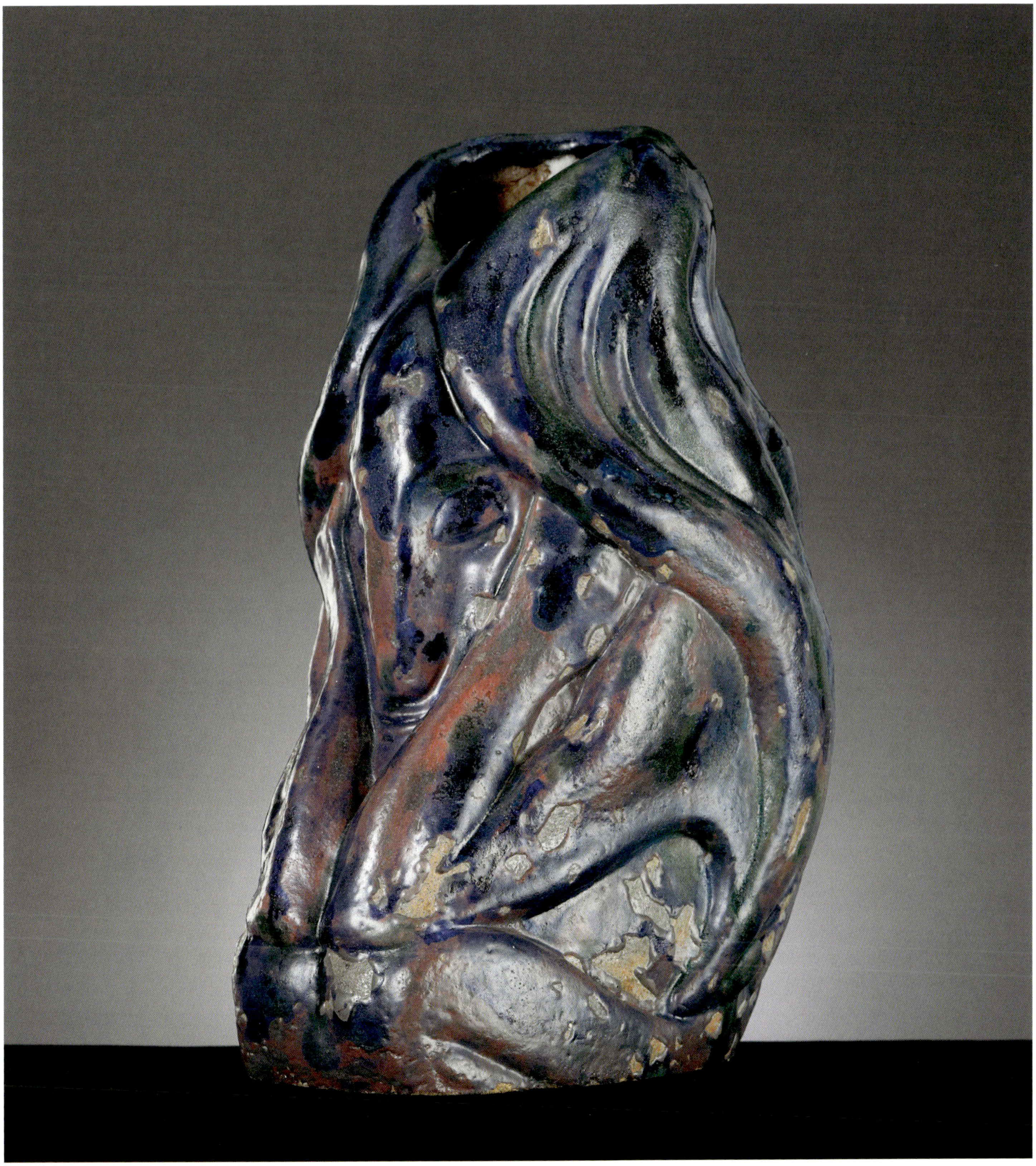

PL. 88 **PACO DURRIO**
Vase anthropomorphe
1900–1905
Grès émaillé, 37,8 x 23,5 cm
Musée d'Orsay, Paris

qu'il loua pour son caractère instinctif et pour ce qu'il décrivit comme une démonstration de « l'acte pur de peindre »[9].

Parallèlement au Salon d'Automne, Berthe Weill organisa pour certains des fauves une exposition dans sa petite galerie, et elle se souviendra qu'Apollinaire et Picasso en furent des visiteurs assidus[10]. Picasso n'était pas particulièrement intéressé par la peinture de paysage de ses nouveaux amis Derain et de Vlaminck, mais, en tant qu'Espagnol formé à utiliser une palette généralement monochrome ou limitée à des tons de terre, il fut impressionné par la liberté avec laquelle, sous l'influence de Matisse, ils utilisaient la couleur dans leurs compositions pour suggérer à la fois les formes et l'espace (pl. 93). Mais Picasso et ses nouveaux camarades étaient néanmoins unis par leurs intérêts communs et le sérieux avec lequel ils appréhendaient l'art.

Le contingent hollandais résidant à Montmartre comprenait un journaliste, Tom Schilperoort, qui acquit une certaine notoriété en 1905 pour avoir interviewé Mata Hari, une Néerlandaise déguisée en Indonésienne qui se faisait alors un nom à Paris comme danseuse exotique[11]. Schilperoort avait fait un petit héritage, ce qui lui permit de rentrer chez lui pendant l'été, et il invita Picasso à le rejoindre en Hollande. Malgré la contrariété qu'éprouva Fernande à l'idée de le voir partir sans elle, il accepta[12]. Picasso se souviendra que, juste avant son départ, il avait fait un petit dessin représentant un avocat pointant l'index et que, pour plaisanter, il l'avait signé « H. Daumier ». Pendant son absence, Salmon ou un autre de ses amis occupant son atelier le vendit comme un authentique Daumier[13]. « Moi, je n'avais pas d'argent, ajoutera Picasso. Il en fallait bien un peu pour le voyage. Max Jacob n'en avait pas non plus. Il est allé chez la concierge. Il est revenu avec vingt francs. J'avais une sacoche [...] j'y ai mis des couleurs. Les pinceaux n'y tenaient pas; j'ai cassé les manches et je suis parti »[14].

Le voyage en Hollande eut lieu dans la seconde moitié du mois de juin 1905, en train, en passant par Amsterdam, Haarlem et Alkmaar. Malheureusement, bien que Picasso ait peut-être visité Amsterdam en chemin[15], il manqua la grande rétrospective Van Gogh organisée en cette ville car elle n'ouvrit ses portes qu'à la mi-juillet[16]. La dernière partie du voyage se fit en bateau, et c'est par le Noord Holland Canal que l'artiste parvint au village de Schoorldam, près de Schoorl, où résidait Schilperoort. Picasso trouva une chambre dans une maison qui appartenait à Dieuwertje de Geus, la fille du facteur, et l'espace du grenier situé au-dessus du café contigu fut mis à sa disposition en tant qu'atelier.

Au cours des quelques semaines qu'il passa aux Pays-Bas, Picasso fit surtout des dessins, certains dans des carnets de croquis, qui s'inspiraient de la vie locale, des maisons le long du canal et de ses déambulations dans les villes voisines d'Hoorn et d'Alkmaar. Il produisit également au moins trois grandes compositions à la gouache, parmi lesquelles *Trois Hollandaises* (pl. 89), *La belle Hollandaise* (fig. 51) et *Nu au bonnet* (œuvre disparue). Pour la première, il peignit les jeunes filles en sabots devant l'une des chaumières typiques bordant le canal. Comme l'a fait remarquer Gerrit Valk, le fait qu'il ait donné à leurs vêtements les couleurs du drapeau hollandais est sans doute davantage qu'une coïncidence[17]. Plusieurs cartes postales conservées dans les Archives Picasso, acquises par l'artiste lors de ce voyage, confirment que les bonnets et le chapeau porté par la figure centrale étaient typiques de la région.

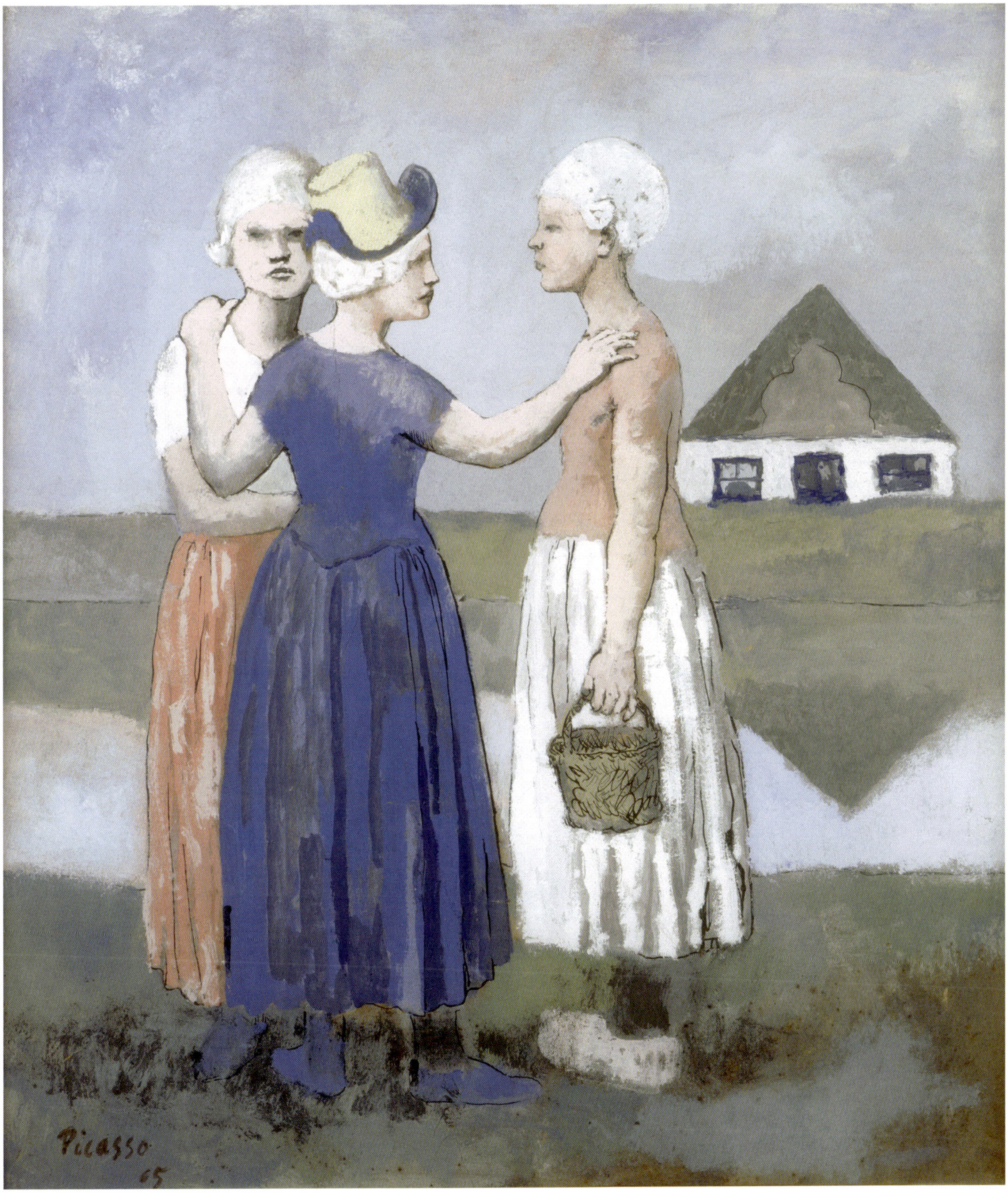

PL. 89 ***Trois Hollandaises***
Schoorl, 1905
Gouache sur papier, 77 x 67 cm
Centre Pompidou, Paris,
Musée national d'Art moderne

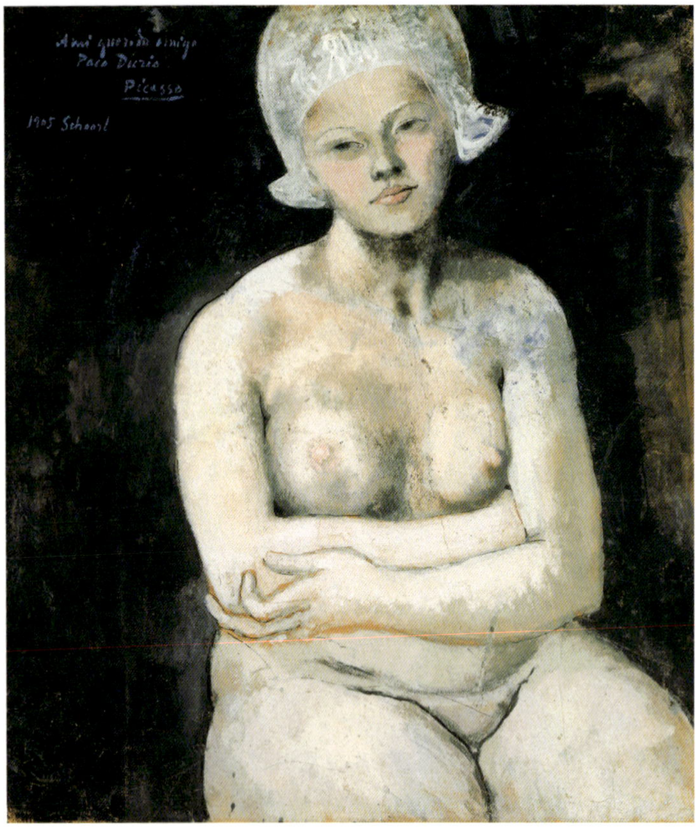

FIG. 51 ***La belle Hollandaise***
Schoorl, 1905
Gouache, huile et craie sur carton, montée sur panneau, 77,1 x 65,8 cm
Queensland Art Gallery, Brisbane. Acquis en 1959 grâce à l'appui financier du Major Harold de Vahl Rubin.

Contrairement aux femmes fluettes de ses compositions parisiennes, ces Hollandaises sont saines et tout en courbes.

Certaines sources rapportent que la logeuse de Picasso, Dieuwertje de Geus, accepta de poser pour lui dans son grenier, et que lorsque les gens du coin apprirent qu'elle posait nue, ils n'auraient pas caché leur mécontentement[18]. Picasso ne se découragea pas pour autant, et son tableau *La belle Hollandaise*, en particulier la voluptueuse poitrine de la jeune femme, est une célébration de la beauté physique[19]. Dans cette œuvre, Picasso accumula les couches de gouache rose comme s'il créait la chair à partir de la matière picturale elle-même, une combinaison de gouache, d'huile et de craie. Son modèle hollandais porte un bonnet typique du nord, que Baedeker décrivit (en 1905) comme «une large bande de vermeil en forme de fer à cheval portée en travers du front, servant à retenir les cheveux vers l'arrière, et décorée sur les côtés de grandes rosettes ou de plaques d'or ovales. On porte par dessus un chapeau ou un voile de fine dentelle dont les ailes retombent de part et d'autre du cou»[20]. Picasso donna plus tard cette gouache à son ami Durrio, sans doute en échange de l'aide que le sculpteur lui prodigua l'année suivante par ses conseils et en mettant ses installations à sa disposition.

La troisième gouache, *Nu au bonnet,* montre un nu debout portant un chapeau similaire, mais la photographie de l'œuvre publiée par Zervos dans son catalogue raisonné ne nous permet pas de trancher la question de l'identité du modèle. S'agit-il ou non de Dieuwertje de Geus? Tout ce que nous pouvons dire est que le personnage est représenté en plein air, dans ce qui semble être un environnement sauvage et luxuriant plutôt qu'un paysage plat typiquement hollandais. Les plantes et les arbres, qui semblent peints de façon très légère, évoquent une toile de fond exotique ou un décor de théâtre et transforment la jeune autochtone en une beauté des mers du Sud à la Gauguin.

FIG. 52 ***Famille de saltimbanques***
Paris, 1905
Huile sur toile, 212,8 x 229,6 cm
National Gallery of Art, Washington, D.C.,
Chester Dale Collection

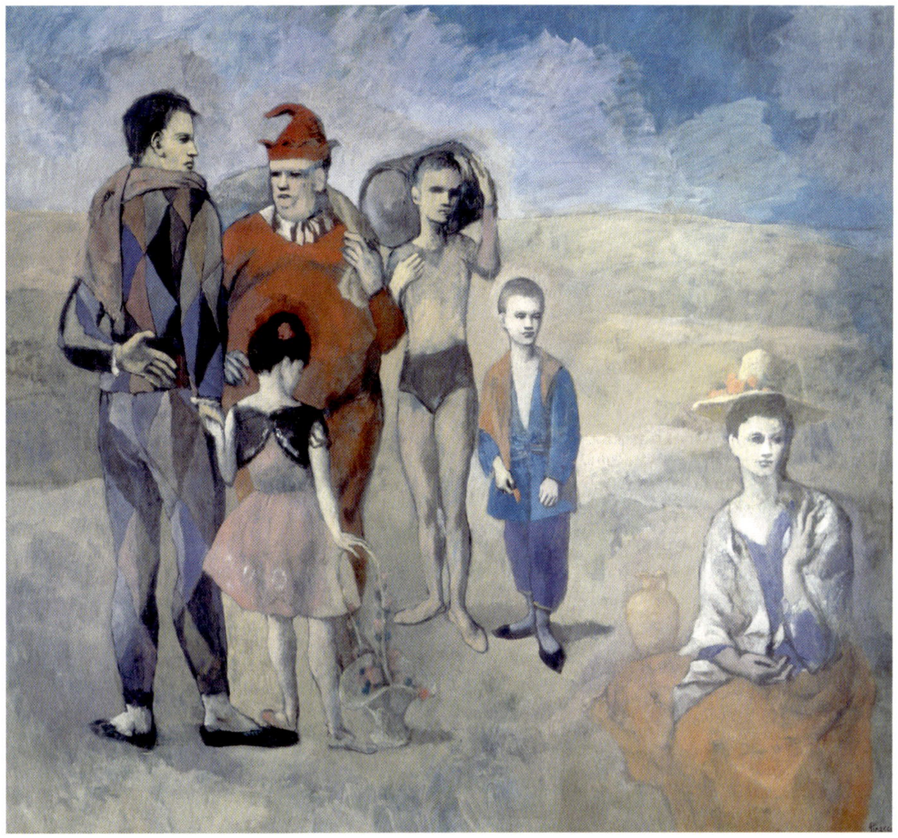

Picasso fut frappé par l'impressionnante stature des Hollandaises, dotées, selon ses propres mots, de «tailles de cuirassiers»[21]. Ces nouveaux modèles expliquent en partie le changement d'approche de la figure perceptible dans les gouaches qu'il ramena à Paris[22]. Après son retour, on détecte dans ses compositions l'expression d'une plus grande monumentalité et ses personnages témoignent d'une nouvelle consistance. Ce séjour à l'étranger eut une autre conséquence: l'expérience parisienne de la solitude et la jalousie qu'elle éprouva envers les Hollandaises qui ne laissaient pas Picasso indifférent semblent avoir encouragé Fernande à emménager avec lui au Bateau Lavoir dès son retour.

Picasso était conscient des directions radicalement neuves qu'étaient en train de prendre Matisse et ses acolytes, et un sentiment de rivalité l'incitait désormais à choisir lui aussi une nouvelle direction. Les années suivantes, il allait généralement prendre des vacances pendant l'été, en Espagne ou à la mer, des vacances qui auront souvent pour effet de déclencher une nouvelle évolution. Les quelques semaines passées en Hollande l'encouragèrent à aller de l'avant. Cependant, avant d'abandonner ses scènes de cirque, Picasso devait terminer la grande composition connue sous le nom de *Famille de saltimbanques* (fig. 52), qu'il envisageait peut-être d'envoyer au Salon d'Automne. Les dessins réalisés avant son voyage en Hollande et les notations ajoutées dans ses carnets de croquis hollandais suggèrent qu'il passa encore l'été à réfléchir à l'agencement et aux positions des différents personnages de la famille. Fernande évoque une modification de la composition[23], et il est probable que l'expérience hollandaise ait aussi joué un rôle dans les changements que l'artiste apporta à la version finale, notamment dans l'exécution du paysage, qui évoque la succession de dunes de sable qui bordaient la plage près de Schoorl.

En fin de compte, Picasso décida de ne pas envoyer la grande toile *Famille de saltimbanques* au Salon, mais de

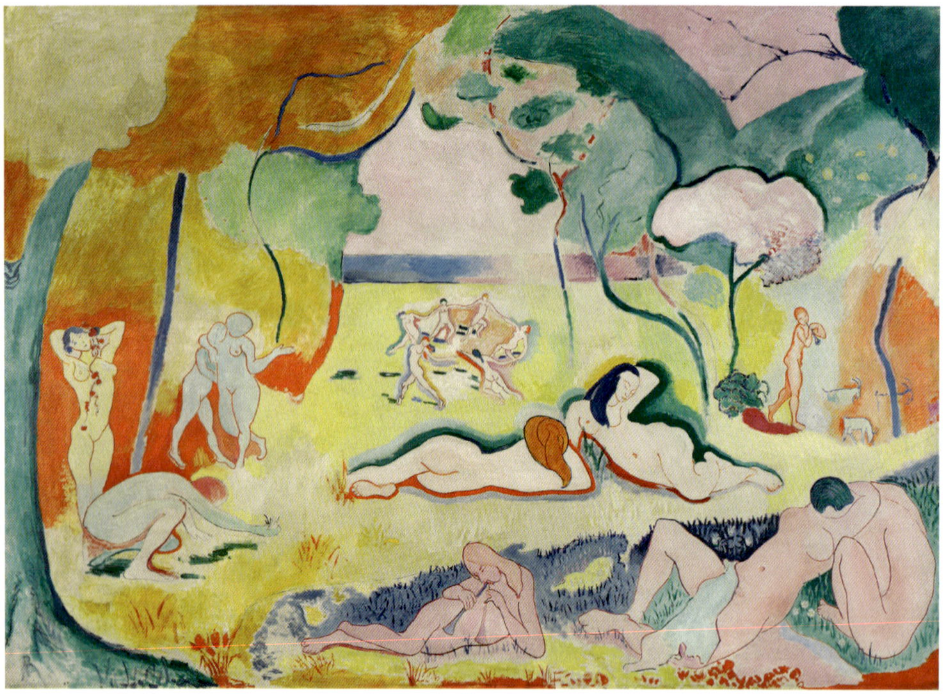

FIG. 53 **HENRI MATISSE**
Le bonheur de vivre
1905–1906
Huile sur toile, 176,5 x 240,7 cm
The Barnes Foundation, Merion, Pennsylvanie

la conserver. Il finira par la vendre, en 1908, à André Level[24]. Sa décision de ne pas exposer l'œuvre a peut-être été dictée, comme l'a suggéré Richardson, par l'esprit de compétition de plus en plus vif qu'il ressentait de la part de Matisse[25]. Les toiles vivantes et colorées du peintre français étaient beaucoup plus audacieuses et modernes dans leur manière que les *Saltimbanques* de Picasso, tableau plus conventionnel quoique poétique, dont la composition renvoyait à des artistes du passé, comme les frères Le Nain au XVIIe siècle[26] ou Manet[27]. Finalement, *Le bonheur de vivre* (fig. 53) de Matisse, exposé au Salon des Indépendants au printemps suivant, y sera considéré par Charles Morice comme «la question» du Salon[28].

À la fin de l'année 1905, Picasso fit une nouvelle composition «d'adieu» sous la forme d'un dessin intitulé *La mort d'Arlequin* (fig. 54). Cette scène pourrait bien lui avoir été inspirée par une source littéraire, ou même, comme l'a relevé Reff, par les reliefs funéraires de la sculpture gothique ou les Déplorations de la peinture de la Renaissance[29]. Au niveau personnel, *La mort d'Arlequin* fut la dernière représentation de saltimbanques dans l'œuvre de Picasso, du moins pour un certain temps[30].

À cette époque, la vente de ses œuvres se faisait de deux manières, soit directement à l'atelier, soit via quelques marchands, comme Vollard ou le propriétaire d'un petit magasin qu'on appelait le Père Soulier, ou encore Clovis Sagot. Il n'y aura plus de grande exposition de l'œuvre de Picasso à Paris avant 1910[31]. Cependant, comme l'a découvert Read[32], en novembre 1905, certaines de ses œuvres furent exposées simultanément à la galerie Vollard, au 6 de la rue Laffitte, et à la Galerie du XXe siècle qui appartenait à Sagot, au 46 de la même rue. Les dix toiles exposées, parmi lesquelles certaines mettaient en scène des saltimbanques, devaient être des acquisitions récentes des deux marchands, ce qui montre que Vollard n'avait pas perdu de vue l'artiste dont il avait exposé les œuvres en 1901.

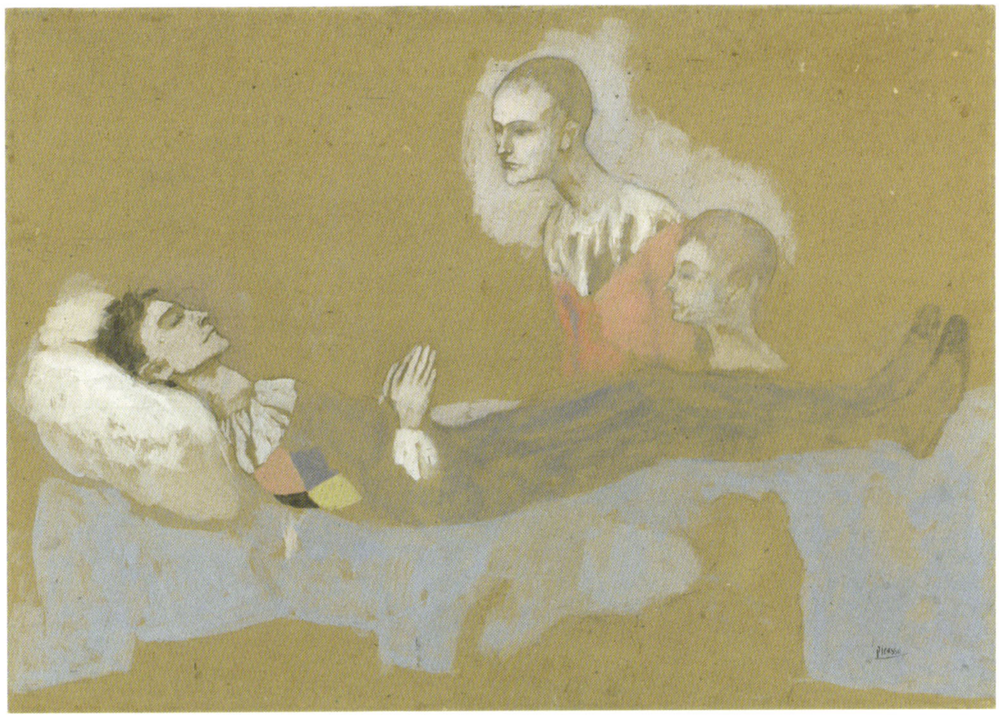

FIG. 54 ***La mort d'Arlequin***
Paris, 1905–1906
Gouache sur fusain, sur carton, 68,5 x 95,7 cm
National Gallery of Art, Washington, D.C., Collection of Mr and Mrs Paul Mellon

Fernande raconte comment le personnage sans scrupules qu'était Sagot – dont elle oppose le caractère à celui de l'homme d'honneur qu'était Vollard[33] – débarquait souvent chez Picasso pour examiner ses dernières œuvres avant de marchander âprement chacun de ses achats. Sagot n'avait pas tardé à reconnaître le potentiel commercial des tableaux de saltimbanques et en avait acheté plusieurs au début du mois de février 1905[34]. Plus tard cette année-là, juste après son retour de Hollande, Picasso, qui avait besoin d'argent pour s'acheter des couleurs et des toiles, invita Sagot à l'atelier: il «vint un jour à l'atelier, il choisit trois études d'un assez grand format, deux gouaches faites en Hollande lors d'un séjour là-bas [*Trois Hollandaises* et, vraisemblablement, *Nu au bonnet*] et la fillette nue à la corbeille de fleurs, peinture à l'huile grandeur nature. [...] Pablo n'accepta pas le marché. Comme la situation ne s'améliorait pas, il prévint Sagot qu'il les lui laisserait pour le prix qu'il en avait offert. Mais Sagot, paraît-il avait réfléchi et n'en donnait plus que 400 francs je crois [...]»[35]. Elle poursuit en racontant que Picasso rentra à l'atelier les mains vides, mais décida de retourner chez Sagot et d'accepter l'offre. Le rusé marchand réduisit alors le prix à 300 francs, et Picasso fut contraint d'accepter.

L'une des conséquences les plus heureuses de la relation de Picasso avec le fieffé personnage est que la vente dans sa galerie de la *Fillette à la corbeille de fleurs* (fig. 55) permit à l'artiste de rencontrer deux Américains: Leo Stein et sa sœur Gertrude. Plus tard, lors de leur première visite à son atelier, ils lui achetèrent pour 800 francs de peintures, ce qui, selon Fernande, «était inespéré»[36]. Picasso fut particulièrement impressionné par Gertrude, à qui il proposa de peindre son portrait, et ce fut le début d'une grande amitié. Stein rapporta plus tard qu'au cours de l'hiver et du printemps 1905–1906, elle avait posé quelque «quatre-vingt-dix fois» pour son portrait[37] et qu'elle en était «venue à aimer poser, les longues heures de silence [...] renforçant la concentration

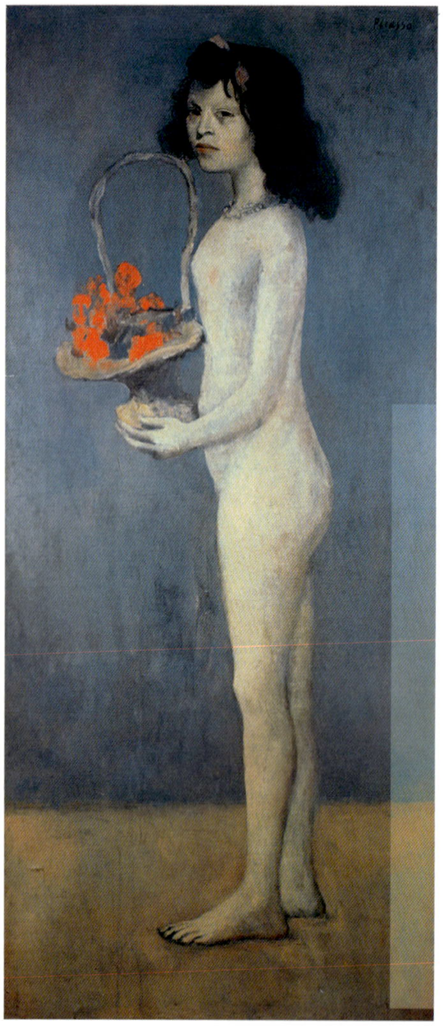

FIG. 55 ***Fillette à la corbeille de fleurs***
Paris, 1905
Huile sur toile, 152 x 65 cm
Collection privée

avec laquelle elle créait ses phrases »[38]. Elle fit aussi la fameuse remarque selon laquelle, au printemps, Picasso fit disparaître la tête qu'il avait peinte[39], pour ne l'achever qu'à l'automne en l'absence de son modèle (fig. 56).

Outre le fait que certains aient remis en cause la véracité des propos de Stein selon lesquels le portrait aurait requis quatre-vingt-dix séances de pose[40], nous pourrions aussi douter du fait que le peintre, qui, à peine quatre ans plus tôt, avait provoqué la consternation des critiques pour avoir peint jusqu'à trois toiles par jour, ait consacré de si longs mois à cette toile. De récents examens techniques ont révélé que la tête avait en effet été fortement retravaillée, mais que « Picasso avait peint le portrait initial de manière rapide et directe en usant d'une palette limitée »[41]. Comment expliquer, dès lors, la fréquence des séances de pose ? La réalisation du portrait était certainement devenue un moyen de renforcer une amitié naissante entre Gertrude Stein et Picasso – mais aussi entre Gertrude Stein et Fernande, qui faisait parfois la lecture à Gertrude lorsqu'elle se rendait à l'atelier du Bateau Lavoir. Selon Stein, « Personne n'a le souvenir d'avoir été particulièrement déçu ou particulièrement mécontent à l'issue de la longue série de séances de pose »[42]. La fin de ces séances coïncida avec le départ en Italie de Gertrude et de Leo Stein et le départ en Espagne de Pablo et de Fernande à la fin du printemps.

Au cours de la décennie suivante, Gertrude Stein et sa compagne, Alice Toklas, allaient devenir de fidèles clientes et introduire Picasso auprès des membres de leur cercle littéraire ainsi qu'auprès d'autres collectionneurs américains. Stein se souviendra que leur amie de Baltimore, Etta Cone, trouvait Picasso et Fernande épouvantables mais romantiques : « [Etta Cone] était emmenée chez eux par Gertrude Stein chaque fois que la situation pécuniaire de Picasso était désespérée et on lui faisait acheter pour cent francs de dessins. Après tout cent francs de cette époque équivalaient à vingt dollars. Elle était tout à fait disposée à s'adonner à cette charité romantique. Inutile de dire que ces dessins devinrent bien des années plus tard le noyau de sa collection »[43]. Gertrude et Leo, qui tenaient un salon artistique et littéraire à leur domicile de la rue de Fleurus chaque samedi soir, s'aperçurent qu'une rivalité couvait entre deux de leurs hôtes réguliers : Picasso et Matisse[44].

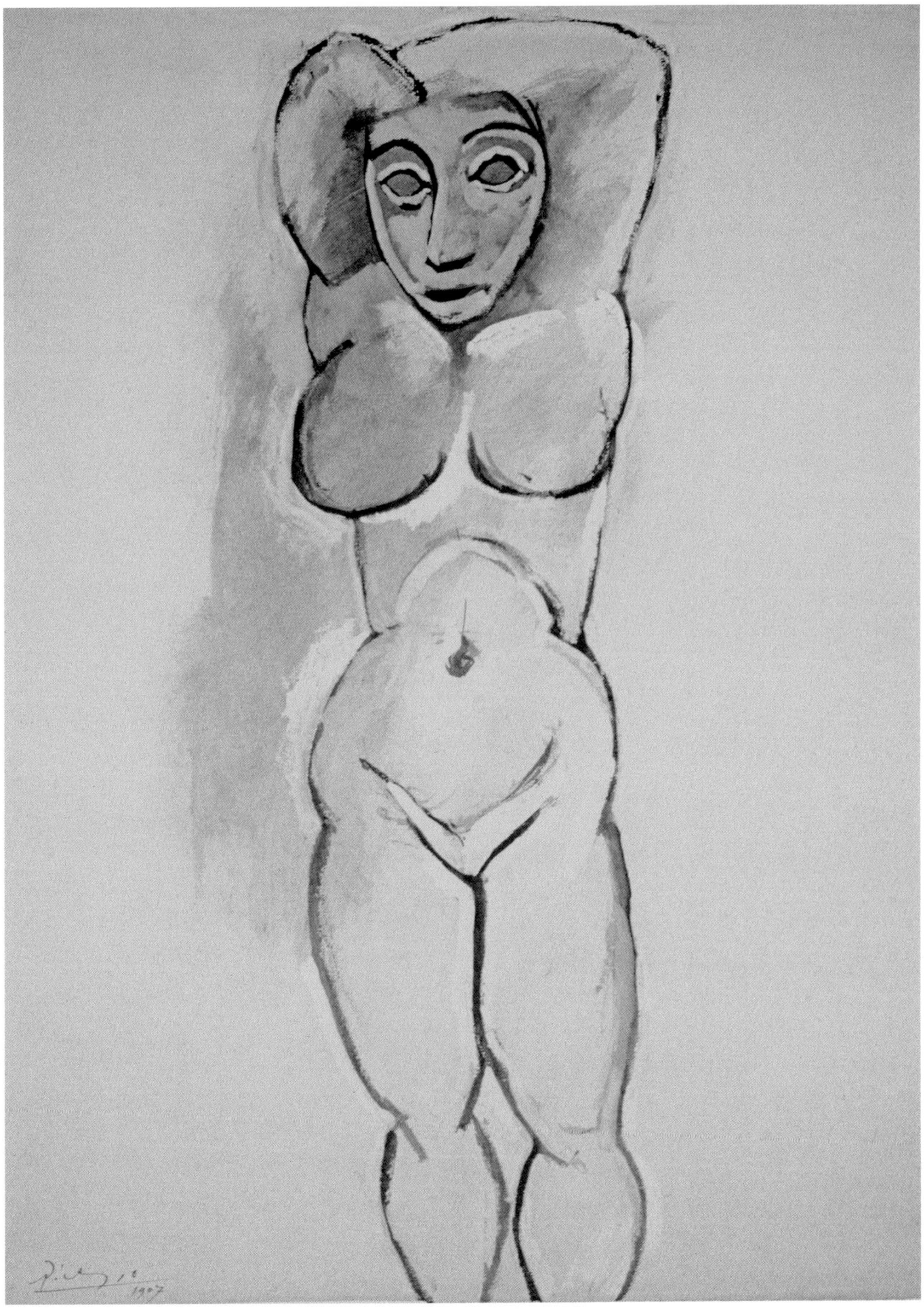

PL. 90 ***Nu féminin aux bras levés***
Paris, 1907
Gouache sur papier, 63 x 46,5 cm
Sainsbury Centre for Visual Arts,
University of East Anglia, Robert and Lisa
Sainsbury Collection, Norwich

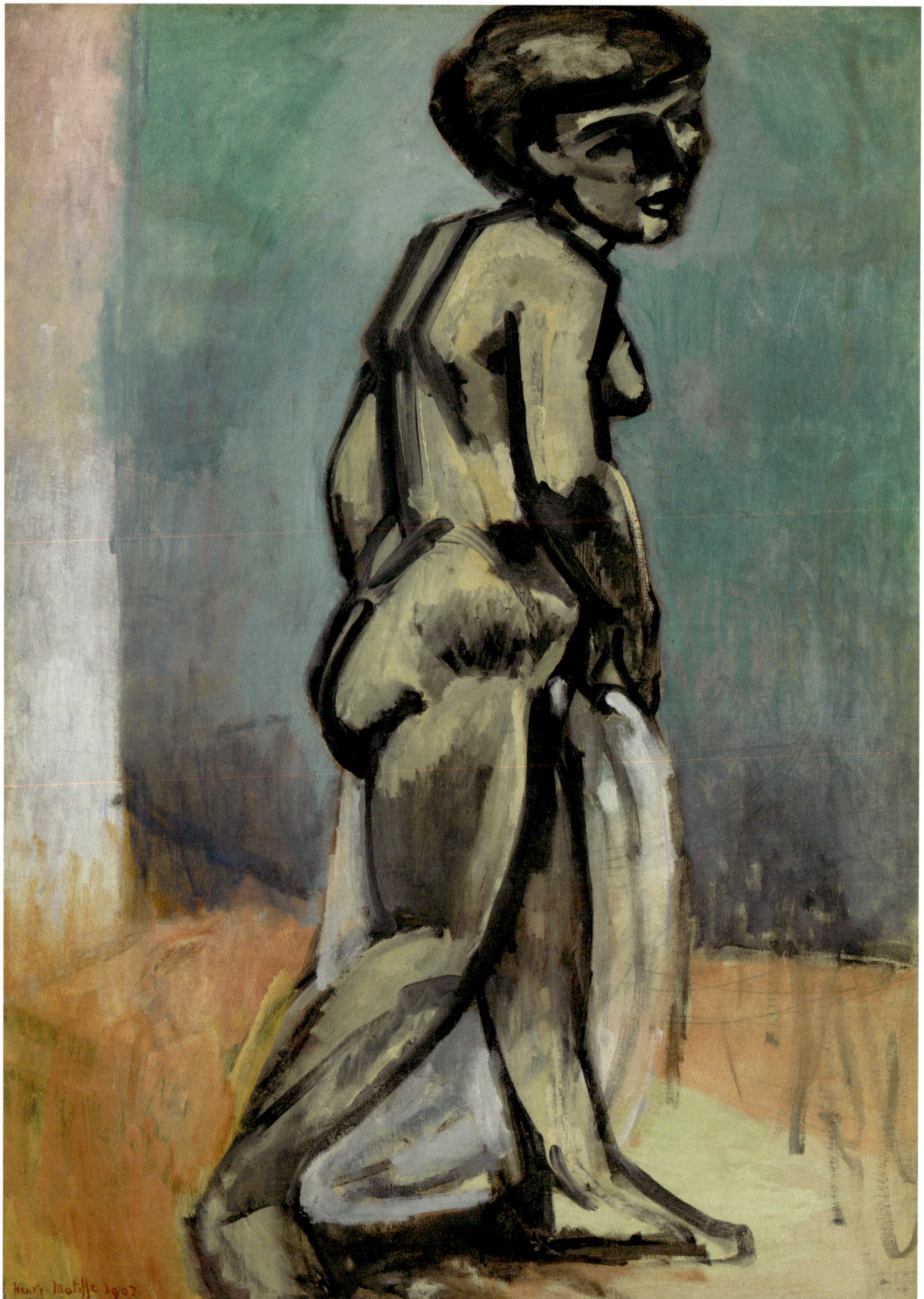

PL. 91 **HENRI MATISSE**
Nu debout
1907
Huile sur toile, 92,1 x 64,8 cm
Tate, Londres. Acquis en 1960

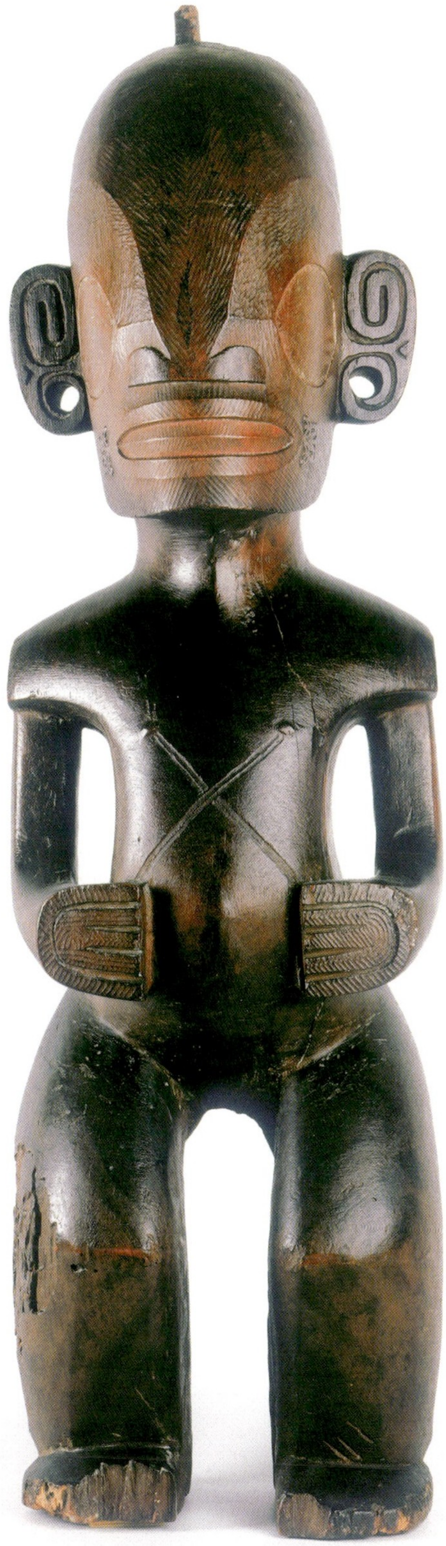

PL. 92 **ART POLYNÉSIEN**
Tiki
Îles Marquises (Polynésie française), XIXe siècle
Bois, h. 72 cm
Collection privée
Acquis par Picasso en 1907

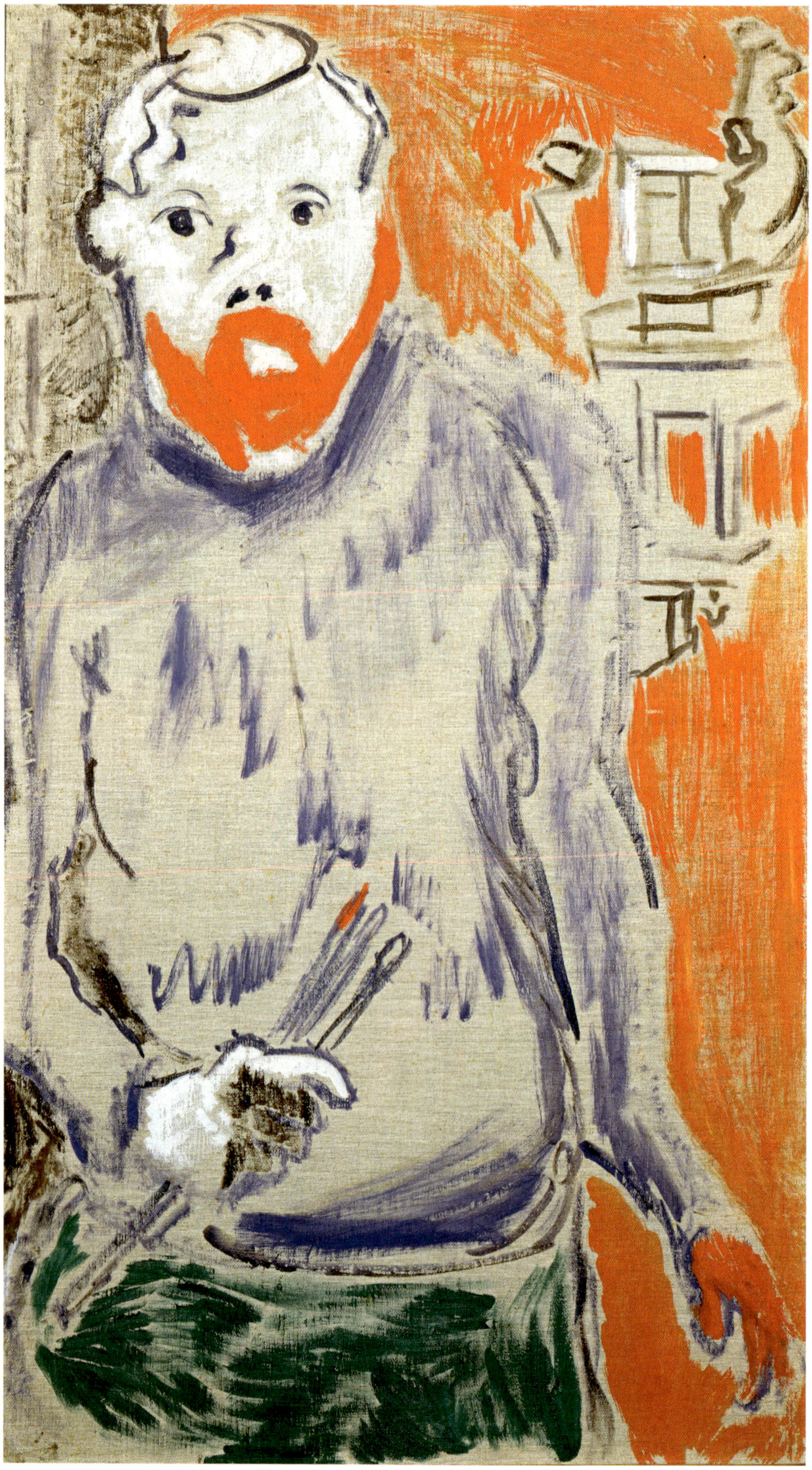

PL. 93 **ANDRÉ DERAIN**
Portrait de Matisse dans son atelier
1905
Huile sur toile, 93 x 52,5 cm
Musée Matisse, Nice

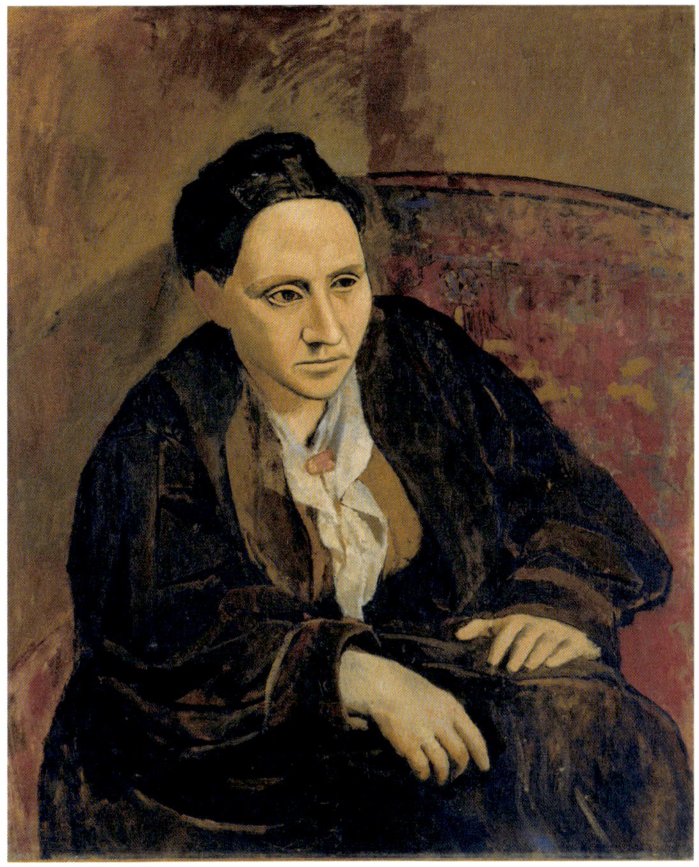

FIG. 56 ***Gertrude Stein***
Paris, 1905–1906
Huile sur toile, 100 x 81,3 cm
The Metropolitan Museum of Art, New York,
legs de Gertrude Stein, 1946

En tant qu'artiste, Matisse allait rester sa vie durant une sorte de référence pour Picasso, et sa peinture, comme sa sculpture, allait toujours provoquer une réaction dans l'art du peintre espagnol. Ils se rencontrèrent pour la première fois au printemps 1906, soit dans l'appartement des Stein, soit à la Galerie Druet, où Matisse exposait 55 tableaux ainsi que des sculptures, des aquarelles et d'autres œuvres sur papier. Dans les mois qui suivirent, on s'aperçoit que les deux artistes évoluèrent d'une manière relativement parallèle, en se concentrant surtout sur l'exploration de nouveaux moyens artistiques, bien qu'avec des résultats tout à fait différents, pour représenter la figure (pl. 90, 91). Un autre point commun majeur est leur intérêt pour l'œuvre de Gauguin : ils visitèrent tous deux la rétrospective qui eut lieu au Salon d'Automne de 1906 et en tirèrent de grands enseignements. Les qualités soi-disant « primitives » que Gauguin avait apportées à ses compositions allaient aider Matisse comme Picasso dans leur recours à la couleur, à l'espace mais aussi à la peinture elle-même, pour simplifier la forme humaine en la réduisant à l'essentiel.

Outre les soirées où ils étaient tous deux présents chez les Stein, on pouvait parfois trouver Picasso dans l'atelier de Matisse, comme le rapporte Max Jacob. « Un temps nous dînions le jeudi soir chez Matisse, Picasso, Salmon, Apollinaire et moi. Je crois que c'est chez Matisse que Picasso vit la statuaire nègre, ou tout au moins, qu'il en fut frappé pour la première fois »[45]. En fait, les premières acquisitions par les fauves d'objets d'art africain, ainsi que les expériences de Derain dans le domaine de la sculpture, allaient jouer, dans les mois suivants, un rôle essentiel dans les recherches artistiques de Picasso.

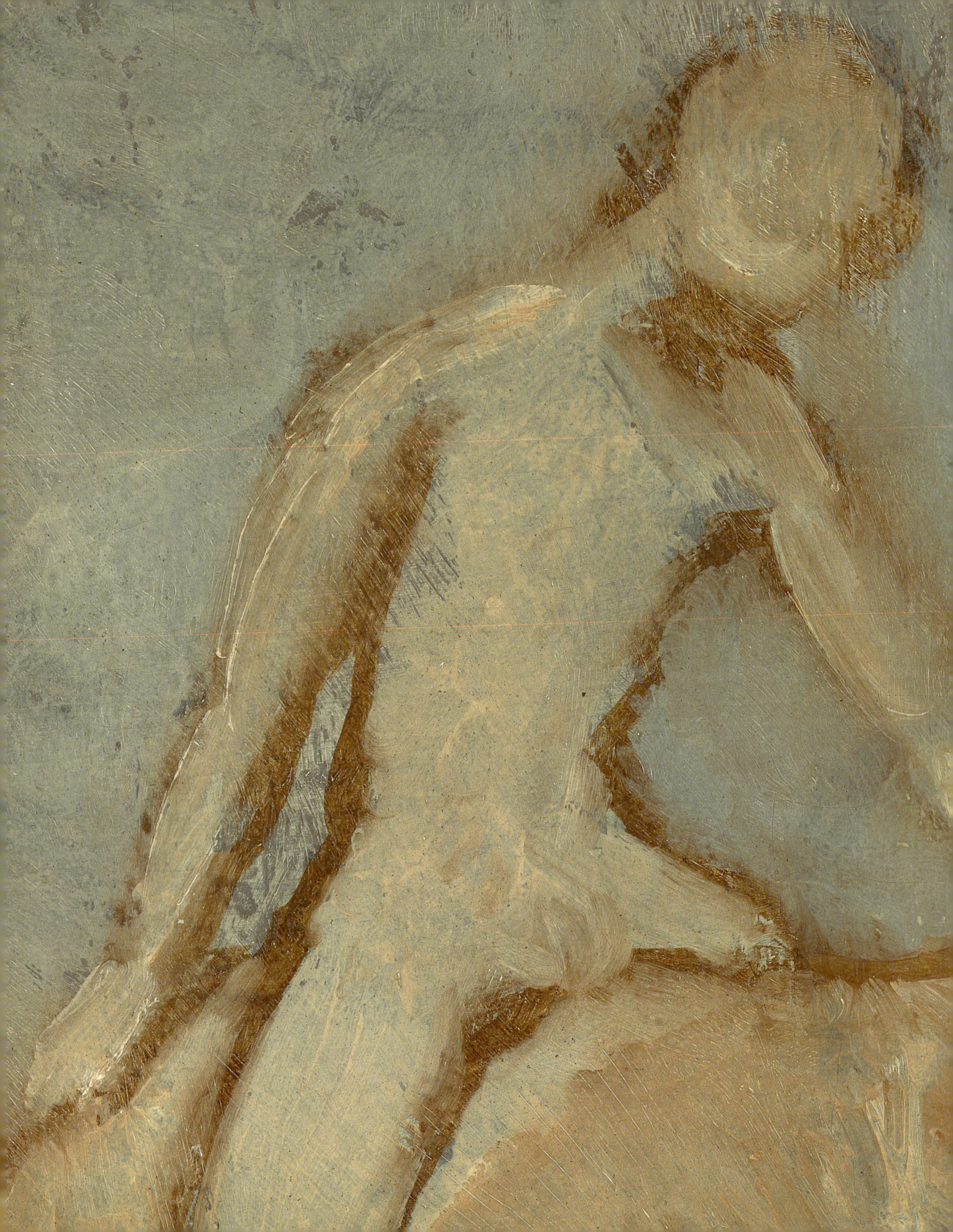

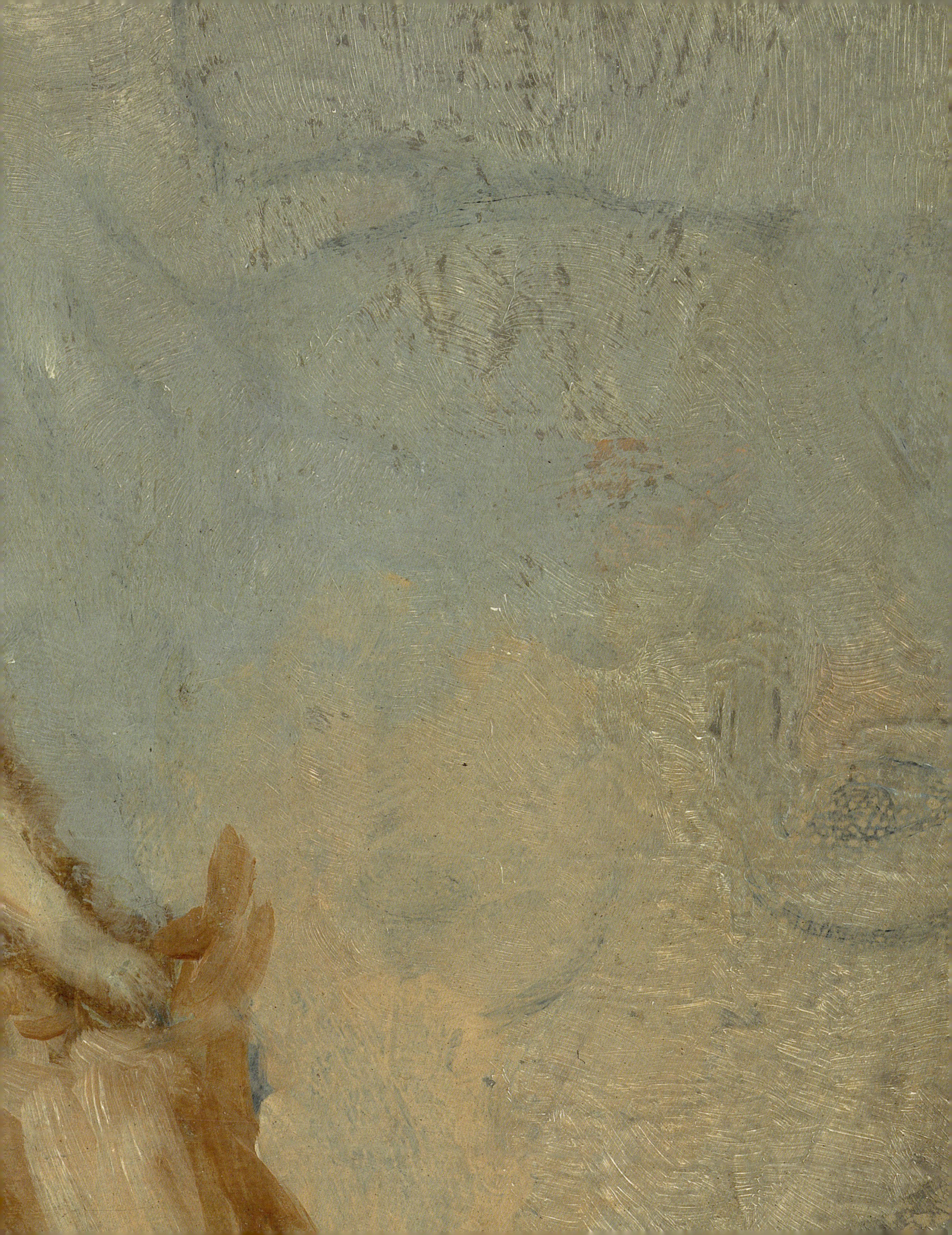

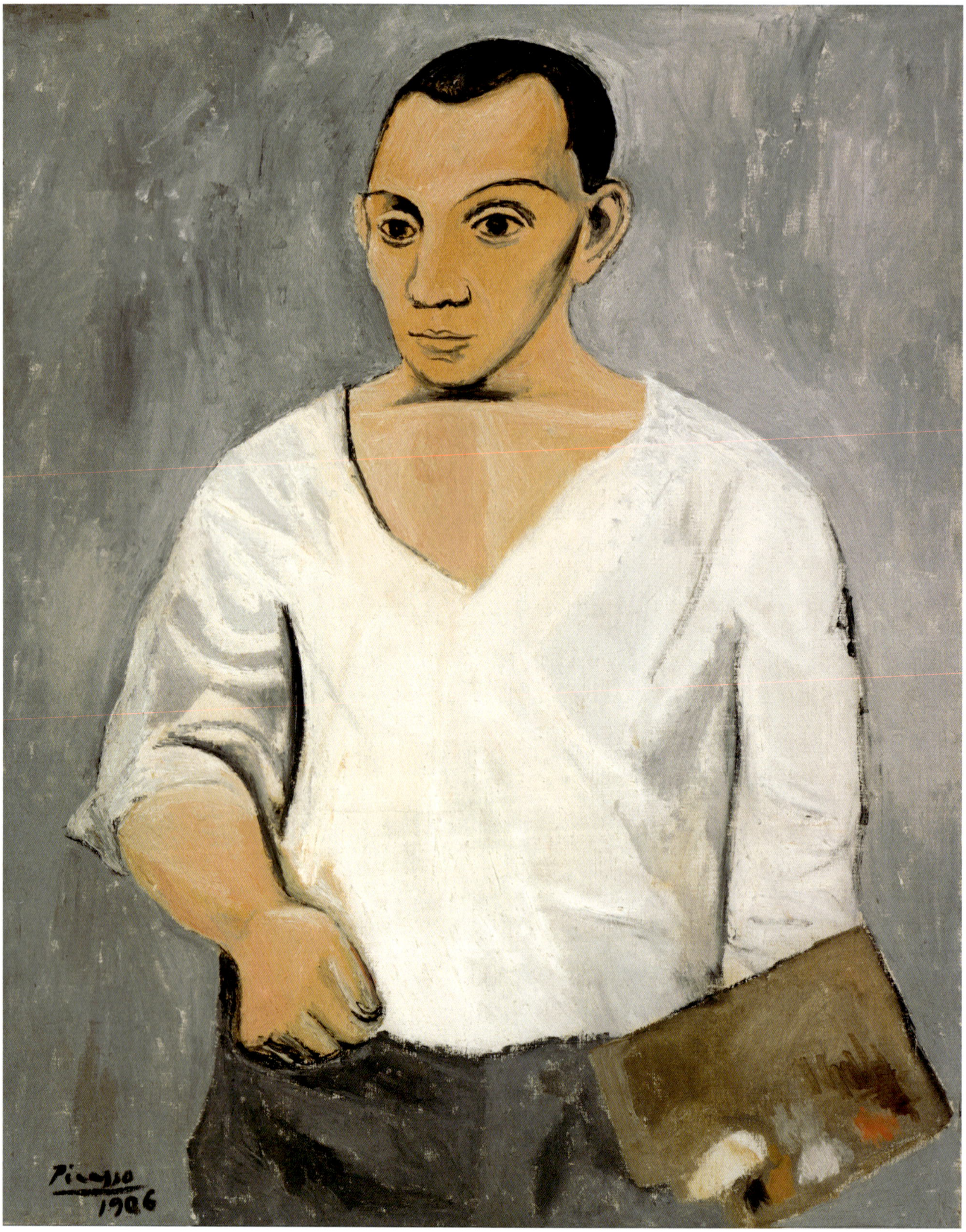

PL. 94 ***Autoportrait à la palette***
Paris, 1906
Huile sur toile, 91,9 x 73,3 cm
Philadelphia Museum of Art, A.E. Gallatin Collection

LE CRACHEUR DE FEU

MARILYN McCULLY

Au début de l'année 1906, Picasso effectua une sorte de retour aux sources, en cherchant principalement son inspiration dans l'art antique. Nous savons par Soffici qu'il avait hanté la section des antiquités du Louvre. En outre, au début de l'année 1906, dans le même musée, une exposition de sculptures ibères récemment mises au jour attira particulièrement son attention. Les sculptures de pierre archaïques du Cerro de los Santos (Albacete) (pl. 96) et d'Osuna (un site archéologique proche de Málaga, lieu de naissance de Picasso) firent renaître son sentiment d'identité non seulement avec l'Espagne mais aussi avec les arts du monde antique. Ses tableaux témoignèrent alors d'un changement significatif dans le choix des sujets mais aussi dans la palette et l'approche artistique. Désormais, il se soucia moins que jamais de produire une œuvre qui soit conforme «à la mode» de Paris et s'efforça au contraire d'offrir quelque chose qui soit fidèle à sa propre vision, qui puisse receler une évocation des origines de l'art occidental, mais dans un langage moderne.

Les dessins de l'époque suggèrent que Picasso envisageait d'exécuter de nouvelles compositions de groupe, mais nullement sous l'aspect des familles de saltimbanques qui l'avaient occupé quelques mois plus tôt. La série de jeunes hommes accompagnant des chevaux à un point d'eau, réalisée par Picasso au printemps 1906 (fig. 57), renvoie à des sources d'inspiration antiques et en particulier aux *kouroi* de l'art grec archaïque. Comme s'il voulait tester le nouveau thème avant d'entamer une grande toile, il commença par produire une série de dessins, certains en couleurs, ainsi que des gravures, dans lesquels il campe généralement ses personnages dans un décor extérieur. Par l'absence de toute référence explicite à l'endroit où

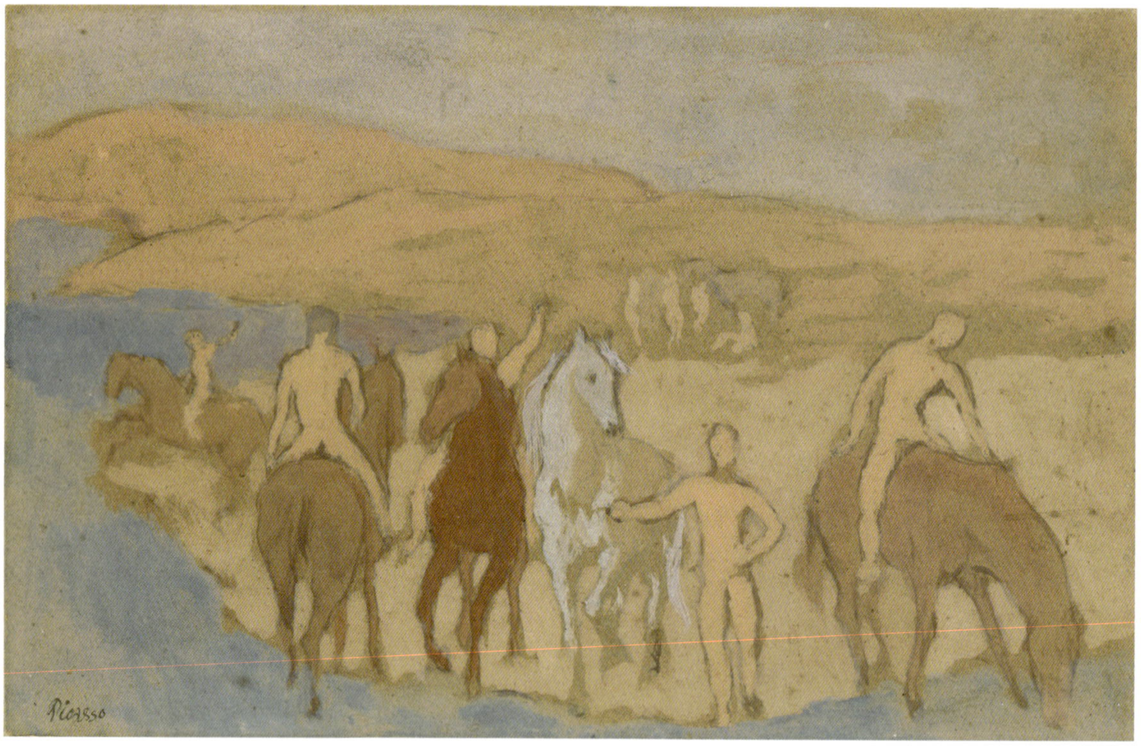

FIG. 57 ***L'abreuvoir***
Paris, 1905–1906
Gouache sur carton, 37,8 x 58,1 cm
The Metropolitan Museum of Art, New York, legs de Scofield Thayer, 1982

se trouvent les cavaliers nus, hormis la présence d'un abreuvoir pour les chevaux, cette scène évoque un lieu ou une époque reculés. Tout en ayant peut-être à l'esprit le primitif *Cavaliers sur la plage* de Gauguin (1902, collection privée), Picasso voulait avant tout présenter une vision qui soit à la fois classique et moderne. Quant au petit tableau intitulé *Jeune garçon nu à cheval* (pl. 95), il a été exécuté par-dessus une autre composition plus ancienne, en recouvrant la surface d'un épais empâtement blanc[1]. Si, en fin de compte, Picasso ne réalisa jamais de composition de groupe majeure sur ce thème, ses idées se cristallisèrent dans une grande toile centrée sur un personnage isolé intitulée *Meneur de cheval nu* (1906, Museum of Modern Art, New York).

Vollard se rendait compte que la valeur marchande des œuvres récentes de Picasso ne cessait d'augmenter et, au printemps 1906, il risqua un coup d'audace en achetant un groupe de 27 tableaux et gouaches pour la somme de 2000 francs[2]. Pour Picasso, cette aubaine n'entraîna pas seulement un regain de confiance en soi: cet argent lui donna aussi les moyens de quitter Paris avec Fernande pendant l'été et lui permit de retourner en Espagne pour la première fois depuis deux ans. À cette occasion, il décida de se rendre à Gósol, un village haut perché dans les Pyrénées, qui lui avait été suggéré par un ami catalan, le sculpteur Enric Casanovas, comme un endroit où il pourrait travailler sans être dérangé, dans un environnement idyllique. Après avoir consacré quelques jours à sa famille et à ses amis à Barcelone, Picasso rassembla des fournitures artistiques et entreprit avec Fernande le dur périple, en partie à dos de mulet, qui devait les mener à Gósol. «Le village est dans les montagnes, écrivit Fernande, tout là-haut, dans un air d'une pureté incroyable, au dessus des nuages,

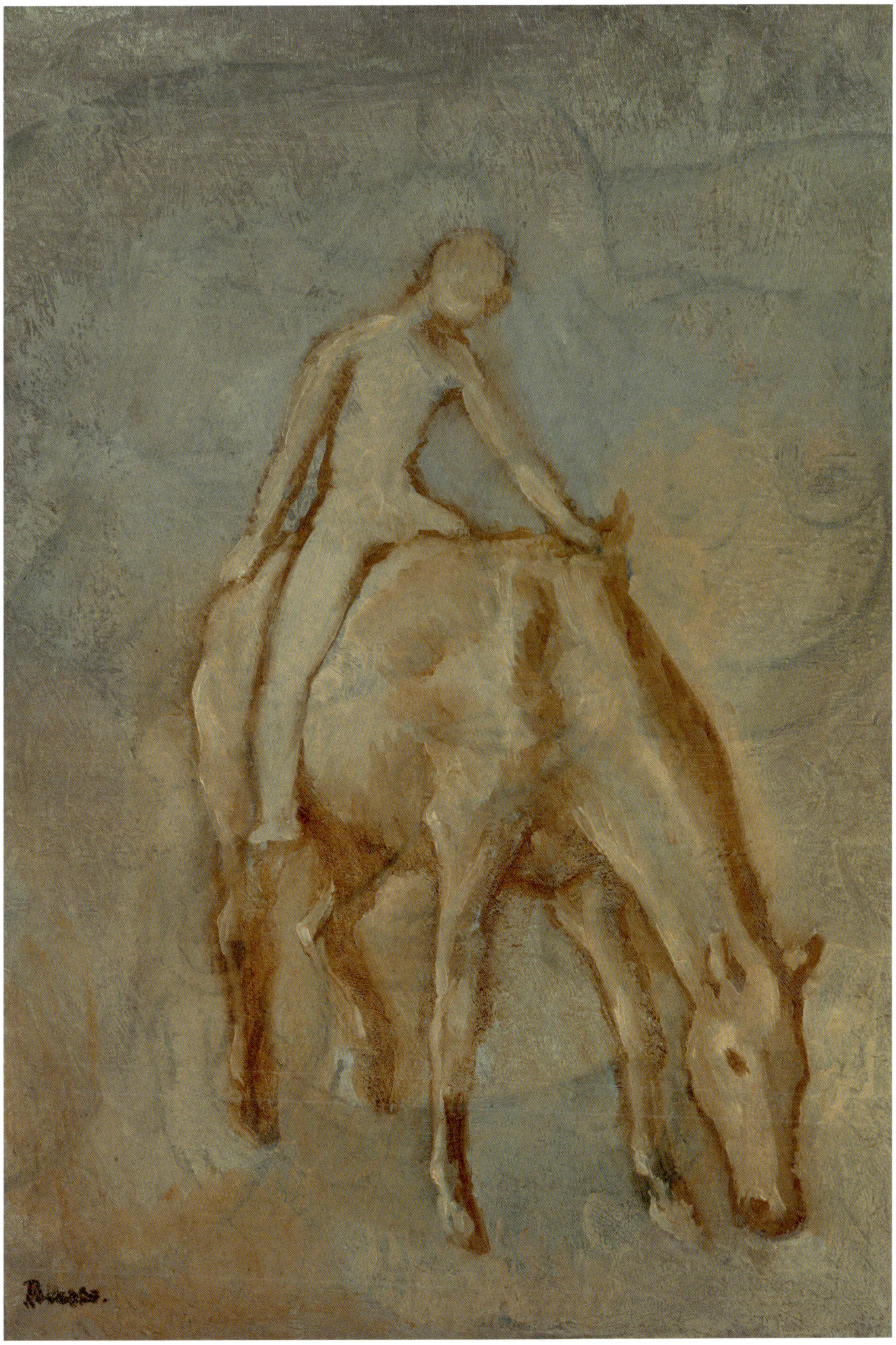

PL. 95 ***Jeune garçon nu à cheval***
Paris, 1906
Huile sur toile, 50,5 x 31 cm
Collection privée

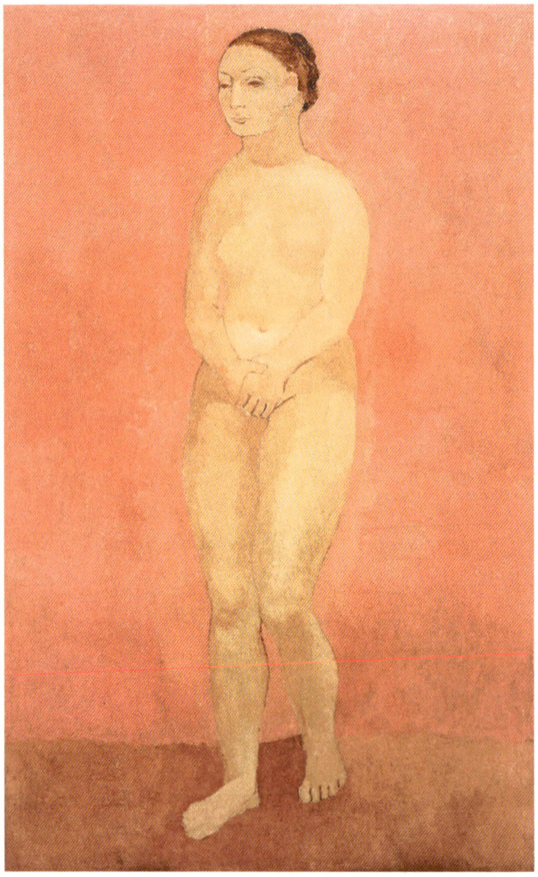

FIG. 58 ***Nu aux mains jointes***
Gósol, 1906
Huile sur toile, 153,7 x 94,3 cm
The Museum of Modern Art, New York,
The William S. Paley Collection

entourés des habitants aimables, hospitaliés [sic], désintéressés, presque tous contre-bandiers [sic], nous avons [...] trouvé avec une paix sereine ce qui peut être le bonheur. [...] aucun nuage ne vint mettre la discorde entre Picasso et moi, puisque, n'ayant plus de sujet de jalousie, son inquiétude avait disparu. [...] Pablo a un très bon moral et aime aller chasser avec les villageois ou les accompagner dans leurs excursions en haute montagne»[3].

Les nombreux dessins et tableaux qu'il fit alors de Fernande révèlent que sa présence si proche et la possibilité de concentrer sur elle toute son attention en tant que modèle l'aidèrent à développer son approche de la représentation du corps. À Gósol, les tons roses et rougeâtres de la palette qu'il utilisa pour peindre Fernande, principalement nue, commencèrent à s'étendre à tout l'espace et aux objets entourant la figure centrale (fig. 58). Les implications de ce changement allaient être d'une grande portée: il se rendit compte que les objets et l'espace pouvaient être représentés selon les mêmes principes, et qu'il était possible de créer trois dimensions sur un plan qui n'en avait que deux grâce à ce nouveau rendu de l'espace et du volume. Cette découverte allait aboutir, en quelques années seulement, au principe le plus fondamental du cubisme révolutionnaire de Picasso.

Lors de son séjour à Gósol, Picasso se mit aussi à sculpter le bois, et d'une manière qui montre que l'exemple de Gauguin restait bien présent dans son esprit[4]. Il ne disposait cependant pas des bons outils et il écrivit à Casanovas de bien vouloir lui en envoyer en même temps qu'un nouvel approvisionnement de papier[5]. En attendant, il sculpta grossièrement les morceaux de bois que lui apportaient les villageois. Il semble que les outils n'arrivèrent jamais, et le départ précipité de Gósol suite à l'apparition dans le village d'un cas de typhoïde le contraignit à postposer ses projets de sculpture. De retour à Paris, il poursuivit ses expériences en passant à la pratique de la gravure sur bois, produisant des estampes qui rappellent les bois gravés tahitiens de Gauguin.

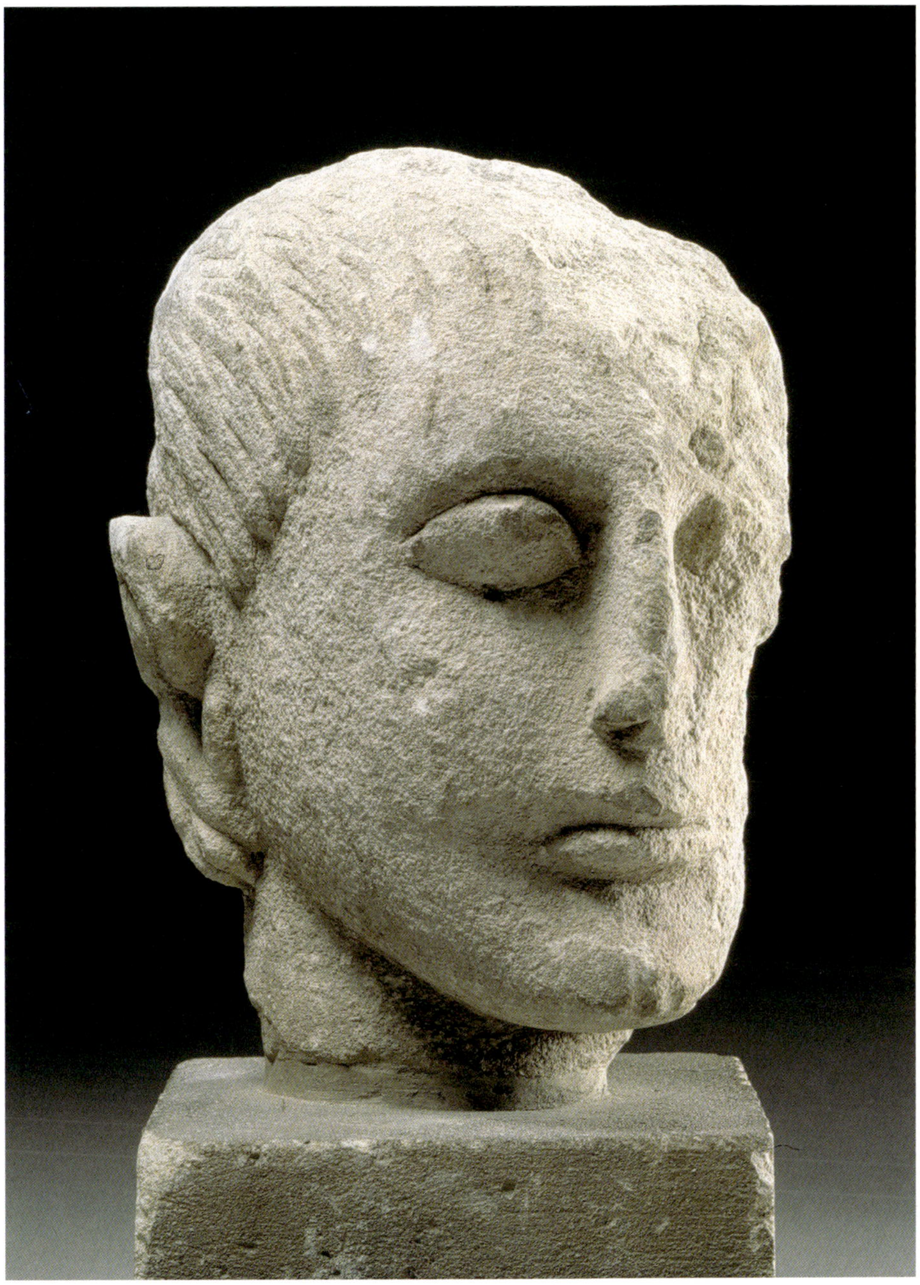

PL. 96 **ART IBÈRE**
Tête d'homme
Cerro de los Santos (Albacete), IIIe siècle av. J.-C.
Calcaire, 20 x 17,5 x 13 cm
Musée du Louvre, Paris (en dépôt au Musée d'Archéologie nationale, Saint-Germain-en-Laye)
En possession de Picasso de 1907 à 1911.

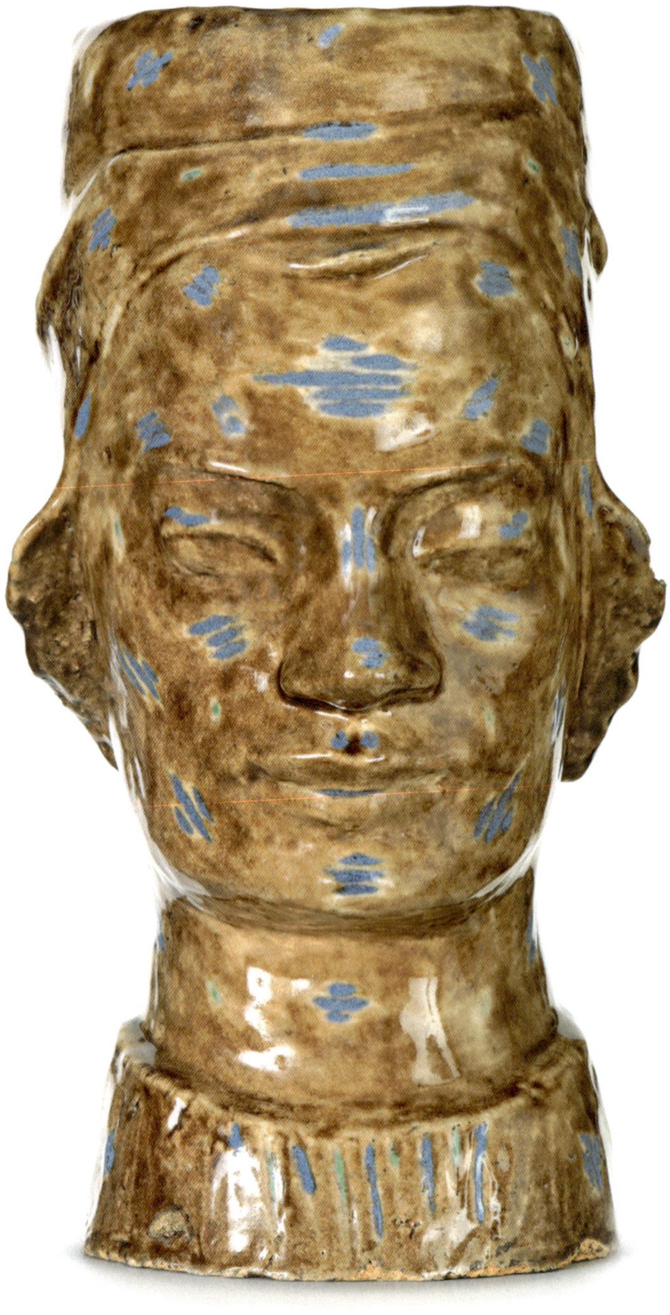

PL. 97 **PACO DURRIO**
Tête de jeune homme* ou *Tête d'Inca
Premier tiers du XXe siècle
Grès émaillé, 30,6 x 16,5 x 18,7 cm
Museo de Bellas Artes de Bilbao

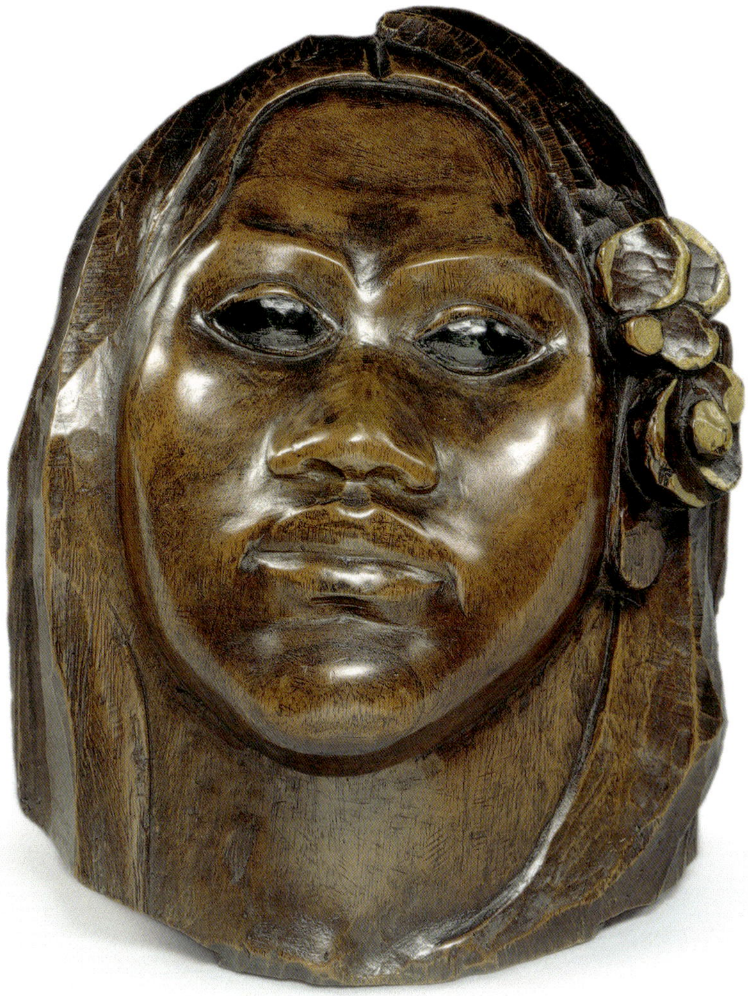

PL. 98 **PAUL GAUGUIN**
Tehura
1891–1893
Bois de pua peint et doré, 22,2 x 7,8 x 12,6 cm
Musée d'Orsay, Paris

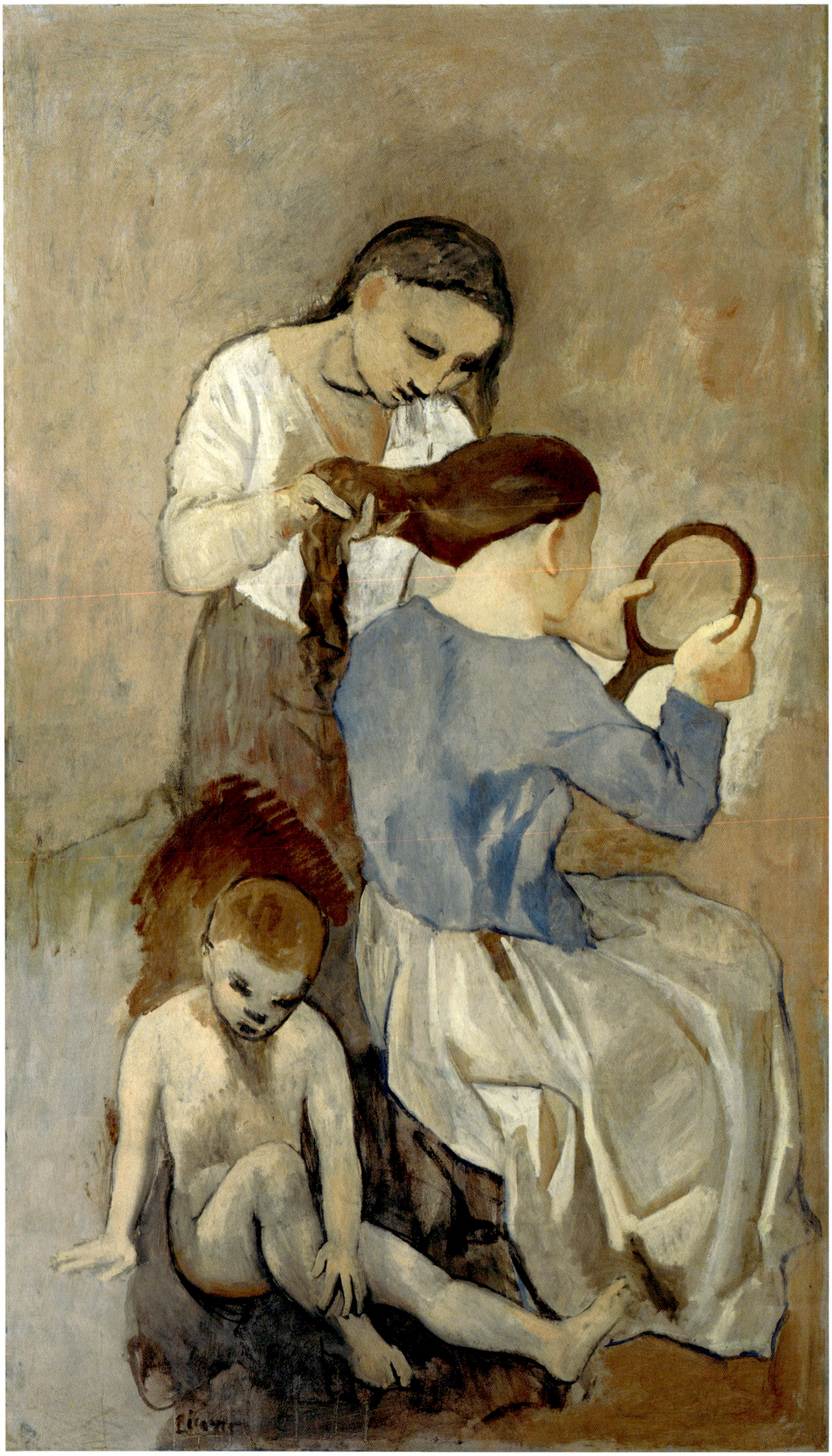

PL. 99 ***La coiffure***
Paris, 1906
Huile sur toile, 174,9 x 99,7 cm
The Metropolitan Museum of Art, New York.
Wolfe Fund, 1951. Acquis auprès du Museum
of Modern Art, New York, don anonyme

Sachant que son ami Durrio connaissait Gauguin et collectionnait ses œuvres, on ne s'étonnera guère que Picasso l'ait contacté à son retour de Gósol et qu'il lui ait demandé son aide pour la réalisation de sculptures plus ambitieuses. La sculpture la plus connue de Durrio à cette époque est sa *Tête de jeune homme* (pl. 97) qui, comme nombre de sculptures de Gauguin, est en grès. Le Basque offrit à Picasso un espace dans son atelier, lui prodiguant probablement quelques conseils techniques sur la fabrication de sculptures en céramique, et lui permit d'utiliser son four pour ses expériences. De cette collaboration, il subsiste au moins une céramique originale, *Femme se coiffant*[6]. Quoique la sculpture ait ensuite été tirée en bronze (pl. 101), la surface conserve des traces d'émail, ce qui suggère que la pièce de céramique devait être colorée. Même s'il s'agit d'un bronze, cette œuvre tridimensionnelle peut, elle aussi, être mise en relation avec des dessins et des tableaux du même thème. Considérées comme un groupe, les œuvres représentant une femme se coiffant (pl. 99, 100, 101, 102) révèlent les progrès spectaculaires accomplis par Picasso au cours de l'automne 1906, comme si une discipline pouvait, en quelque sorte, conduire à la suivante – le dessin à la sculpture, la sculpture à la peinture, ou même inversement.

Une autre sculpture de céramique réalisée par Picasso dans l'atelier de Durrio est cette tête de Fernande grandeur nature, techniquement accomplie, qui fut ensuite, elle aussi, tirée en bronze (pl. 104). Ce portrait, qui peut être rapproché des dessins et des tableaux qu'il avait faits de sa compagne à Gósol, souligne la beauté de ses yeux en amande et la forme générale de son visage. Un délicat dessin au fusain de la tête de Fernande (fig. 59) semble avoir servi de modèle à la sculpture. La simplification et le soin apporté aux traits du visage sont très proches dans les deux œuvres, tout comme le rendu de la chevelure tombant librement dans le dos et sur les épaules.

L'*Autoportrait à la palette* de Picasso (pl. 94), réalisé fin 1906, offre un nouvel exemple de reformulation par l'artiste de son image personnelle, avec cette fois un clin d'œil à Cézanne. Son aîné – dont la mort le 23 octobre 1906 fut commémorée au Salon d'Automne de la même année par une exposition de tableaux ainsi que par une grande rétrospective au Salon de 1907 – joua un rôle croissant dans l'œuvre de Picasso à mesure que celui-ci se rapprochait de son objectif, qui consistait en un renouvellement total de son approche artistique. Dans son *Autoportrait à la palette*, la technique consistant à modeler le personnage grâce à la peinture se propage à l'espace environnant. Picasso évoque ainsi l'exemple des portraits de Cézanne, dans lesquels la disposition du personnage au sein de la composition repose souvent sur une analogie de couleurs et de facture entre la figure et son environnement[7]. À l'*Autoportrait à la palette* de Picasso sont liés un certain nombre de dessins qui le représentent, parfois nu et souvent en train de peindre ou dessiner. Dans l'*Autoportrait*, la palette est une extension de sa main : Picasso, l'artiste, et Picasso, la force créatrice, ne font qu'un.

Au cours des quelque six mois qui suivirent, Picasso travailla d'arrache-pied, même si, pour autant que nous le sachions, il ne préparait aucune exposition. Grâce à la poursuite des achats de Vollard[8] et à la fidélité des Stein, il semble avoir disposé de revenus suffisants pour soutenir son effort. Outre leurs achats, les Stein l'aidèrent aussi, au printemps 1907, en faisant en sorte qu'il dispose d'un second atelier, situé à un étage inférieur du Bateau Lavoir, afin de pouvoir peindre une toile de plus grand format[9]. Au cours de cette période d'intense activité artistique, Picasso se

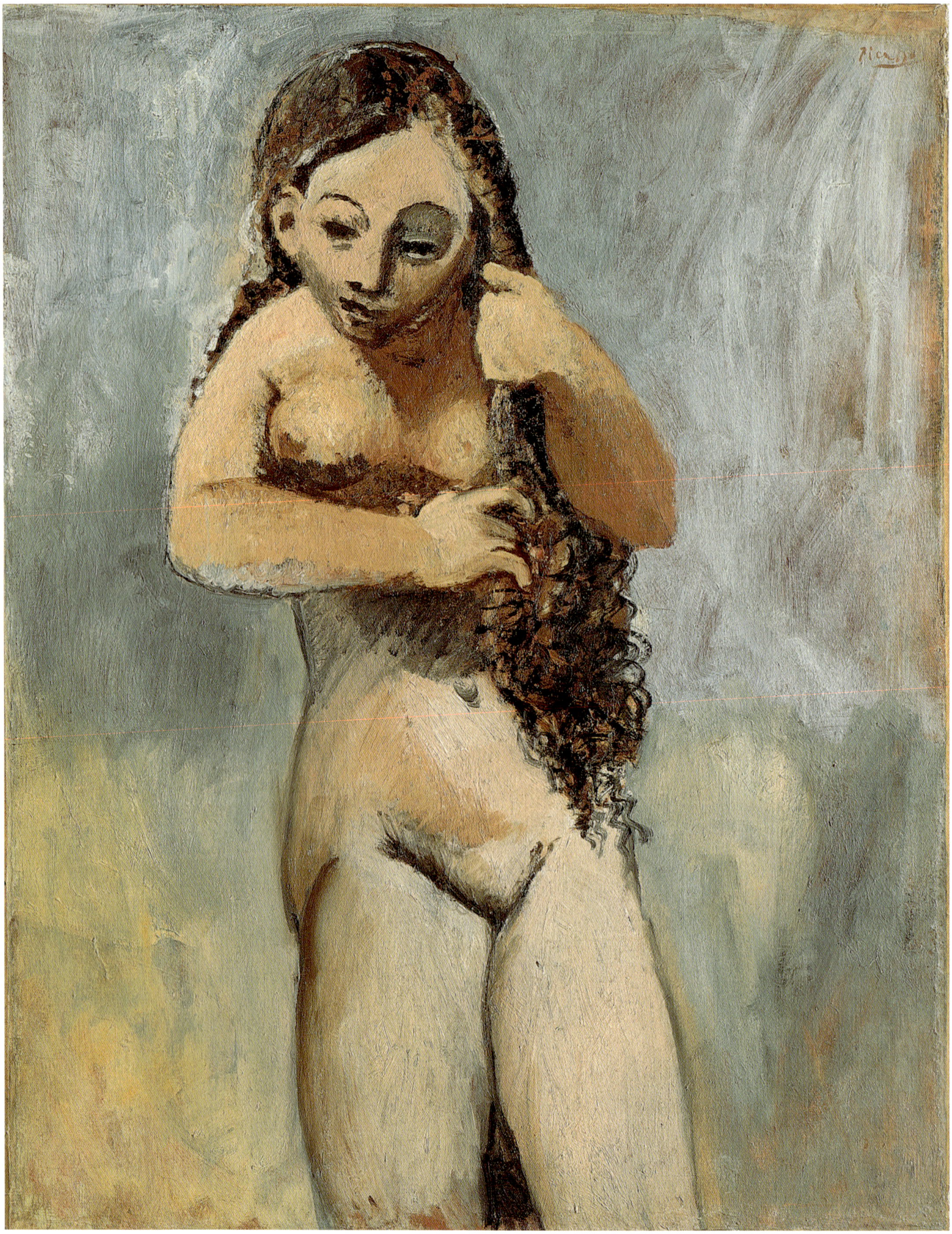

PL. 100 ***Nu se coiffant***
Paris, 1906
Huile sur toile, 105,4 x 81,3 cm
Kimbell Art Museum, Fort Worth, Texas

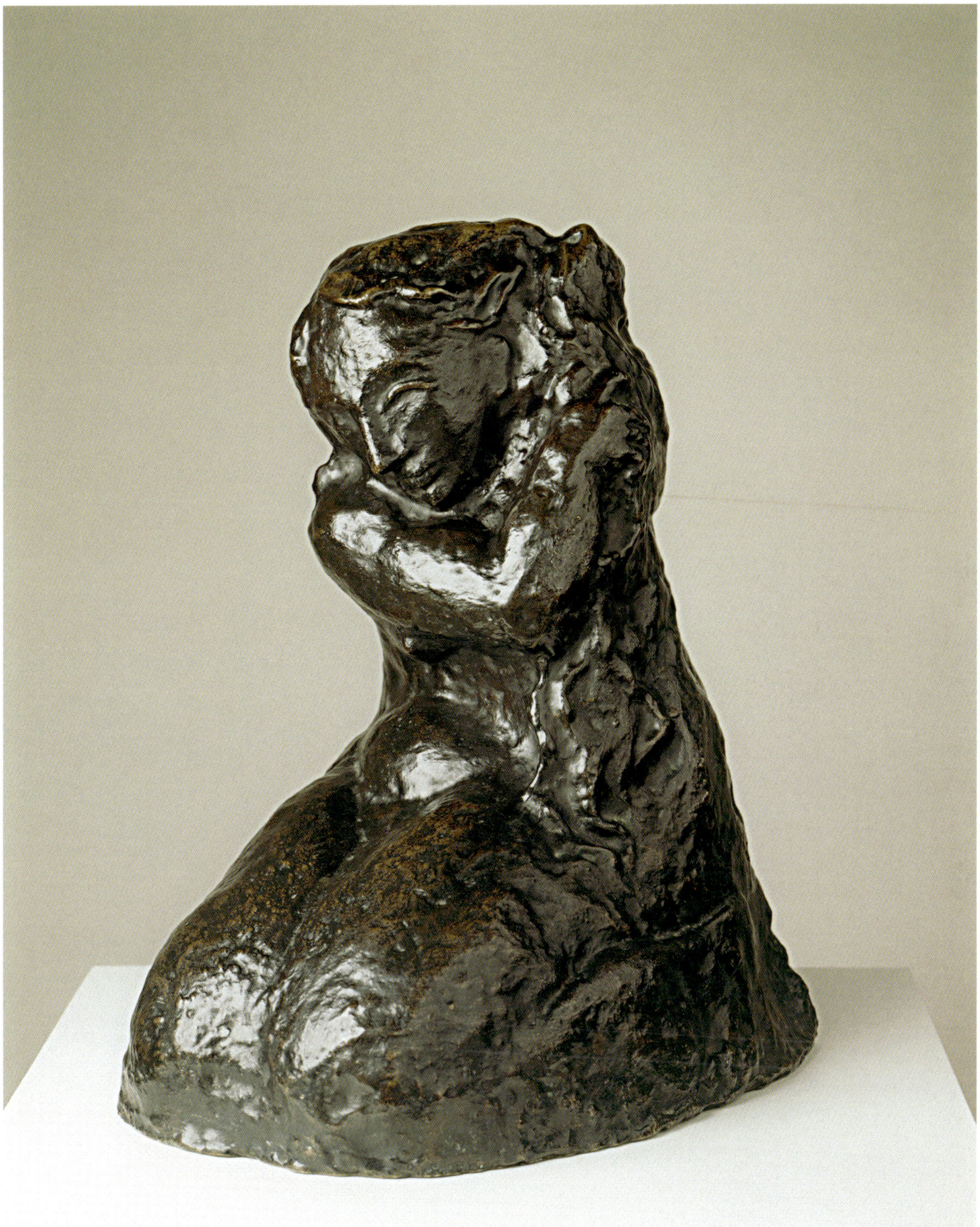

PL. 101 ***Femme se coiffant***
Paris, 1906
Bronze, 42,2 x 26 x 31,8 cm
Museum Ludwig, Cologne

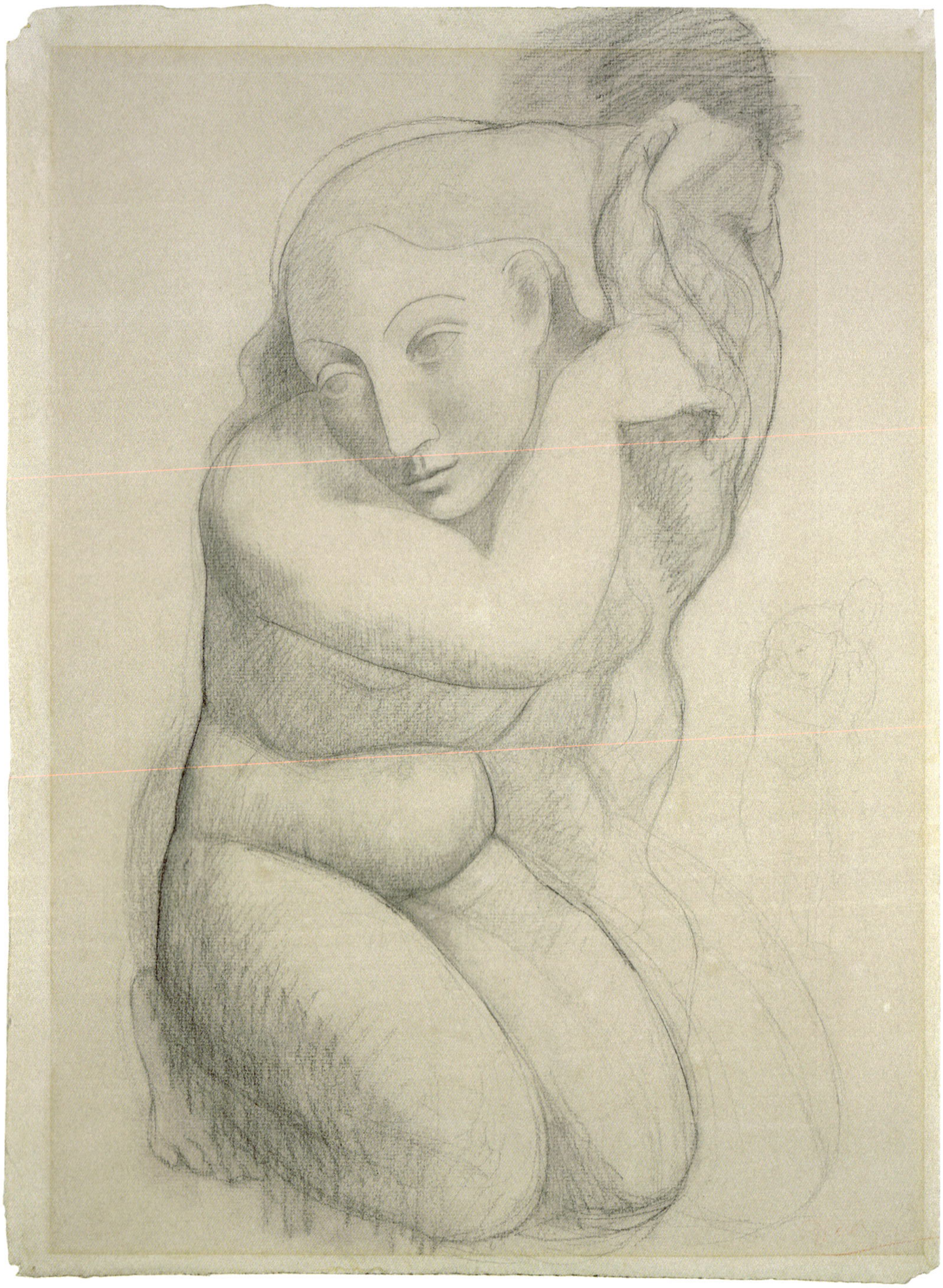

PL. 102 ***Femme se coiffant***
Paris, 1906
Crayon et fusain sur papier, 55,8 x 40,7 cm
Sainsbury Centre for Visual Arts,
University of East Anglia, Robert and Lisa
Sainsbury Collection, Norwich

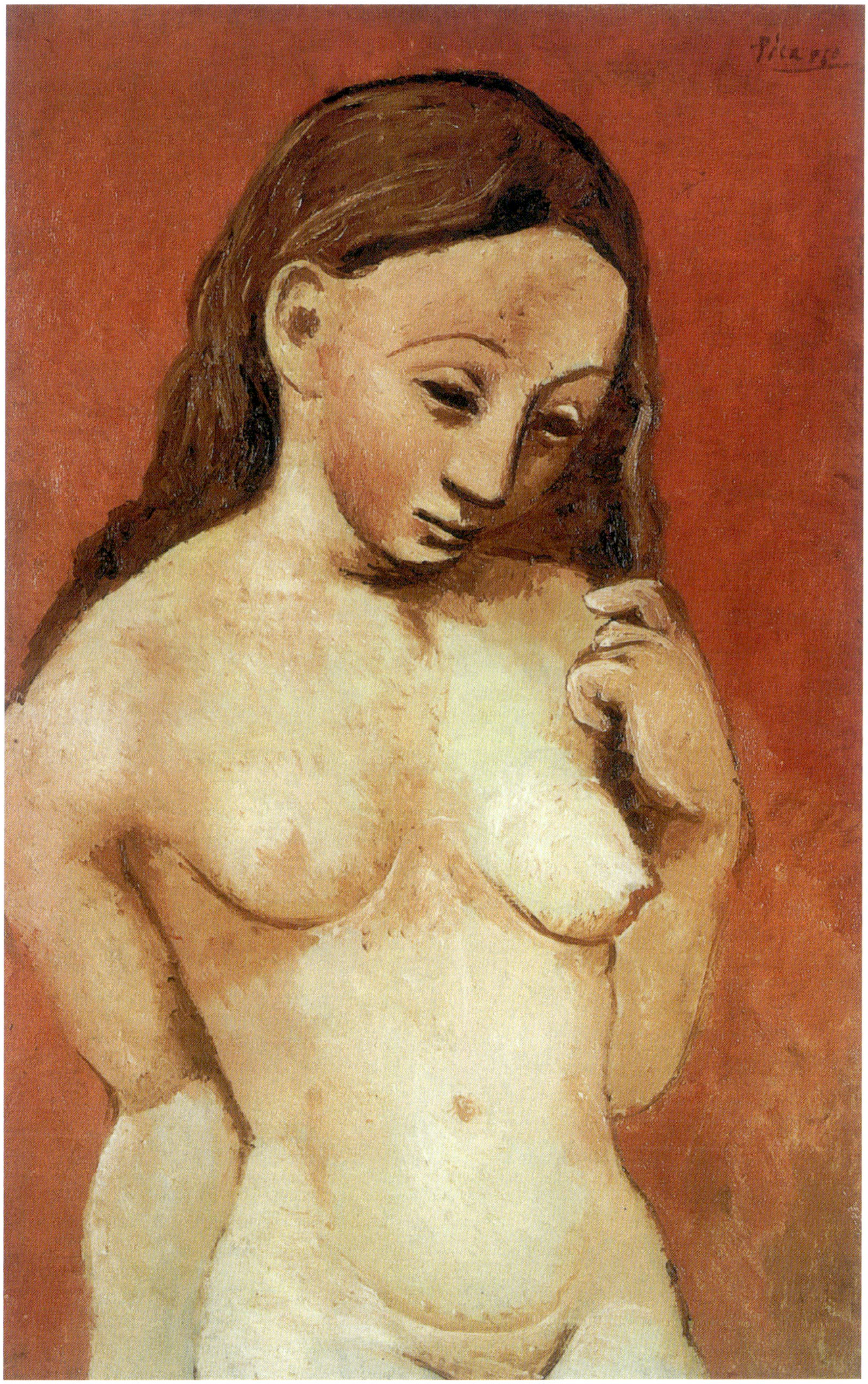

PL. 103 ***Nu sur fond rouge***
Paris, 1906
Huile sur toile, 81 x 54 cm
Musée de l'Orangerie, Paris

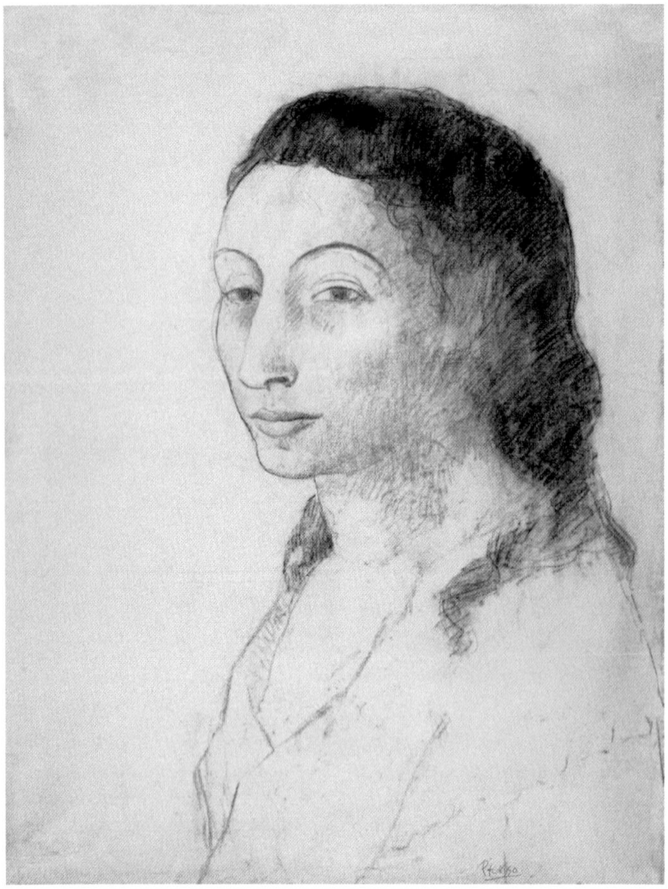

FIG. 59 ***Fernande Olivier***
Gósol, 1906
Fusain à l'estompe sur papier, 61 x 45,8 cm
The Art Institute of Chicago, don de Hermann Waldeck

concentra sur les images de nus féminins, remplit des carnets de croquis et de nombreuses feuilles et produisit de petites toiles comme des grandes. Les personnages masculins n'apparaissent que rarement et sont soit des portraits – parmi lesquels un portrait mémorable de Max Jacob (1907, Museum Berggruen, Berlin) –, soit des images de marin ou d'étudiant en médecine, que Picasso envisageait d'inclure dans la plus grande composition de cette série, *Les demoiselles d'Avignon* (fig. 48), une œuvre qu'il commença probablement à la fin du printemps 1907 et qu'il acheva durant l'été.

Reprenant son idée d'utiliser une tête de lit pour y peindre Fernande devant une montagne à gósol (1906, Fundación Almine y Bernard Ruiz-Picasso para el Arte), Picasso se mit à récupérer des objets ou des morceaux de bois pour en faire des sculptures et, en 1908 surtout, des tableaux. Dans le cas de la petite *Poupée* (pl. 107), une sculpture sur bois réalisée durant l'été 1907, il en vint à utiliser un pied de chaise tourné (les trous laissés par les clous de fixation sont toujours visibles au dos de l'objet). Dans sa stricte frontalité, la figure en bois renvoie à des sculptures comparables issues d'autres civilisations, notamment les poupées Kachinas des Indiens d'Amérique du Nord, qui étaient utilisées pour apprendre aux enfants les rituels liés à leur parcours spirituel. La poupée de Picasso fut quant à elle offerte par son auteur à la fille de son amie Antoinette Fornerod, qui vivait au Bateau Lavoir[10]. L'exemple le plus impressionnant de la série des sculptures en bois réalisées à Paris en 1907 est sans doute la grande *Tête* (fig. 60) : par sa stylisation et sa technique, elle évoque, à l'instar des gravures sur bois, les sculptures en céramique et les sculptures sur bois « primitives » de Gauguin (pl. 98).

Comme nous l'avons déjà relevé, Max Jacob affirma que la découverte par Picasso de l'art tribal dans l'atelier de Matisse avait marqué le début du cubisme[11], mais il s'agit

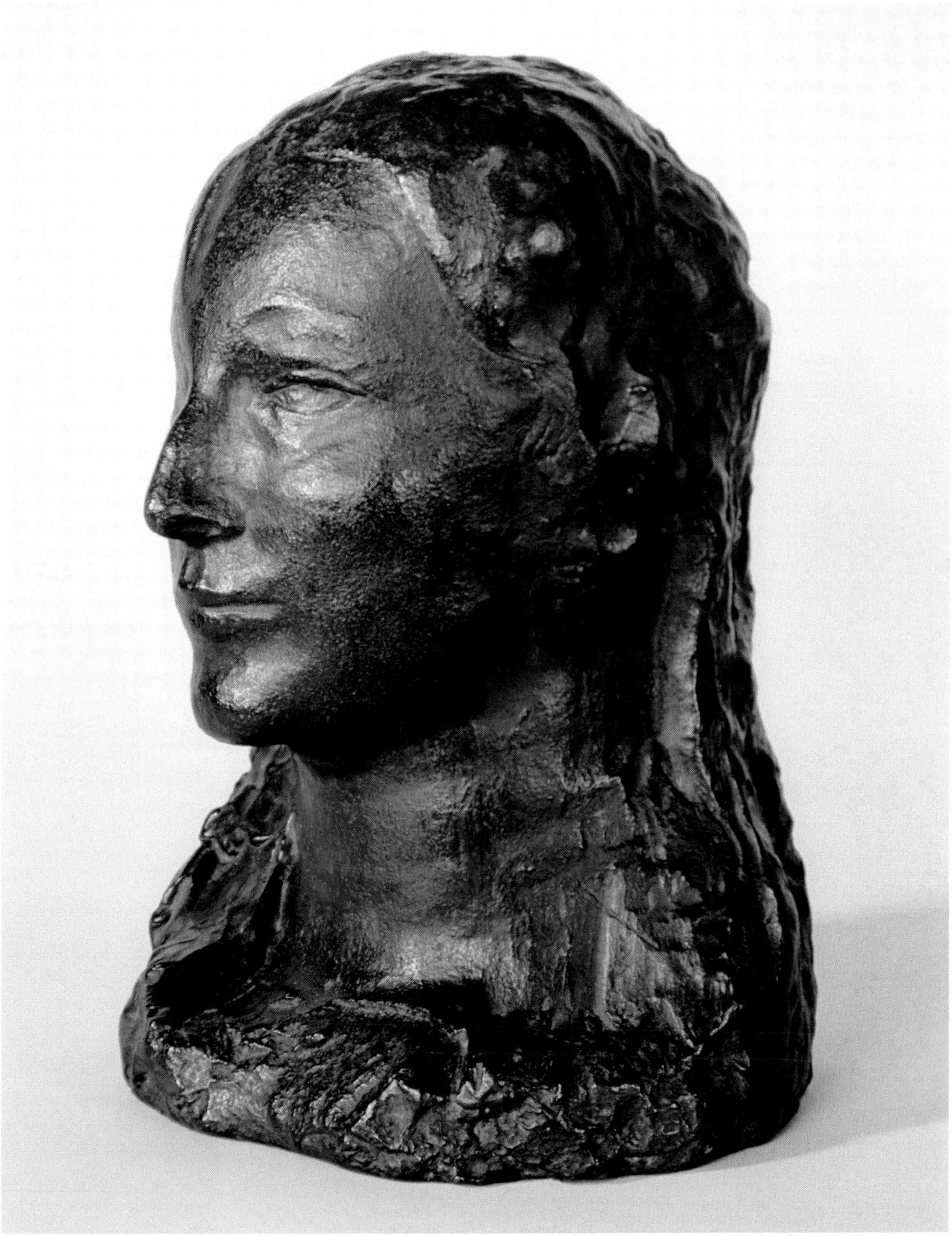

PL. 104 ***Tête de femme (Fernande Olivier)***
Paris, 1906
Bronze, 35,7 x 24,8 x 24,4 cm
Museu Picasso, Barcelone

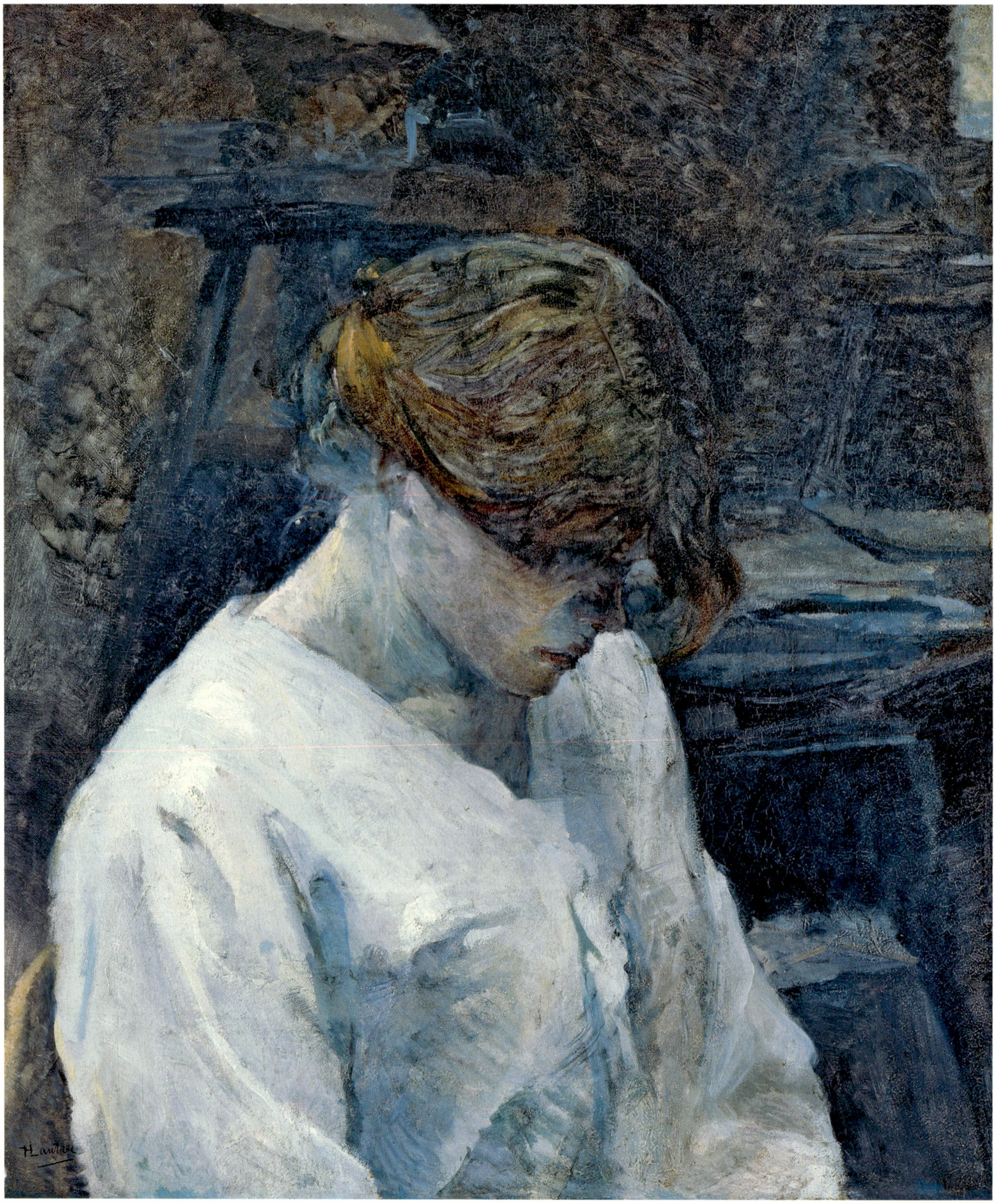

PL. 105 **HENRI DE TOULOUSE-LAUTREC**
Rousse au caraco blanc
1889
Huile sur toile, 60,5 x 50,3 cm
Museo Thyssen-Bornemisza, Madrid

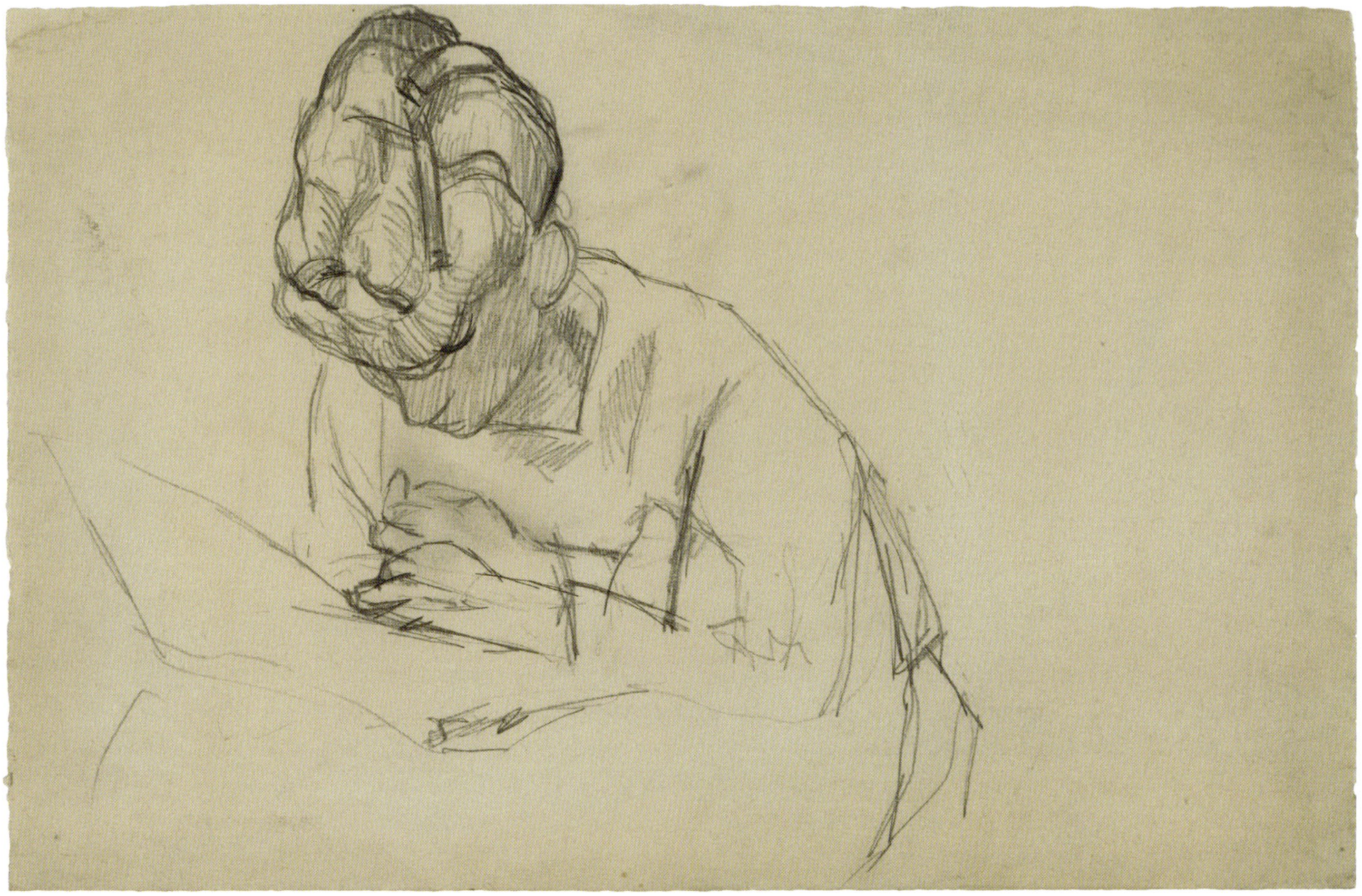

PL. 106 **Étude pour *Femme à la tête penchée***
Paris, 1906
Crayon sur papier, 31,5 x 48 cm
Staatsgalerie Stuttgart

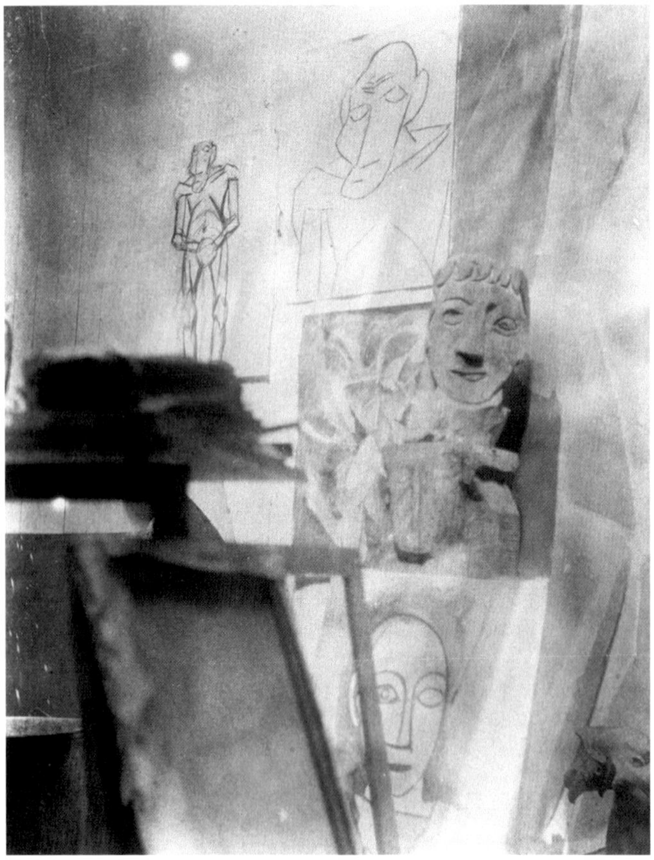

FIG. 60 La sculpture en bois *Tête* (1907, Musée national Picasso, Paris), parmi des peintures et des dessins dans l'atelier du Bateau Lavoir
1908
Photographie prise par Picasso
Collection privée

d'une exagération négligeant de nombreux autres facteurs, par exemple le rôle joué par Braque dans ce cheminement artistique ou encore la visite par Picasso des collections ethnographiques du Musée du Trocadéro pendant l'été 1907 qui fut pour lui une véritable révélation. Dans les sculptures africaines et polynésiennes (pl. 92), et en particulier dans les masques, Picasso reconnut le pouvoir magique de l'art, et comprit que ce qui semblait rationnel dans une autre culture pouvait déboucher sur une manière très différente de représenter l'homme et ses émotions. Des principes spirituels ou une façon d'appréhender la vie – par exemple, la naissance ou la mort – pouvaient émerger de la transformation des matériaux eux-mêmes, dont certains étaient tout à fait ordinaires, ce qui est à l'opposé de l'approche occidentale traditionnelle de l'art en tant qu'imitation de la réalité.

C'est le groupe d'œuvres contemporaines de la genèse des *Demoiselles d'Avignon* (pl. 109) qui permit à Picasso de trouver la solution qu'il cherchait, comme le confirment les changements qu'il apporta au célèbre tableau lui-même. Si les œuvres de Cézanne (pl. 108), Gauguin et Matisse lui avaient suggéré d'autres manières de représenter le nu dans l'espace, les masques africains lui inspirèrent, pour leur part, une approche totalement différente, d'une nouveauté provocatrice. Après avoir assimilé ce qu'il avait vu au Trocadéro, il revint à la toile des *Demoiselles*, qui était toujours en phase d'exécution, repeignant les visages des personnages situés dans la partie droite de la composition, leur donnant finalement une étonnante physionomie « africaine ».

Les tableaux réalisés durant la première moitié de l'année 1907 n'étaient pas tous des études destinées aux *Demoiselles*, loin de là; mais ils s'inséraient dans le vaste projet dans lequel Picasso s'était lancé à corps perdu et qui trouva son aboutissement dans cette œuvre majeure. Si les idées à la base d'anciennes compositions de groupes – la *Famille de saltimbanques* (fig. 52) en 1905 et *L'abreuvoir* (fig. 57) en 1906 – avaient débouché sur d'autres compositions à

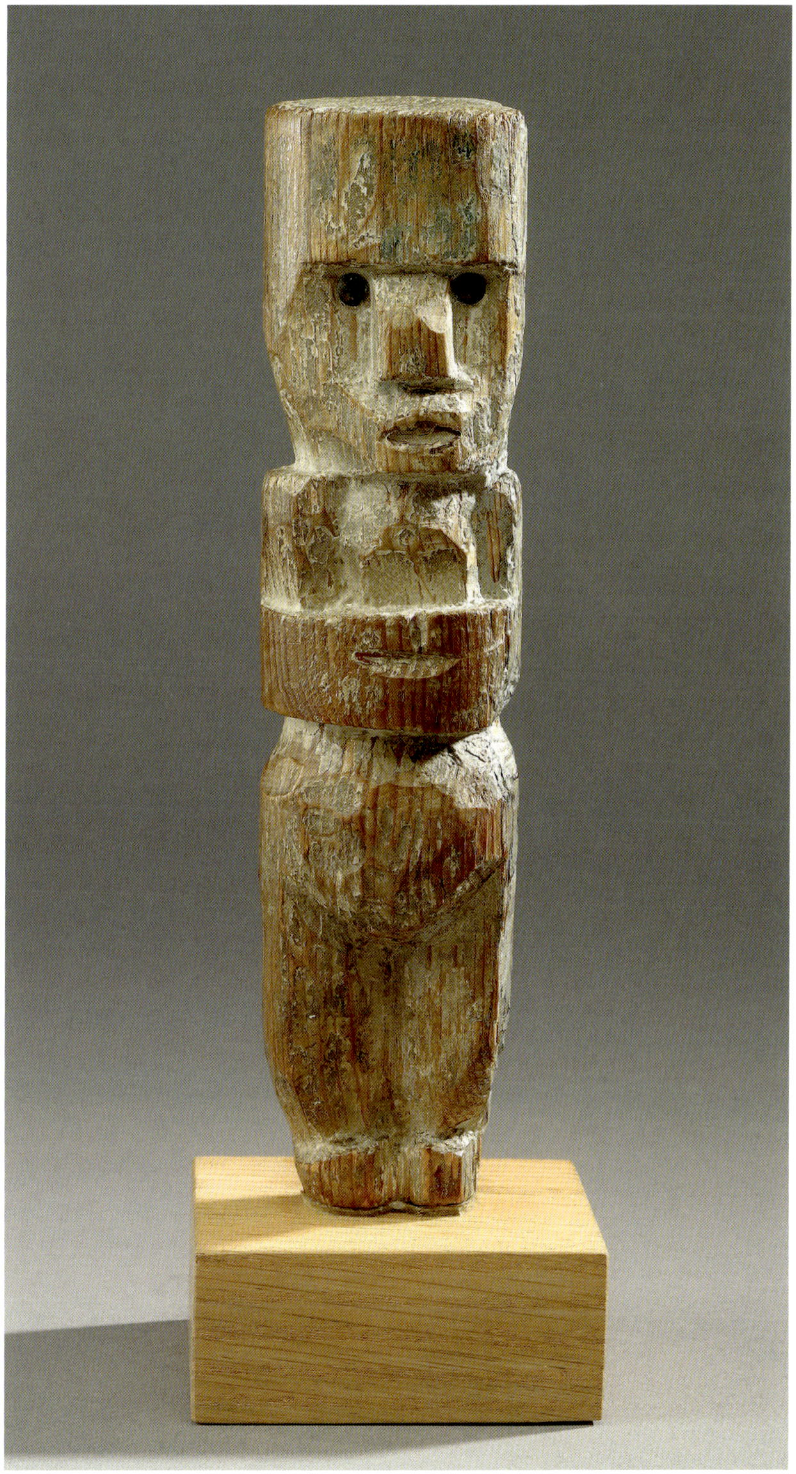

PL. 107 ***Poupée***
Paris, 1907
Bois sculpté, clous de laiton, traces d'huile
et de plâtre, 23,5 x 5,5 x 5,5 cm
Art Gallery of Ontario, Toronto

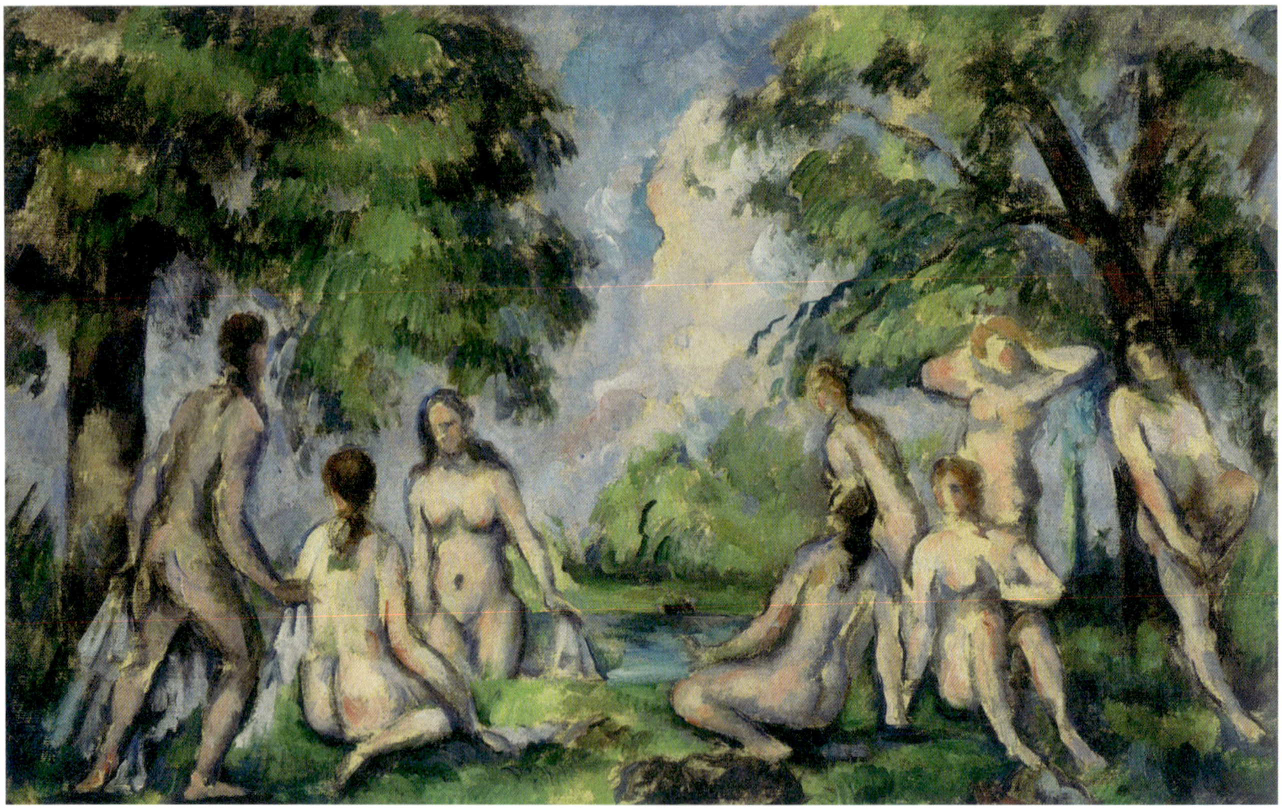

PL. 108 **PAUL CÉZANNE**
Les baigneuses
Vers 1890
Huile sur toile, 28 x 44 cm
Musée d'Orsay, Paris
(en dépôt au Musée Granet, Aix-en-Provence)

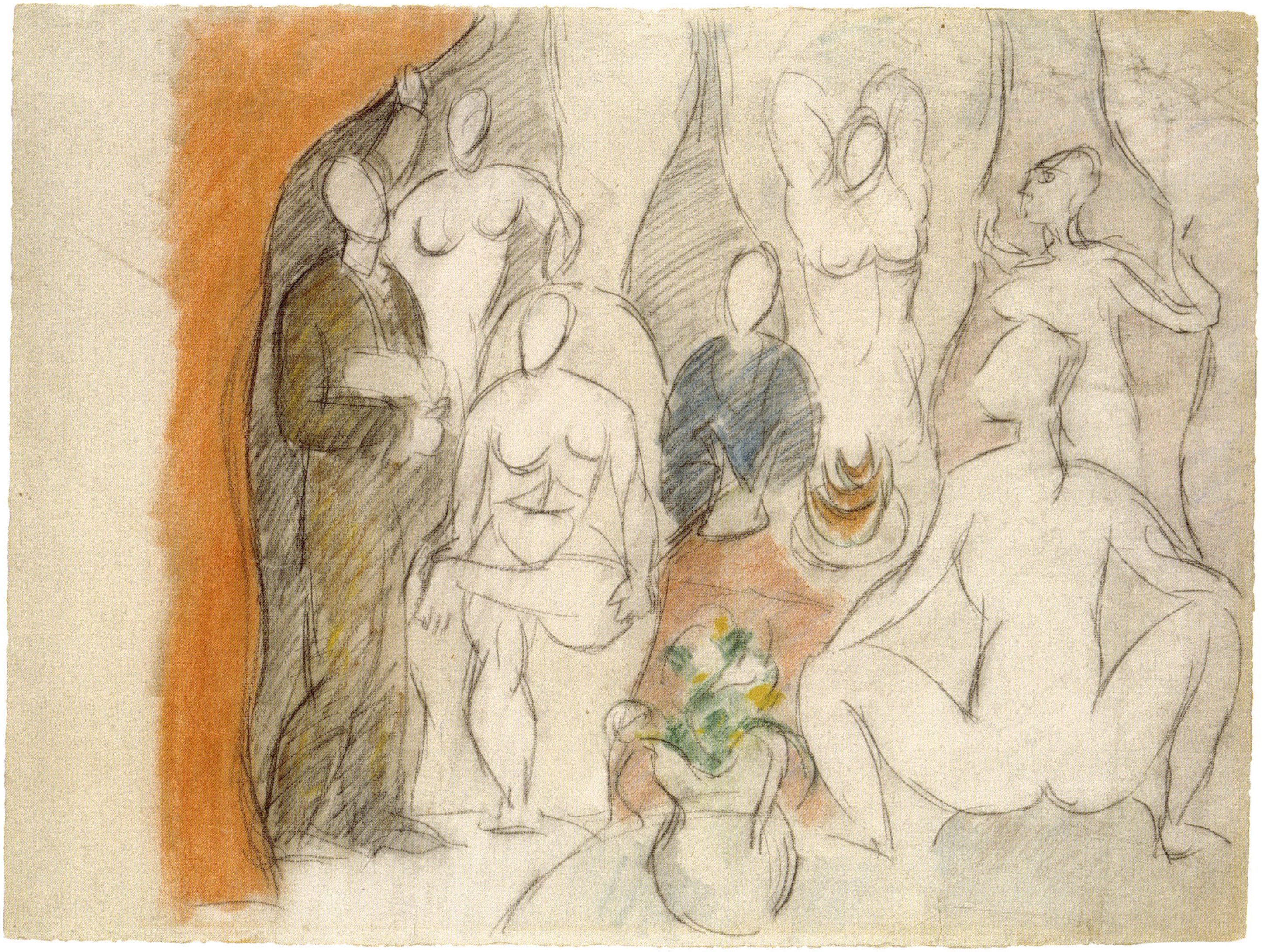

PL. 109 **Étude pour *Les demoiselles d'Avignon***
Paris, 1907
Crayon et pastel sur papier, 47,6 x 63,7 cm
Ville de Bâle (en dépôt au Kunstsammlung Basel)

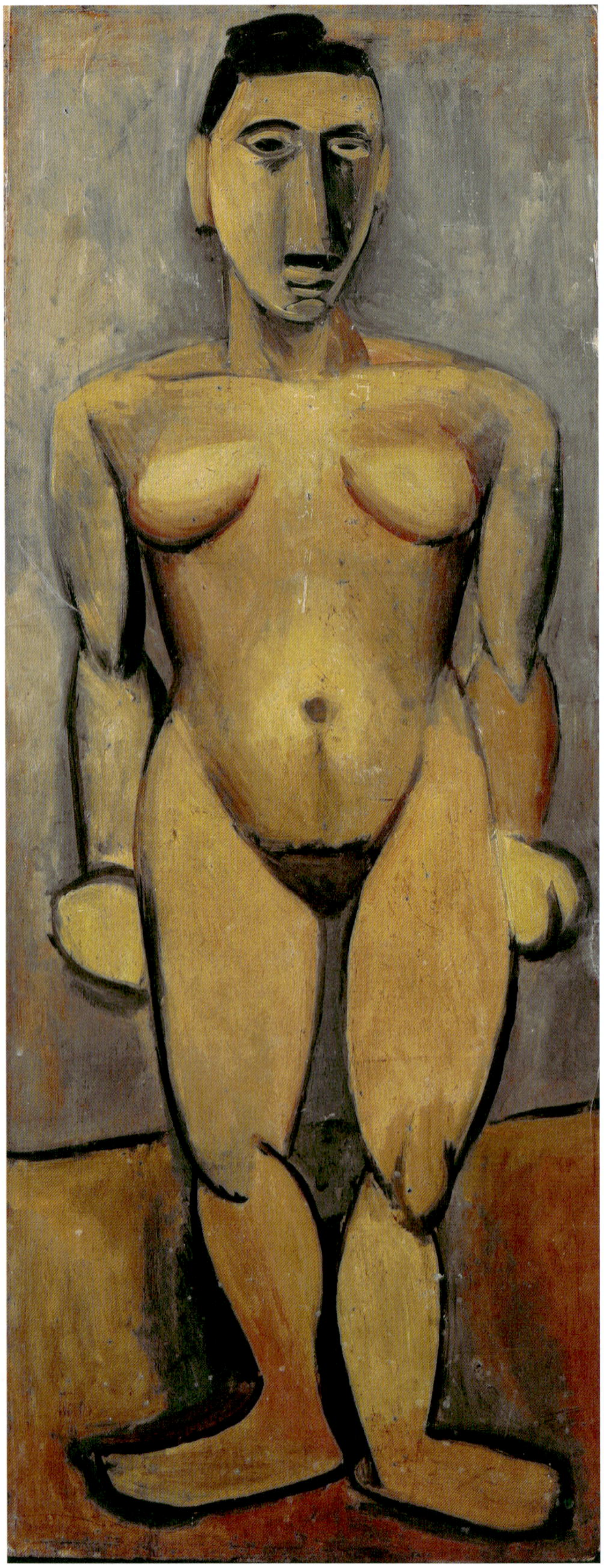

PL. 110 ***Nu debout***
Paris, 1908
Huile sur panneau, 67 x 26,7 cm
Collection privée

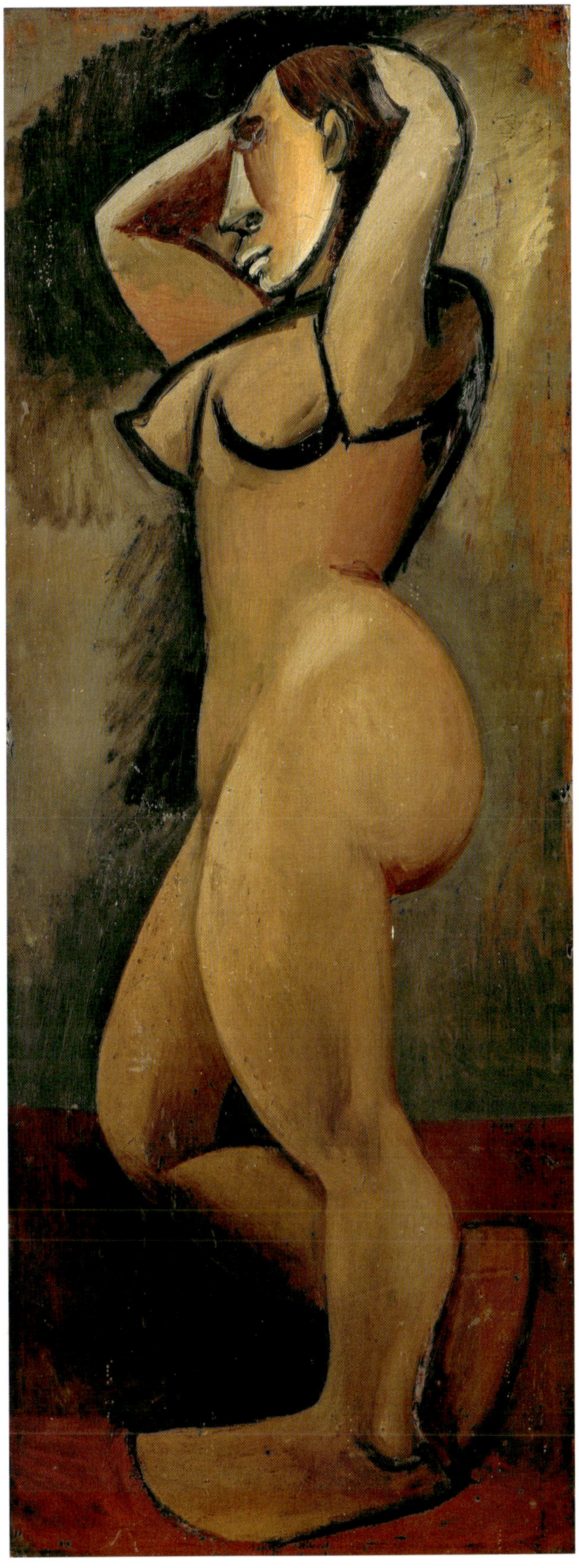

PL. 111 ***Nu aux bras levés de profil***
Paris, 1908
Huile sur panneau de bois, 67 x 25,5 cm
Collection privée

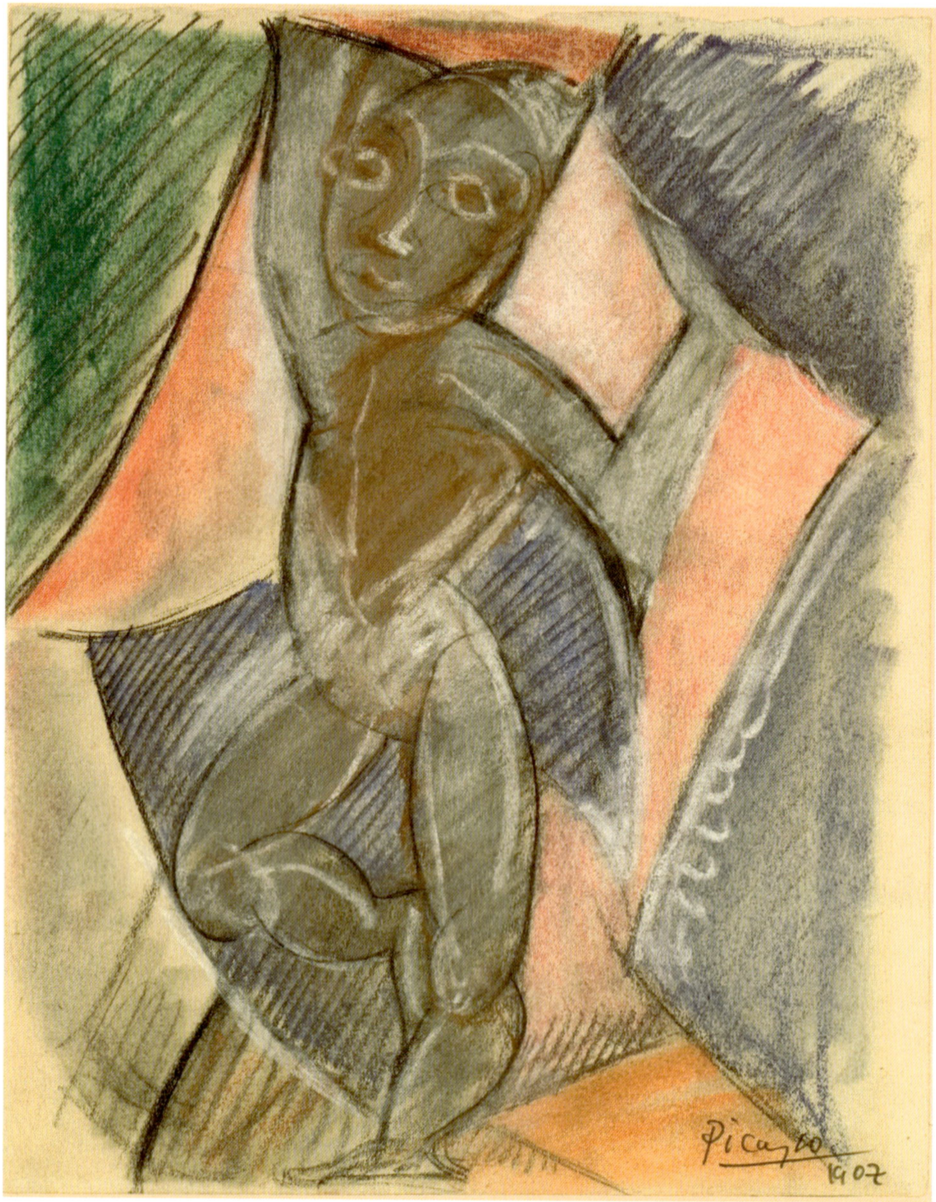

PL. 112 ***Nu aux bras levés***
Paris, 1907
Pastel, craie noire et crayon sur papier, 24 x 19 cm
Collection François Odermatt, Montréal

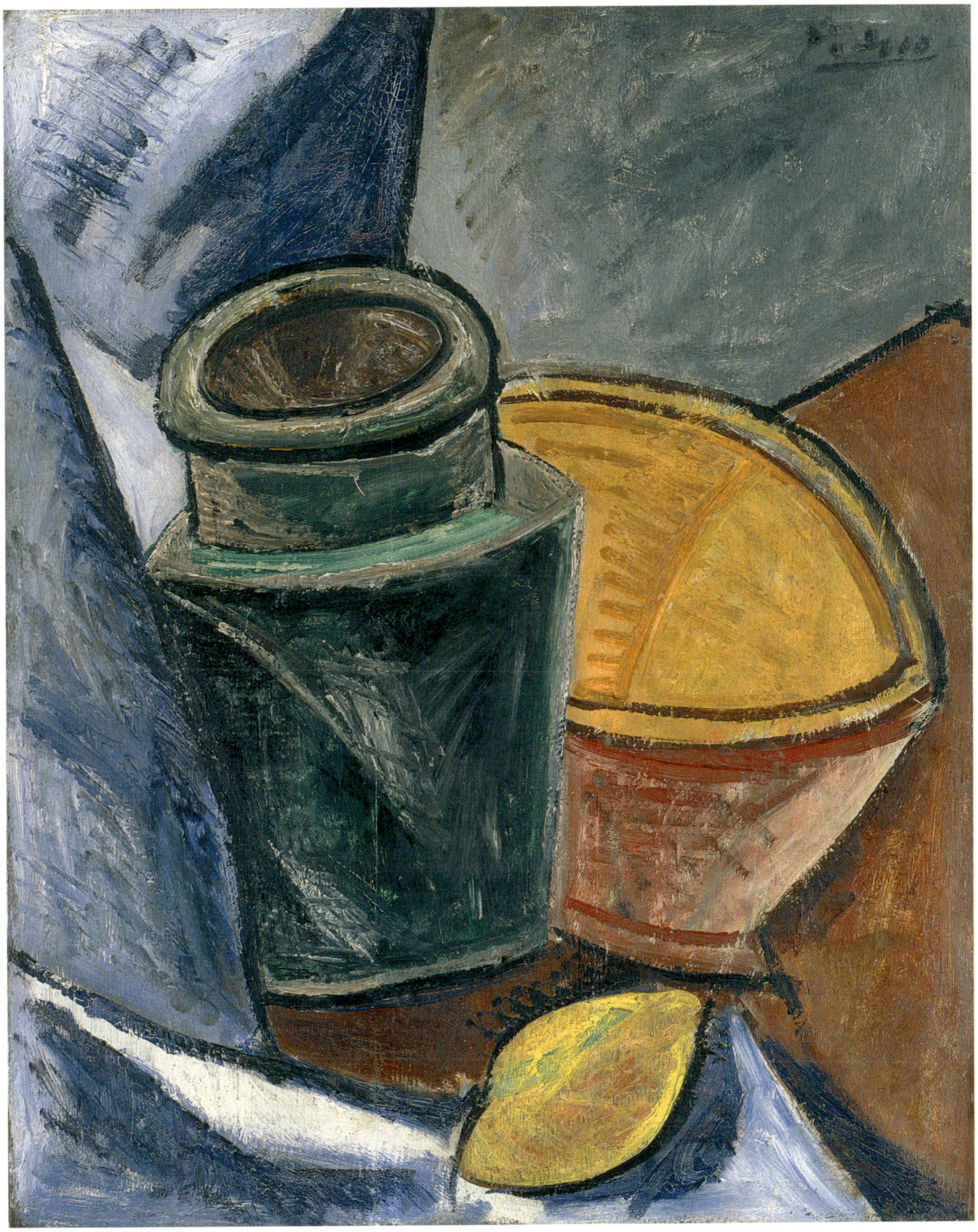

PL. 113 ***Cruche, bol et citron***
Paris, 1907
Huile sur panneau, 63,5 x 49,5 cm
Fondation Beyeler, Riehen (Bâle)

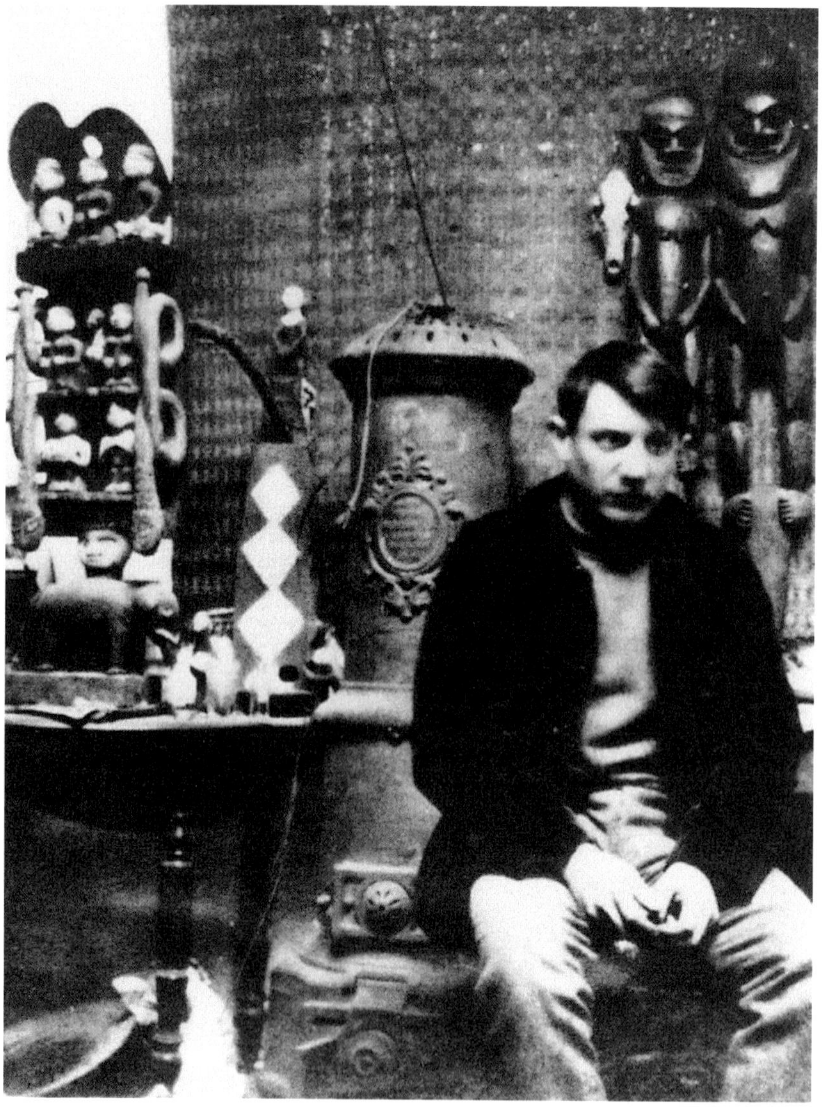

FIG. 61 Picasso dans son atelier du Bateau Lavoir
1908
Photographie de Gelett Burgess
Musée national Picasso, Paris

grande échelle, tout aussi impressionnantes, ne comportant qu'une ou deux figures, le travail lié aux *Demoiselles* donna également lieu à plusieurs tableaux mémorables comprenant un ou plusieurs personnages. Parmi ceux-ci figurent une série de nus dans une forêt, notamment *Trois femmes sous un arbre* (fin 1907, Musée Picasso, Paris), *Trois femmes* (1908, Musée de l'Ermitage, Saint-Pétersbourg), qui fut acquis par Leo et Gertrude Stein, ainsi que les tableaux jumeaux représentant des nus debout (pl. 110, 111), réalisés au printemps 1908 sur des panneaux provenant d'une ancienne garde-robe. L'étroitesse des deux compositions souligne les postures hiératiques des nus. La dominante de tons de terre utilisée par Picasso, à la fois pour les personnages et pour le décor, renvoie aux supports en bois et en vient presque à transformer ces œuvres en fétiches. Dans chacun de ces tableaux de figures, Picasso a su mettre la puissance de ses découvertes au service de sa vision personnelle de la femme en tant qu'être créé par les mains de l'artiste, tout en restant aussi proche de la nature que ses sources africaines. Parmi les autres œuvres réalisées dans la foulée des *Demoiselles* figurent plusieurs natures mortes remarquables dont le point de départ est la composition apparaissant au premier plan du célèbre tableau. Dans *Cruche, bol et citron* (pl. 113) par exemple, Picasso a appliqué la couleur à l'aide de touches larges, souvent accentuées, comme s'il travaillait à la confection d'un objet d'art tribal. La modification de la perspective, combinée à la présentation simultanée de l'intérieur et de l'extérieur des objets, donne aussi l'impression que l'œuvre est animée d'une énergie interne, une énergie qui emporta vers de nouveaux horizons l'approche révolutionnaire qu'avait Picasso de la représentation des objets dans l'espace – une évolution qui devait déboucher sur le cubisme.

Les récits des différents témoins qui passèrent par l'atelier de Picasso à un moment ou un autre de la genèse des *Demoiselles* laissent l'impression que l'artiste était littéralement épuisé quand il fut enfin prêt à montrer la toile à ses amis et collectionneurs, toute son énergie physique et artistique ayant été investie dans cet effort créateur. Même Fernande avait déménagé en septembre, trouvant cette phase d'intense créativité et ses conséquences sur l'état d'esprit de Picasso trop ardues à partager. Picasso écrivit à son vieil ami Iturrino, avec qui il avait pour la première fois soumis ses œuvres au public parisien en 1901, pour lui parler du tableau. Le peintre basque répondit: « J'ai été très heureux de recevoir ta lettre et tu ne sais pas quel plaisir cela m'a fait de savoir que tu travailles depuis des mois à un grand tableau et qu'il sera différent de ceux que je connais »[12]. Tous les amis de Picasso n'étaient pas aussi enthousiastes. Quand Apollinaire lui rendit visite, accompagné, dit-on, du critique Félix Fénéon, le poète aurait trouvé le tableau incompréhensible, et on raconte même que Fénéon aurait conseillé à Picasso de se consacrer à la caricature[13]. D'autres, parmi lesquels Salmon et Derain, furent tout aussi perturbés, et le collectionneur russe Serge Chtchoukine, amené par Matisse à l'atelier, se serait exclamé: « Quelle perte pour l'art français! »[14].

En arrivant à Paris en 1900, Picasso n'était qu'un jeune peintre espagnol formé en province. En 1907, il disputait à Matisse la position de chef de file de l'avant-garde française. Si la manière dont il a réagi au milieu artistique de la capitale française et aux artistes spécifiques auxquels il a été confronté en cours de route contribua sans nul doute à cette transformation, son œuvre révèle qu'il ne fut jamais un imitateur. Il a assimilé les découvertes et les idées de ses contemporains et absorbé les exemples riches et variés de l'histoire de l'art, passée et présente, visibles à Paris, se forgeant ainsi un style personnel. En fin de compte, l'approche de Picasso était basée sur un nouveau type de représentation, portant sur le processus même de la peinture, abolissant les distinctions traditionnelles entre peinture et sculpture, entre imitation et réalité. L'objet de ses recherches artistiques de 1907 allait changer le cours de l'art du XXe siècle, et il est significatif que ce soit Georges Braque, avec qui il allait entreprendre l'étape suivante de son voyage artistique, qui ait saisi toute la portée des découvertes de Picasso. En voyant pour la première fois les *Demoiselles*, Braque remarqua: « Avec tes tableaux, c'est comme si tu voulais nous faire manger de l'étoupe ou boire du pétrole! »[15]. Tel un saltimbanque, Picasso ouvrait en fait la voie aux autres artistes en se faisant cracheur de feu.

NOTES

Picasso découvre Paris

1 Nommés correspondants du périodique *Catalunya artística* le 27 septembre 1900, ni Picasso ni Casagemas n'y ont pourtant publié le moindre d'article sur l'Exposition universelle. Casagemas écrivit depuis Paris aux frères Reventós à Barcelone, ces lettres étaient peut-être censées servir de notes pour de futurs articles.

2 Nonell et Canals exposèrent ensemble à la Galerie Le Barc de Boutteville, rue Le Peletier, en janvier-février 1898, tandis que l'œuvre de Nonell fut présentée en avril 1899 chez Vollard, rue Laffitte. Durand-Ruel organisa une exposition de Canals dans sa galerie new-yorkaise en janvier-février 1902.

3 Le 29 décembre 1900, un groupe d'Espagnols –parmi lesquels Picasso, Casagemas et Pallarès– qui se désignaient comme la colonie espagnole de Paris signa un manifeste, qui parut dans le quotidien barcelonais *La Publicidad*, réclamant l'amnistie pour les déserteurs de Cuba et des Philippines.

4 Voir Daix/Israël 2003.

5 «Hem considerat qu'ens llevavam massa tart, y per lo tant que menjavem a horas que no eran d'ordre y tot anava tal y com no devia anar. Adem*s que [...] l'Odette, comensava á embrutirse á causa d'alcohol, doncs tenia la bona costum de atrapar una mona cada nit. Per tant hem vingut en decidir que ni ellas ni naltres ens aniram al llit mes tart de la mitja nit; que acabariam de dinar cada dia avans de la una y, que desprès de dinar nosaltres nos aplicariam als nostres quadros y ellas farian feynes propres de la dona, tals cosir, netejar é besarnos é deixarse fort grapeijar. En fi amic meu, que això es una mena d'Eden ó d'Arcadia bruta». Lettre de Casagemas à Ramon Reventós, 11 novembre 1900 (Museu Picasso, Barcelone), Ocaña 1995, p. 319.

6 Charles Ponsonailhe, «La peinture étrangère», *L'Exposition de Paris*, vol. III, Paris, 1900, pp. 202-203.

7 Une absence frappante dans la section espagnole était celle de Ramon Casas, dont l'envoi, un grand tableau d'histoire intitulé *La Carga*, avait été refusé. Voir l'article de Joan Brull, paru dans le périodique barcelonais *Joventut*, le 15 septembre 1901 (pp. 593-595), dans lequel il se plaint du processus de sélection, estimant que le refus d'accueillir des Catalans et des Basques dans la section espagnole était guidé par des considérations politiques.

8 Je remercie Rafael Inglada d'avoir mis à ma disposition la documentation –y compris les commentaires des membres de la famille de Mañach– de son étude inédite présentée lors d'une conférence intitulée «Notícia de Pedro Mañach, el primer marxant de Picasso» au Centre Picasso d'Orta, Horta de Sant Joan, en 2007.

9 Selon Inglada, Mañach avait étudié le métier de serrurier et de fabricant de coffres-forts au sein de la célèbre société Fichet à Paris, avant d'ouvrir le petit magasin d'antiquités et de brocante qui fut l'instrument de son commerce d'objets d'art.

10 Berthe Weill affirma qu'outre Picasso et Casagemas, Mañach avait à un moment ou à un autre aussi servi d'agent à Nonell, Canals, Sunyer, Pichot, Torent, Iturrino et aux illustrateurs Sancha et Gosé. Weill 1933, p. 65.

11 «Ja ha vingut el senyor qu'esperavam. Ha estat una pila d'estona aquí, ha vist els quadros y es segur qu'ens comprará algun. Ara estem esperant la contestació y'ls diners si es que n'ha comprat algun. El corredor es un tipo que's diu Mañac y que's cobre *només* el 20 per cent». Lettre de Casagemas à Cinto Reventós, 19 novembre 1900 (Museu Picasso, Barcelone), Ocaña 1997, p. 334.

12 Sabartés 1946, p. 55. Bien qu'il y ait eu, dit-on, un contrat écrit, il a, selon Inglada, disparu des biens de Mañach au cours de la Guerre civile espagnole.

13 Picasso a offert ce dessin à sa compagne Odette, dont le nom est épelé «Odet» dans la dédicace.

14 Maria Teresa Ocaña (Ocaña 1997, p. 253, n. 5) a identifié *La danseuse bleue* avec l'œuvre à laquelle Picasso fait référence sous le titre de *Divan japonais* dans une lettre du 12 octobre 1900 adressée à Ramon Reventós. Ocaña ajoute que Virenque paya 150 francs pour *L'entrée de la Plaza*.

15 Weill (1933, p. 67) ne donne qu'une description sommaire de cette œuvre comme étant «une ravissante peinture: enfant dans une symphonie de blanc, vendue 60 francs à M. Sainsère».

16 Mañach organisa l'exposition inaugurale chez Weill (2-31 décembre 1901). Elle présentait des bijoux de Bocquet et Durrio, des tableaux de Girieud et Launay, des sculptures de Mlle Warrick, des terres cuites de Maillol et des œuvres de Raoul de Mathan, mais rien de Picasso.

17 Weill 1933, p. 65.

18 La découverte récente, par Eduard Vallès, de la partie gauche de ce dessin nous permet de saisir l'ensemble de la composition telle qu'elle était conçue à l'origine, c'est-à-dire complétée à gauche par une voiture à cheval et un haut bâtiment. Après avoir, dit-on, coupé cette partie du dessin conformément au souhait de son nouveau propriétaire, un certain Vilaró, Picasso apposa une nouvelle signature dans le coin inférieur gauche de son œuvre. Voir cat. exp., *Picasso versus Rusiñol*, Barcelone, Museu Picasso, 2010, pp. 82-83.

19 Parmi ceux qui avaient peint le célèbre bal de Montmartre figuraient Renoir, Van Gogh, Toulouse-Lautrec et Ramon Casas.

20 Voir aussi le commentaire de Nienke Bakker sur ce tableau dans ce catalogue, p. 85.

21 Le sculpteur catalan Manolo Hugué s'installa lui aussi dans l'atelier du boulevard de Clichy lorsqu'il arriva à Paris, quelques jours seulement avant le suicide de Casagemas qui eut lieu le 17 février 1901.

22 «Els pastels [...] son tant sols un dels aspects del talent d'en P, que sera molt discutit pero no menos apreciat [...]», voir Daix/Boudaille 1967, p. 333.

L'exposition chez Vollard en 1901

1 Mañach envoya probablement trois œuvres de Picasso à une exposition qui se tint du 17 au 30 juin 1901 à la galerie La Bodinière rue Saint-Lazare, organisée par Adrien Farge, à la tête de l'éphémère revue *Art et Littérature*. Une version enrichie de cette exposition, comprenant neuf tableaux et dessins de Picasso (identifiés dans le catalogue par leur titre et, dans certains cas, par leur technique), eut lieu à la Villa Désiré à Dinard à la fin de l'été (19 août-30 septembre). Florence Rionnet reproduit deux de ces dessins de Picasso (*Autoportrait* et *Portrait de Nonell*, vers 1900) dans sa contribution «À la croisée des chemins: une exposition méconnue, Picasso à Dinard en 1901», cat. exp., *Picasso à Dinard*, (Dinard, Mairie de Dinard, 1999), p. 23.

2 Sabartés (1946, p. 58) affirme que la première rencontre avec Vollard eut lieu début juin 1901, un peu plus de trois semaines avant l'ouverture de l'exposition. Vollard (1936, p. 219) se rappelle qu'à cette occasion Picasso avait apporté une centaine d'œuvres pour les lui montrer. Ce nombre semble exagéré et fait sans doute référence à la totalité des œuvres produites avant l'exposition, y compris quelques pastels et tableaux apportés d'Espagne et d'autres œuvres réalisées depuis son arrivée à Paris à la mi-mai.

3 Outre les expositions de groupe, comme celle des Nabis (1898), Vollard avait organisé des expositions personnelles de Van Gogh (1895), Cézanne (1895), Gauguin (1896), Van Gogh (1896–1897), Cézanne (1898), Redon (1898), Gauguin (1898–1899) et Cézanne (1899 et début 1901).

4 Gustave Coquiot, *Exposition de tableaux de F. Iturrino et de P.-R. Picasso*, Paris, Vollard, 1901, p. 4.

5 Casagemas écrivit à Ramon Reventós le 25 octobre 1900 (Museu Picasso, Barcelone): «Connaissez-vous Nonell? C'est un garçon très sympathique; lui et Pichot sont quasi les deux seules personnes fréquentables du coin. Aujourd'hui, nous avons fait la connaissance d'Iturrino qui me semble aussi être un type bien» («Coneixes ja á en Nonell? es un xicot molt simpatico; ell y en Pichot son casi bé els dos unics tractables que rodaban per aqui. Avuy hem conegut á l'Iturrino que també 'm sembla qu'es una bona persona»), Ocaña 1995, p. 318.

6 Le tableau d'Evenepoel fut acquis en 1899 par le Musée des Beaux-Arts de Gand. Avant sa mort en 1900, l'artiste s'était assuré qu'il serait exposé à Paris, et en avait aussi réalisé une lithographie et une affiche, qui permit une diffusion plus large encore du portrait d'Iturrino; voir Kosme María de Barañano et Javier González de Durana, *Francisco Iturrino: Obra gráfica*, Vitoria-Gasteiz, Argitartzailea, 1988, pp. 221-222.

7 Iturrino allait encore exposer chez Vollard en 1902, 1904, 1907 et 1911 mais, à partir de 1902, il vécut principalement en Espagne. Coquiot allait le faire figurer avec Picasso dans son ouvrage *Cubistes Futuristes Passéistes* (Coquiot 1914).

8 Voir note 2.

9 Parmi les artistes qui occupaient à la même époque des ateliers sur le boulevard de Clichy figuraient Degas au 6, Gérôme au 65, Iturrino au 124 et Signac au 130. L'école-atelier de Fernand Cormon, fréquentée dans les années 1880 par Van Gogh et Toulouse-Lautrec, se trouvait aussi sur ce boulevard, au 124.

10 À en juger par la liste des œuvres figurant dans le catalogue, Mañach avait eu la chance d'en vendre un bon nombre avant même l'ouverture de l'exposition, la plus grande partie à Madame Besnard, qui était, selon Daix et Boudaille (1967, p. 156), l'épouse du fournisseur de matériel artistique de Picasso, L. Besnard, dont le magasin se trouvait rue de La Rochefoucauld.

11 Selon Félicien Fagus, dans *La Revue blanche*, 15 juillet 1901, cité p. 47. Tinterow estime que ce chiffre est une exagération (Tinterow/Stein 2010, pp. 34-36).

12 Voir, par exemple, *Femme au théâtre*, au dos de la *Buveuse d'absinthe* (1901, collection privée).

13 Même si ce tableau est parfois considéré comme un second portrait de Coquiot, Richardson (1991, pp. 199-200) a démontré de façon convaincante que l'homme représenté est en fait Vollard.

14 Le portrait d'Iturrino, visible sur une photographie montrant Picasso dans son atelier en compagnie de Mañach et du peintre espagnol Torres Fuster (fig. 7), a finalement été recouvert. Une radiographie a révélé qu'il se trouvait au dos de *Fillette à la boule* (1905, Musée Pouchkine, Moscou). Voir Anatoly Podoksik, qui fait l'erreur de confondre Iturrino avec le père de Picasso: *Picasso: The Eternal Quest*, Léningrad, Aurora, 1989, pp. 148-149.

15 Voir, par exemple, *Portrait d'une jeune femme* de Gauguin (pl. 69) ou *La berceuse* (pl. 44), le portrait de Madame Roulin peint par Van Gogh en 1889. Tinterow relève un procédé similaire dans *Arlequin assis* (automne 1901, The Metropolitan Museum of Art, New York) et attire l'attention sur la similitude entre l'arrière-plan de cette œuvre et celui de *La berceuse*, que Vollard avait achetée en 1900 (Tinterow/Stein 2010, p. 45). L'allusion à Van Gogh aurait été appropriée, puisque Coquiot appréciait beaucoup l'œuvre de l'artiste hollandais. En outre, dans son livre *Vincent Van Gogh* (1923), il affirme avoir rencontré Van Gogh à Paris au milieu des années 1880.

16 Palau i Fabre 1980, n. 500 (lieu inconnu) et 565 (héritiers de l'artiste).

17 À propos de la pratique de Picasso consistant à peindre par-dessus ses premières œuvres, parmi lesquelles le portrait de Mañach, voir Ann Hoenigswald, «Works in Progress: Pablo Picasso's Hidden Images», dans McCully 1997, pp. 299-310.

18 Daix/Boudaille (1967, pp. 156-159) et Palau i Fabre (1980, pp. 247-257) ont proposé certaines identifications, mais nombre d'entre elles n'ont pas été confirmées.

19 Quelques œuvres, qu'il emmena probablement de Barcelone à Paris, faisaient référence à des thèmes espagnols et ont probablement été créées à Madrid ou à proximité, comme les n° 4 *Toledo*, n° 33 *Le matador*, n° 35 *L'arène*, n° 43 *Courses de village*, n° 44 *Église d'Espagne*, n° 45 *Village d'Espagne*, et deux portraits portant des titres espagnols, n° 53 *Madrileña* et n° 61 *Carmen*, en outre, trois œuvres semblent avoir été réalisées à Barcelone ou à proximité: le n° 42 *Montjuich*, le n° 49 *La Méditerranée* et le n° 50 *Rochers*.

20 Félicien Fagus, *La Revue blanche*, 15 juillet 1901. Pour sa peine, Fagus reçut de Picasso *Les blondes chevelures* (1901, collection privée), un tableau que le critique mentionne dans son article.

21 Daix et Boudaille (1967) pensent que, mis à part *L'attente (Margot)*, ces œuvres ont été réalisées à Barcelone, tandis que Palau i Fabre (1980) situe leur création à Barcelone ou Paris. Richardson (1991, p. 182) suggère qu'elles ont peut-être été commencées à Madrid mais achevées à Paris, et enfin, plus récemment, Tinterow affirme qu'elles ont été exécutées à Madrid (Tinterow/Stein 2010, p. 34).

22 Sabartés (1946, p. 57) rapporte que Picasso trouvait le transport de ses œuvres très fastidieux, qu'il s'agisse de les expédier ou de les emballer pour les acheminer lui-même, et que c'était l'une des raisons qui l'avaient décidé de retourner à Paris, afin d'y travailler et d'y remplir ses obligations contractuelles vis-à-vis de Mañach.

23 Steinlen fut fortement marqué par *L'Assommoir* de Zola (1877) et conçut une affiche pour son adaptation théâtrale en 1900. Il illustra aussi le roman *Lourdes* lorsqu'il parut sous forme de feuilleton en 1894 dans le *Gil Blas illustré*.

24 Nonell, par exemple, avait d'abord été moins frappé par la peinture impressionniste que par les œuvres de Puvis de Chavannes, qu'il qualifiait de «plus grand peintre vivant» («el mejor pintor en vida»), et par celles de Whistler, Sargent et Carrière. Lettre de Nonell à Raimon Casellas (3 mars 1897), dans «Les anades de Nonell a Paris», *D'Art*, n° 2, mai 1973, p. 10. Plus tard, Nonell se convertira à l'œuvre de Cézanne. Sunyer, qui se lia d'amitié avec le critique Gustave Geffroy, était aussi un grand défenseur de Cézanne ainsi que de Renoir. Voir Rafael Benet, *Sunyer*, Barcelone, Polígrafa, 1975, p. 154.

25 Maurice Denis, «Définition du Néo-Traditionnisme», *Art de Critique*, 23 et 30 août 1890.

26 André Warnod, «'En peinture tout n'est que signe', nous dit Picasso», *Arts*, 29 juin 1945.

27 Picasso rapporta dans une lettre à Ramon Reventós (11 novembre 1900) qu'il avait cessé d'aller au bordel de la «calle de Londres» parce qu'il était pris par son travail, voir Ocaña 1995, p. 319.

28 Information fournie par Rafael Inglada.

29 Outre la poésie, Jacob était particulièrement intéressé par les sciences occultes et la Cabale, et il lut l'avenir dans les lignes de la main de Picasso. Pour les discussions entre Jacob et Picasso sur la littérature française, voir Read 1997.

30 Jacob 1927, p. 199. Le tableau de Max Jacob fut en effet recouvert. Une radiographie a révélé sa présence sous *Mère et enfant* (1901, Harvard Art Museum/Fogg Museum), voir Seckel 1994, p. 4.

31 Bernardó 2006, p. 226.

32 *Ibid.*, p. 227. Viñes nota dans son journal (29 avril 1902) que l'œuvre, connue aujourd'hui sous le titre de *Courtisane au collier de gemmes*, fut d'abord exposée ce mois-là dans la galerie de Berthe Weill sous le titre *L'hétaïre*. Elle constitue l'une des deux versions réalisées par Picasso à peu près au même moment, l'autre est un prêt de longue durée de l'Art Gallery of Ontario à l'Israel Museum à Jérusalem.

33 Selon Jacques Lethève (*La vie quotidienne des artistes français au* XIX*e siècle*, Paris, Hachette, 1968), l'artiste Fabiano reçut 5 francs pour un dessin à publier dans *Le Frou-Frou* (moins 25 centimes pour la quittance) en 1899. Il est vraisemblable que Picasso ait touché à peu près la même somme.

34 En janvier 1902, Mañach organisa chez Berthe Weill une exposition d'œuvres d'illustrateurs, parmi lesquels Abel Faivre, Cappiello, Gosé, Hermann-Paul, Roubille, Sancha et Sem, mais pas Picasso.

35 Olivier 2001, pp. 174-175.

36 «Hi anàvem sovint. El propietari, el català Oller [...] em presentà als porters, i jo, en entrar, no feia sinó saludar. Moltes vegades hi anava acompanyat del critic Gustave Cocquiot [sic] i del pintor Bottini. Mai no vaig parlar amb Toulouse-Lautrec, el qual vaig veure molts cops en aquella casa», Ferran Canyameres, *Josep Oller i la seva època: L'Home del Moulin Rouge*, Barcelone, Aedos, 1959, p. 201.

37 Tinterow fait remarquer qu'en plus de faire référence à l'imagerie familière des affiches de Toulouse-Lautrec, il emprunta aussi «la modulation de tons qui était la signature de Lautrec, obtenue en utilisant des taches de couleur de manière apparemment aléatoire selon un principe proche de celui du Ben Day moderne» (Tinterow/Stein 2010, p. 38).

La réputation de Vincent van Gogh à Paris vers 1900

1 Voir notamment les récentes expositions *Picasso et les maîtres* (Paris 2008), *Picasso: Challenging the past* (Londres 2009), *Picasso-Ingres* (Paris 2004), *Matisse-Picasso* (Londres/Paris/New York 2002–2003). L'ouvrage *Van Gogh-Picasso* (Paris 2006) s'intéresse davantage aux parallèles entre les deux artistes qu'à l'influence de Van Gogh sur Picasso.

2 Parmelin 1965, p. 126. Malraux, 1974, p. 23.

3 «Quand on commence un tableau, on ne sait jamais ce qu'il va devenir. Quand il est fini, on ne le sait pas non plus. La peinture, on dirait qu'elle mûrit pour devenir bonne à manger. Voyez pour Cézanne, pour Van Gogh. Les gens ne comprennent pas que c'est moi, Van Gogh, non?», Malraux, 1974, p. 114.

4 Parmelin 1965 (éd. fr.), p. 24.

5 Parmi les dessins que Picasso a «signés» El Greco figure *Yo El Greco* (1899, Museu Picasso, Barcelone).

6 «In art, one must kill one's father», Richardson 1991, p. 95.

7 *Verzamelde brieven van Vincent van Gogh*, J. van Gogh-Bonger et V.W. van Gogh (éds), 4 vol., Amsterdam/Anvers, Wereld Bibliotheek, 1952–1954. Cet ouvrage a été traduit intégralement en anglais (1958), en français (1960) et en de multiples autres langues ensuite.

8 Hélène Parmelin, *Les Dames de Mougins*, Paris, Cercle d'Art, 1964, p. 106. On raconte que Picasso portait sur lui une copie de la coupure de journal relatant l'automutilation de Van Gogh («Chronique locale», *Le Forum Républicain*, 30 décembre 1888). Il avait découvert cet article en 1957 lors d'une visite au Musée Réattu à Arles et en avait demandé une copie. Voir *Madeline* 2006, pp. 78-79. Ce court article précise que Van Gogh avait offert son oreille coupée à une prostituée et que le «pauvre aliéné» avait ensuite été hospitalisé.

9 À cette époque, il peignit aussi des variations sur des œuvres de Greco, Velázquez, Poussin, Courbet, Delacroix et Manet, parmi d'autres. Voir Susan Grace Galassi, «Picasso's 'Old Master' Period», dans *Picasso: Challenging the Past*, cat. exp., Londres, National Gallery, 2009, pp. 109-139. En 1912 et 1937, Picasso avait déjà réalisé des portraits d'Arlésiennes, un motif très populaire exploité tant par Van Gogh que par Gauguin.

10 Entretien avec Johan et Anneke van Gogh, Wassenaar, 1er août 2003, par Sjraar van Heugten et Chris Stolwijk. Copie inédite (Van Gogh Museum, Documentatie). Avec nos remerciements à Roelie Zwikker, qui a attiré mon attention sur ce point.

11 Penrose 1958, p. 75.

12 Gabriel-Albert Aurier, «Les isolés. Vincent van Gogh», *Mercure de France*, janvier 1890, pp. 24-29.

13 Octave Mirbeau, «Vincent van Gogh», *L'Écho de Paris*, 1er mars 1891.

14 Entre 1891 et 1905, Émile Bernard publia les articles suivants (présentés en recueil dans Bernard 1994): «Vincent van Gogh», *Les Hommes d'Aujourd'hui*, n° 390, 1891; «Vincent van Gogh», *La Plume*, 1891; «Vincent van Gogh», *Mercure de France*, 1893; «Notes sur l'École dite de Pont-Aven», *Mercure de France*, 1903; «Paul Gauguin et Vincent van Gogh», *La Rénovation esthétique*, 1905.

15 Émile Bernard, «Vincent van Gogh», *Les Hommes d'Aujourd'hui*, n° 390, 1891, repris dans Bernard 1994, pp. 26-28 (citation p. 27).

16 Voir aussi Zemel 1980, pp. 62-73.

17 Des œuvres de Van Gogh étaient exposées au Salon des Indépendants en 1888 (trois tableaux), 1889 (deux tableaux), 1890 (dix tableaux) et 1891 (dix tableaux). En avril 1892, Émile Bernard avait organisé une exposition de seize tableaux et quelques dessins à la Galerie Le Barc de Boutteville.

18 La première exposition chez Vollard se déroula du 4 au 30 juin 1895. Les œuvres avaient été déposées en consignation par les peintres Paul Gauguin et Émile Schuffenecker, ainsi que par Madame Grammaire-Aurier, la mère d'Albert Aurier, décédé en 1892. Voir Rabinow 2006, pp. 51-53.

19 La deuxième exposition eut lieu de décembre 1896 à février 1897. Voir Rabinow 2006, pp. 54-57.

20 Vollard 1936, p. 62. Édition française 1937, Paris, Albin Michel, p. 80.

21 Bien que Vollard passe pour s'être séparé de tous ses Van Gogh «dans un accès de colère», ses livres de caisse montrent qu'il a continué à acheter et vendre régulièrement des Van Gogh après 1897 (voir Rabinow 2006, p. 58).

22 Julien Leclercq à Jo van Gogh-Bonger, Paris, 12 octobre 1900, Van Gogh Museum, Archives de la famille Van Gogh (b4129 V/1984).

23 Bernheim-Jeune 1901. Jo van Gogh-Bonger ne prêta finalement aucune œuvre, contraignant Leclercq à puiser dans diverses collections françaises (Ambroise Vollard, les frères Émile et Amédée Schuffenecker, Octave Mirbeau, Jos Hessel et Auguste Rodin sont notamment cités comme propriétaires).

24 Bernheim-Jeune 1901.

25 *Ibidem*.

26 Marcel Giry, «Van Gogh and the Fauves», dans le cat. exp. *Vincent van Gogh and Early Modern Art*, Essen/Amsterdam, 1990, pp. 267-272.

27 Octave Mirbeau, «Vincent van Gogh», *Le Journal*, 17 mars 1901. Voir aussi Zemel 1980, pp. 84-88.

28 D'après Anthony Blunt, Picasso avait découvert l'œuvre de Van Gogh par l'intermédiaire du peintre catalan Isidre Nonell, qui passe pour l'avoir introduit à Barcelone, mais il ne cite aucune source pour étayer son hypothèse. Voir Anthony Blunt et Phoebe Pool, *Picasso the Formative Years: A Study of his Sources*, Londres, Studio Books, 1962, pp. 11, 13-14. L'accueil réservé à Van Gogh en Espagne, et en particulier auprès des amis de Picasso, Nonell, Casals et Rusiñol, qui avaient vécu à Paris, doit encore être approfondi. Aucune référence explicite à Van Gogh n'a encore été relevée dans la presse barcelonaise de l'époque. En 1901, toutefois, l'article d'Octave Mirbeau dans *Le Journal*, à propos de l'exposition Van Gogh chez Bernheim-Jeune, fut repris par le critique Raimon Casellas (communication amicale de Teresa M. Sala, 17 mars 2010). Voir Jordi Castellanos, *Raimon Casellas i el Modernisme*, vol. 2, Barcelone, Curial, 1983, p. 284, n. 24.

29 Richardson 1991 p. 172.

30 À ce moment, Bernheim-Jeune possédait probablement quatre tableaux de Van Gogh (voir Bernheim-Jeune 1901). Pendant l'Exposition universelle, Leclercq exposa dans son propre logement de la rue Vercingétorix dix-sept œuvres de la collection de Jo van Gogh-Bonger «afin de les montrer aux nombreux étrangers que je connais et qui viendront me voir». Voir Stolwijk/Veenenbos 2002, p. 29, et la lettre de Julien Leclercq à Jo van Gogh-Bonger, 14 mars 1900 (Van Gogh Museum, Archives de la famille Van Gogh, b1895 V/1962). Rien n'indique toutefois qu'à cette époque, Picasso ait été en contact avec Leclercq.

31 Fernande Olivier, la compagne de Picasso à partir de 1905, a rappelé que Vollard gardait toujours le secret sur son stock (Olivier 2001, p. 199).

32 *La salle de danse à Arles* de Van Gogh, acquis par Vollard en 1897, se trouvait probablement encore dans sa galerie au tournant du siècle. En 1908, le tableau est mentionné comme «Collection Mme Michelot» à Paris (*Quelques œuvres de Vincent van Gogh*, Galerie Druet, Paris, 6-18 janvier 1908). De Bernheim-Jeune 1901 et des livres de caisse de Vollard (Vollard Archives, MS 421), nous pouvons déduire qu'entre 1900 et 1905, il a négocié et/ou possédé en stock au moins vingt-quatre œuvres de Van Gogh (voir note 35). Voir aussi cat. exp. Rabinow 2006, pp. 48-59.

33 Voir la contribution de Marilyn McCully dans ce catalogue, p. 47.

34 Jacob 1927, p. 199.

35 En 1900, le livre de caisse de Vollard mentionne l'achat de huit tableaux de la famille Roulin, dont probablement les portraits suivants: *La berceuse* (F 505), une version de *Madame Roulin et son bébé* (F 491 ou F 490), *Portrait d'Armand Roulin* (F 492), *Portrait de Marcelle Roulin* (F 441a), *Portrait de Camille Roulin* (F 537), *Portrait de Madame Roulin* (F 503).

36 Richardson 1991, p. 221.

37 L'exposition chez Bernheim-Jeune comprenait une «Arlésienne (fond rose)» appartenant à Vollard. Voir Bernheim-Jeune 1901, p. 12. Il s'agissait de la version de São Paulo (F 542) ou de celle de Rome (F 540). Il va de soi que les portraits de buveurs solitaires et de prostituées saisis par Toulouse-Lautrec dans les cafés de Montmartre ont également influencé le choix de ce thème par Picasso.

38 Cette exposition, qui s'est tenue du 24 mars au 30 avril 1905, réunissait, selon le catalogue, trente-six tableaux, environ dix dessins et une eau-forte, provenant de collections privées françaises et du commerce de l'art (en partie les mêmes œuvres que lors de l'exposition de 1901).

39 Spurling 1998, pp. 296, 330-332.

40 La rivalité entre Jean-Auguste Dominique Ingres (1780–1867) et Eugène Delacroix (1798–1863), chefs de file respectifs du néoclassicisme et du romantisme, était légendaire. Le premier insistait sur la ligne, le second sur la couleur, et dans le monde français de l'art, le débat faisait rage sur celui des deux qui devait avoir la primauté.

41 «En peinture, ses goûts d'alors le portaient vers le Greco, Goya, les primitifs, et surtout vers Ingres, qu'il se plaisait à aller étudier au Louvre» (Olivier 1933, p. 172).

42 Amsterdam, Stedelijk Museum, *Exposition Vincent van Gogh* (15 juillet-1er août 1905). Picasso est passé par Amsterdam deux semaines avant l'ouverture de l'exposition (voir L'élargissement du cercle de Picasso, note 16). À court d'argent, il n'avait peut-être pas la possibilité de prolonger son séjour aux Pays-Bas.

43 «to question his right to be the new messiah of art», Richardson 1991, p. 228.

44 Françoise Gilot et Carlton Lake, *Vivre avec Picasso*, Paris, Calmann-Lévy, Paris, 1965, p. 321.
45 *Van Gogh* 2009, vol. 5, MA25, p. 326.

Les origines françaises de la période bleue

1 «Grande es la impresión que recibo al contemplarme a través de ese maravilloso espejo 'azul', que para mí es como un lago inmenso cuyas aguas tienen algo de mí, porque en ellas me he visto: porque lo he contemplado desde su formación y me ha mostrado un nuevo aspecto de Picasso en esa época que se inaugura en 1901, y me permite vislumbrar un nuevo horizonte que dirige mis ansias de infinito. Con ser uno de los primeros cuadros 'azules', su sobriedad lleva la marca que se afianza en el curso de una 'época', muy distinto de las otras de Picasso. La línea que encierra la idea es elocuente por su simplicidad. El gesto que plasma revela la impresión que sugiere al afecto la presencia del amigo sorprendido en su abandono», Sabartés 1953, p. 74, d'abord publié en français dans Sabartés 1946, p. 72.
2 «La paleta está en el suelo: el blanco puesto en el centro, en cantidad abundante, constituye la base de esa especie de argamasa que compone sobre todo con azul. Los demás colores alegran el contorno. No recuerdo haberle visto nunca paleta en mano. Él me asegura que a veces la ha empuñado, como la empuña cualquiera. Es posible: pero yo siempre le he visto componer los colores agachándose sobre una mesa, una silla o el suelo», Sabartés 1953, pp. 90-91, d'abord publié en français dans Sabartés 1946, p. 88.
3 Pour une discussion récente sur *La chambre bleue* dans le contexte de l'art de Degas, voir Kendall 2010, p. 78.
4 *Le gourmet* a parfois été identifiée avec l'œuvre décrite comme le n° 47 de l'exposition chez Vollard intitulé *L'enfant blanc*. Cependant, comme nous le démontrons ici, la façon dont cette œuvre a été peinte est plus caractéristique des compositions postérieures à l'exposition chez Vollard. Il existe d'autres candidats possibles pour le n° 47, comme *Jeune fille au collier* (1901, collection privée) et *Fillette au chapeau* (1901, Harvard Art Museum/Fogg Museum).
5 Baldassari suggère pour sa part que *Le gourmet* pourrait s'inspirer d'une photographie représentant un enfant dans une cuisine (*Die kleine Köchin*) figurant au dos d'une carte de visite trouvée parmi les biens de Picasso. Voir *Le miroir noir. Picasso, sources photographiques 1900–1928*, Paris, Réunion des Musées nationaux, 1997, p. 28, fig. 18.
6 Coquiot 1914, p. 148.
7 Robert Lubar («Barcelona Blues», dans McCully 1997, pp. 87-101) affirme aussi que les préoccupations sociales de Picasso et de sa génération en Espagne expliquent dans une large mesure son choix de représenter la pauvreté et des sujets à connotation politique.
8 Serrano 1996, p. 95.
9 *Ibid.*, p. 19.
10 Les plus importantes sont *Évocation (L'enterrement de Casagemas)* (1901, Musée d'Art moderne de la Ville de Paris) et *Les pleureuses* (1901, collection privée). Tinterow note que Picasso utilisa le dos de son projet d'affiche pour le *Jardin de Paris* (pl. 35), afin de réaliser un croquis de la scène d'enterrement (Tinterow/Stein 2010, p. 38).
11 Plusieurs études liées à cette composition, y compris un exemple conservé au Musée Picasso de Paris (M.P. 473), montrent que Picasso avait d'abord envisagé de se représenter lui-même dans le rôle de l'artiste.
12 Palau i Fabre 1980, p. 277. Les coordonnées du Dr Jullien –12 rue de la chaussée d'Antin (non loin de la prison Saint-Lazare)– apparaissent dans l'un des premiers carnets d'adresses de Picasso (APP).
13 «Cree que el arte emana de la tristeza y del dolor. Estamos de acuerdo. Que la tristeza se presta a la meditación y que el dolor está en el fondo de la vida», Sabartés 1953, p. 75, d'abord publié en français dans Sabartés 1946, p. 73.
14 Lettre de Van Gogh à sa sœur Willemien, 19 septembre 1889, Van Gogh 2009, vol. 5, lettre 804 (nous reprenons l'orthographe de Van Gogh).
15 Voir aussi la contribution de Peter Read dans ce catalogue, pp. 164-171.
16 Picasso déclara plus tard à Daix que l'exposition avait très bien marché (Daix/Boudaille 1967, p. 154). Vollard affirma cependant avoir été déçu, à la fois par les ventes et par les critiques (Vollard 1936, pp. 219-220).
17 Sabartés (1946, pp. 88-89) rapporte que Picasso et Mañach s'entendaient de moins en moins bien et que leurs désaccords étaient liés à des questions d'argent. Pour une autre approche et l'hypothèse selon laquelle il y aurait eu entre eux des tensions d'ordre sexuel, voir Richardson 1991, p. 231.
18 Jean-Paul Crespelle, *La vie quotidienne à Montmartre au temps de Picasso, 1900–1910*, Paris, Hachette, 1978, p. 219.
19 Adrien Farge, *Tableaux et pastels de Louis Bernard-Lemaire et de Picasso* (Paris, Galerie B. Weill, 1902); voir Daix/Boudaille 1967, p. 334.
20 Selon Inglada, après son retour en 1904, Mañach reprit l'entreprise familiale de serrures et de coffres-forts à Barcelone. Il finira par s'y marier et y passera le reste de son existence.
21 Vollard 1936, p. 219.

Picasso symboliste

1 Picasso fit le voyage à Paris en compagnie du sculpteur Juli González et du peintre Josep Rocarol. À leur arrivée, Picasso resta d'abord à proximité du logement de González à Montparnasse avant de s'installer dans un hôtel de la rive gauche.
2 Weill (1933, p. 83) affirme que, même s'ils ne vendaient rien, les artistes devaient payer à Mañach 25 francs par œuvre reprise dans l'exposition.
3 Serrano 1996, p. 22.
4 Palau i Fabre 1980, p. 312, fournit une liste des œuvres qui apparaissent dans le catalogue de l'exposition de novembre 1902.
5 Daix/Boudaille 1967, p. 334.
6 *Mercure de France*, n° 156, décembre 1902, pp. 804, 805.
7 Une autre critique, moins connue, qui était signée R.M. [Roger Marx] et évoquait de façon générale les quatre artistes exposés, parut dans *Chronique des Arts et de la Curiosité. Supplément de la Gazette des Beaux-Arts*, 29 novembre 1902.
8 Daix/Boudaille 1967, p. 58.
9 Dans une lettre à Max Jacob, écrite de Barcelone en 1903, il affirme se souvenir «avec dégoût» des Espagnols de la rue de Seine (Seckel 1994, p. 20).
10 Picasso identifia les dessins réalisés à l'Hôtel du Maroc dans les annotations qu'il rédigea pour l'œuvre de Zervos intitulée *Dessins de Picasso*, publiée en 1949 (APP).
11 «Così girava di museo in museo nutrendosi di buona pittura antica e moderna; e poichè anch'io facevo lo stesso, non era raro che c'incontrassimo al Lussemburgo nella saletta degli Impressionisti, o al Louvre, dove Picasso batteva di preferenza nelle sale terrene aggirandosi come un bracco in cerca di selvaggina fra le antichità egiziane e fenície, tra le sfingi, gl'idoli di basalto, i papriri e sarcofaghi dipinti a vivi colori», Ardengo Soffici, *Ricordi di vita artistica e letteraria*, Florence, Vallechi, 1942, pp. 365-366).
12 Voir Tinterow/Stein 2010, p. 86, pour une discussion récente sur l'impact de Puvis sur Picasso pendant ses premières années à Paris.
13 Toulouse-Lautrec réalisa une célèbre parodie du *Bois sacré cher aux arts et aux muses* de Puvis de Chavannes (1884, Musée des Beaux-Arts, Lyon) dans un tableau (Art Institute of Chicago), où il se représenta lui-même, avec ses camarades de l'atelier Cormon, dans le bois sacré.
14 *Homme portant un sac* faisait partie des trois dessins accompagnant l'article du grand ami de Picasso, Carles Junyer-Vidal –«La pintura y la escultura allende los Pirineos»– paru dans le quotidien barcelonais *El Liberal*, le 10 août 1903, dans lequel Junyer-Vidal note qu'«On parle sans arrêt de Puvis de Chavannes et son nom est presque toujours associé à ceux de Manet, Sisley, Pissarro, Monet et Degas, entre autres…» («Se habla incesantemente de Puvis de Chavannes, y su nombre se junta, casi siempre al de Manet, Sisley, Pissarro, Monet, Degas y de otros…»). Pour une approche complémentaire sur le dessin paru dans *El Liberal*, voir Vivian Endicott Barnett, *The Guggenheim Museum: Justin K. Thannhauser Collection*, New York, Solomon R. Guggenheim Museum, 1978, pp. 123-126.
15 Pour une discussion générale sur l'influence de Puvis de Chavannes sur Picasso, voir Richard J. Wattenmaker, *Puvis*

de Chavannes and The Modern Tradition, Ontario, Art Gallery of Ontario, 1975, pp. 168-177.

16 À l'automne 1902, juste avant le départ de Picasso pour Paris, une exposition se tint au Palau de Belles Arts de Barcelone. Elle présentait plus de 1800 œuvres d'art espagnol, y compris des fresques romanes de Catalogne.

17 Sabartés se rappela leur visite à l'atelier de Durrio et le fait qu'«on parla beaucoup de Gauguin, de Tahiti, du poème *Noa Noa*, de Charles Maurice [sic], et de mille autres choses dans ce goût-là», Sabartés 1946, p. 90 («Se habla de Gauguin, de Tahiti, del poema *Noa-Noa*, de Charles Maurice, y de mil cosas más por el estilo», Sabartés 1953, p. 94). Un inventaire des œuvres de la collection de Durrio dressé en 1911 –dont beaucoup, sinon toutes, avaient été acquises beaucoup plus tôt– révèle qu'il possédait dix-huit tableaux, dessins, estampes et sculptures sur bois de Gauguin, ainsi qu'un tableau et un dessin de Van Gogh. Voir Kosme María de Barañano et Javier González de Durana, «El Escultor Francisco Durrio (1868–1940), epistolario, catálogo y notas sobre su vida y obra», *Kobie*, n° v (1988), pp. 179-180.

18 Spies (2000, p. 24) compare la *Tête de picador* avec *L'homme au nez cassé* de Rodin (1863–1864).

19 Il quitta un atelier situé Riera de Sant Joan, qu'il partageait avec Angel de Soto, pour s'installer dans celui de Pablo Gargallo situé sur la Carrer del Comerç, qu'il occupa pendant le séjour du sculpteur à Paris.

20 «Cada nueva producción del joven artista es un paso más que conduce el principio al fin: es una muestra de la vida superior, de la vida ascendente, toda vez que Picaso no es de esos que odian la imbecilidad, la rutina, la indiferencia –fases negativas de la economía social– sin lograr sustituirlas con nuevas afirmaciones. Lejos de eso, trabaja con fe, con entusiasmo, con ahínco, ahonda cada día más sus convicciones, y sus fuerzas estallan, chocan y señalan el fin de la jornada.
Su honradez, dentro del Arte, son pocos, poquísimos los que la tengan. La habilidad que posee es pasmosa, y si se le antojase, podría producir mucho y vender bien. Pero él se sacrifica en este sentido y no quiere complacer el público gabacho.
Singular ocurrencia la esos siniquitates en embrión, que consideran el Arte como un oficio o un pasatiempo, factible a todos.
Téngase en cuenta que la labor de Picasso no hay que compararla con nada de lo que en este país se produce, es otra cosa, ¡entiéndanlo bien, profanos e inteligentes!
Picasso vuelve a París dentro de brevísimo tiempo. Allí si que ya puede ser juzgado y discutido», voir Palau i Fabre 1980, p. 516.

La vie de bohème

1 Crisanto de Lasterra, *En París con Paco Durrio*, Bilbao, T.G.Arte, 1966, p. 62.

2 Richardson (1991, p. 295) pense que Junyer-Vidal payait le loyer de l'atelier, qui s'élevait à 15 francs par mois.

3 Canals demanda à Picasso d'être le parrain de son fils Octavi. Picasso réalisa trois dessins de l'enfant en 1904–1905.

4 Jean van Dongen réapparaîtra dans la vie de Picasso à la fin des années vingt, lorsqu'il l'aidera dans ses premières expériences en décor sur céramique. Plus tard encore, dans les années trente, Picasso essaya de le débaucher de chez Maillol pour l'engager comme assistant dans son atelier de sculpture.

5 Voir la liste des résidents du Bateau Lavoir publiée dans Jeanine Warnod, *Le Bateau Lavoir*, Paris, Mayer, 1986, p. 190, qui se base sur les données du *Bottin* pour les années 1892–1914. Max Jacob vécut au n° 7 de la rue Ravignan de 1907 à 1911.

6 Version inédite traduite dans Olivier 2001, p. 139. Une autre version de ce récit est parue dans Olivier 1933, pp. 25-26.

7 Pour une discussion sur les œuvres de Degas pour lesquelles Benedetta aurait posé, voir Kendall 2010, pp. 98-102.

8 Daix/Boudaille (1967, p. 238) ont identifié certaines des œuvres figurant dans le catalogue, y compris un tableau au moins –*Les courses à Auteuil* (1901, collection privée)– qui avait fait partie de l'exposition chez Weill en juin 1902. Dans une critique, signée R.M. [Roger Marx] (*Chronique des Arts et de la Curiosité. Supplément de la Gazette des Beaux-Arts*, 5 novembre 1904), il est fait mention «des scènes de la rue et des intérieurs de M. Picasso».

9 Weill 1933, p. 85.

10 Voir McCully 1981, p. 41.

11 Ricard Viñes nota dans son journal, le 12 novembre 1904, qu'à la demande de Picasso, lui et son frère Pepe s'étaient rendu à son atelier, où ils le trouvèrent non seulement à court d'argent mais aussi «extrêmement maigre» («molt escanyat»). Il ajouta qu'ils lui donnèrent 30 francs en échange de deux dessins de Barcelone, l'un représentant une danse campagnarde, *La jota* (1903, collection privée) et l'autre représentant un mendiant, *El loco* (1903–1904, Solomon R. Guggenheim Museum, New York), Bernardó 2006, p. 228.

12 Olivier 1933, p. 26.

13 Avant cela, les premières gravures qu'il avait faites étaient un burin intitulé *Picador* en 1899 et une gravure sur bois intitulée *Torero* en 1900.

14 Brigitte Baer, dans Geiser/Baer 1990, p. 19, note que plusieurs épreuves furent signées et dédicacées à certains amis et collectionneurs de Picasso, parmi lesquelles figurent celle qu'il envoya à Junyent, qui est datée de septembre 1904, et celles qu'il dédicaça à Canovas [Casanovas?] en décembre 1904, à Mlle Gatti, en 1905, à [Charles] Dullin, en 1905, à Ricciotto Canudo, et à Guillaume Apollinaire, le 24 mars 1905. Baer note aussi que c'est Clovis Sagot qui se chargea ensuite de la vente du *Repas frugal*, et que les copies étaient imprimées à la demande. Après avoir fait aciérer les planches en 1913, Vollard publia une nouvelle édition, qui fut imprimée par Louis Fort.

15 «[gracias por] el aguafuerte porqué está muy bien hecho, me parece que en Paris venderéis muchos. Aquí es más difícil, ya sabéis el arte que aquí prefieren, sin embargo ensayaré de vender alguno. Os felicite también por la venta que me anuncias, algo es algo, y eso prueba que no todo ha de ser amargura. Todavía no he entregado el aguafuerte à vuestro padre, lo haré à la primera ocasión», Lettre de Sebastià Junyent à Picasso, 26 décembre 1904 (APP).

16 Picasso écrivit à Jacint Reventós, le [22] février 1905: «[...] dans quelques jours, je ferai une petite exposition. Dieu veuille qu'elle plaise beaucoup au public et que je vende tout ce que j'envoie. C'est Charles Morice qui s'est occupé de l'organiser» («[...] dentro de unos días haré una pequeña exposición Dios quiera que guste mucho a la gente y venda todo lo que mando –Charles Maurice es quien se ha ocupado de organizarla»), voir Palau i Fabre 1980, p. 516.

17 Gustave Serrurier-Bovy était un architecte et créateur de meubles Art nouveau. Il avait travaillé avec René Dulong à la conception du restaurant le Pavillon Bleu à l'Exposition universelle. Serrurier, qui était belge, possédait des magasins de décoration où il exposait ses meubles à Liège, Bruxelles, La Haye et Paris.

18 Carte postale envoyée par Charles Morice à Picasso, 18 février 1905 (APP).

19 *Les archives de Picasso. «On est ce que l'on garde!»*, cat. exp., Paris, Musée Picasso, 2003, p. 188.

20 Degas réalisa un certain nombre de compositions mettant en scène Arlequin et d'autres personnages de la *commedia dell'arte*, dont beaucoup s'inspiraient de l'adaptation en ballet des *Jumeaux de Bergame* de Florian. Voir Theodore Reff, «Arlequins, saltimbanques, clowns and fools», *Artforum*, octobre 1971, pp. 39, 41 et n. 75.

21 *Mardi Gras* (1888, Musée Pouchkine, Moscou). Il existe plusieurs autres Arlequins de ce genre, y compris une grande huile sur toile intitulée *Arlequin* (1888–1890, National Gallery of Art, Washington).

22 Palau i Fabre 1980, p. 396.

23 Selon Tinterow, la toile a été ôtée du châssis et accrochée au mur dans la salle du Lapin agile, où elle restera jusqu'en 1912, époque où le Père Frédé la vendit au marchand Alfred Flechtheim (Tinterow/Stein 2010, p. 70, où est aussi reproduite la photographie).

24 Sainsère écrivit à Picasso, le 5 mars 1905: «Votre exposition est tout à fait intéressante et j'ai très grand plaisir à la voir. J'aurais bien voulu avoir votre femme au corbeau». Et encore une fois, le 11 avril 1905: «J'ai revu avec grand plaisir votre si curieuse femme au corbeau: soyez assez aimable pour me dire ce que je vous dois» (APP). Des deux versions de la *Femme au corbeau* que peignit Picasso, dont la première se trouve au Toledo Museum of Art, Ohio, Sainsère acquit la seconde, qui fait aujourd'hui partie d'une collection privée à New York. Daix et Boudaille (1967, pp. 255, 341) suggèrent que le tableau de la rue Ravignan pourrait être l'œuvre connue sous le nom de *Rue Lepic* (1901, collection privée), qui est aussi intitulée *Rue Ravignan*.

25 Le 13 février 1905, Picasso reçut une note de Suzanne Bloch, qui se trouvait alors à Bruxelles, signalant qu'elle était flattée que son portrait fût montré dans une exposition (APP). L'œuvre se trouve aujourd'hui au Museu de Arte, São Paulo.

26 *Paysage de Montjuich (Espagne)* est probablement l'œuvre qui figura à l'exposition Vollard sous le titre *Montjuich*, voir «L'exposition chez Vollard en 1901», note 19.
27 «Les Jeunes: Picasso, peintre», *La Plume*, 15 mai 1905.
28 Voir Harriet Stratis, «Beneath the surface: Redon's methods and materials», dans cat. exp. *Odilon Redon: Prince of Dreams 1840–1916*, Chicago, Art Institute of Chicago, 1994, p. 372.
29 Extrait de «Un fantôme de nuées», *Calligrammes* (1917), dans Guillaume Apollinaire, *Œuvres poétiques*, Marcel Adéma et Michel Décaudin (éds), Paris, Bibliothèque de la Pléiade, 1965.

«Toutes les matières de la connaissance»

1 Raynal 1922, p. 44.
2 Maurice Raynal, *Picasso*, Genève, Skira, 1953, p. 28. Fils d'un ministre d'État, Raynal était aussi, selon Pierre MacOrlan, un ami proche et dévoué d'Alfred Jarry. De la fenêtre de son hôtel donnant sur le Bateau Lavoir, MacOrlan voyait souvent passer Raynal qui, d'un pas mélancolique, allait rendre visite à Picasso. Voir MacOrlan 1955, pp. 178-179.
3 Maurice Raynal, *Peinture moderne*, Genève, Skira, 1953, p. 90.
4 Read 1997.
5 «Enlève ta barbe [...] Ôte ton binocle, mets un monocle. Ne reste pas un employé. Vis comme un poète» (Picasso cité par Max Jacob en juin 1920, consigné dans Maurice Martin du Gard, *Les Mémorables*, vol. 1, Paris, Flammarion, 1957, p. 105).
6 André Salmon, *Max Jacob poète, peintre, mystique et homme de qualité*, Paris, René Girard, 1927, p. 28.
7 André Warnod, *Fils de Montmartre. Souvenirs*, Paris, Fayard, 1955, p. 159.
8 Voir Jeffrey Weiss, «Bohemian Nostalgia: Picasso in Villon's Paris», dans McCully 1997, pp. 196-209.
9 Jehan Rictus, *Les soliloques du pauvre, édition revue, corrigée et augmentée de poèmes inédits*. Illustrations de A. Steinlen. Paris, P. Sevin et E. Rey, 1903. Se reporter aussi à Jehan Rictus, *Les soliloques du pauvre*, Denis Delaplace (éd.), Paris, Éditions Classiques Garnier, 2009, qui reprend certaines des illustrations de Steinlen.
10 R.M. [Roger Marx], «Petites expositions. À la Galerie Weill», *La Chronique des Arts et de la Curiosité. Supplément de la Gazette des Beaux-Arts*, 5 novembre 1904, p. 279. Louis Vauxcelles remarqua à la même exposition que Picasso montrait «une douzaine d'études curieuses de la vie prolétarienne des faubourgs, où j'ai cru trouver parfois un ressouvenir d'Alexandre Steinlen», L. Vauxcelles, «Notes d'art. Exposition Raoul Dufy, Picasso, Girieud et Clary-Baroux», *Gil Blas*, 9 novembre 1904, p. 1.
11 MacOrlan 1955, p. 182.
12 Jules Romains, *Les hommes de bonne volonté*, vol. XII, *Les créateurs*, Paris, Flammarion, 1932, p. 164. Romains visita le Bateau Lavoir vers 1908.
13 Richardson 1991, chapitre 21, «The Apollinaire Period», pp. 327-349; Peter Read, *Picasso and Apollinaire: The Persistence of Memory*, Berkeley, Los Angeles/Londres, University of California Press, 2008.
14 Raynal 1922, pp. 39-40.
15 Jacob 1956, pp. 94-95. Les mémoires de Max Jacob furent rédigées en 1936–1937 et publiées avec des gravures de Picasso en 1956.
16 André Salmon, *Poèmes*, Paris, Vers et Prose, 1905.
17 André Salmon, «Au Salon d'automne», *La Revue littéraire de Paris et de Champagne*, n° 32, novembre 1905, p. 490.
18 «Arthur Rimbaud» fut inclus en 1907 dans *Féeries*, le meilleur recueil de Salmon. Les *Œuvres* de Rimbaud, qui réunissaient *Poésies*, *Illuminations* et *Une saison en enfer*, avaient été publiées par le Mercure de France en 1898, d'autres poèmes parurent dans *La Revue littéraire de Paris et de Champagne* en 1905, mais sa célèbre «Lettre du Voyant» ne fut publiée qu'en octobre 1912.
19 Guillaume Apollinaire, «Giovanni Moroni», dans Apollinaire, *Œuvres en prose*, vol. I, Michel Décaudin (éd.), Paris, Gallimard, Bibliothèque de la Pléiade, 1977, p. 320.
20 Jacob 1956, p. 25.
21 *Ibid.*, p. 95.
22 Daix/Israël 2003. Picasso lui-même affirma qu'Olivier Sainsère, un conseiller d'État qui avait commencé à collectionner ses œuvres en 1901 et fréquenta plus tard le Bateau Lavoir, intervint pour le protéger contre le harcèlement policier. Voir Daix/Boudaille 1967, p. 159.
23 Olivier 1933, p. 27.
24 Salmon a publié en 1957 une histoire du mouvement anarchiste en France, ouvrage récemment réédité, accompagné de nombreuses illustrations et d'une préface de Jacqueline Gojard: André Salmon, *La terreur noire*, Montreuil, L'Échappée, 2008.
25 Jacqueline Gojard, «Mécislas Golberg et André Salmon. Du symbolisme expirant à l'école de la rue Ravignan», dans Coquio 1994, pp. 335-346.
26 Jules Romains, *Les hommes de bonne volonté*, vol. IV, *Éros de Paris*, Paris, Flammarion, 1932, chapitre XXII, «Réunion à la Closerie. - Songes de Moréas», pp. 233-250. Jules Romains confirma sa propre présence aux soirées de *Vers et Prose* dans ses *Souvenirs et confidences d'un écrivain*, Paris, Fayard, 1958, p. 33.
27 Parmi les autres artistes qui y participèrent au fil des ans figurent Severini, Modigliani, Derain, Charles Guérin et Othon Friesz. Rilke et Stefan Georg s'y rendirent également. Voir Fort 1944, pp. 85-86.
28 Henri Mahaut, *Picasso*, Paris, Crès, 1930, pp. 7, 9. Dans un café proche du Trocadéro à Paris, lorsque le poète Jean Royère se lança dans de grandes théories sur Cézanne, Picasso posa son pistolet sur la table et avertit: «Encore un mot et je tire!», Jacob 1956, p. 69.
29 André Salmon en conversation avec Roland Penrose, cité dans Elizabeth Cowling, *Visiting Picasso. The Notebooks and Letters of Roland Penrose*, Londres, Thames and Hudson, 2006, p. 156.
30 Se reporter aux lettres de Moréas datées du 13 septembre 1891 et de l'année 1899, adressées aux journaux, in Robert A. Jouanny (éd.), *Cent soixante-treize lettres de Jean Moréas à Raymond de La Tailhède et à divers correspondants*, Paris, Minard, 1968, pp. 148, 152.
31 Raynal 1922, p. 37.
32 André Salmon, *Propos d'atelier*, Paris, Crès, 1922, p. 264.
33 Olivier 1933, p. 48.
34 Jacob 1956, p. 94.
35 Guillaume Apollinaire, «Jean Moréas», *Revue de la vie mondaine*, 10 mai 1910, dans Apollinaire, *Œuvres en prose complètes*, vol. II, Pierre Caizergues et Michel Décaudin (éds), Paris, Gallimard, Bibliothèque de la Pléiade, pp. 1031-1034.
36 Golberg loua Moréas pour avoir créé une esthétique post-symboliste: «Cette nouvelle forme, grecque par l'expression et contemporaine par le fond [...] la sagesse commentée par des mots justes et en phrases bien faites». Voir Mécislas Golberg, *Deux poètes. Henri de Régnier et Jean Moréas*, Paris, Éditions de La Plume, 1904, pp. 22 et 28. L'importance culturelle et politique du néoclassicisme en France et en Catalogne

est présentée, documents à l'appui, par Marilyn McCully dans son essai «Mediterranean Classicism and Sculpture in the Early Twentieth Century», dans Elizabeth Cowling et Jennifer Mundy (éds), cat. exp., *On Classic Ground: Picasso, Léger, de Chirico and the New Classicism 1910-1930*, Londres, Tate Gallery, 1990, pp. 324-332.

37 Fort 1944, p. 97. Fort déclara qu'ils retrouvaient aussi Marie Laurencin, Braque, Derain et Utrillo au café Au Téléphone.

38 Fort 1944, p. 101. Selon Salmon, «Picasso goûtait la compagnie de Paul Fort; il témoignait infiniment de considération à Moréas», Salmon 2004, p. 228.

39 Fort 1944, p. 104, se rappelait «Le charmant cœur de Marguerite, sa fine et douloureuse poésie, et ses larges yeux verts, et ses longs cheveux d'or». Cette description est confirmée par le portrait de Gillot figurant dans le tableau de Marie Laurencin réalisé en 1909, *Guillaume Apollinaire et ses amis* (Centre Pompidou, Paris, Musée national d'Art moderne), où elle occupe la troisième place en partant de la gauche. Il se peut que cette œuvre ait été peinte après que Fort eut emmené sa femme et sa fille vivre à la campagne à Senlis. Marguerite l'y abandonna pour retourner temporairement vivre à Paris. Fort 1944, p. 105.

40 Olivier 2001, p. 187.

41 Picasso s'est aussi caricaturé comme un singe espiègle qui porte un pinceau derrière l'oreille, dans un dessin à l'encre daté du 1er janvier 1903 (Museu Picasso, Barcelone). Parmi les autres œuvres de Picasso représentant des singes figurent son tableau à l'huile *Clown avec un singe* (Paris, 1901, collection privée) qui montre l'animal habillé comme un petit homme, tenant la main du clown, comme un enfant qui apprend à marcher avec l'un de ses parents; et *Le singe* (1905, Baltimore Museum of Art, The Cone Collection), figurant un singe assis dessiné à l'encre sur un fond marbré et bleu pâle peint à l'aquarelle. En 1951, il réalisa sa sculpture *La guenon et son petit* en y incorporant des objets trouvés, y compris deux petites autos.

42 G. Apollinaire, «Picasso, peintre et dessinateur», *La Revue immoraliste*, avril 1905, dans Guillaume Apollinaire, *Œuvres en prose complètes*, vol. II, p. 78.

43 G. Apollinaire, «Les Jeunes. Picasso, peintre», *La Plume*, 15 mai 1905, dans G. Apollinaire, *Œuvres en prose complètes*, vol. II, p. 21.

44 Fernande Olivier trouvait effrayantes ces fréquentes visites nocturnes (Olivier 2001, p. 202). Max Jacob se souvenait que Manolo et Picasso taquinaient les lions derrière les barreaux de leurs cages, comme des orangs-outangs narguant des fauves depuis la branche d'un arbre (Jacob 1956, p. 68).

45 Joseph Deniker, *Recherches anatomiques et embryologiques sur les singes anthropoïdes. Fœtus de gorille et de gibbon comparés aux fœtus humains et aux anthropoïdes jeunes et adultes*, Paris, C. Reinwald, 1886. Les observations de Deniker confirmèrent les découvertes controversées de Thomas H. Huxley sur les similitudes anatomiques entre les êtres humains et les primates dans son *Evidence as to Man's Place in Nature* (1863), traduit sous le titre *De la place de l'homme dans la nature* (1868).

46 Salmon 1912, p. 42. Les roses du papier peint ont peut-être été ajoutées au même moment.

47 André Salmon, «La jeunesse de Picasso», *Les Nouvelles littéraires*, 11 juillet 1931, p. 8. Dans cet article, Salmon déclare que Picasso et ses amis étaient Chez Azon, restaurant de la rue des Trois-Frères, lorsqu'il partit précipitamment pour achever le tableau.

48 Richardson 1991, p. 340.

49 Voir Salmon 2009, pp. 66-73.

50 André Salmon, «Véritable clé d'un domaine imaginaire», postface dans Salmon 2009, pp. 265-317 (p. 305). Le commentaire de Salmon qui livre les «clés» de son roman fut écrit en 1953 et publié pour la première fois en 2009.

51 Salmon 1912, p. 42.

52 Salmon 2009, pp. 72-73.

53 Salmon 1912, p. 42.

54 Joseph Deniker, *Les races et les peuples de la terre. Éléments d'anthropologie et d'ethnographie*, Paris, Schleicher Frères, 1900, p. 4. Le livre contient 176 illustrations et deux cartes.

55 Christopher Green, *Picasso: Architecture and Vertigo*, New Haven/Londres, Yale University Press, 2005 (en particulier le chapitre 3, «Looking for Difference: the *Demoiselles d'Avignon* again»).

56 Né en 1889, Georges Deniker était aussi un sculpteur, qu'Apollinaire surnomma «le plus jeune cubiste de France». Voir Guillaume Apollinaire, *Correspondance avec les artistes 1903-1918*, Laurence Campa et Peter Read (éds), Paris, Gallimard, 2009, pp. 705-709.

57 Anne Baldassari a suggéré que ces photographies avaient servi de modèles pour *Les demoiselles d'Avignon* et d'autres œuvres. Voir Anne Baldassari, cat. exp., *Picasso and Photography: The Dark Mirror*, Houston, Museum of Fine Arts/Paris, Flammarion, 1997.

58 Voir Sophie Dulucq, «L'Afrique noire, laboratoire d'anthropologie sociale d'un libertaire», dans Coquio 1994, pp. 233-242.

L'élargissement du cercle de Picasso

1 Olivier 1988, p. 193; trad. avec une phrase supplémentaire inédite dans Olivier 2001, pp. 164-165.

2 Richardson (1991, p. 349) avance que la tête a été modelée en argile dans l'atelier de Durrio. Spies (2000, p. 394) affirme cependant que l'original a été réalisé en cire.

3 Olivier 2001, p. 170.

4 «Durrio était tout petit, tout rond, curieux, d'un tempérament solide, original, artiste, sincère, amoureux de l'art. Un vrai cœur humain. [...] Il avait été un grand ami de Gauguin au temps où ils habitaient tous deux rue de la Grande-Chaumière avant le départ de Gauguin pour Tahiti», Olivier 1933, p. 28; trad. avec un passage supplémentaire inédit dans Olivier 2001, p. 163.

5 «Il partageait les frais avec Etchevarria, Pichot et Anglada qui étaient plus fortunés», Olivier 1933, p. 29.

6 Olivier 2001, p. 170.

7 Raynal était aussi l'ami de Jacob et d'Apollinaire, avec qui il signa une carte d'Honfleur destinée à Picasso, datée du 4 août 1905 (APP). Le *Picasso* de Raynal parut en 1921 (Munich, Delphin Verlag).

8 Olivier 2001, p. 172.

9 Maurice Denis, *Du symbolisme au classicisme. Théories*, éd. Olivier Revault d'Allonnes, Paris, Hermann, 1964, p. 110.

10 Weill 1933, pp. 118-121.

11 Son interview fut publiée dans le journal néerlandais *Nieuwe Rotterdamsche Courant* du 31 mai 1905.
Le premier spectacle de Mata Hari eut lieu au Musée Guimet le 13 mars 1905.

12 Picasso déclara plus tard à Palau que Fernande ne l'avait pas accompagné en Hollande parce qu'elle était une femme mariée et qu'elle avait des obligations (Palau i Fabre 1980, p. 417). Cependant, il poursuivit en signalant que le nom de son mari, dont elle était séparée, était Gaston Labaume, or c'est le nom d'un sculpteur qui vivait au Bateau Lavoir et qui était marié par ailleurs. Le véritable nom du mari de Fernande était Paul Percheron.

13 Daix/Boudaille 1967, p. 274.

14 *Ibid.*

15 Une carte postale envoyée par Picasso à Apollinaire avec le dessin d'une Néerlandaise a été postée à Amsterdam le 29 juin 1905 (Pierre Caizergues et Hélène Seckel (éds), *Picasso/Apollinaire correspondance*, Paris, Gallimard/Réunion des Musées nationaux, 1992, p. 30, n. 4).

16 Madeline 2006, p. 18 affirme, à tort, que Picasso assista à la rétrospective de l'œuvre de Van Gogh qui fut organisée pendant l'été au Stedelijk Museum d'Amsterdam. En fait, Picasso reçut une carte de Schilperoort envoyée de Schoorl le 10 juillet 1905, ce qui prouve qu'il était de retour à Paris quand l'exposition commença (APP).

17 Je dois beaucoup à l'étude de Gerrit Valk intitulée «Le séjour de Picasso aux Pays-Bas en 1905», qu'il a généreusement mise à ma disposition il y a quelques années.

18 D'autres pensent que ce n'est pas Dieuwertje de Geus qui lui a servi de modèle, car elle a laissé le souvenir d'une femme grande et mince, voir Hofhuis 1973.

19 Selon Pierre Cabanne, Picasso dit à Paco Durrio, lorsqu'il lui offrit *La belle Hollandaise*, que «Les plus beaux seins de femme

[...], sont ceux qui donnent le plus de lait». Pierre Cabanne, *Le siècle de Picasso.* I. *La naissance du cubisme (1881–1912)*, Paris, Denoël, 1992, p. 267.

20 Karl Baedeker, *Belgium and Holland*, Leipzig, Baedeker, 1905, p. 397.

21 Olivier 1933, p. 43.

22 Les fils du propriétaire du café où Picasso avait travaillé à Schoorldam se rappellent que les villageois se souvenaient d'avoir vu Picasso rentrer à Paris avec un énorme tableau sous le bras. Hofhuis 1973.

23 Olivier 2001, p. 162.

24 Dans une lettre à Picasso du 24 janvier 1908, André Level informe l'artiste qu'il viendra à l'atelier pour prendre les mesures du tableau (APP).

25 Richardson 1991, p. 414.

26 Sur les rapports avec Le Nain, voir E.A. Carmean Jr., *Picasso: The Saltimbanques* (Washington, National Gallery of Art, 1980), p. 23.

27 Voir Richardson 1991, p. 385.

28 Charles Morice, dans le *Mercure de France*, 15 avril 1906.

29 Theodore Reff, «Themes of Love and Death in Picasso's Early Work», dans Roland Penrose et John Golding (éds), *Picasso in Retrospect*, New York, Harper & Row, 1980, p. 31.

30 Picasso reprit le sujet plus tard dans sa carrière. Les Arlequins et les Pierrots apparaissent dans son œuvre à partir de 1908 et jusqu'à la fin des années vingt, et dans les œuvres graphiques de la fin de sa carrière, en particulier dans la *Suite 347*, les artistes ambulants firent une dernière apparition dans plusieurs compositions.

31 Vollard offrit à Picasso une exposition, qui s'ouvrit fin décembre 1910, dans sa galerie de la rue Laffitte.

32 Voir la contribution de Peter Read dans ce catalogue, p. 160. Ces expositions n'avaient jamais été mentionnées auparavant.

33 Olivier 2001, p. 169.

34 Dans une lettre du 15 février 1905 (APP), Sagot avait demandé à Picasso de lui apporter plusieurs œuvres, y compris «Arlequin sur fond rouge» (probablement *Arlequin assis*, 1905, Museum Berggruen, Berlin) et «Arlequin au chien» (*Garçon au chien*, 1905, Musée de l'Ermitage, Saint-Pétersbourg).

35 Voir Olivier 1988, p. 209; manuscrit original (avec différentes sommes d'argent, etc.) trad. dans Olivier 2001, p. 168.

36 Olivier 1988, p. 211; manuscrit original trad. dans Olivier 2001, p. 178.

37 Stein 1933, p. 43.

38 *Ibid.*, p. 50. Gertrude travaillait à l'écriture de «Melanctha», partie centrale de son ouvrage *Three Lives*.

39 *Ibid.*, p. 53.

40 John Elderfield cité dans Tinterow/Stein 2010, p. 112, n. 9.

41 Selon Lucy Belloli dans Tinterow/Stein 2010, p. 114.

42 Stein 1933, p. 53.

43 *Ibid.*, p. 52. La collection d'Etta Cone et de sa sœur Claribel se trouve désormais au Baltimore Museum of Art.

44 *Ibid.*, p. 53.

45 Max Jacob, «Souvenirs sur Picasso contés par Max Jacob», *Cahiers d'Art* II, n° 6, 1927, p. 202.

Le cracheur de feu

1 Picasso donna ce tableau à Van Dongen, en échange d'un paysage de l'artiste néerlandais. Voir Hélène Seckel-Klein, *Picasso collectionneur*, Paris, Réunion des Musées nationaux, 1998, pp. 230-233.

2 Vollard écrivit à Picasso le 4 mai 1906 pour lui dire qu'il allait se rendre à son atelier le dimanche [6 mai] à 10 heures du matin et lui demander que tout soit prêt à lui être montré (APP). Voir Rabinow 2006, p. 388, n. 148.

3 Voir Olivier 1988, pp. 214-216; manuscrit original trad. dans Olivier 2001, p. 183.

4 Voir Richardson 1991, p. 442.

5 Lettre de Picasso à Casanovas, juillet 1906 (Casanovas Archives, Barcelone).

6 Voir *Femme se coiffant* (Collection Georges Pellequer, Paris), reproduit dans McCully 1997, p. 339.

7 Dans *Picasso et les maîtres* (Paris, Réunion des Musées nationaux, 2009, pp. 112-113), Anne Baldassari compare l'*Autoportrait à la palette* à l'œuvre homonyme de Cézanne (1884, Stiftung Sammlung E.G. Bührle, Zurich).

8 Vollard fit d'autres achats à Picasso, y compris six huiles en novembre 1906 et plus de 23 tableaux et dessins entre février et décembre 1907, Rabinow 2006, p. 388.

9 Richardson 1991, p. 442, n. 17.

10 Voir Marilyn McCully, «*Small figure*: Picasso's first wood carvings and the story of Mémène's little doll», dans *Picasso: Small figure. The collection in context*, cat. exp., Museo Picasso Málaga, 2007, pp. 17-41.

11 Voir «L'élargissement du cercle de Picasso», note 45.

12 «me ha alegrado recibir carta tuya no sabes lo que me pudo complacer el saber que estas trabajando desde hace *meses* a un cuadro grande este cuadro ya sera diferente de los que yo conozco...», lettre d'Iturrino à Picasso, 3 juillet 1907 (APP).

13 Penrose 1958, p. 126.

14 Gertrude Stein, *Picasso*, Paris, Floury, 1938, p. 64.

15 Pour les différents comptes rendus et versions de la déclaration de Braque, voir Hélène Seckel, «Anthologie», dans *Les Demoiselles d'Avignon*, vol. 2, Paris, Musée Picasso, 1988, pp. 650-651.

RÉFÉRENCES BIBLIOGRAPHIQUES

ABRÉVIATIONS

APP : Archives Picasso, Paris.

F : Jacob-Baart de la Faille, *The Works of Vincent van Gogh : His paintings and drawings*, nouvelle édition, Amsterdam, Meulenhoff International, 1970.

TITRES ABRÉGÉS

Bernard 1994 : Émile Bernard, *Propos sur l'art*, 2 vol. Paris, Séguier, 1994.

Bernardó 2006 : Màrius Bernardó (éd.), *Ricard Viñes. El pianista de les avantguardes*, Barcelone, Fundació Caixa de Catalunya, 2006.

Bernheim-Jeune 1901 : *Exposition d'œuvres de Vincent van Gogh*, Paris, Galerie Bernheim-Jeune, 1901.

Coquio 1994 : Catherine Coquio (éd.), *Mécislas Golberg (1869-1907). Passant de la pensée. Une anthropologie politique et poétique du début du siècle*, Paris, Maisonneuve et Larose, 1994.

Coquiot 1914 : Gustave Coquiot, *Cubistes Futuristes Passéistes*, Paris, Ollendorff, 1914.

Daix/Boudaille 1967 : Pierre Daix et Georges Boudaille, *Picasso, The Blue and Rose Periods, A Catalogue Raisonné, 1900-1906*, Greenwich, Ct., New York Graphic Society, 1967 (éd. fr. : Pierre Daix et Georges Boudaille, *Picasso, 1900-1906, la période bleue et la période rose. Catalogue raisonné*, Neuchâtel, Éditions Ides et Calendes, 1989).

Daix/Israël 2003 : Pierre Daix et Armand Israël, *Pablo Picasso, Dossiers de la Préfecture de Police, 1901-1940*, Paris, Éditions des catalogues raisonnés/Moudon, Acatos, 2003.

Fort 1944 : Paul Fort, *Mes Mémoires. Toute la vie d'un poète, 1872-1943*, Paris, Flammarion, 1944.

Geiser/Baer 1990 : Bernhard Geiser, corrections, refontes et suppléments par Brigitte Baer, *Picasso peintre-graveur*, t. 1, Berne, Kornfeld, 1990

Hofhuis 1973 : A.J. Hofhuis, « Picasso was ook in Schoorldam », *Alkmaarse Courant*, 25 avril 1973.

Jacob 1927 : Max Jacob, « Souvenirs sur Picasso contés par Max Jacob », *Cahiers d'Art*, n° 6, 1927.

Jacob 1956 : Max Jacob, *Chronique des temps héroïques*, Paris, Louis Broder, 1956.

Kendall 2010 : Richard Kendall, « Neighbors in Montmartre », dans *Picasso Looks at Degas*, cat. exp., Williamstown, Mass., Sterling and Francine Clark Institute, 2010, pp. 61-103.

McCully 1981 : Marilyn McCully, *A Picasso Anthology*, Londres, Arts Council of Great Britain, 1981.

McCully 1997 : Marilyn McCully (éd.), *Picasso : The Early Years, 1892-1906*, cat. exp., Washington, National Gallery of Art, 1997.

MacOrlan 1955 : Pierre MacOrlan, *Le Mémorial du Petit Jour*, Paris, Gallimard, 1955.

Madeline 2006 : Laurence Madeline, *Van Gogh-Picasso*, Paris, La Martinière, 2006.

Malraux 1974 : André Malraux, *La tête d'obsidienne*, Paris, Gallimard, 1974.

Ocaña 1995 : Maria Teresa Ocaña, *Picasso i els 4 Gats*, cat. exp., Barcelone, Museu Picasso/Lunwerg, 1995.

Ocaña 1997 : Maria Teresa Ocaña, *Picasso : La Formació d'un geni, 1890-1904*, cat. exp., Barcelone, Museu Picasso/Lunwerg, 1997.

Olivier 1933 : Fernande Olivier, *Picasso et ses amis*, Paris, Stock, 1933.

Olivier 1988 : Fernande Olivier, *Souvenirs intimes*, Paris, Calmann-Lévy, 1988.

Olivier 2001 : Fernande Olivier, *Loving Picasso : The Private Journal of Fernande Olivier*, trad. Christine Baker et Michael Raeburn, avant-propos et notes de Marilyn McCully, épilogue de John Richardson, New York, Abrams, 2001.

Palau i Fabre 1980 : Josep Palau i Fabre, *Picasso Vivo (1881-1907)*, Barcelone, Polígrafa, 1980.

Parmelin 1965 : Hélène Parmelin, *Picasso. Le peintre et son modèle*, Paris, Cercle d'Art, 1965.

Penrose 1958 : Roland Penrose, *Picasso : His Life and Work*, Londres, Gollancz, 1958.

Rabinow 2006 : Rebecca A. Rabinow (éd.), *Cézanne to Picasso : Ambroise Vollard, Patron of the Avant-Garde*, cat. exp., New York, The Metropolitan Museum of Art/New Haven/Londres, Yale University Press, 2006.

Raynal 1922 : Maurice Raynal, *Picasso*, Paris, Crès, 1922.

Read 1997 : Peter Read, « Au Rendez-vous des poètes », in McCully 1997, pp. 210-223.

Richardson 1991 : John Richardson, avec la collaboration de Marilyn McCully, *A Life of Picasso, I. 1881-1906*, New York, Random House, 1991.

Sabartés 1953 : Jaime Sabartés, *Picasso : retratos y recuerdos*, Madrid, Afrodisio Aguado, 1953 (éd. fr. : Sabartés 1946 : Jaime Sabartés, *Picasso : portraits et souvenirs*, traduit de l'espagnol par Paule-Marie Grand et André Chastel, Paris, Louis Carré et Maximilien Vox, 1946).

Salmon 1912 : André Salmon, *La Jeune peinture française*, Paris, Société des Trente/Albert Messein, 1912.

Salmon 2004 : André Salmon, *Souvenirs sans fin, 1903-1940*, nouvelle édition avec une préface de Pierre Combescot, Paris, Gallimard, 2004.

Salmon 2009 : André Salmon, *La Négresse du Sacré-Cœur*, préface de Jacqueline Gojard, postface inédite de l'auteur, Paris, Gallimard, 2009.

Seckel 1994 : Hélène Seckel, *Max Jacob et Picasso*, cat. exp., Paris, Réunion des Musées nationaux, 1994.

Serrano 1996 : Véronique Serrano, *Pierre Girieud et l'expérience de la modernité 1900-1912*, cat. exp., Marseille, Musée Cantini, 1996.

Spies 2000 : Werner Spies, en collaboration avec Christine Piot, *Picasso : The Sculptures*, Ostfildern/Stuttgart, Hatje Cantz Verlag, 2000.

Stein 1933 : Gertrude Stein, *The Autobiography of Alice B. Toklas*, New York, Vintage, 1961 (éd. originelle : New York, Harcourt Brace, 1933).

Tinterow/Stein 2010 : Gary Tinterow et Susan Alyson Stein (éds), *Picasso in The Metropolitan Museum of Art*, cat. exp., New York, The Metropolitan Museum of Art/New Haven/Londres, Yale University Press, 2010.

Van Gogh 2009 : *Vincent van Gogh - Les lettres. Édition critique complète illustrée*, Leo Jansen, Hans Luijten et Nienke Bakker (éds), Amsterdam/Bruxelles, Van Gogh Museum/Huygens Instituut/Fonds Mercator, 2009.

Vollard 1936 : Ambroise Vollard, *Recollections of a Picture Dealer*, Londres, Constable, 1936.

Weill 1933 : Berthe Weill, *Pan ! dans l'œil ! ou trente ans dans les coulisses de la peinture contemporaine, 1900-1930*, Paris, Lipschutz, 1933.

Zemel 1980 : Carol M. Zemel, *The Formation of a Legend : Van Gogh Criticism, 1890-1920*, Ann Arbor, UMI Research Press, 1980.

CHRONOLOGIE

ISABEL CENDOYA

1881

Pablo Ruiz Picasso (1881-1973) naît à Málaga le 25 OCTOBRE. Il étudie le dessin et la peinture avec son père et fréquente des écoles d'art à La Corogne, Barcelone et Madrid.

1889

6 MAI-31 OCTOBRE : Exposition universelle à Paris et inauguration de la tour Eiffel, qui devient l'emblème de la capitale.

MI-SEPTEMBRE : Arrivée à Paris de Santiago Rusiñol (1861-1931), qui y fera de longs séjours jusqu'en septembre 1892. Ses lettres et ses chroniques sont publiées à Barcelone dans *La Vanguardia*, dont le correspondant, Miquel Utrillo (1862-1934), vit à Paris depuis 1868.

6 OCTOBRE : L'impresario Josep Oller i Roca (1839-1922), d'origine catalane, fonde avec Charles Zidler le cabaret Le Moulin rouge, boulevard de Clichy, avec pour succursale estivale Le Jardin de Paris, près des Champs-Élysées.

1890

29 JUILLET : Mort de Vincent van Gogh (1853-1890) à Auvers-sur-Oise (Val-d'Oise).

FIN OCTOBRE : Ramon Casas (1866-1932) arrive à Paris avec Rusiñol. Il illustre les chroniques de Rusiñol, publiées dans *La Vanguardia* sous le titre *Desde el Molino* en référence au Moulin de la Galette, la salle de bal au-dessus de laquelle ils résident.

Pere Romeu (1862-1908) s'installe à Paris en 1893 ; Ramon Pichot (1872-1925) durant l'été 1895 ; Francisco Iturrino (1864-1924) en 1895 ; Joaquim Sunyer (1874-1956) durant l'été 1896 ; Isidre Nonell (1873-1911) et Ricard Canals (1876-1931) en février 1897 ; Marià Pidelaserra (1877-1946), Pere Ysern (1875-1946) et Emili Fontbona (1879-1938) arrivent en avril 1899 ; Juli González (1876-1942) en septembre ou octobre 1899 ; Paco Durrio (Francisco Durrio de Madrón, 1868-1940) s'installe au Bateau Lavoir, 13 rue Ravignan, en 1901 et Pablo Gargallo (1881-1934) arrive en 1903.

1891

27 JANVIER : Miquel Utrillo reconnaît Maurice (1883-1955), le fils de Suzanne Valadon (Marie Clémentine, 1865-1938).

1895

21 SEPTEMBRE : Picasso arrive à Barcelone avec sa famille.

1899

FÉVRIER : Premier numéro de la revue barcelonaise *Quatre Gats*, éditée par Pere Romeu (15 numéros seront publiés).

JUIN : À Barcelone, Miquel Utrillo et Ramon Casas fondent la revue *Pèl & Ploma*, qui publie des comptes-rendus des événements parisiens et des articles consacrés à l'art et aux lettres françaises (100 numéros paraîtront jusqu'en décembre 1903).

JUIN-JUILLET : « Exposition de tableaux, esquisses & dessins de Puvis de Chavannes » à la Galerie Durand-Ruel, 16 rue Laffitte. *Pèl & Ploma* (n° 6, 8 juillet) publie une critique de l'exposition.

23 DÉCEMBRE : *Pèl & Ploma* (n° 30) lance un concours d'affiches pour célébrer le carnaval de 1900. Picasso envoie un projet montrant un Pierrot et sa compagne portant un toast à la nouvelle année, projet vanté par la revue comme « original et bien exécuté » (n° 32, 6 janvier 1900).

1900

FÉVRIER : À la taverne Els Quatre Gats à Barcelone, première grande exposition de Picasso, essentiellement composée de portraits d'artistes et d'écrivains locaux. Ils sont réalisés sur papier selon une technique mixte. Des comptes-rendus de l'exposition paraissent dans *La Veu de Catalunya* (1er février, édition du soir), *La Vanguardia* (3 février) et *Diario de Barcelona* (7 février).

FÉVRIER : Exposition à Paris de « Peintures, dessins, pastels de Ramon Pichot, Sunyer, Nonell, Ricard Canals, Rusiñol, Durrio le céramiste... » à la Galerie Hessel, 13 rue Laffitte.

24 FÉVRIER : *La Vanguardia* (Barcelone) révèle le nom des artistes retenus pour la section espagnole de l'Exposition universelle de Paris ; parmi eux figure Pablo Ruiz [Picasso], qui soumet des peintures à l'huile. L'œuvre qui sera finalement sélectionnée s'intitule *Derniers moments*. Parmi les autres artistes espagnols choisis figurent José María Sert (1874-1945), Miquel Blay (1866-1936), Mariano Fortuny (1871-1949), Ramon Casas et Eliseu Meifrèn (1857-1940). Parmi les envois refusés figurent ceux de Ricard Canals, Ignacio Zuloaga (1870-1945) et Laureà Barrau (1864-1957).

15 AVRIL : Ouverture de l'Exposition universelle (qui fermera ses portes le 12 novembre).

1er JUIN-NOVEMBRE : Exposition de 150 œuvres d'Auguste Rodin (1840-1917) au Pavillon de l'Alma, à Paris. La plupart du temps, le sculpteur est sur place pour présenter ses œuvres aux visiteurs. Une critique de Ramon Casas paraît dans *Pèl & Ploma* (1er août), ainsi qu'une autre due à Manuel Rodríguez Codolà (1888-1945) dans *La Vanguardia* (30 août). Picasso dessine un portrait de Rodin sur une page d'études de corridas et de spectacles parisiens.

18 JUIN : André Derain (1880-1954) et Maurice de Vlaminck (1876-1958), qui vivent tous deux à Chatou dans la banlieue parisienne, se rencontrent dans le train. C'est le début d'une solide amitié.

19 JUILLET : La ligne 1 du métro parisien (Porte Maillot-Porte de Vincennes) est inaugurée après deux ans de travaux. Les entrées des stations sont conçues par Hector Guimard (1867-1942).

27 SEPTEMBRE : *Catalunya artística* rapporte que parmi ceux qui projettent de partir pour Paris figurent « les remarquables artistes Ruiz Picasso et [Carles] Casagemas [1881-1901], qui ont été nommés correspondants artistiques de notre périodique. Nous nous réjouissons de pouvoir bientôt lire leurs contributions ».

FIN OCTOBRE : Picasso et Casagemas arrivent à Paris juste avant le 19e anniversaire de Picasso. Ils passent quelques nuits à Montparnasse, au 8 rue Campagne-Première, puis à l'Hôtel du Nouvel Hippodrome ; ils emménagent ensuite dans l'atelier de Nonell qui vient de se libérer au 49 rue Gabrielle, à Montmartre. Quelques jours plus tard, ils sont rejoints par leur ami Manuel Pallarès (1876-1974). Trois modèles - Germaine Gargallo (Laure Florentin, 1881-1948), sa sœur Antoinette (future Mme Fornerod, ?-1972) et Odette (Louise Lenoir, 1881-?) - emménagent avec eux. Picasso orne les murs de l'atelier d'une *Tentation de saint Antoine*.

25 OCTOBRE : Picasso et Casagemas écrivent à Ramon Reventós (1881-1924), qui est retourné à Barcelone : *« Nous avons à présent un modèle. Demain nous allumerons le poêle et nous travaillerons avec frénésie car nous pensons déjà au tableau que nous enverrons au prochain Salon. Nous peignons aussi pour les expositions de Barcelone et Madrid. [...] Le Boulevard de Clichy regorge d'établissements délirants comme Le Néant, Le Ciel, L'Enfer, La Fin du Monde, Les 4 Z'Arts, Le Cabaret des Arts, Le Cabaret de Bruant et beaucoup d'autres qui n'ont pas la plus petite once de charme mais rapportent énormément d'argent. Un 'Quatre Gats' ici serait une mine d'or et de moules. [...] Le Moulin de la Galette a perdu tout son caractère et l'idem Rouge coûte 3 francs l'entrée et certains jours 5. Il en va de même des théâtres : les places les moins chères des théâtres les plus abordables coûtent un franc. [...] L'exposition fermera bientôt ses portes et nous n'avons encore rien vu d'autre que la section de peinture ».*

19 NOVEMBRE : Dans une autre lettre à Reventós, Casagemas écrit :
« Nous attendons maintenant un homme [Pere Mañach] *qui nous achète plus de tableaux que Dieu.* [...] *Pour le moment, je peins encore des paysages de Montmartre qui ont un succès incroyable ».*

Mañach passe un contrat avec Picasso en vertu duquel il lui verse 150 francs par mois, et vend à Berthe Weill (1865–1951) trois pastels de corridas.

Picasso peint *Le Moulin de la Galette*.

22 NOVEMBRE–15 DÉCEMBRE : Claude Monet (1840–1926) expose 26 tableaux à la Galerie Durand-Ruel, y compris ses premières toiles de *Nymphéas*.

1er DÉCEMBRE : *Pèl & Ploma* (n° 65) publie un article d'Utrillo sur Santiago Rusiñol, illustré d'un portrait réalisé par Picasso.

5–25 DÉCEMBRE : 16e Exposition des Artistes indépendants. Parmi les participants figurent Jean Puy (1876–1960), Émile Schuffenecker (1851–1934), Armand Séguin (1869–1903) et Paul Signac (1863–1935).

Cette année-là, l'École des Beaux-Arts de Paris s'ouvre pour la première fois à la gent féminine.

FIN DÉCEMBRE : Picasso et Casagemas retournent à Barcelone pour Noël ; ils se rendent ensuite à Málaga, où ils arrivent le 1er janvier 1901.

1901

JANVIER : Picasso et Casagemas passent dix jours à Málaga, au terme desquels Casagemas retourne seul à Barcelone, avant de regagner Paris ; Picasso se rend à Madrid. C'est la dernière fois qu'ils se voient.

15 JANVIER : Joaquim Cabot i Rovira (1861–1951) publie dans *Pèl & Ploma* un article sur Auguste Rodin, dont le *Buste de Falguière* est exposé en janvier au Cercle Artístic de Sant Lluc à Barcelone.

MI-JANVIER/DÉBUT MAI : Picasso vit à Madrid, où il collabore avec Francisco de Asís Soler (?–1903) à la revue *Arte Joven* (5 numéros, 10 mars–1er juin 1901), en réalisant des dessins de couverture et des illustrations. Il expose *Femme en bleu* à l'Exposición Nacional de Bellas Artes à Madrid.

17 FÉVRIER : Suicide de Carles Casagemas à Paris au Café de l'Hippodrome, 128 boulevard de Clichy, en présence du sculpteur Manolo (Manuel Martínez Hugué, 1872–1945), du collectionneur Alexandre Riera et du critique Frederic Pujulà i Vallès (1877–1963) ainsi que de Pallarès, Germaine et Odette. Un portrait de Casagemas par Picasso, qui réside toujours à Madrid, accompagne la notice nécrologique publiée dans *Catalunya Artística* (28 février). La mort de Casagemas est évoquée par Picasso dans une série de tableaux réalisés plus tard dans l'année.

15–31 MARS : 71 œuvres de Vincent Van Gogh sont montrées à Paris à la Galerie Bernheim-Jeune, 8 rue Laffitte. Lors d'une visite de cette exposition, Derain présente son ami Maurice de Vlaminck à Henri Matisse (1869–1954).

4 AVRIL : Parution du premier numéro de *L'Assiette au beurre*, avec une couverture de Théophile-Alexandre Steinlen (1859–1923) (la publication se poursuit jusqu'en 1912, avec 593 numéros). Cette revue illustrée, caractérisée par une forte orientation politique, est le plus sérieux des nombreux périodiques satiriques publiés à Paris.

20 AVRIL–21 MAI : Le 17e Salon des Indépendants présente des œuvres de Pierre Bonnard (1867–1947), Paul Cézanne (1839–1906), James Ensor (1860–1949), Albert Marquet (1875–1947), Matisse (qui y participe pour la première fois), Puy, Le Douanier Rousseau (Henri Rousseau, 1844–1910), Ker-Xavier Roussel (1867–1944) et Louis Valtat (1869–1952).

22 AVRIL–30 JUIN : Le 11e Salon de la Société nationale des Beaux-Arts, au Grand Palais, présente des œuvres d'Eugène-Anatole Carrière (1849–1906), Kees van Dongen (1877–1968), Jacques Villon (1875–1963) et Anders Leonard Zorn (1860–1920), sans oublier Maurice Denis (1870–1943), dont le tableau *Hommage à Cézanne* montre les Nabis – lui-même, Bonnard, Roussel et Paul Sérusier (1864–1927) – contemplant une nature morte de Cézanne, tandis que Jean-Édouard Vuillard (1868–1940) observe une œuvre d'Odilon Redon (1840–1916).

22 AVRIL–31 OCTOBRE : Le 119e Salon des Artistes français présente des œuvres de Raoul Dufy (1877–1953), Othon Friesz (1879–1949), Gaston Lachaise (1882–1935), Francis Picabia (1879–1953) et Georges Rouault (1871–1958).

FIN MAI : Après avoir passé une dizaine de jours à Barcelone, Picasso regagne Paris en compagnie d'Antoni Jaumandreu Bonsoms, emportant avec lui quelques tableaux et dessins espagnols. Miquel Utrillo écrit dans *Pèl & Ploma* (n° 77, juin 1901) :
« Paris, ce Paris dénigré pour son rythme de vie frénétique, a une nouvelle fois attiré à lui [Picasso], mais son but n'est plus de la conquérir, comme il en rêvait ardemment lors de son premier voyage, mais plutôt d'acquérir des connaissances dans ce centre où, en définitive, tous les arts s'épanouissent en une floraison exubérante. [...] *Picasso, qui n'a pas encore vingt ans, a déjà reçu un surnom à Paris* [...] *il a inspiré à ses amis français l'affectueux surnom de 'Petit Goya' ».*

25 MAI–14 JUIN : Une exposition à la Sala Parés, Carrer Petritxol 5, à Barcelone, présente des dessins de Picasso et de Casas.

DÉBUT JUIN : Picasso et Mañach emménagent dans l'atelier autrefois occupé par Casagemas au 130 ter boulevard de Clichy.

10–22 JUIN : Exposition d'Émile Bernard (1868–1941) à la Galerie Vollard, 6 rue Laffitte.

11 JUIN–JUILLET : Yvette Guilbert se produit à l'Olympia, boulevard des Capucines ; elle y honore un nouveau contrat en octobre.

17–30 JUIN : Présence de trois œuvres de Picasso dans une exposition organisée par la revue *Art et Littérature* à la Galerie La Bodinière, 18 rue Saint-Lazare. Une version plus développée de l'exposition, comprenant neuf de ses œuvres, est montrée à la Villa Désiré à Dinard (19 août–30 septembre).

AVANT LE 24 JUIN : Picasso rencontre l'écrivain Max Jacob (1876–1944) venu à son atelier. Plus tard, Picasso rend visite au poète dans son appartement du 13 quai aux Fleurs, où il admire sa collection d'images d'Épinal et de lithographies d'Honoré Daumier (1808–1879).

24 JUIN : Ouverture à la Galerie Vollard de l'exposition « Iturrino et Picasso ». Picasso montre 64 tableaux, y compris un autoportrait et des portraits d'Iturrino, Mañach, Ambroise Vollard (1868–1939) et Gustave Coquiot (1865–1926), ainsi qu'un nombre non précisé de dessins. L'exposition ferme ses portes le 14 juillet. L'introduction du catalogue est l'œuvre de Coquiot, qui avait déjà annoncé l'exposition dans un article intitulé « La vie artistique, Pablo Ruiz Picasso », publié dans *Le Journal* (17 juin).

10 JUILLET : Pere Coll publie une critique de l'exposition dans *La Veu de Catalunya* :
« Picasso est très jeune (19 ans) et à son âge, je doute que beaucoup aient réalisé ce qu'il a fait. Il possède de très grandes qualités, mais aussi de grands défauts. [...] *Il est dommage qu'un garçon comme lui, qui pourrait faire du bon travail, veuille faire des choses étranges. On me dit qu'il obéit à ses impulsions ; je ne le crois pas. Je pense plutôt qu'il a été poussé dans cette direction.* [...] *L'homme qui a réalisé les dessins et les esquisses en couleur qui sont exposés ici pourrait accomplir de grandes choses, mais il commet une grave erreur en croyant pouvoir maîtriser tous les genres ».*

SEPTEMBRE : Toujours à propos de cette exposition, François Charles écrit dans *L'Ermitage* :
« Quant à M. Picasso, qui m'a-t-on dit est extrêmement jeune, il débute avec un tel éclat que je me permets d'avoir pour l'avenir quelques inquiétudes à son sujet. [...] *je lui conseillerai pour son bien de ne plus faire une toile par jour ».*

9 SEPTEMBRE : Mort de Henri de Toulouse-Lautrec (1864–1901) au Château Malromé près de Bordeaux.

14 SEPTEMBRE : Des dessins de Picasso (signés « Ruiz ») sont publiés dans *Le Frou-Frou* (n° 48) ; d'autres sont publiés en 1902 et 1903. Il réalise aussi des illustrations pour d'autres périodiques français, comme *Gil Blas illustré* et *Le Journal pour tous*, pour *El Liberal* et *Pèl & Ploma* à Barcelone et pour *Arlequín* à Madrid.

FIN SEPTEMBRE : L'actrice japonaise Sada Yacco (1871–1946), qu'on avait pu voir dans le pavillon de la Loïe Fuller lors de l'Exposition universelle, se produit au Théâtre de l'Athénée.

FIN DE L'ÉTÉ–DÉBUT DE L'AUTOMNE : Grâce à l'autorisation du docteur Louis Jullien, Picasso est admis à la prison Saint-Lazare, dont les détenues lui fournissent des sujets de tableaux.

OCTOBRE : Le poète Jaime Sabartés (1881–1968) arrive à Paris, où il réside dans le Quartier latin. Son portrait par Picasso (*Le bock*) inaugure la période bleue du peintre.

Sabartés et Picasso rendent visite à Paco Durrio, sculpteur basque et ami de Paul Gauguin (1848–1903), au Bateau Lavoir. Par l'entremise de Durrio, Picasso rencontre les artistes Pierre Girieud (1876–1948) et Launay (Fabien Vieillard, 1877–1904) au café Chez Azon, 12 rue Ravignan.

19 OCTOBRE : Alberto Santos-Dumont (1873–1932) devient célèbre après avoir remporté le trophée destiné au premier à accomplir l'aller-retour à bord d'un dirigeable entre Saint-Cloud et la tour Eiffel en moins de 30 minutes. L'événement sera commémoré peu de temps après dans une peinture de Ramon Pichot ornant les murs du Zut, 28 rue Ravignan, un cabaret de Montmartre à la décoration duquel Picasso participa également en y peignant une autre *Tentation de saint Antoine*.

2-31 DÉCEMBRE : Exposition inaugurale organisée par Mañach à la Galerie Berthe Weill, 25 rue Victor-Massé. Durrio, Aristide Maillol (1861–1944), Girieud et Launay font partie des artistes présentés. L'introduction du catalogue est due à Gustave Coquiot.

DÉCEMBRE : Picasso demande à son père de lui envoyer de l'argent pour pouvoir rentrer à Barcelone.

1902

DÉBUT JANVIER : Picasso retourne à Barcelone, où il travaille dans un atelier situé Carrer Nou de la Rambla, qu'il partage avec Angel Fernández de Soto (1882–1937) et Josep Rocarol (1882–1961).

La première sculpture de Picasso, *Femme assise*, est réalisée en argile dans l'atelier d'Emili Fontbona à Barcelone. Elle est ensuite tirée en bronze.

29 MARS–15 MAI : Le 18e Salon des Indépendants à Paris présente des œuvres de Toulouse-Lautrec et Cézanne. Matisse est également présent avec six tableaux.

1er–15 AVRIL : Bien que Picasso ne soit pas à Paris, quinze tableaux et pastels de sa main figurent dans une exposition collective organisée par Mañach à la Galerie Berthe Weill. Dans la préface du catalogue, Adrien Farge écrit :
« Picasso, lui, est tout nerf, toute verve et toute fougue. [...] *il édifie des œuvres rutilantes et solides dont se régalent les yeux épris de peinture éclatante aux tons tantôt crûment brutaux, tantôt savamment rares ».*

Plus tard, dans *La Revue blanche* (1er septembre), Félicien Fagus écrit à propos des œuvres de Picasso présentées à cette exposition :
« Picasso, naguère furieux festoiement de couleurs, concentre sa vigueur dans le sens de l'énergie. [...] *Cela dans la matité éclatante d'aplats emprisonnés de contours soigneusement cherchés, accusés profondément : cette simplification appuie matériellement l'impression de vitrail qu'engendre l'esprit de ces toiles ».*

13 JUILLET : Picasso écrit à Max Jacob pour lui demander d'envoyer une contribution à la revue *Pèl & Ploma*. Rien n'est publié.

25 SEPTEMBRE : Ouverture de l'Exposició d'Art Antic au Palau de Belles Arts à Barcelone, qui présente l'art roman et l'art gothique de Catalogne ainsi que des œuvres de Francisco de Zurbarán (1598–1664) et du Greco (1541–1614), entre autres.

29 SEPTEMBRE : Mort d'Émile Zola (1840–1902) à Paris.

19 OCTOBRE : Le départ de Picasso pour Paris en compagnie de Juli González et de Josep Rocarol est évoqué par le quotidien *El Liberal*. Il séjourne d'abord à Montparnasse puis à l'Hôtel du Maroc, 57 rue de Seine. Il emménage ensuite dans la chambre de Max Jacob au 150 boulevard Voltaire.

Coquiot commande à Picasso une série de dessins d'artistes de scène pour un album (qui ne sera jamais achevé). Parmi les personnages représentés figurent la chanteuse de music-hall Berthe Bresina, Anna Thibaud (Marie-Louise Thibaudot, 1867–1936) et Jane Avril (Jeanne Richepin, 1868–1943).

15 NOVEMBRE–15 DÉCEMBRE : Pichot, Girieud, Launay et Picasso (qui expose huit œuvres) participent à une exposition collective à la Galerie Berthe Weill. Thilda Harlor écrit dans la préface du catalogue :
« Deux Français, deux Espagnols, tous les quatre sont animés du même mépris pour le convenu. Leur vision est bien personnelle. Ils peignent ou dessinent d'un élan. Ils ne sacrifient rien au désir de plaire. Et si, parfois, ils montrent quelque incertitude, ce n'est point pour ménager telle ou telle opinion, mais parce qu'ils se cherchent encore eux-mêmes. Et un de leurs charmes est qu'ils trouvent naturel d'en faire aveu. [...] *La fougue de M. P. R. Picasso a déjà été remarquée. Il a une ardeur inlassable à tout voir, à tout traduire. Il ne s'est pas emprisonné dans une manière, un genre. Il n'a point de procédés ».*

Charles Morice rédige pour sa part une critique de l'exposition dans le *Mercure de France* (15 décembre) :
« Picasso, qui peignit avant d'apprendre à lire, semble avoir reçu la mission d'exprimer avec son pinceau tout ce qui est. On dirait d'un jeune dieu qui voudrait refaire le monde. Mais c'est un dieu sombre. [...] *des êtres à peine sexués, 'des démons ordinaires', aux yeux désolés, la tête basse, le front enfumé de pensées désespérantes ou criminelles... Faut-il au bout du compte, souhaiter que cette peinture guérisse ? Ne serait-il pas destiné, cet enfant d'une précocité effrayante, à donner la consécration du chef-d'œuvre au sens négatif de vivre, à ce mal dont plus que pas un autre il souffre ? »*

DÉCEMBRE–JANVIER 1903 : Picasso exécute des dessins d'après les œuvres de Pierre Puvis de Chavannes (1824–1898) ornant le Panthéon.

1903

MI-JANVIER : Picasso retourne à Barcelone, où il reste quinze mois. Les œuvres réalisées à cette époque représentent la majeure partie de ce qu'on appellera sa « Période bleue ».

8 MAI : Mort de Paul Gauguin à Atuona, dans les îles Marquises.

PRINTEMPS : Picasso commémore pour la dernière fois la mort de Casagemas dans le tableau *La vie*.

10 AOÛT : *El Liberal* publie un article de Carles Junyer-Vidal (1881–1962) sur l'ouvrage de Manuel Rodríguez Codolà (1888–1945) *La pintura en la Exposición Universal de París de 1900*, accompagné d'illustrations de Picasso d'après Rodin, Puvis de Chavannes et Carrière.

31 OCTOBRE-6 DÉCEMBRE: 1er Salon d'Automne, fondé par Matisse et Marquet pour rivaliser avec les salons officiels. Félix Vallotton (1865-1925), Vuillard et Bonnard y prennent part et douze œuvres de Gauguin sont montrées, inaugurant la pratique consistant à mettre en exergue l'œuvre d'un artiste.

4-28 NOVEMBRE: Exposition rétrospective consacrée à Gauguin présentant 50 tableaux et 27 dessins à la Galerie Vollard.

NOVEMBRE-DÉCEMBRE: Exposition Steinlen au 32 place Saint-Georges, à Paris.

1904

21 FÉVRIER-24 MARS: Le 20e Salon des Indépendants présente Cézanne.

24 FÉVRIER: André Level (1880-1954) fonde La Peau de l'Ours, une association en participation amicale achetant des œuvres de jeunes artistes prometteurs. Les achats effectués au cours du premier mois comprennent trois Matisse.

24 MARS: En prévision du départ de Picasso de Barcelone, un long article de Carles Junyer-Vidal, «Picasso y su obra», est publié dans *El Liberal*.

8-18 AVRIL: Exposition chez Bernheim-Jeune d'œuvres de Bonnard, Denis, Maillol, Roussel, Vallotton et Vuillard.

12 AVRIL: Le départ pour Paris de Picasso en compagnie de Sebastià Junyer-Vidal (1878-1966) est rapporté dans *El Liberal*. Ils emménagent dans l'atelier libéré par Paco Durrio au Bateau Lavoir à Montmartre; Picasso y restera jusqu'à l'automne 1909.

12 AVRIL-14 JUILLET: Exposition des Primitifs français (XIVe-XVIe siècles) au Louvre et à la Bibliothèque nationale.

17 AVRIL-30 JUIN: 14e Salon de la Société nationale des Beaux-Arts.

20 AVRIL-15 MAI: Exposition d'Othon Friesz à la Galerie des Collectionneurs.

1er MAI: Ouverture du 122e Salon des Artistes français.

MAI-JUIN: Aux côtés de toiles de Girieud, Launay (qui vient de mourir) et Georges Dufrenoy (1870-1943), Picasso participe à un accrochage à la Galerie du XXe siècle, que Clovis Sagot (vers 1854-1913) a ouvert l'année précédente au 46 rue Laffitte.

MAI: Vollard commence à louer les services d'Émile Delétang pour photographier les œuvres qui passent par sa galerie. Delétang remplit ensuite la même fonction chez Daniel-Henry Kahnweiler (1884-1979). Nombre de ses photographies sont conservées.

1er-18 JUIN: La Galerie Vollard expose 46 œuvres de Matisse; ce qui constitue sa première exposition individuelle.

AOÛT: Fernande Olivier (Amélie Lang, 1881-1966) se rend pour la première fois à l'atelier de Picasso, où elle voit *Le repas frugal*, sa première gravure majeure.

OCTOBRE-NOVEMBRE: Ivan Morosov (1871-1921), Leo (1872-1947) et Gertrude (1874-1946) Stein, ainsi que Serge Chtchoukine (1854-1936), qui allaient bientôt devenir de grands collectionneurs de Picasso, effectuent leurs premiers achats chez Vollard, avec des œuvres de Camille Pissarro (1830-1903), Pierre-Auguste Renoir (1841-1919), Denis, Cézanne et Gauguin.

15 OCTOBRE-15 NOVEMBRE: 2e Salon d'Automne. Il comprend un hommage à Renoir, une salle consacrée à Cézanne (33 tableaux), treize tableaux de Matisse et des œuvres de jeunesse de Robert Delaunay (1885-1941).

24 OCTOBRE-20 NOVEMBRE: Exposition collective à la Galerie Berthe Weill présentant des œuvres de Picasso (plus de douze tableaux et dessins), Charbonnier, Adolphe Clary-Baroux (1865-1933), Dufy, Girieud, Picabia et Gaston Thiesson (1882-1920). La préface du catalogue comprend un poème et un texte de Maurice Le Sieutre (1879-1975).

15-25 NOVEMBRE: Grande exposition (133 œuvres) de Kees van Dongen à la Galerie Vollard.

22 NOVEMBRE-10 DÉCEMBRE: Exposition rétrospective Maurice Denis à la Galerie Druet, 114 rue du Faubourg Saint-Honoré, suivie par des expositions de Signac et d'Henri-Edmond Cross (Henri-Edmond-Joseph Delacroix, 1856-1910).

1905

La bande à Picasso fréquente le Cirque Médrano et Le Lapin Agile, au 22 rue des Saules, qui a été repris par le «Père Frédé», l'ancien propriétaire du Zut, qui demande à Picasso d'exécuter une œuvre pour son établissement. En 1906, Eugène Marsan (1882-1936) évoque ce tableau dans la préface de son texte *Au Pays des Firmans* (publié sous le pseudonyme de Sandricourt):

«'- que si vous êtes tentés de me croire paradoxal, remarquez, vous dirai-je, l'éloquente décoration de ce cabaret que fréquentent seulement, car je ne compte pas les curieux, de ces jeunes hommes qui paient de leur pauvreté le loisir de rêver sans bornes'. [...]
Du doigt, M. Sandricourt me désignait un attirant tableau couvert de couleurs plates et comme brûlées. Il le commenta: '- Cet Arlequin et cette Colombine ont faim (observez leurs yeux) mais ils ne possèdent pas vingt sous et, ne pouvant manger, ils boivent. Ils ne se regardent point; mais je sais qu'ils s'aiment. Le rapin qui en deux heures a brossé cela aura du génie, si Paris ne l'assassine point'.
Je protestai, car j'avais d'abord reconnu quelle main avait ajusté sur ces corps maigres d'Arlequin et de Colombine les losanges jaunes, rouges, verts, de leurs maillots.'- Le peintre de cet Arlequin, dis-je, Monsieur, a déjà sa notoriété et demain... C'est un Andalou et qui peint, en Espagnol, le regard et le haillon. Vous pouvez l'appeler, par mnémotechnie, le Callot des saltimbanques, mais plutôt retenez son nom: Picasso'».

10-25 FÉVRIER: Exposition de 61 œuvres de Picabia à la Galerie Haussmann, 67 boulevard Haussmann.

MI-FÉVRIER: Rencontre de Picasso et du poète Guillaume Apollinaire (Wilhelm de Kostrowitzky, 1880-1918) dans un bar proche de la gare Saint-Lazare. La semaine suivante, Manolo présente Picasso à André Salmon (1881-1969).

25 FÉVRIER-6 MARS: Exposition aux Galeries Serrurier, 37 boulevard Haussmann, d'œuvres d'Albert Trachsel (1863-1929), d'Auguste Gérardin (1849-?) et de Picasso, qui montre 34 tableaux, dessins et gravures, ainsi qu'un carnet de croquis non identifié. Dans la préface du catalogue, Charles Morice écrit:
«Il n'avait pas vingt ans et déjà il possédait cette effarante certitude du trait, des relations colorées, de la composition que beaucoup d'artistes cherchent encore au bout d'une longue expérience. Miracle que rien n'explique. C'était à croire qu'en une autre existence, pleine d'années et d'œuvres, cet enfant au regard insistant et sûr avait tout appris».

Morice livre aussi une critique de l'exposition pour le *Mercure de France*:
«Ces œuvres nouvelles qu'il expose dans les Galeries Serrurier annoncent une transformation lumineuse de son talent. [...] *Mais, aujourd'hui, les attitudes se simplifient, les unités se groupent moins minablement, la toile s'éclaire.* [...] *Car ce qui surtout était triste dans les première œuvres de Picasso, d'autre part marquées déjà d'une puissante empreinte personnelle, c'est qu'il semblait se délecter à la tristesse sans y compatir. Sa sensibilité s'est approfondie. Notons aussi que sa technique s'est affinée et fortifiée: ses constructions sont plus solides que naguere et, du même coup, se simplifient».*

EN AVRIL, Apollinaire publie un article sur cette exposition dans *La Revue immoraliste*:

«On a dit de Picasso que ses œuvres témoignaient d'un désenchantement précoce.
Je pense le contraire.
Tout l'enchante et son talent incontestable me paraît au service d'une fantaisie qui mêle justement le délicieux et l'horrible, l'abject et le délicat. [...]
Sous les oripeaux éclatants de ses saltimbanques sveltes, on sent vraiment des jeunes gens du peuple, versatiles, rusés, adroits, pauvres et menteurs.
Ses mères crispent leurs mains fines comme en ont souvent les jeunes mères de la classe populaire et ses femmes nues sont écussonnées de la toison que dédaignent les peintres traditionnels et qui est le bouclier de la pudeur occidentale».

Apollinaire aborde à nouveau l'œuvre de Picasso dans un article publié dans *La Plume* (15 mai) et réédité en 1913 dans ses *Méditations esthétiques* :
«Il y a des enfants qui ont erré sans apprendre le catéchisme. Ils s'arrêtent et la pluie cesse de tomber : 'Regarde! Des gens dans ces bâtisses et leurs vêtements sont pauvres'. [...]
Ces femmes qu'on n'aime plus se rappellent. [...]
Les arlequins vivent sous les oripeaux quand la peinture recueille, réchauffe ou blanchit ses couleurs pour dire la force et la durée des passions, quand les lignes limitées par le maillot se courbent, se coupent ou s'élancent.
La paternité transfigure l'arlequin dans une chambre carrée, tandis que sa femme se mouille d'eau froide et s'admire svelte et grêle autant que son mari le pantin. [...]
Le goût de Picasso pour le trait qui fuit, change et pénètre a produit des exemples presque uniques de pointes sèches linéaires où il n'a point les aspects généraux du monde...
[...] *Son insistance dans la poursuite de la beauté a tout changé alors dans l'Art».*

25 FÉVRIER–25 MARS : Exposition de groupe à la Galerie Berthe Weill, présentant des œuvres de Dufy, Toulouse-Lautrec et Van Dongen.

24 MARS–30 AVRIL : 21e Salon des Indépendants, qui intègre des rétrospectives de Seurat et Van Gogh. Derain et de Vlaminck rencontrent Signac à l'exposition.

MARS : Paul Fort (1872–1960) publie le premier numéro de *Vers et Prose*.

6–29 AVRIL : Exposition de groupe à la Galerie Berthe Weill, comportant des œuvres de Charles Camoin (1879–1965), Henri-Charles Manguin (1874–1949), Marquet et Matisse.

15 AVRIL–30 JUIN : 15e Salon de la Société nationale des Beaux-Arts.

22 AVRIL : Ouverture de la 6e Biennale de Venise, à l'occasion de laquelle Zuloaga a demandé le tableau *Acrobate et jeune Arlequin* pour la section espagnole. L'œuvre n'est exposée que quelques jours avant d'être renvoyée à l'artiste.

1er MAI : Ouverture du 123e Salon des Artistes français, qui comprend des œuvres de Picabia.

JUIN : En visitant l'Espagne avec Rodin, Zuloaga découvre la *Vision apocalyptique* du Greco dans une collection à Cordoue. Il en fait l'acquisition et l'installe ensuite dans son atelier parisien, où Picasso a souvent eu l'occasion de le voir.

FIN JUIN : Picasso se rend dans le nord de la Hollande, en s'arrêtant à Amsterdam pour changer de train. Il passe deux semaines à Schoorl et dans les environs puis regagne Paris avant le 10 juillet.

FIN JUIN–DÉBUT SEPTEMBRE : Derain est à Collioure avec Matisse. Matisse peint son portrait et Derain exécute trois portraits de Matisse.

ÉTÉ : Picasso achève sa grande composition *Famille de saltimbanques*, pour laquelle il a réalisé de nombreuses études au cours des mois précédents.

AOÛT : Apollinaire passe ses vacances à Amsterdam.

3 SEPTEMBRE : Fernande Olivier emménage avec Picasso au Bateau Lavoir. Hormis quelques semaines de séparation, ils vivront ensemble jusqu'en 1912.

18 OCTOBRE–25 NOVEMBRE : 3e Salon d'Automne, présentant des rétrospectives de Carrière, Jean-Auguste-Dominique Ingres (1780–1867) et Édouard Manet (1832–1883) et consacrant une salle entière à Cézanne. On peut aussi y voir des œuvres des Nabis et du Douanier Rousseau. Louis Vauxcelles (1870–1945) parle de «La cage aux fauves» pour désigner la salle contenant les tableaux de Matisse et de ses émules.

21 OCTOBRE–20 NOVEMBRE : Exposition de groupe à la Galerie Berthe Weill, présentant des œuvres de Camoin, Derain, de Vlaminck, Dufy, Manguin, Marquet et Matisse.

NOVEMBRE : dix œuvres de Picasso sont exposées simultanément rue Laffitte à la Galerie Vollard et dans la Galerie du XXe siècle appartenant à Sagot. C'est à cette époque que Picasso est présenté à Gertrude et Leo Stein par Henri-Pierre Roché (1879–1959). Gertrude commence à poser dans l'atelier du Bateau Lavoir pour un portrait qui sera achevé à la fin de l'été suivant.

23 NOVEMBRE : Derain vend 89 tableaux et 80 dessins à Vollard, qui devient son marchand. Derain rencontre Picasso vers la même époque.

DÉCEMBRE : Apollinaire publie son poème «Salomé» dans *Vers et Prose*. À la même époque, Picasso exécute sa gravure *Salomé*.

1906

Picasso redécouvre la sculpture des Ibères au Louvre, dans une exposition dévoilant des œuvres archaïques récemment mises au jour à Osuna et à Cerro de los Santos en Andalousie.

JANVIER : Eugeni d'Ors (1882–1954) commence à publier son «Glosari» dans *La Veu de Catalunya* en tant que correspondant artistique de ce quotidien à Paris.

28 FÉVRIER–15 MARS : Exposition de 53 œuvres d'Odilon Redon à la Galerie Durand-Ruel.

19 MARS–17 AVRIL : Exposition de 58 tableaux et d'une série d'aquarelles, de lithographies et de gravures sur bois de Matisse à la Galerie Druet.

20 MARS–30 AVRIL : 22e Salon des Indépendants. Georges Braque (1882–1963) expose sept œuvres et Matisse son *Bonheur de vivre*. Picasso rencontre Matisse soit à l'exposition tenue chez Druet, soit au Salon des Indépendants.

15 AVRIL–30 JUIN : 16e Salon de la Société nationale des Beaux-Arts.

21 AVRIL : Inauguration du *Penseur* de Rodin, place du Panthéon.

DÉBUT MAI : Vollard achète 27 œuvres de Picasso pour la somme de 2000 francs, ce qui permet à l'artiste et à Fernande de passer l'été en Espagne.

21 MAI : Picasso et Fernande arrivent à Barcelone. Après avoir rendu visite à la famille et aux amis de Picasso, ils se rendent à Gósol, village des Pyrénées situé près de la frontière avec Andorre. Ils rentrent à Paris au mois d'août.

AUTOMNE : Derain, qui est désormais en contact permanent avec Picasso et le groupe du Bateau Lavoir, loue un atelier au 22 rue Tourlaque.

6 OCTOBRE–15 NOVEMBRE : Le 4e Salon d'Automne comprend une exposition spéciale comportant dix œuvres

de Cézanne et une grande rétrospective de Gauguin (240 œuvres). Le Salon propose en outre une importante exposition d'art russe organisée par Serge Diaghilev (1872–1929).

23 OCTOBRE : Mort de Cézanne à Aix-en-Provence.

12 NOVEMBRE : Santos-Dumont fait voler son avion sur une distance de 220 mètres au parc de Bagatelle (lors de son premier essai, le 23 octobre, il avait parcouru 60 mètres), réalisant ainsi le premier vol d'aéroplane homologué en Europe. Le premier vol des frères Wright (Wilbur, 1867–1912, et Orville, 1871–1948) avait eu lieu le 17 décembre 1903.

16 NOVEMBRE : Vollard achète six tableaux à Picasso pour la somme de 1000 francs ; le 17 février suivant, il acquiert une autre série de tableaux et de dessins pour la somme de 2500 francs.

1907

6 JANVIER : L'*Olympia* de Manet entre au Louvre à l'instigation de Monet.

14 JANVIER–10 FÉVRIER : Exposition de groupe à la Galerie Berthe Weill, comprenant des œuvres de Robert Delaunay et Jean Metzinger (1883–1956).

21 JANVIER–2 FÉVRIER : Exposition de 80 œuvres de Paul Signac à la Galerie Bernheim-Jeune.

1er–15 FÉVRIER : Exposition de 76 œuvres de Francis Picabia à la Galerie Haussmann.

MARS : Louis Géry Pieret (1884–après 1938) vole deux têtes ibériques au Louvre et les vend à Picasso. Celui-ci les restitue en 1911 au moment du vol de *La Joconde*. Peu après, Picasso est encouragé par Derain à visiter le Musée ethnographique du Trocadéro, où il étudie l'art tribal. Derain acquiert depuis un certain temps des objets d'art africain, parmi lesquels un masque de l'ethnie Fang acheté à de Vlaminck.

11 MARS : Vente de 53 œuvres d'Odilon Redon à l'Hôtel Drouot, 9 rue Drouot.

20 MARS–30 AVRIL : Le 23e Salon des Indépendants présente une exposition commémorative de Cézanne ainsi que six paysages fauves de Braque, qui fait la connaissance de Picasso avant la fermeture du Salon.

MARS : Picasso demande à Wilhelm Uhde (1874–1947) de se rendre à son atelier pour y voir ses derniers travaux, parmi lesquels des études pour *Les demoiselles d'Avignon*. Le 28 avril, Gertrude et Leo Stein se rendent aussi à l'atelier.

MAI : Apollinaire rencontre Marie Laurencin (1885–1956) chez Sagot à la Galerie du XXe siècle.

17–29 JUIN : Exposition de 79 aquarelles de Cézanne à la Galerie Bernheim-Jeune.

11 JUILLET : Daniel-Henry Kahnweiler, arrivé à Paris le 22 février, ouvre sa galerie au 28 rue Vignon. Quelques semaines plus tard, il rend visite à Picasso et lui achète trois gouaches.

24 AOÛT : Fernande Olivier écrit à Gertrude Stein qu'elle et Picasso ont l'intention de se séparer le mois suivant. Ils sont à nouveau ensemble à la fin de l'automne.

ÉTÉ–FIN OCTOBRE : Exposition de plus de 200 dessins de Rodin à la Galerie Bernheim-Jeune.

AUTOMNE : Max Jacob emménage dans un atelier au 7 rue Ravignan, à côté du Bateau Lavoir, où il réside jusqu'en 1911.

1er–22 OCTOBRE : 5e Salon d'Automne, qui présente 48 tableaux de Cézanne, la *Charmeuse de serpents* de Rousseau (un des tableaux exotiques inspirés par ses promenades au Jardin des Plantes) et les *Baigneuses* de Derain. Apollinaire publie une série d'articles sur le Salon, dans lesquels il critique l'organisateur, Frantz Jourdain (1847–1935), et loue le travail de ses amis Rousseau et de Vlaminck.

25 OCTOBRE–14 NOVEMBRE : Kahnweiler expose des tableaux de Girieud et des grès de Durrio.

1er NOVEMBRE : Mort d'Alfred Jarry (1873–1907).

NOVEMBRE : Apollinaire emmène Braque à l'atelier de Picasso au Bateau Lavoir, visite qui marque le début des contacts et de l'amitié entre les deux peintres. Braque est stupéfié par *Les demoiselles d'Avignon*.

LISTE DES ŒUVRES

ART IBÈRE
Tête d'homme
Cerro de los Santos (Albacete), IIIe siècle av. J.-C.
Calcaire, 20 x 17,5 x 13 cm
Musée du Louvre, Paris (en dépôt au Musée d'Archéologie nationale, Saint-Germain-en-Laye)
Pl. 96

ART POLYNÉSIEN
Tiki
Îles Marquises (Polynésie française), XIXe siècle
Bois, h. 72 cm
Collection privée
Acquis par Picasso en 1907
Pl. 92 (non exposé)

PIERRE BONNARD (1867–1947)
Nu aux bas noirs
1900
Huile sur toile, 59 x 43 cm
Collection privée
Pl. 24 (non exposé)

RICARD CANALS LLAMBÍ (1876–1931)
***Aux arènes* (Fernande et Benedetta)**
1904
Huile sur toile, 157 x 256,3 cm
Collection privée, Barcelone
Pl. 73 (uniquement à Barcelone)

RAMON CASAS CARBÓ (1866–1932)
Bal du Moulin de la Galette
1890
Huile sur toile, 100 x 81,4 cm
Museu Cau Ferrat, Sitges
Pl. 2 (uniquement à Barcelone)

PAUL CÉZANNE (1839–1906)
Les baigneuses
Vers 1890
Huile sur toile, 28 x 44 cm
Musée d'Orsay, Paris
(en dépôt au Musée Granet, Aix-en-Provence)
Pl. 108

Vase paillé, sucrier et pommes
1890–1893
Huile sur toile, 36 x 46 cm
Musée de l'Orangerie, Paris
Pl. 19 (non exposé)

HONORÉ DAUMIER (1808–1879)
Crispin et Scapin
1863–1864
Huile sur toile, 60,5 x 82 cm
Musée d'Orsay, Paris
Pl. 80

ANDRÉ DERAIN (1880–1954)
Portrait de Matisse dans son atelier
1905
Huile sur toile, 93 x 52,5 cm
Musée Matisse, Nice
Pl. 93 (uniquement à Barcelone)

PACO (FRANCISCO) DURRIO DE MADRÓN (1868–1940)
Vase anthropomorphe
1900–1905
Grès émaillé, 37,8 x 23,5 cm
Musée d'Orsay, Paris
Pl. 88

Tête de jeune homme* ou *Tête d'Inca
Premier tiers du XXe siècle
Grès émaillé, 30,6 x 16,5 x 18,7 cm
Museo de Bellas Artes de Bilbao
Pl. 97

HENRI EVENEPOEL (1872–1899)
L'Espagnol à Paris (Portrait de Francisco Iturrino)
1899
Huile sur toile, 217 x 152 cm
Museum voor Schone Kunsten, Gand
Pl. 13

DÉMÉTRIUS (DEMETRIOS) GALANIS (1880–1966)
Paris, l'été
reproduite dans *L'Assiette au beurre*, 24 août 1907
Collection privée, Londres
Non illustré

PAUL GAUGUIN (1848–1903)
L'Arlésienne (Madame Ginoux)
1888
Craie blanche, craies de couleur et fusain sur papier, 56,1 x 49,2 cm
Fine Arts Museums of San Francisco, don en mémoire du Dr. T. Edward et de Tullah Hanley, Bradford, Pennsylvanie
Pl. 49 (uniquement à Barcelone)

Tehura
1891–1893
Bois de pua peint et doré, 22,2 x 7,8 x 12,6 cm
Musée d'Orsay, Paris
Pl. 98

Portrait d'une jeune femme (Vaite Goupil)
1896
Huile sur toile, 75 x 65 cm
Ordrupgaard, Copenhague
Pl. 69 (uniquement à Amsterdam)

XAVIER GOSÉ I ROVIRA (1876–1915)
Les Rastas
Couverture de *L'Assiette au beurre*, 4 juillet 1903
Collection privée, Londres
Pl. 28

JUAN GRIS (JOSÉ VICTORIANO GONZALEZ PEREZ) (1887–1927)
Les aéroplanes
Couverture de *L'Assiette au beurre*, 24 novembre 1908
Collection privée, Londres
Pl. 31

PAUL IRIBE (1883–1935)
Femme artiste
Caricature extraite de ses «Esthètes», reproduite dans *L'Assiette au beurre*, 25 avril 1903
Collection privée, Londres
Pl. 30

HENRI MATISSE (1869–1954)
Nu debout
1907
Huile sur toile, 92,1 x 64,8 cm
Tate, Londres
Acquis en 1960.
Pl. 91 (uniquement à Barcelone)

PABLO RUIZ PICASSO (1881–1973)
Picasso et Manuel Pallarès arrivant à Paris
Paris, 1900
Plume et encre sur papier, 8,8 x 11,1 cm
Museu Picasso, Barcelone
Pl. 1

La sortie de l'Exposition universelle
Paris, 1900
Fusain et crayons de couleur sur papier, 47,6 x 62 cm
Collection privée, Suisse, avec l'aimable autorisation de E & R Cyzer Gallery, Londres
Pl. 3

Maison et rue à Paris
Paris, 1900
Pastel sur papier, 59 x 12,6 cm
Collection privée
Pl. 4 (uniquement à Barcelone)

L'étreinte
Paris, 1900
Pastel sur papier, 59 x 35 cm
Museu Picasso, Barcelone
Pl. 5

Dans la loge
Paris, 1900
Pastel sur papier, 47,5 x 52,5 cm
Museu Picasso, Barcelone
Pl. 7

Le Moulin de la Galette
Paris, 1900
Huile sur toile, 88,2 x 115,5 cm
Solomon R. Guggenheim Museum, New York
Thannhauser Collection, don de Justin K. Thannhauser, 1978
Pl. 8

Cancan
Paris, 1900
Huile sur toile, 46 x 61 cm
Hiroshima Museum of Art
Pl. 38 (non exposé)

L'attente (Margot)
Paris, 1901
Huile sur carton, 68,5 x 56 cm
Museu Picasso, Barcelone
Pl. 12

Picasso et Jaumandreu Bonsoms arrivant à Paris
Paris, 1901
Crayons de couleur sur papier, 33 x 38 cm
Staatliche Museen zu Berlin, Nationalgalerie, Museum Berggruen, Berlin
Pl. 14 (uniquement à Barcelone)

Femme dans un café
Paris, 1901
Huile sur papier collé sur panneau, 53,5 x 35 cm
Museum Boijmans Van Beuningen, Rotterdam
Pl. 15

Au restaurant
Paris, 1901
Pastel et aquarelle sur papier, 28,5 x 39 cm
Pl. 17 (uniquement à Barcelone)

Nature morte
Paris, 1901
Huile sur toile, 61 x 82 cm
Museu Picasso, Barcelone
Pl. 18

Fleurs
Paris, 1901
Huile sur toile, 65,1 x 48,9 cm
Tate, Londres
Pl. 20

Danseuse naine (La Nana)
Paris, 1901
Huile sur carton, 105 x 60 cm
Museu Picasso, Barcelone
Pl. 21

Le Divan japonais
Paris, 1901
Gouache et aquarelle sur papier, 39 x 53 cm
Collection Gabriele et Horst Siedle, Allemagne
Pl. 22

Nu aux bas rouges
Paris, 1901
Huile sur carton, 67 x 51,5 cm
Musée des Beaux-Arts de Lyon
Pl. 23 (non exposé)

La folle aux chats
Paris, 1901
Huile sur carton, 45,1 x 40,8 cm
The Art Institute of Chicago, Amy McCormick Memorial Collection
Pl. 25

Appâts pour hommes
Paris, 1901
Reproduit dans *Le Frou-Frou*, 31 août 1901
Collection privée, Londres
Pl. 26

Beuglant et chahut
Paris, 1901
Reproduit dans *Le Frou-Frou*, 14 septembre 1901
Collection privée, Londres
Pl. 27

Jardin de Paris
Paris, 1901
Encre et aquarelle sur papier, 64,8 x 49,5 cm
The Metropolitan Museum of Art, New York, don de Raymonde Paul, en mémoire de son frère, C. Michael Paul, 1982
Pl. 35 (uniquement à Barcelone)

***La chanteuse de café-concert* (Yvette Guilbert)**
Paris, 1901
Fusain et crayons de couleur sur papier, 21 x 12,5 cm
Museu Picasso, Barcelone
Pl. 39

Sada Yacco
Paris, 1901
Pastel et encre sur papier, 37,1 x 25,5 cm
Collection Pieter et Olga Dreesmann, Bruxelles
Pl. 40

Toits bleus
Paris, 1901
Huile sur carton, 39 x 57,7 cm
The Ashmolean Museum, Oxford, légué par Frank Hindley Smith, 1939
Pl. 45

Enfants au parc
Paris, 1901
Huile sur carton, 32 x 47 cm
Collection privée, Rotterdam (en prêt au Van Gogh Museum)
Pl. 46

14 juillet
Paris, 1901
Huile sur carton montée sur toile, 48 x 62,8 cm
Solomon R. Guggenheim Museum, New York
Thannhauser Collection, don de Justin K. Thannhauser, 1978
Pl. 47

Les soupeurs
Paris, 1901
Huile sur carton, 47 x 62,2 cm
Museum of Art, Rhode Island School of Design, Providence, legs de George Metcalf
Pl. 50

Femme au collier de gemmes
Paris, 1901
Huile sur toile, 65,3 x 54,5 cm
Pinacoteca Giovanni e Marella Agnelli, Turin
Pl. 52 (non exposé)

Tête de Casagemas, mort
Paris, 1901
Huile sur carton, 52 x 34 cm
Collection privée, avec l'aimable autorisation de la Fundación Almine y Bernard Ruiz-Picasso para el Arte
Pl. 54 (uniquement à Amsterdam)

Autoportrait
Paris, 1901
Huile sur toile, 81 x 60 cm
Musée national Picasso, Paris
Pl. 55 (non exposé)

La chambre bleue (Le tub)
Paris, 1901
Huile sur toile, 50,5 x 61,6 cm
The Phillips Collection, Washington, D.C.
Pl. 56 (uniquement à Amsterdam)

La mort de Casagemas
Paris, 1901
Huile sur panneau, 27 x 35 cm
Musée national Picasso, Paris
Pl. 57 (non exposé)

Carles Casagemas dans son cercueil
Paris, 1901
Huile sur carton, 72,5 x 58 cm
Collection privée, avec l'aimable autorisation de James Roundell
Pl. 58

Femme mélancolique
Paris, 1901
Huile sur toile, 100 x 69,2 cm
Detroit Institute of Arts, legs Robert H. Tannahill
Pl. 59 (uniquement à Amsterdam)

Femmes à la fontaine de la prison
Paris, 1901
Huile sur toile, 81 x 65 cm
Collection privée
Pl. 60 (non exposé)

Femme au bonnet
Paris, 1901
Huile sur toile, 41 x 33 cm
Museu Picasso, Barcelone
Pl. 83

Étude d'une tête regardant vers le haut
Paris, 1902
Crayon Conté sur papier, 31,2 x 24,3 cm
Museu Picasso, Barcelone
Pl. 64

Tête de garçon
Paris, 1902
Crayon Conté et fusain sur papier, 31,2 x 23,5 cm
Museu Picasso, Barcelone
Pl. 65

L'Âge d'or
Paris, 1902
Plume, encre sépia et lavis sur papier, 26 x 40 cm
Museu Picasso, Barcelone
Pl. 66

Homme portant un sac (d'après Puvis de Chavannes)
Paris, 1902
Crayon graphite sur papier, 31,2 x 23,5 cm
Museu Picasso, Barcelone
Pl. 68

Picasso et Sebastià Junyer-Vidal se rendent à Paris
1. Picasso et Junyer partent en train. 2. Picasso et Junyer arrivent à la frontière. 3. Picasso et Junyer arrivent à Montauban. 4. Picasso et Junyer arrivent à Paris. 6. Junyer rend visite à Durand-Ruel
Paris, 1904
Plume, encre et crayons de couleur sur papier, cinq esquisses, 22 x 16 cm chacune
Museu Picasso, Barcelone (uniquement à Barcelone)
Pl. 71

Le couple
Paris, 1904
Huile sur toile, 100 x 80,5 cm
Merzbacher Kunststiftung
Pl. 72 (uniquement à Amsterdam)

Le repas frugal
Paris, 1904
Gravure à la pointe sèche sur papier, 46,2 x 37,8 cm (taille de la planche)
Collection Pieter et Olga Dreesmann, Bruxelles
Pl. 76 (uniquement à Amsterdam)

Portrait de Benedetta Canals
Paris, 1905
Huile et fusain sur toile, 90 x 69,5 cm
Museu Picasso, Barcelone
Pl. 75

***Jeune acrobate et singe* (Invitation adressée à Max Jacob)**
Paris, 1905
Plume, encre et aquarelle sur papier, 21,6 x 12,7 cm
Collection Pieter et Olga Dreesmann, Bruxelles
Pl. 77

Arlequin se maquillant
Paris, 1905
Gouache sur carton, 69 x 53,5 cm
Collection Marina Picasso
Pl. 78 (non exposé)

Acrobate à cheval
Paris, 1905
Huile sur carton, 100 x 69,2 cm
Virginia Museum of Fine Arts, Collection of Mr. and Mrs. Paul Mellon, Richmond
Pl. 79

Joueur d'orgue de Barbarie et petit Arlequin
Paris, 1905
Gouache sur carton, 100,5 x 70,5 cm
Kunsthaus Zürich
Pl. 82

Famille d'Arlequin avec singe
Paris, 1905
Gouache, aquarelle, pastel et encre de Chine sur carton, 104 x 75 cm
Göteborgs Konstmuseum
Pl. 84 (non exposé)

Famille de saltimbanques («Pour Fernande»)
Paris, 1905
Encre, fusain et aquarelle sur papier, 16,5 x 12,5 cm
Collection Gabriele et Horst Siedle, Allemagne
Pl. 85

Garçon à la pipe
Paris, 1905
Huile sur toile, 100 x 81,3 cm
Collection privée
Pl. 86 (non exposé)

Tête de bouffon
Paris, 1905
Bronze, 41,5 x 37 x 22,8 cm
Collection Fondation Pierre Gianadda, Martigny
Pl. 87

Trois Hollandaises
Schoorl, 1905
Gouache sur papier, 77 x 67 cm
Centre Pompidou, Paris, Musée national d'Art moderne
Pl. 89 (uniquement à Amsterdam)

Autoportrait à la palette
Paris, 1906
Huile sur toile, 91,9 x 73,3 cm
Philadelphia Museum of Art, A.E. Gallatin Collection
Pl. 94

Jeune garçon nu à cheval
Paris, 1906
Huile sur toile, 50,5 x 31 cm
Collection privée
Pl. 95

La coiffure
Paris, 1906
Huile sur toile, 174,9 x 99,7 cm
The Metropolitan Museum of Art, New York. Wolfe Fund, 1951. Acquis auprès du Museum of Modern Art, New York, don anonyme
Pl. 99 (uniquement à Amsterdam)

Nu se coiffant
Paris, 1906
Huile sur toile, 105,4 x 81,3 cm
Kimbell Art Museum, Fort Worth, Texas
Pl. 100

Femme se coiffant
Paris, 1906
Bronze, 42,2 x 26 x 31,8 cm
Museum Ludwig, Cologne
Pl. 101

Femme se coiffant
Paris, 1906
Crayon et fusain sur papier, 55,8 x 40,7 cm
Sainsbury Centre for Visual Arts, University of East Anglia, Robert and Lisa Sainsbury Collection, Norwich
Pl. 102 (uniquement à Amsterdam)

Nu sur fond rouge
Paris, 1906
Huile sur toile, 81 x 54 cm
Musée de l'Orangerie, Paris
Pl. 103 (uniquement à Barcelone)

Tête de femme (Fernande Olivier)
Paris, 1906
Bronze, 35,7 x 24,8 x 24,4 cm
Museu Picasso, Barcelone
Pl. 104

Étude pour *Femme à la tête penchée*
Paris, 1906
Crayon sur papier, 31,5 x 48 cm
Staatsgalerie Stuttgart
Pl. 106 (uniquement à Barcelone)

Nu féminin aux bras levés
Paris, 1907
Gouache sur papier, 63 x 46,5 cm
Sainsbury Centre for Visual Arts, University of East Anglia, Robert and Lisa Sainsbury Collection, Norwich
Pl. 90 (uniquement à Amsterdam)

Poupée
Paris, 1907
Bois sculpté, clous de laiton, traces d'huile et de plâtre, 23,5 x 5,5 x 5,5 cm
Art Gallery of Ontario, Toronto
Pl. 107

Étude pour *Les demoiselles d'Avignon*
Paris, 1907
Crayon et pastel sur papier, 47,6 x 63,7 cm
Ville de Bâle (en dépôt au Kunstsammlung Basel)
Pl. 109 (uniquement à Amsterdam)

Nu aux bras levés
Paris, 1907
Pastel, craie noire et crayon sur papier, 24 x 19 cm
Collection François Odermatt, Montréal
Pl. 112

Cruche, bol et citron
Paris, 1907
Huile sur panneau, 63,5 x 49,5 cm
Fondation Beyeler, Riehen (Bâle)
Pl. 113

Nu debout
Paris, 1908
Huile sur panneau, 67 x 26,7 cm
Collection privée
Pl. 110 (uniquement à Barcelone)

Nu aux bras levés de profil
Paris, 1908
Huile sur panneau de bois, 67 x 25,5 cm
Collection privée
Pl. 111 (uniquement à Barcelone)

PIERRE PUVIS DE CHAVANNES (1824–1898)
Charité
1894
Huile sur toile, 91,4 x 71 cm
Mildred Lane Kemper Art Museum, Washington University, St. Louis
Pl. 67

ODILON REDON (1840–1916)
Femme et enfant
Vers 1898
Pastel sur papier, 59,5 x 43,6 cm
Van Gogh Museum, Amsterdam
Pl. 81 (uniquement à Barcelone)

AUGUSTE RODIN (1840–1917)
Celle qui fut la belle heaulmière
1883
Bronze, 50,5 x 31 x 23 cm
Collection privée. The Edelweiss Trust
Pl. 70

THÉOPHILE-ALEXANDRE STEINLEN (1859–1923)
L'étreinte
1895
Huile sur carton, 65 x 50 cm
Association des Amis du Petit Palais, Genève
Pl. 6

***La traite des blanches* (version censurée)**
1899
Affiche lithographique en couleurs, 80,5 x 60 cm
Musée d'Ixelles, Bruxelles
Pl. 32 (uniquement à Barcelone)

JOAQUIM SUNYER I DE MIRÓ (1874–1956)
Au Cirque Médrano* ou *La loge
1905
Pastel sur papier, 31 x 48 cm
Collection Eusebi Isern Dalmau
Pl. 74 (uniquement à Barcelone)

HENRI DE TOULOUSE-LAUTREC (1864–1901)
***La buveuse* ou *Gueule de bois* (Suzanne Valadon)**
1889
Encre noire et crayons sur papier, 49 x 63 cm
Musée Toulouse-Lautrec, Albi
Pl. 16 (uniquement à Barcelone)

Rousse au caraco blanc
1889
Huile sur toile, 60,5 x 50,3 cm
Museo Thyssen-Bornemisza, Madrid
Pl. 105 (uniquement à Barcelone)

Divan Japonais
1893
Affiche lithographique en couleurs, 82 x 57,5 cm
Van Gogh Museum, Amsterdam
(Fondation Vincent van Gogh)
Pl. 34 (uniquement à Amsterdam)

Jane Avril
1893
Affiche lithographique en couleurs, 124 x 91,5 cm
Musée d'Ixelles, Bruxelles
Pl. 36 (uniquement à Barcelone)

May Milton
1895
Affiche lithographique en couleurs, 79 x 60 cm
Musée d'Ixelles, Bruxelles
Pl. 33

Troupe de Mlle Églantine
1896
Affiche lithographique en couleurs, 61,7 x 78,9 cm
Musée d'Ixelles, Bruxelles
Pl. 37 (uniquement à Barcelone)

KEES VAN DONGEN (1877–1968)
Petite histoire pour petits et grands nenfants
Couverture de *L'Assiette au beurre*, 26 octobre 1901
Collection privée
Pl. 29

VINCENT VAN GOGH (1853–1890)
«Worn Out» (Épuisé)
La Haye, 1882
Crayon sur papier aquarelle, 50,4 x 31,6 cm
Van Gogh Museum, Amsterdam
(Fondation Vincent van Gogh)
Pl. 53 (uniquement à Barcelone)

La colline de Montmartre avec une carrière de pierres
Paris, 1886
Huile sur toile, 32 x 41 cm
Van Gogh Museum, Amsterdam
(Fondation Vincent van Gogh)
Pl. 10 (uniquement à Barcelone)

Le pont de Courbevoie
Paris, 1887
Huile sur toile, 32 x 40 cm
Van Gogh Museum, Amsterdam
(Fondation Vincent van Gogh)
Pl. 9 (uniquement à Barcelone)

Montmartre: moulins et jardins potagers
Paris, 1887
Huile sur toile, 44,8 x 81 cm
Van Gogh Museum, Amsterdam
(Fondation Vincent van Gogh)
Pl. 11 (uniquement à Barcelone)

La courtisane (d'après Eisen)
Paris, 1887
Huile sur toile, 105,5 x 60,5 cm
Van Gogh Museum, Amsterdam
(Fondation Vincent van Gogh)
Pl. 41 (uniquement à Barcelone)

Le boulevard de Clichy
Paris, 1887
Huile sur toile, 46,5 x 55 cm
Van Gogh Museum, Amsterdam
(Fondation Vincent van Gogh)
Pl. 48 (uniquement à Barcelone)

Table de café et absinthe
Paris, 1887
Huile sur toile, 46,2 x 33,3 cm
Van Gogh Museum, Amsterdam
(Fondation Vincent van Gogh)
Pl. 51 (uniquement à Barcelone)

Autoportrait au chevalet
Paris, 1888
Huile sur toile, 65,2 x 50,2 cm
Van Gogh Museum, Amsterdam
(Fondation Vincent van Gogh)
Pl. 42 (uniquement à Barcelone)

Champ de blé
Arles, 1888
Huile sur toile, 54 x 65 cm
Van Gogh Museum, Amsterdam
(Fondation Vincent van Gogh)
Pl. 43 (uniquement à Barcelone)

Vieille Arlésienne
Arles, 1888
Huile sur toile, 58 x 42,5 cm
Van Gogh Museum, Amsterdam
(Fondation Vincent van Gogh)
Pl. 61 (uniquement à Barcelone)

Portrait de Camille Roulin
Arles, 1888
Huile sur toile, 40,5 x 32,5 cm
Van Gogh Museum, Amsterdam
(Fondation Vincent van Gogh)
Pl. 62 (uniquement à Barcelone)

La berceuse (Madame Roulin)
Arles, 1889
Huile sur toile, 91 x 72 cm
Stedelijk Museum, Amsterdam
Pl. 44 (uniquement à Amsterdam)

Pietà (d'après Delacroix)
Saint-Rémy, 1889
Huile sur toile, 73 x 60,5 cm
Van Gogh Museum, Amsterdam
(Fondation Vincent van Gogh)
Pl. 63 (uniquement à Barcelone)

JACQUES VILLON (GASTON DUCHAMP) (1875–1963)
La vie facile
Couverture de *L'Assiette au beurre*, 15 février 1902
Collection privée, Londres
Non illustré

INDEX

CRÉDITS PHOTOGRAPHIQUES

L'éditeur s'est efforcé d'appliquer les prescriptions légales en matière de copyright, sans pouvoir toutefois retrouver l'origine certaine de tous les documents. Quiconque se considère autorisé à faire valoir des droits est prié de s'adresser à l'éditeur.

Artothek : fig. 21
Arxiu Històric de la Ciutat, Barcelone/Pep Parer : fig. 31
Arxiu Museu Picasso/photographe inconnu : cat. 1, cat. 39, cat. 68
Arxiu Museu Picasso/Gasull Fotografia : fig. 1, cat. 5, cat. 7, cat. 12, cat. 18, cat. 21, cat. 64, cat. 65, cat. 71, cat. 75, cat. 83
Arxiu Museu Picasso/Pep Parer : fig. 27
Arxiu Museu Picasso/Ramon Muro : cat. 66, cat. 83, cat. 104
The Baltimore Museum of Art/Mitro Hood : fig. 46
Éric Baudouin : pl. 54
Bpk/Museum Berggruen, Privatbesitz/Jens Ziehe, www.bildkunst.de : fig. 41
Bpk/Nationalgalerie, Museum Berggruen, SMB/Jens Ziehe, www.bildkunst.de : pl. 14
The Bridgeman Art Library : fig. 55, pl. 59, pl. 86, pp. 152-153
Christian Buat : fig. 44
Christie's Images Ltd/Artothek : fig. 16
Collection Centre Pompidou/RMN/Béatrice Hatala : fig. 8, pl. 89, pp. 174-175
Estate Brassaï/RMN/Franck Raux : fig. 33
Paul Géniaux/Musée Carnavalet/Roger-Viollet : fig. 47
Giraudon/The Bridgeman Art Library : fig. 28, fig. 36
Béatrice Hatala (collection privée) : pl. 92
Kimbell Art Museum/Art Resource/Scala, Florence : pl. 100
Kunstmuseum Basel/Martin P. Bühler : pl. 109
Mallen, Enrique (éd.). Online Picasso Project. Sam Houston State University. 2010 : fig. 38, fig. 40, pl. 52
The Metropolitan Museum of Art/Art Resource/Scala, Florence : fig. 15, fig. 35, fig. 56, fig. 57, pl. 35, pl. 99
Mixed Media, Bruxelles : pl. 32, pl. 33, pl. 36, pl. 37
MNAC – Museu Nacional d'Art de Catalunya, Barcelone/Calveras/Mérida/Sagristà : fig. 6
The Museum of Modern Art, New York/Scala, Florence : fig. 48, fig. 58
Museum voor Schone Kunsten Gent/Lukas – Art in Flanders VZW : pl. 13
Ordrupgaard, Copenhague/Pernille Klemp : pl. 69
Photographie ImageArt – Opio (France) (collection privée) : pl. 110, pl. 111
Photo Scala, Florence : fig. 18
Rainsville Archive : fig. 39
Rheinisches Bildarchiv der Stadt Köln : pl. 2
RMN (Musée d'Orsay)/Gérard Blot : pl. 98
RMN (Musée d'Orsay)/Hervé Lewandowski : fig. 5, pl. 80
RMN (Musée d'Orsay)/René-Gabriel Ojéda : pl. 88
RMN/Michèle Bellot : fig. 49
RMN/Béatrice Hatala : fig. 42, pl. 55, pl. 89
RMN/Daniel Arnaudet : fig. 29, pl. 96
RMN/Franck Raux : pl. 57
RMN/Jacques Faujour : frontispice page 2
RMN/Madeleine Coursaget : fig. 7, fig. 20, fig. 61
RMN/René-Gabriel Ojéda/Thierry Le Mage : pl. 23
RMN/Thierry Le Mage : fig. 43, fig. 45
Sainsbury Centre for Visual Arts, University of East Anglia, Norwich, Robert and Lisa Sainsbury Collection/James Austin : pl. 90, pl. 102

FRONTISPICE

Picasso à Montmartre, place Ravignan, 1904
Musée national Picasso, Paris

FRONTISPICES DES CHAPITRES

Détails d'œuvres de Picasso :
pp. 12-13 : *L'étreinte* (pl. 5), Museu Picasso, Barcelone
pp. 32-33 : *Danseuse naine (La Nana)* (pl. 21), Museu Picasso, Barcelone
pp. 72-73 : *14 juillet* (pl. 47), Solomon R. Guggenheim Museum, New York. Thannhauser Collection, don de Justin K. Thannhauser, 1978
pp. 94-95 : *La chambre bleue (Le tub)* (pl. 56), The Phillips Collection, Washington, D.C.
pp. 114-115 : *Le couple* (pl. 72), Merzbacher Kunststiftung
pp. 130-131 : *Arlequin se maquillant* (pl. 78), Collection Marina Picasso
pp. 152-153 : *Garçon à la pipe* (pl. 86), collection privée
pp. 174-175 : *Trois Hollandaises* (pl. 89), Centre Pompidou, Paris, Musée national d'Art moderne
pp. 192-193 : *Jeune garçon nu à cheval* (pl. 95), collection privée

NOTICES BIOGRAPHIQUES DES AUTEURS

MARILYN McCULLY

Marilyn McCully, qui vit à Londres, est une spécialiste reconnue de Picasso ayant à son actif l'organisation de nombreuses expositions internationales et un grand nombre de publications sur Picasso, son œuvre et sa formation en Espagne. Première experte à avoir monté une exposition d'envergure consacrée aux pièces uniques de céramique de Picasso (Royal Academy of Arts, Londres et Metropolitan Museum, New York, 1998–1999), Marilyn McCully fut aussi la cheville ouvrière de plusieurs autres expositions sur les céramiques de Picasso à Ferrare, Málaga et au Japon (Expo 2005 Aichi). Commissaire d'une exposition consacrée à R.B. Kitaj, qui ouvrira ses portes à l'été 2011 (Abbot Hall, Kendal), elle est également co-commissaire de l'exposition consacrée à trois décennies de dessins de Picasso, qui se tiendra au Frick Museum de New York et à la National Gallery of Art de Washington, en 2011–2012. Elle prépare en ce moment un ouvrage sur la correspondance et les écrits de Picasso, qui seront pour la première fois traduits en anglais.

NIENKE BAKKER

Nienke Bakker est conservatrice au département des expositions du Van Gogh Museum. En tant que chercheuse au sein de ce musée, elle collabore depuis dix ans à diverses expositions et publications sur la vie et l'œuvre de Vincent van Gogh. Elle est co-auteur de *The Real Van Gogh – The artist and his letters* (2010), de *Vincent van Gogh – Les lettres. Édition critique complète illustrée* (2009) et de *Vincent van Gogh, Painted with Words – The Letters to Émile Bernard* (2007). La parution d'un nouvel ouvrage intitulé *Van Gogh et Montmartre* est prévue en 2011.

ISABEL CENDOYA

Isabel Cendoya est licenciée en histoire de l'art. Elle travaille actuellement au Museu Picasso de Barcelone, où elle a assuré la coordination de plusieurs expositions : *Olvidando a Velázquez. Las Meninas,* la rétrospective Kees Van Dongen et *Picasso versus Rusiñol*. Isabel Cendoya a publié divers articles dans l'*Història de l'art català. Els grans museus de Catalunya* et est l'auteur de nombreuses contributions à des catalogues d'exposition.

PETER READ

Peter Read est un spécialiste de la littérature et des arts plastiques français. Parmi ses publications récentes, relevons *Picasso and Apollinaire : the Persistence of Memory* (Berkeley, Los Angeles et Londres, University of California Press, 2008). Peter Read a coédité *Guillaume Apollinaire, correspondance avec les artistes (1903–1918)* (Paris, Gallimard, 2009) ; *Giacometti : Critical Essays* (Londres, Ashgate, 2009) et *Les dessins de Guillaume Apollinaire* (Paris, Buchet/Chastel, 2008). On lui doit aussi la traduction anglaise de l'ouvrage d'Apollinaire *Les peintres cubistes (The Cubist Painters,* Berkeley et Los Angeles, University of California Press, 2004) et la publication de contributions sur Picasso dans plusieurs catalogues d'exposition (Tate, Londres ; The National Gallery of Art, Washington, D.C. ; Centre Pompidou, Paris). Peter Read est professeur de littérature et d'art français à l'Université du Kent, Canterbury, Royaume-Uni.

MICHAEL RAEBURN

Michael Raeburn est écrivain, éditeur, concepteur et producteur de livres et de catalogues illustrés. Il s'est chargé de l'édition de catalogues pour divers musées, parmi lesquels la Hayward Gallery à Londres, le Sainsbury Centre for Visual Arts à Norwich, le New Walk Museum à Leicester, le Metropolitan Museum of Art à New York, le Minneapolis Museum of Art, le Denver Art Museum, le Palazzo dei Diamanti à Ferrare, le Sakıp Sabancı Müzesi à Istanbul et l'Auckland City Art Gallery. Il est l'auteur de nombreux ouvrages consacrés à l'art, à l'architecture, au design et à la musique, parmi lesquels *The Chronicle of Opera* (éd. rev. 2007). Il travaille actuellement à un ouvrage consacré à l'artiste américain Joseph Glasco.